1967 2003

1967 2003 구 본 주 를 기 억 함

초판 1쇄 발행 2022년 11월 11일

지은이 구본주 김준기 전미영 최금수 외 58인
펴낸이 전미영

기획편집 구본주를나르는사람들
디자인 2004년 지금은 사라진 디자인 인디에서 만들어 준 1주기 추모 도록을
2022년 디자인 공장에서 리뉴얼함

펴낸곳 출판사 (주)안녕
주소 11696 경기도 의정부시 평화로 483, 3층 3348호
연락처 대표전화 031-541-7003
팩시밀리 050-4290-3266
이메일 hi_publisher@naver.com
블로그 blog.naver.com/hi_publisher
출판등록 2021. 8. 3. (제2021-000025호)

ISBN 979-11-980468-0-2 03600

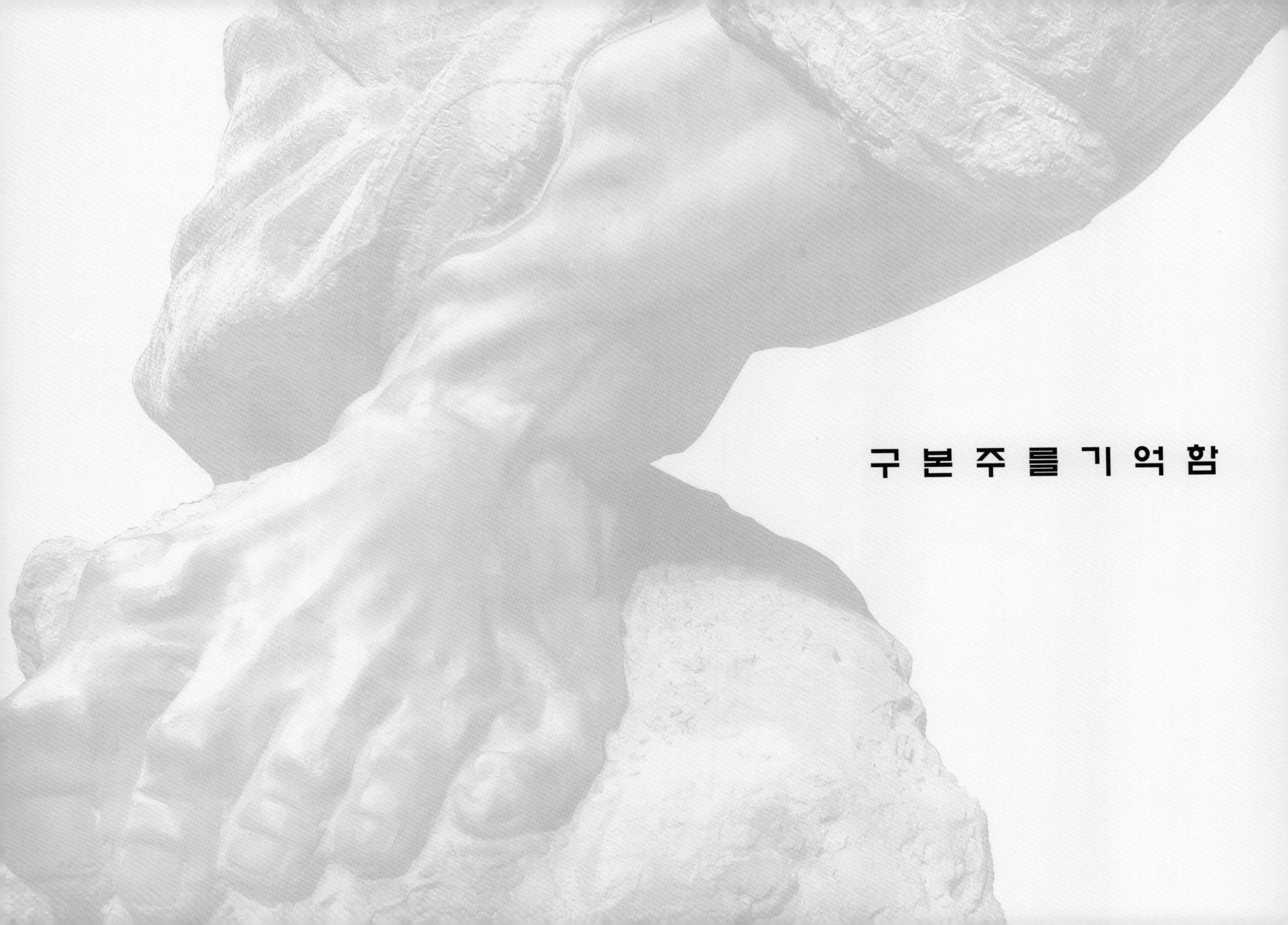

구본주를 기억함

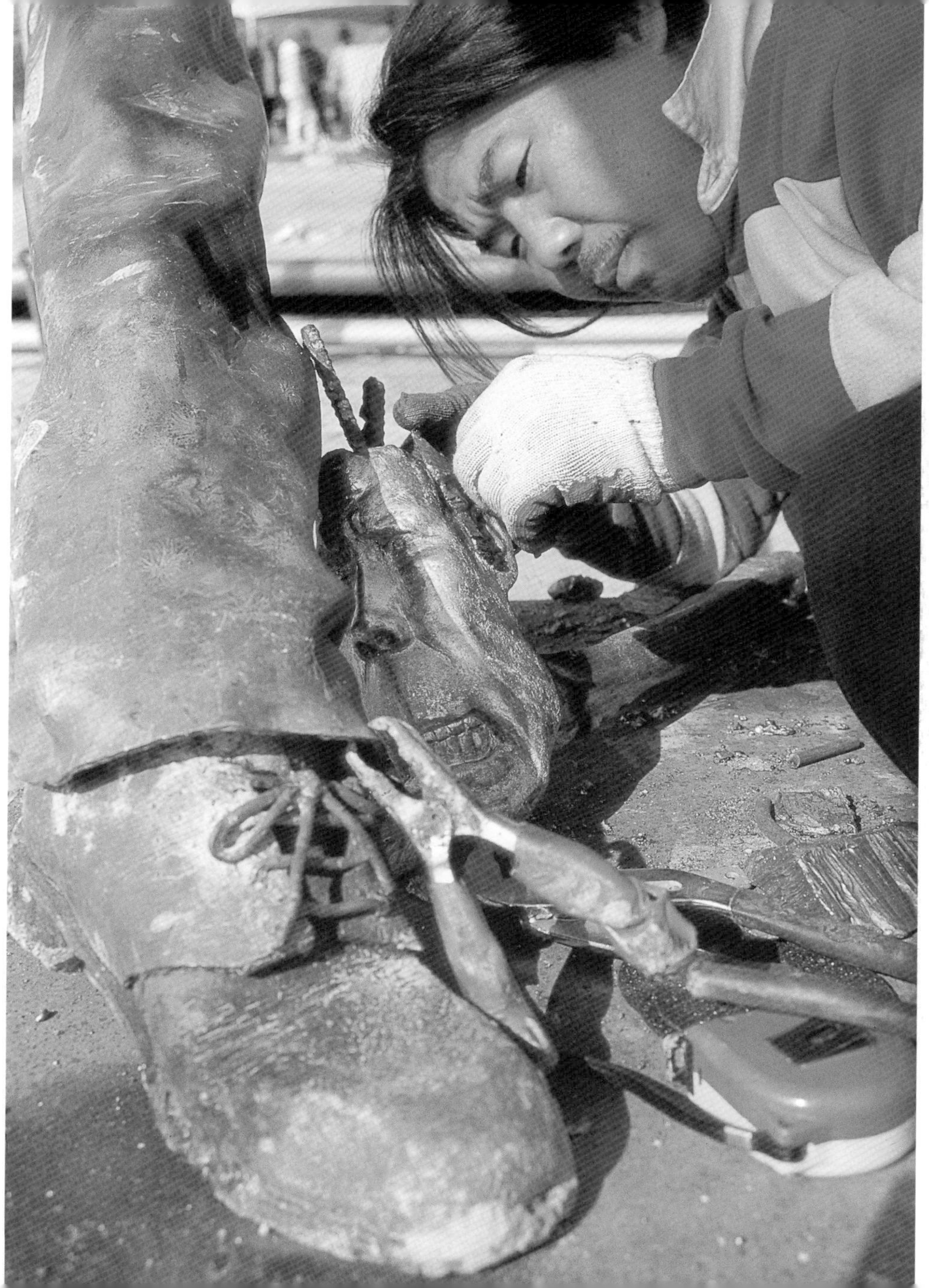

너무 일찍 별이 되어서 더 이상 새로운 작품을 기대할 수 없는 게 아깝고 아쉽고 안타깝지만
남겨진 작품에 더해진 시간을 말로 꺼내고 글로 옮기고 빛으로 담고 책으로 엮어
아직 만나지 못한 이들에게 전해 주면서 기억하고 그리워하는 마음을 나누고 싶습니다.
그렇게 우리는 오늘도 어제처럼, 내일도 오늘처럼, 끊임없이 기억하고 사랑하고 그리워하고 표현하려고 합니다.
그것이 우리가 비운의 교통사고로 별이 된 조각가를 사랑하는 방식입니다.

2022년 9월 29일 구본주 19주기, 19년을 그리워하는 마음들을 모아
구본주를나르는사람들

일러두기

- 이 책은 2004년 12월 8일부터 사비나미술관, 덕원갤러리, 인사아트센터에서 동시에 열린 〈구본주 1주기전〉 기념 도록을 2022년 19주기를 추모하며 정식으로 출간하는 리뉴얼 에디션입니다.
- 2022년 10월, 19일간 진행된 텀블벅 프로젝트를 통해 131인의 후원자가 마음을 모아 주었습니다.
- 19년의 시간이 흘러 글쓴이의 정보가 바뀌기도 하고, 바꾸고 싶은 문장과 이미지도 많았지만 추모의 마음이 가장 짙던 순간의 소중한 기록을 그대로 남겨 두고자 최소한의 수정만 하였습니다.
- 오랜 시간이 지난 만큼 깊어진 생각과 넓어진 혜안으로 고쳐 넣고 싶은 글도 많았을 텐데, 1주기 때 추모의 마음을 있는 그대로 남기고 싶어 하는 편집 방향을 이해해 주시고 게재를 허락해 주신 저자 분들께 깊이 감사드립니다.

CONTENTS

PROLOGUE

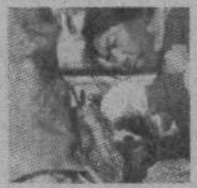

WORKS

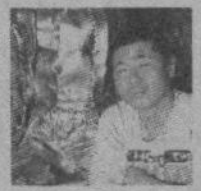

MEMORIZE

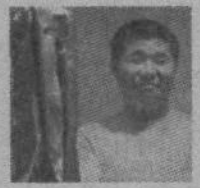

구본주 1주기展을 열며

아까운 청년 작가 구본주의 1주기展을 엽니다.
지난해 가을 우리는 서른일곱의 아까운 나이에 불의의 사고로 명운을 달리한 유능한 젊은 작가를 잃고 깊은 슬픔에 잠겼습니다.
그 후로 벌써 일 년이 지났습니다. 걷잡을 수 없는 슬픔을 딛고 열심히 살아가는 유가족과 더불어 그의 선후배, 동료 미술인들이
조금씩 정성을 모아 〈구본주 1주기展〉을 준비했습니다.

이번 전시는 짧고 굵게 살다간 구본주 작가의 작품 세계를 전체적으로 재조명해 보는 뜻깊은 자리입니다.
구본주 작가는 한국 현대미술계에 있어서 형상조소예술의 차세대 주자로 주목받는 작가였습니다. 또한 시대정신을 예술작품에 불어넣고자
진지하게 고민했던 이 시대의 젊은이였습니다. 성실하고 진지한 자세와 더불어 타고난 기량과 힘을 발산한 청년 작가였습니다.
이제 그를 역사 속에 기록해 두기 위해 1주기展을 엽니다. 그의 재능과 노력을 생각하면 그저 아깝다는 생각뿐이지만,
이제 남은 이들이 그 뜻을 깊이 새겨서 우리 조각계에 중요한 족적을 남긴 한 청년 작가의 작품들을 다시 읽어보고자 합니다.

전시는 가나아트갤러리의 인사아트센터와 사비나미술관 그리고 덕원갤러리에서 동시에 열립니다.
전례 없는 대규모 회고전이 이루어질 수 있도록 협조해 주신 관계자들께 깊이 감사드립니다.
또한 이 전시가 성공적으로 열릴 수 있도록 뜻을 모아 준 선후배 동료 미술인들께도 감사의 마음을 전합니다.
우리 곁을 먼저 떠난 고인의 넋을 기리며, 끝으로 남은 이들이 자기 자리에서 각자의 몫을 다해 주기를 당부 드립니다.

삼가 고인의 명복을 빕니다.

2004. 12.
구본주1주기展추진위원회 위원장 윤영자

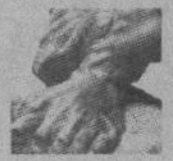

구본주, 별이 되다

서른일곱의 짧은 삶을 굵게 살다간 청년 작가 구본주가 마지막으로 준비했던 작품 〈별이 되다〉는 형광 폴리코트로 만든 자그마한 샐러리맨 조각 천 개를 천장에 매다는 설치작품이다. 열심히 사는 사람들을 반짝이는 밤하늘의 별처럼 우러러보게 하겠다던 구본주. 그가 별이 되었다.

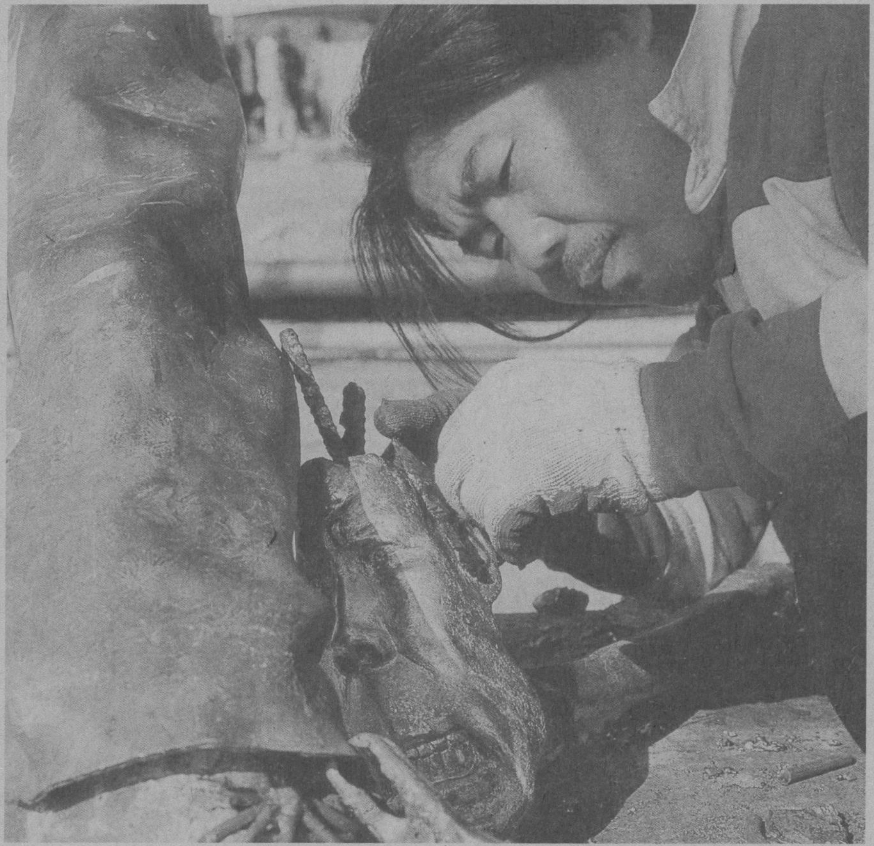

1.

이제 막 본격적인 작품 세계를 펼칠 나이에 아깝게 요절한 청년 작가 구본주는 80년대 말의 격동기를 거치면서 일찍이 작업에 눈을 뜬 후 20대 후반부터 30대 중반에 이르기까지 불꽃같은 삶을 살며 빼어난 작품들을 남김으로써 한국 현대미술에 굵은 선을 남겼다. 그는 리얼리즘 미술운동의 흐름과 함께 했으며 형상조소예술의 맥락에서도 중요한 발자취를 남겼다. 학생 시절의 작업들을 포함해서 구본주의 작업 여정은 20년 가까이 에 이른다. 그는 80년대 후반 변혁기의 격동을 받아들이면서 리얼리즘 미술운동의 격랑에 몸을 실었다. 학생미술운동에 참여하고 대학가 시위에 동참하면서 현실에 눈을 뜬 그는 한때 수원에서 현장미술운동에 몸을 담기도 했다. 고민을 거듭한 끝에 그가 내린 결론은 대중들에게 감동을 주는 예술가로서 한생을 살아가는 것이었다. 대학 졸업 후 구본주는 혼신의 힘을 쏟은 첫 번째 개인전 '존재와 의식'에서 리얼리즘 조소 예술가로서의 탄탄한 실력을 선보였다. 두 번째 개인전에서는 샐러리맨의 비애를 담아 같은 주제의 개인전을 열면서 절정의 기량을 선보였다. 세 번째 개인전에서는 '아버지'를 주제로 자본주의 한국 사회의 현실을 드러내는 작품들로 작품 세계를 넓혀 나갔다.

그가 살아온 시대의 격랑은 근대와 탈근대가 혼재한 격변의 사회사적 배경을 고스란히 청년 구본주에게 안겨 주었다. 이데올로기의 첨예한 대립과 갈등을 겪었으며 분출하는 사회적 욕망이 집단적인 변혁 의식으로 드러나던 시기였다. 이러한 변혁의 시대에 직면해서 구본주는 진보운동 진영에 몸담은 좌파 예술가로 출발했다. 그 속에는 수많은 좌절과 고뇌가 담겨 있다. 습작기에 해당하는 90년대 초반 이전의 작업들은 탄탄한 사실적 묘사력을 바탕으로 인체 조형의 본질을 탐색하는 과정일뿐더러 무모하리만치 도전적인 기호들로 가득 차 있다. 이후 공모전을 통해서 본격적인 작업 궤도에 오르면서 전업 예술가로서의 길을 걸어오는 동안 그는 20대 초반의 초심을 향해서 끝없이 구심력의 발동을 갈구했다.

이러한 이념적 토대 위에 구축된 그의 작업들을 상징적 수사로 표현하자면 혁명적 낭만주의라고 말할 만하다. 90년대 초반의 세계사적 격동은 한국 현대사에도 커다란 지각 변동을 야기했다. 변혁 운동의 이데올로기를 제공했던 현실 사회주의의 패퇴는 당연히 모든 영역에 결정적인 변화를 가져다주었다. 그러나 현실 사회에서의 변화가 예술가 구본주를 전혀 다른 세계로 이끌지는 못했던 것으로 보인다. 그는 첫 번째 개인전에 '존재와 의식'이라는 제목을 달았다. '의식이 존재를 결정하는 것이 아니라, 오히려 사회적 존재가 의식을 결정한다.'는 칼 마르크스 자본론의 생산양식론의 유명한 테제를 가져다 쓸 정도로 유물론적 세계관을 가진 작가였다. 이것은 구본주가 예술가의 입장에서 세상을 바라보는 관점을 혁명적 낭만주의로 세우는 밑바탕을 이룬다.

또 하나의 중요한 맥락은 형상조소예술의 차원이다. 작품의 구도를 잡을 때 탄탄한 사실적 묘사를 바탕으로 전형적인 인체의 동세를 잡아내는 것에서부터 가로나 세로로 길쭉하게 내뻗으면서 하나의 팽창하는 인체의 공간성을 잡아냄으로써 역동성을 구현하는 것이 그의 작업의 가장 두드러진 특징 가운데 하나이다. 이것은 구상 인체의 아카데믹한 조형 방법에서 벗어나 구체적인 형상을 가지되 그 속에 감성적인 에너지를 불어넣음으로써 예술가의 상상력과 창의력을 극대화하는 조형 흐름을 말하는 것이다. 달리 말하면 인체를 다룬 것이 아니라 인간을 다뤘다고 말할 수 있는 근거이기도 하다. 인체와 인간의 차이를 증거하는 구체적인 항목으로는 옷을 꼽을 수 있다.

초기의 인체 습작들이 옷을 벗은 모습들이었다면 본격적인 작품들은 특정 계층이나 취향을 대변하는 의복을 갖춘 모습들로 변화해 갔다. 인체에 계급·계층의식을 가진 인간의 모습을 부여한 것이다. 인체 자체의 동세와 근육 표현이 보다 근원적인 인체 탐색의 장이라면 구본주 조소 작업은 인체가 아닌 인간을 다루고 있다는 점이 중요하다. 초기의 그는 노동자와 농민과 같은 기층민중의 형상을 담아냈다.

이후 샐러리맨이나 아버지 등의 모습을 담아내면서 보다 구체적으로 당대의 현실을 아우를 수 있는 인간의 면면을 담고자 했다. 옷을 벗은 인체와 옷을 입은 인간 사이의 간극은 계급이나 계층의 모습을 감추느냐 드러내느냐 하는 극적인 대비 효과를 낳았다.

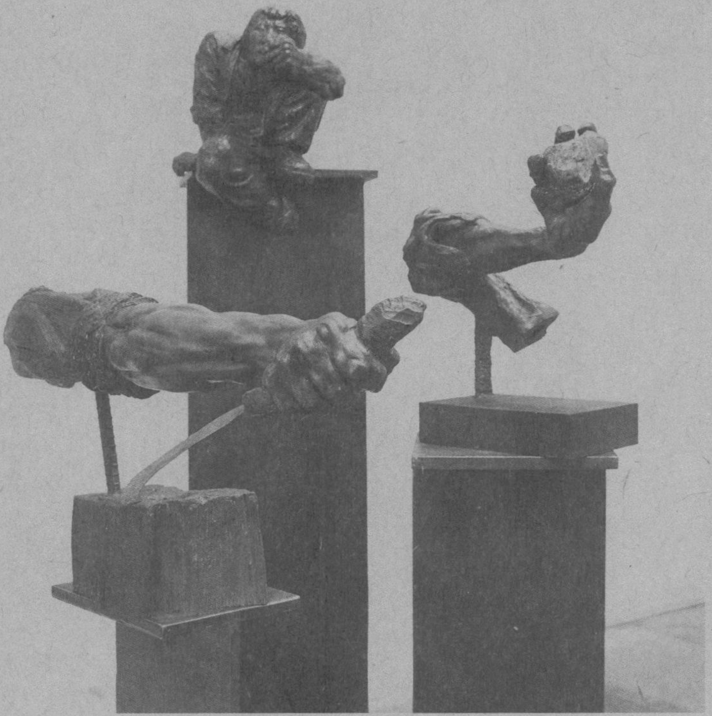

2.

구본주는 세 차례의 개인전을 통해 진보적인 예술가의 풍모와 장인적 기질을 아낌없이 보여주었다. 첫 개인전에서 무엇보다 두드러진 작업들은 혁명적 낭만주의의 역동성을 가진 일련의 작업들이다. 특히 〈갑오농민전쟁〉은 그가 대학 시절부터 소품 에스키스를 통해 꾸준히 습작 과정을 거쳐 만들어 낸 역작이다. 한쪽 발을 앞굽이 자세로 내뻗으며 마치 대지를 움켜쥔 듯한 역동적인 자세이며, 뒷발은 균형을 잡기 위해 긴장감 속에서 힘을 받쳐 주는 팽창의 기운을 담고 있다. 정면을 향하고 있는 몸통 부분은 굵은 선은 물론이고 섬세하게 몸의 흐름을 잡아낸 인체의 골격이 가히 일품이다. 머리 위로는 두 팔로 죽창을 움켜쥐고 내지르기 직전의 긴장감을 극대화하고 있다. 갑오농민전쟁이라는 역사적 텍스트를 빌어서 인체 조형의 '솟구치는 힘'을 나타낸 이 작품은 신체 표현의 조형적인 맛을 근저에 깔고 있음은 물론이고 저항과 혁명의 에너지를 기념비적인 작품에 담아낸 청년 작가의 야심을 읽어 낼 수 있다.

80년대 정서를 고스란히 간직한 노동자 농민의 모습은 '넥타이를 맨 노동자, 샐러리맨'으로 대체된다. 샐러리맨은 초기의 혁명적 낭만주의를 변용한 구본주의 90년대식 아이콘이다. 노동자 농민의 형상이나 갑오농민운동과 같은 혁명적 낭만주의의 서사성은 〈배대리의 여백〉 이래 넥타이를 맨 노동자, 샐러리맨으로 변모한다. 현장 투신을 모색하며 노동운동가를 꿈꿨던 그가 예술가의 길을 걷고자 했을 때 그는 이미 지식인으로서의 자신의 모습을 확인했을 것이다. 산업사회의 전형적인 노동자상은 공장 노동자의 전형성만 대변하는 것이 아니었으므로 그는 도시 산업사회에서 고단한 일상을 반복하고 있는 샐러리맨의 모습을 통해서 80년대적인 상투적 리얼리즘에서 탈피하고자 했던 것으로 보인다. 탄탄한 사실적 묘사력을 바탕으로 주로 길쭉하게 형상을 왜곡하는 일러스트 기법을 입체 조형에 도입함으로써 극도의 긴장감을 조성해낸 것이다.

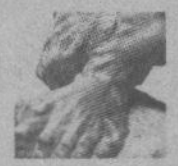

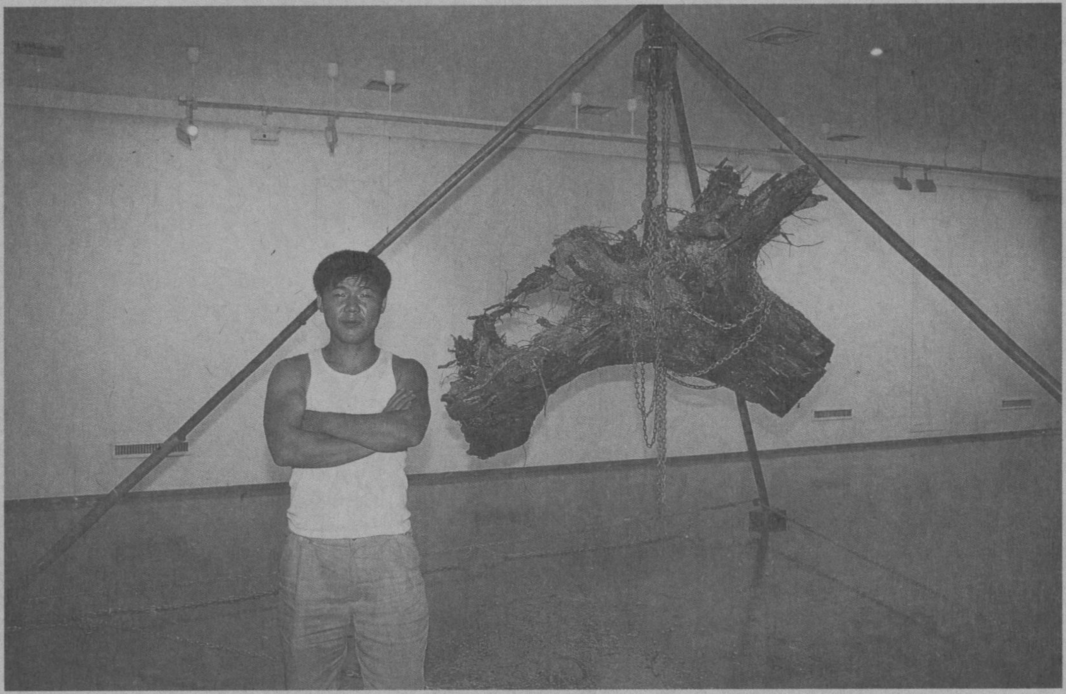

매체와 기법의 탁월함은 구본주에 대한 상찬의 부정할 수 없는 증거이다. 구본주의 손은 거침없이 흙이며 나무, 쇠, 동판 등의 재료들을 주물렀다. 초기 습작 시절에는 흙작업으로 탄탄한 사실성이 돋보이는 작업을 선보인 그는 본격적인 작업에 임하기 시작하면서 나무를 만지기 시작했다. 그는 나무를 통해서 속도감 있게 조형적 성과를 확인할 수 있는 길을 택했다. 뿐만 아니라 작은 각목들을 접합해서 독특한 맛을 냈다. 게다가 얼굴이나 손, 발과 같은 부분을 별개의 나무로 사용함으로써 통나무의 부담으로부터 벗어났다는 점도 특이하다. 쇠를 다루는 구본주의 처절한 노동에서는 경탄을 금치 못한다. 통 쇠를 두드려서 만든 〈6월〉을 보면, 돌을 움켜쥔 손은 마치 흙작업을 주물로 떠낸 것 같다. 딱딱한 매체를 연성화한 지난한 노동의 손길을 실감할 수 있는 작품이다. 두꺼운 쇠 철판을 두드려서 옷의 선을 만든 것 또한 가히 초인적인 힘을 느끼게 한다. 그것은 힘이 아니라 정교한 기술이라는 점을 다시 생각해 볼 필요가 있다. 숙련된 장인적인 기교가 쌓여 엄청난 힘을 발산하는 영민함이 돋보인다. 힘으로 작업하는 작가라는 세간의 평을 받았던 그는 사실은 정교한 기술과 명민한 두뇌 플레이로 단단한 물질과의 대결 구도를 부드러운 형상화 능력으로 갈파했다는 점을 간과해서는 안 될 것이다. 그가 선보인 힘의 미학은 철저한 계산에 의해 산출된 결과이며, 숙련된 기교의 섬세함에서 나온 것이었다. 초기작에는 브론즈로 뜬 작품이 드문데 이것은 재료비를 감당하기 어려운 젊은 작가이기 때문이기도 했겠지만, 유난히 철과 나무가 많은 것은 자신에게 맞게 매체적 특성을 확보하기 위한 방법으로 보인다. 동판 또한 색의 변화를 가져다 줄 뿐만 아니라 쇠에 비해서 용이하게 표현 효과를 얻어 낼 수 있다는 장점을 가지고 있다는 점에서 구본주 작업의 주요 매체로 자리잡기에 충분했던 것으로 보인다.

서른둘의 구본주는 두 번째 개인전 '존재와 의식'(원서갤러리, 갤러리사비나, 1999)에서 절정의 손맛을 선보였다. 이 전시의 백미는 손의 표정을 담거나 신발, 얼굴 부분 등을 극도로 절제된 형상으로 표현한 작품들이다. 〈절망〉 〈숨은그림찾기〉 〈위험한 상상〉과 같이 손의 모습을 통해서 이야기 구조를 끌어내거나 〈시작하는 손〉 〈시작한 손〉 〈너무도 간절한〉과 같이 절제된 형상으로 손의 표정만으로 이야기를 건네기도 했다. '철판을 열심히 두드리고 자르고 휘어서 형상화했다'는 〈연인(신림장 여관)〉이나 〈가족(편안한 귀가)〉와 같이 철판의 두께와 용접기의 흔적, 망치질의 흔적을 통해서 진하게 인간미 넘치는 신발 몇 켤레를 남기기도 했다. 〈이게 웬 날벼락〉은 20세기 말 한국 자본주의의 현실을 고스란히 담고 있다. 국제금융기구의 철퇴를 맞고 휘청거리는 한국 사회의 단면을 담은 것이다. 〈그는〉이라는 작품은 '황동과 적동, 백동을 열심히 두드린 방짜 기법을 사용해서 형태를 만들어 줬다.'고 적고 있는데 동판 재료와 방짜 기법을 보여주는 대표작이다. 구본주는 이 시기에 절정의 형상조소작업을 탄탄하게 갈고 닦아낸 장인적 솜씨를 한없이 빛냈다. 길쭉하게 늘어난 형상 왜곡이 심화되면서도 조형적으로 일러스트 기법을 도입함으로써 경쾌한 동세를 만들어 냈다. 동판과 철판을 두드려 형상을 만드는 단조 기법과 목조각의 절묘한 소조 작업이 무르익은 시기이다. 부분적인 사실 묘사를 통해서 절제된 형상 설정을 보여준 점이나 인체 변형을 극대화한 점 등 가히 천재적인 솜씨와 장인적 기질을 발휘했다. 서른을 갓 넘긴 나이에 절정의 기량을 선보임으

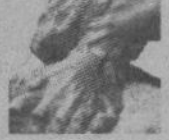

로써 청년 작가의 완성을 보여준 것이다.

세 번째 개인전 '우리 시대의 표정: 아버지'(예술의전당 한가람미술관, 2002)는 IMF 이후 침체된 가부장 남성들의 이미지들을 담고 있다. 큰 조각의 웅장한 힘과 작은 조각의 섬세한 맛이 잘 살아난 전시다. 철판을 두드리고 이어 붙여 5미터 길이의 구두를 만든 〈하늘〉은 거대하면서도 텅 빈 가부장의 모습을 담고 있는데, 절정의 힘과 넘치는 기량, 느긋한 땀방울을 실감할 수 있는 작품이다. 〈디 엔드〉는 퇴근하는 길에 불을 끄면서 자기 자리를 돌아보는 중년 샐러리맨의 모습을 담고 있다.

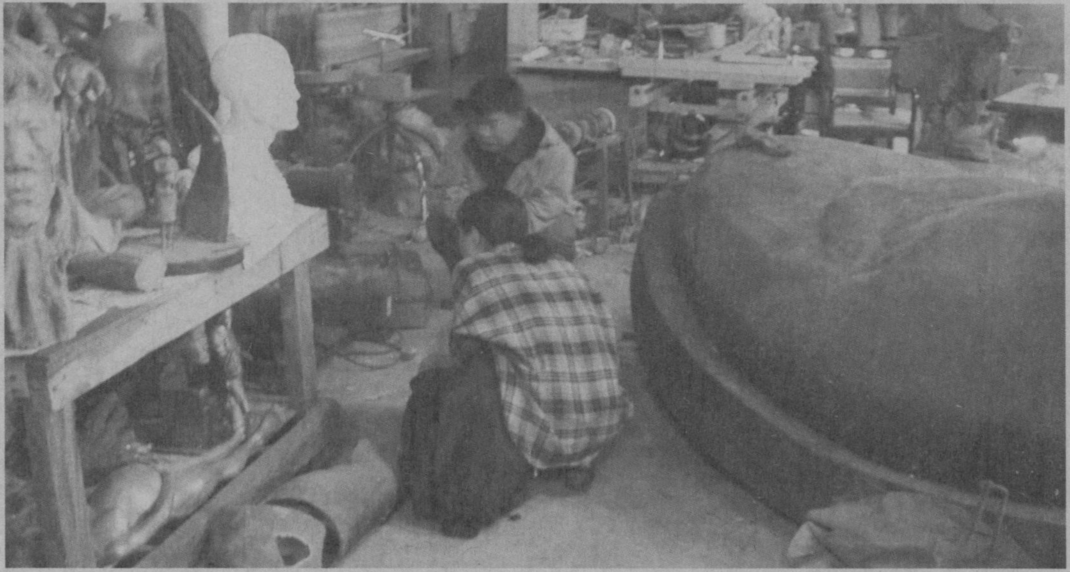

〈아빠의 청춘〉이나 〈위기의식 속에 빠진 그는〉 연작은 몸통과 사지에 손과 발, 얼굴 등을 끼워 맞춤으로써 자연스러운 동세를 유도했던 구본주 특유의 방법을 목조각에 적용한 성공적인 사례이다. 그는 '시스템에 버림받은 주인 없는 개들을 상상한다. 그리고 그는 믿고 싶다. 자신의 시스템이 완벽하기를. 그러나 그는 안다. 그 시스템이 얼마나 불안한지.'라며 시스템으로부터 소외당한 왜소한 가부장 남성의 모습을 버림받은 거리의 개에 비유하고 있다. 가족, 가부장, 샐러리맨 등의 요소를 배치한 이 전시에서 구본주는 전시장 전체를 하나의 서사 구조로 만들기 위해서 전시장 입구의 바깥 공간부터 벽면과 중심 공간은 물론 바닥과 천장에 이르는 공간 구성을 시도했다.

3.

요컨대 구본주는 휴머니즘을 안고 형상예술의 방법으로 리얼리즘 미술을 추구한 내용적 진보주의자였다. 구본주의 예술 세계를 가늠하는 가장 큰 잣대는 휴머니즘이다. 그가 태어나서 자란 환경이 규정하는 바, 그의 휴머니즘은 어떠한 이데올로기를 앞세우기보다 인간 자체에 대한 애정에서 출발한 것일뿐더러 인간의 삶에 대한 진지한 성찰을 담고 있는 것이다. 예술 방법론에 입각한 규명은 형상조소예술의 맥락에서 출발한다. 그는 80년대 이래 발흥한 형상조형의 세례를 받은 작가이다. 그의 스승인 류인 이래 90년대 형상조소예술을 이어온 중요한 작가 가운데 한 사람이라는 점, 각별히 기억해 두어야 할 지점이다. 리얼리즘 미술운동의 연장선상에서 파악할 수 있는 그의 성과 또한 구본주 예술의 시작과 끝을 관통하는 일관된 기조이다. 그는 학생 시절 소비에트 연방이나 중국, 북한의 리얼리즘 미술의 영향을 받았을 뿐더러 80년대 민중미술의 영향을 받았으며, 학생미술운동이래 현장미술 활동을 포함해 전업 작가 생활을 하면서도 일관되게 현실 비판의 맥락을 주제화했다.

리얼리즘적 태도는 그가 추구했던 정치적 진보주의나 형상미술의 방법을 통해서 자본주의 사회에서의 계급성을 드러내려는 노력으로 이어졌다. 노동자 농민의 모습을 샐러리맨으로 전환하면서 다소 유연하게 보여주었던 계급성에 대해서 구본주는 '내년에 선보일 개인전에서는 첨예하게 계급성을 드러내는 전시를 하겠다.'고 밝힌 바 있다. 20대의 구본주를 형성했던 계급의식을 본격적으로 풀어내야겠다는 소명 의식과 자신감을 가지고 있었던 것으로 보인다. 그는 이 숙제를 남기고 어느 날 갑자기 작고 작가가 되었다. 그의 마지막 작업 가운데 하나가 〈별이 되다〉이다.

내용적 진보주의와 형상조소예술의 방법론으로 절정을 향해 치달았던 구본주. 그가 별이 되었다. 이제 남은 것은 그를 기리는 마음들이다. 남은 이들이 현실과 예술을 대하는 긴장을 늦추지 못하는 것은 그가 남기고 간 꿈을 가슴속에 새기고 있기 때문일 것이다.

김준기 (미술평론가)

학생미술운동과 노동미술운동을 통해 구본주 작업 과정을 유추함

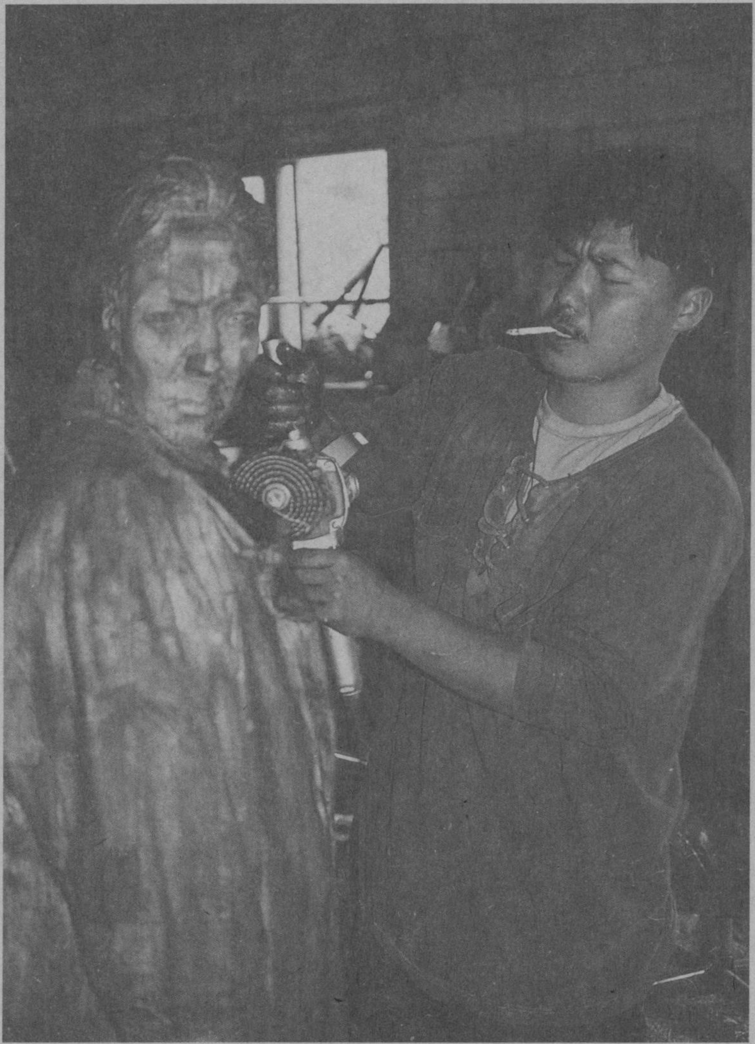

구본주와 내가 처음 만난 것은 80년대 후반 대학 시절이었다. 그 후 여러 가지 사정으로 인해 만나지 못한 우리는 1990년 특별한 인연으로 수원에서 함께 생활하게 되었고 많은 일들을 함께 경험하게 되었다. 이미 많은 시간이 흘렀고 함께 했던 그가 지금은 없지만 부정확한 기억을 더듬어 1980년대 후반과 1990년대 초반 그를 만난 과정과 함께 했던 일들, 나누었던 이야기를 정리해 봄으로써 90년대 초반 구본주의 작업적 배경을 유추해 보고자 한다.

80년대 민족미술계 내의 사회 구성체 논쟁(사구체 논쟁)은 당대 한국 사회의 성격을 어떻게 분석하고 규정하느냐에 따라 운동의 방법이나 변혁의 주체, 먼저 할 것과 나중에 할 것, 핵심 역량을 투입할 것과 부수적인 투쟁의 영역이 갈림으로 대단히 치열하게 전개되었다. 물론 그 논쟁의 실제적인 배경에는 분명 사람 간의 연이나 기존 혹은 새로 만들어지는 민족미술계 내부의 개인적, 그룹적 알력이나 역학 관계도 작용하고 있었다. 그러나 본질적인 면에서는 일제하 이후 계속되던 침체로부터 벗어나 새로운 지평을 열고자 하던 민족미술의 나아갈 방향에 대한 치열한 고민들을 담고 있었다. 이러한 상황 속에서 80년대 중후반 민족미술 진영의 정치적 헤게모니 싸움의 중심은 민족 모순을 중심으로 한국 사회 변혁을 바라보던 민족민주(NL)그룹과 계급 모순을 핵으로 본 민중민주(PD)론을 주장하는 그룹 간에 위치해 있었다. 물론 당시 민족미술계 내에는 이외에도 다양한 스펙트럼의 이론적 경향들이 있었으나 이 두 그룹의 논투를 중심으로 민족미술의 관점, 동력, 방법, 형식에 대한 다양한 논의들이 연쇄적이고 격렬하게 일어났다. 이러한 논투의 과정을 학생운동에 한정하여 본다면 학생미술운동은 경향상 민족민주(NL)적인 지향이 높은 학생들이 주도하게 된다. 이것은 초기 학생미술운동에 주도적으로 참여하던 학생들의 이념적인 성향과 관련이 크며, 외부적으로는 당시 학생운동의 외형적인 중심체였던 전대협이나, 학생미술운동과의 연계가 강했던 사회 미술인 단체인 민미련의 조직적, 이념적인 영향도 있었다. 당시 학생미술운동의 논투는 치열한 만큼 주도권을 쥔 그룹이 배타적인 경향을 보일 수밖에 없었는데 논투의 과정을 통해 주도권을 장악치 못한 학생미술운동의 민중민주(PD) 계열 동력들은 학생미술운동의 비주류 그룹으로 주류 그룹에 대한 정치적 견제 세력으로 활동하거나, 총학생회, 단과대 학생회 등 학생대중운동이나 학생미술운동 외의 기타 서클, 동아리, 정치적 전위 그룹 등으로 활동 영역을 바꾸는 경우도 많았다. 이런 결과는 논투가 80년대라는 엄혹한 상황 속에서 학생운동의 본질적인 문제였던 점도 있지만 결과적으로 학생운동이 다소 과다한 헤게모니 경쟁에 경도되어 있었으며, 아직 민족민중미술이 추구해야 할 본질에 보다 가까이 접근할 수 있는 탄력성과 군부독재라는 거악에 맞서는 연합전선을 구축할 정도의 역량을 갖추지 못한 한계를 드러낸 것이라고 할 수 있다.

내가 구본주를 만난 것은 대략 1987년경이었다. 당시는 전술한 학생미술운동의 본격적인 면모나 이론이 갖추어지기 전으로, 이를 만들어 가기 위한 소박한 논의와 학교 간의 초기적 형태의 연대가 활발히 이루어지던 시기였다. 이때 미술 학생들에게는 아직 장르적 운동에 대한 확신보다는 미술 학생이라는 동업자적 연대 의식이 앞섰으며 학교 간의 연대를 위한 논의도 학생회를 중심으로 한 계열 운동과 미술운동이라는 장르 운동의 고민이 구분 없이 섞여 있어서 학생회 간부와 동아리 운영자가 함께 하는 연석회의 식의 모임이 잦았던 때이다.

이런 식의 회합은 점차 동아리와 학생회의 역할과 운동의 방법론적인 구분 의식이 자라면서 동아리를 중심으로 한 청미공이 구성되고 차후에 학생회를 중심으로 미술대학생회연합(협의회)이 결성되면서 학생미술운동을 분담하게 된다. 이렇게 학생미술운동이 장르와 계열 운동으로 분리되면서 활동인자들도 조직이나 자신의 결정과 필요, 성향에 따라 활동의 장을 설정하고 역할을 분담하게 된다.

이때 초기의 연석회의에 적극적으로 참여하던 구본주는 미술 학생의 장르 운동의 중심체였던 청미공이 본격적인 조직 형식을 갖추고 활동을 시작하던 시기 학생미술운동에 대한 참여보다는 개인 작업을 중심으로 학습 서클, 학생회 활동에 보다 관심을 두게 된다. 이것은 구본주 자신의 성향이 미술운동이라는 장르 운동에 맞지 않는다는 생각 때문이겠으나 당시 학생미술 운동 내의 이념적인 갈등과도 연관이 컸던 것으로 기억한다.

그는 당시 사구체 논쟁과 변혁 운동에 대한 정치적인 입장에서 민중민주(PD)적 경향을 가졌다. 그가 이러한 정치적 경향을 가지게 된 학습 과정에 대해서는 알 수 없으나 당시 그는 일상적으로 벌어지던 정치 토론에 있어서 매우 진지하고 열정적이면서 고집스럽고 경직된 태도로 민중민주(PD)적 입장을 주장하였다. 이러한 그의 입장은 학생미술운동의 주류 그룹과 이념적, 방법론적 간극과 갈등을 일으킬 수밖에 없었으며 장르 운동을 포기했던 것도 이러한 과정과 무관치 않을 것이다.

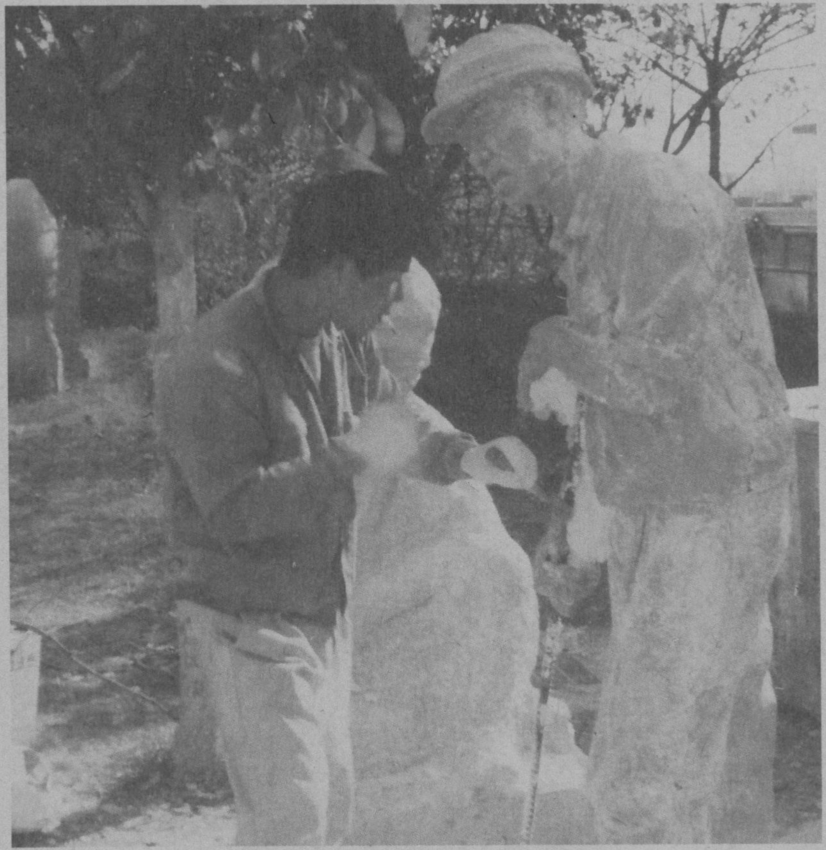

반면 당시 그의 작품에 드러난 것을 보면 정치적인 입장의 다소 경직된 틀을 넘어선 다양한 내용들을 담고 있었다. 정치적인 관점과 개인 작업 간에 보이는 이러한 간극은 그가 당시 학생미술운동에서 일정한 정도 벗어나 있었다는 것을 보여 준다. 당시의 학생미술운동이 집단 창작만이 아니라 개인 작업까지 예술 형식과 내용에 대해 집체적인 방식의 논의와 실천을 시도하였던 것에 반하여, 그는 정치적 관점 혹은 활동과 분리된 개인 작업을 하고 있었던 것이다.

더불어 고려해야 할 부분은 당시 학생미술운동이 정치적 프로파간다에 활동 영역을 집중하고 있었던 점이며 매체의 면에서도 이에 걸맞는 걸개그림, 깃발, 포스터, 판화와 같은 회화 쪽에 편중된 면도 그가 학생미술운동에 적극성을 갖지 못하게 만든 이유가 아니었는가 생각한다. 조각의 특성상 집회, 행사 등의 선전선동물로 주로 쓰이던 학생미술운동의 창작물들로는 기동력이 떨어질 수밖에 없었을 것인데 조각 장르에 대한 재능과 더불어 깊은 애착을 가지고 있던 구본주는 자신의 재능을 풀어낼 수 없는 장르 운동에 소극적일 수밖에 없었을 것이다.

물론 그럼에도 불구하고 당시 폭발적인 수요에 힘입어 집체 창작 방식으로 활발한 활동력을 보이던 홍익대학교 단위의 학생미술운동 창작 활동에 해당 창작물이 쓰이던 정치 집회나 행사의 성격에 따라 탄력적이면서 적극적으로 참여한 것으로 기억한다.
1990년 직전 작업에 대한 태생적이고 충동적인 동기와 열정만큼이나 사회 변혁을 위한 학생정치운동에의 참여를 절실하고 당면한 일로 생각했던 구본주는 홍익대학교 부총학생회장에 출마하고 교내 시위에도 주도적으로 참여하다 경찰의 수배를 받고 수원으로 오게 되었다. 그러나 경찰의 수배는 표면적인 이유일 터이고 수원으로의 도피는 새로운 환경과 충동을 원하던 당시 그의 필요에 의한 것이었다. 총학생회 선거의 실패나 작업과 미래에 대한 불분명한 전망을 가질 수밖에 없는 현실 속에서 새로운 출구를 찾는 과정에 수원 지역에서 대안을 찾고자 한 것이다.
수원에서 그는 손문상, 신경숙, 내가 기존에 의기투합하여 운영 중이던 노동미술연구소(이하 노미연)에 합류하여 일했으며, 나중에 수원미술인협의회의 일원이었던 먹그림 작가 최춘일의 화실에서 소묘와 소조를 가르치던 강사로 생계도 마련하며 2년 정도를 수원에서 머물게 된다. 우리가 함께 하던 노미연은 수원을 근거지로 하여 인근의 화성군, 용인군 등지의 노동자문예운동을 지원하고자 구성된 조직으로 대학에서 한국화를 전공하고 태백의 노동 현장에 투신하였다가 구속된 이후 자신의 출신지인 수원으로 근거를 옮겨 노동자문예운동을 구상하던 손문상, 학생미술운동의 활동가 출신으로 자신들의 고향으로 돌아와 회화 작업을 하던 신경숙과 내가 있었다.
당시 수원은 여느 중소도시와 마찬가지로 시민사회 단체와 노동운동 단체들이 활발한 활동을 하고 있었고 지역 문예 운동가들의 연합체인 수원문화운동연합이 문학, 연희, 미술 등을 포괄하고 있었다. 여기에 미술 분과로 이후에 민족미술인 대중조직인 수미협으로 분리되는 새벽회가 있었다. 당시 손문상과 신경숙, 나는 새벽회의 전, 현 회원으로 활동하면서 별도의 노미연을 운영하게 되었다. 노미연의 주된 활동 내용은 수원과 인근 지역에서 활발히 활동하던 선진적 노동조합에 대한 문예 지원의 차원에서 노동자 소그룹(문예 서클)의 정기적인 교육, 창작 지원을 일상적이고 정규적인 활동으로 하며, 노보 발행(편집, 디자인, 만화), 노동조합 깃발 제작, 사업장 벽화 창작 지원 활동 등을 펼쳤다. 이외에 정기, 비정기적으로 발생하는 파업 현장에 대한 지원을 위해 조합원 파업 현장 집단 창작 교육 지원, 현장 소품(깃발, 걸개, 플래카드, 머리띠 등) 제작 지원 등의 활동을 하였다. 더불어 노동운동 외곽 단체에 대한 문예 창작과 지역 시민단체와 연계된 기동적인 지역 문예 활동을 병행하기도 하였다.
당시 노미연의 활동들은 내용적으로는 노문연(민족미술협의회 산하, 서울), 서미련(전국민족민중미술운동연합 산하, 서울), 안문연 창작단(안양문화운동연합 산하, 경기도 안양) 등의 단체, 집단과 유사성을 가지고 있으나 노동자 현장 문화 활동 지원을 중심으로 한 면이나 그것이 노동조합과 연계하여 보다 일상적으로 이루어졌다는 데 특징이 있다.

구본주가 수원에서 활동하게 된 것은 학교 내 문제나 경찰의 수배를 받게 된 개인적인 문제도 있었지만 그의 졸업 이후(이 점에서 정확히는 학교 이후가 적당할 것이다. 왜냐하면 학교, 졸업, 작가라는 형식적인 틀을 떠나 자신의 향후 거취, 일종의 사회 투신에 대한 진지한 고민을 하던 시기였다.) 노동 현장

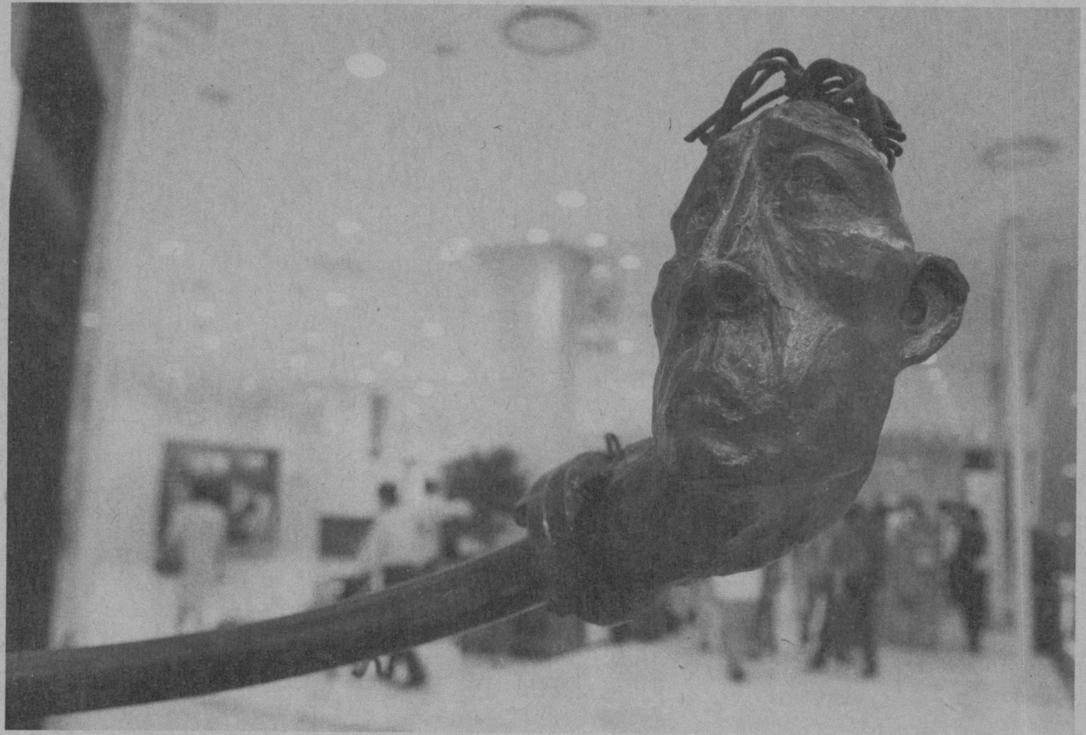

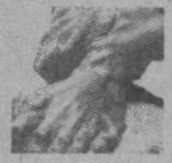

투신에 강한 희망 때문이기도 하다. 그런 이유로 노미연 활동을 하던 초기에는 현장에서 만난 학출 노동 활동가나 지역 노동운동 단체 활동가들을 통해 수원 지역 인근의 노동 현장 투신에 대해 구체적으로 알아보기도 하였다. 그는 평소 학생운동의 경험을 통해 느낀 계급적 한계를 새로운 환경에서 뚫어 보고 싶었던 욕구와 함께, 자신이 가지고 있던 변혁 이념을 실현하는 보다 강력하고 구체적이며 이상적인 현장으로 노동운동을 상정하며 고민하였던 것이다. 그의 투신에 대한 고민들은 노미연 내부의 진지한 논의 대상이었다. 왜냐하면 노미연은 미술가들의 가입을 전제로 구성, 운영될 수 있었고 그와 같은 열정과 재능을 가진 활동가가 절대적으로 필요했기 때문이다. 그의 투신을 위한 진지하고 오랜 논쟁의 핵심적인 내용은 '변혁 운동 대오의 주체 세력은 누구인가?', '노동운동 내의 다양한 구성원들의 계급성의 문제를 어떻게 극복하고 나아가 가장 효율성 높게 자원으로 활용할 것인가?', '각성한 지식인(미술인)의 계급적 과제는 무엇이며 시급하고 당면한 역할은 무엇인가?' 등이었다.

사구체에서 계급, 미술인으로서 역할과 전망에 이르는 이런 논쟁 과정을 통해 그는 노미연에서 활동하기로 하였고 여러 가지를 고려하여 내부적으로는 역할 분담도 하게 된다. 손문상, 신경숙과 내가 노동 현장 문예 활동을 중심으로 하는 것에 상호 보완적인 역할로 구본주는 개인 창작과 학습을 통해 형식과 내용 문제에 있어서 리얼리즘적 전형성을 연구하고 창작 성과를 도출하는 것으로 역할을 설정하였다. 역할 분담의 배경은 그가 가진 작업에 대한 욕심과 넘치는 창작 재능을 충분히 살릴 수 있도록 하려는 배려가 컸다. 그러나 확정적으로 말할 수 있는 면은 아니지만 정치적인 관점에서 비교적 유기적인 관계를 형성하고 있던 손문상, 신경숙, 나에 비하여 그는 경향과 노선을 달리하였던 것도 충분한 고려 대상이 되었다.

어쨌든 이를 계기로 그는 개인적인 고민과 여러 어려움 외에는 이제까지 어떤 때보다 안정적인 작업 환경을 마련할 수 있었고 더욱이 그에게 고무적인 측면은 노동 현장을 가까이서 경험하면서 자신의 창작적 자양을 넓힐 수 있었다는 점이다. 그는 연구와 창작이라는 역할 분담에도 불구하고 늘 급박하게 발생하는 노미연의 상황적 업무로 노조 산하 미술 동아리의 교육이나 파업 현장 지원 활동에 참여할 기회가 많았고 이를 통해 다양한 노동 현장을 경험할 수 있었다.

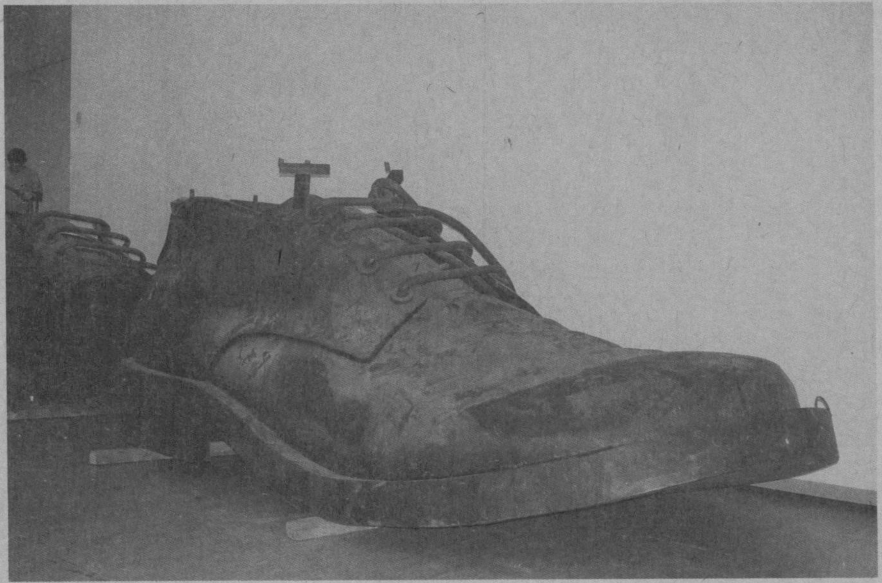

노미연 활동은 노동운동에 대한 장르적인 측면 지원의 성격이 강했으며 이는 대부분 비전문가인 노동자의 자발적인 참여와 이에 대한 전문가의 문예교육 차원에서 이루어졌다. 이 과정에서 노동자 참여의 효율성을 높이고 지원의 전문성을 강화하기 위한 다양한 방법과 형식상의 고민들이 있었는데 리얼리즘 논쟁을 중심으로 한 형식의 문제들이 집단적인 학습과 논의, 집단 창작, 개인 창작을 통해 실험되었다.

노미연의 창작 형식과 방법의 문제는 이미 80년대 활발했던 민족미술계 내외의 다양한 경험과 사례들이 충분한 고려의 대상이 되었으며, 리더였던 손문상이 성실성과 경험에 의한 탁월한 현장 감각으로 많은 부분들을 풀어 나갔지만 개인 창작의 부분에서 구본주의 열정과 실천은 단연코 돋보였다. 그는 현장 문예 활동을 통해 경험한 내용들을 일기를 쓰듯이 작은 흙작업으로 기록하였으며 책이나 사람들과의 대화를 통해 나름대로 설정한 상을 상징적으로 표현하기 위해 노력하였다.

당시 그의 작업에 미친 형식적 영향들은 이외에도 케테 콜비츠, 소련과 중국의 사회주의 리얼리즘, 북한 미술 등이었는데 여기서 빌려오고 나름대로 변형한 형식을 노동 현장을 통해 경험한 내용과 결합하는 식으로 작업에 실행해 보았다. 그러한 작품 중 대표적인 것으로 〈노동자의 깃발은 무엇으로 지켜지는가〉(석고에 채색, 1990년 작품, 이 작품의 팔뚝 부분은 〈혁명은 단호한 것이다〉라는 명제의 목조각으로 연결된다. 주목할 점은 비슷한 비주얼의 작품이 현대의 노동자와 갑오농민전쟁의 농민이라는 다른 시대적 상황과 상이한 계급적 상징을 담았다는 점이다.)는 안전모를 눌러쓴 노동자가 옆을 바라보고 억센 팔뚝을 내밀며 깃대를 잡고 있는 모습으로 북한의 철강 노동자 상을 표현한 작품과 유사성이 높은데 노동자의 계급적 각성을 촉구하는 강한 이미지가 대단히 치밀한 해부학적 표현으로 돋보이는 작품이다. 당시 이 작품은 수미협 회원 전시를 통해 발표되어 기능적인 완성도와 밀도 높은 표현력으로 대단한 호평을 받았다.

그러나 호평과 더불어 노미연 내부적으로는 비판도 있었는데 노동자의 상을 지나치게 관념적으로 표현한 것으로 남한 현실의 리얼리즘과는 거리가 있는 것이 아닌가 하는 내용이었다. 이때 그는 이 작품이 자신이 생각하는 노동운동의 이상적인 상을 표현한 것으로 관념적이라는 비판은 터무니없거나 너무 지나친 평이라고 반박하였으며 현실 속의 노동자를 표현하는 것이 리얼리즘의 전부는 아니라는 입장이었다.

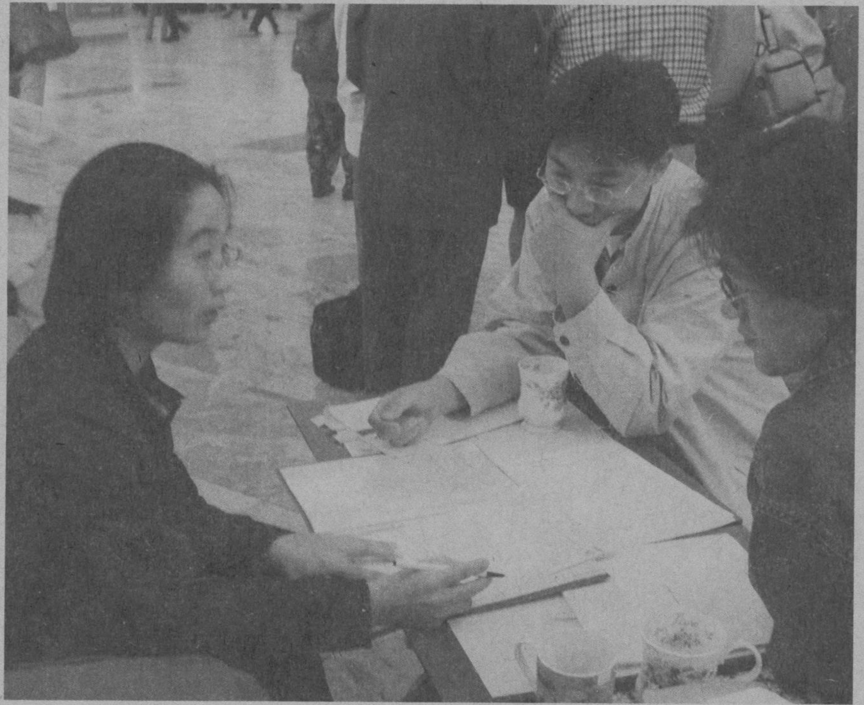

이 작업 뒤 그는 현장의 노동자들을 만나고 이들의 실체적 진실을 발견하면서 이를 표현한 파업(테라코타, 높이 약 20cm 내외의 군상, 1990년 작품)이라는 제목의 소품 테라코타 연작을 제작하는데 파업 현장에서 만난 다양한 군상들을 순간 포착 식으로 표현한 이 작품은 작은 조각전에 출품되었다. 이 작품의 제작 시기는 수원의 한일전자, 화성의 신호제지 등 노동조합 현장 문예교육 지원 활동이나 선진 노동조합의 파업 현장 지원 활동을 경험한 후로 기존에 그가 가졌던 관념적인 노동자의 상에 비해 새로운 관점을 담는 시기였다.

〈노동자의 깃발은 무엇으로 지켜지는가〉에서 〈혁명은 단호한 것이다〉 〈파업〉으로 이어지는 일련의 작업을 통해 구본주는 계급적 측면의 자기 확인과 더불어 세상에 대해 어떻게 작가로서 반응하고 작업으로 담아낼 것인가에 대한 방향감각과 자신감을 가지게 된 것으로 보였다. 작가로서 전환기적 시점이었던 셈인데 이전에 노동운동 투신에 대한 미련을 버리고 작업을 통해 자신의 내면에 끓어 넘치던 욕구를 풀 수 있는 가능성을 발견했으며 그렇게 바라던 노동운동의 현장을 통해 자신의 계급적 정체를 확인하면서 세상에서 자신이 감당할 몫에 대한 새로운 전망을 세웠던 것이다.

물론 이러한 구본주의 변화 배경에는 믿을 수 없을 정도의 속도로 진행되던 동구권의 몰락과 함께 조성된 정치적 국면이나, 1987년 이후 급격한 성장을 거듭하던 노동운동이 노태우 정권과 3당 합당으로 이어지던 개량적인 상황 속에서 겪던 혼란과 전환기적 어려움이 함께 하였다.

이런 상황 속에서 1991년 노미연은 지역 노동운동의 변화된 환경과 구성원들이 갖는 미래에 대한 불투명한 전망 속에 동력을 잃고 자발적인 해소를 결정한다. 노동자 문예운동을 통해 사회변혁에 참여하려던 소박하지만 분명한 꿈은 노미연의 현판과 함께 내려지고 구본주는 학교로 돌아갔다.

그의 작업에서 1990년대 초반의 노동자 상들이 샐러리맨 연작으로 전환되어 가는 과정은 비교적 개인 작업에 몰두할 수 있었던 환경에서 급격한 시대 상황의 변화와 자신이 체험한 노동현장, 이를 통해 구축한 새로운 계급적 자각이라는 맥락에서 이해할 부분이다. 관념적인 노동자 상에서 출발한 1990년 초의 작업이 삼자적인 입장의 단편적 시각이긴 하지만 구체적인 노동자의 상으로 나아가고, 다시 도시 서민의 상으로 변화되어 가는 것은 세상에 대한 그의 자각적 관점과 현실주의 작가로서 능동적인 태도의 변화로 읽을 수 있다는 것이다.

황이상 (전시기획자)

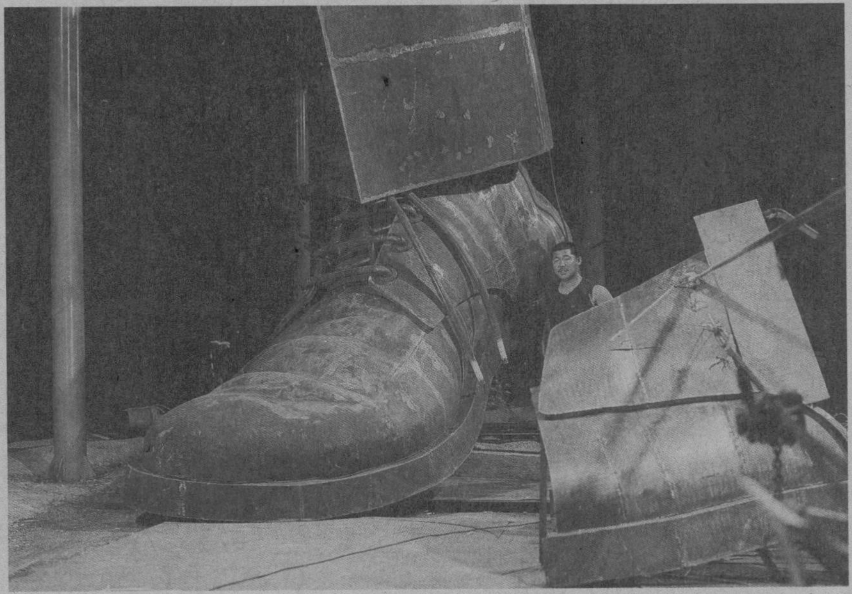

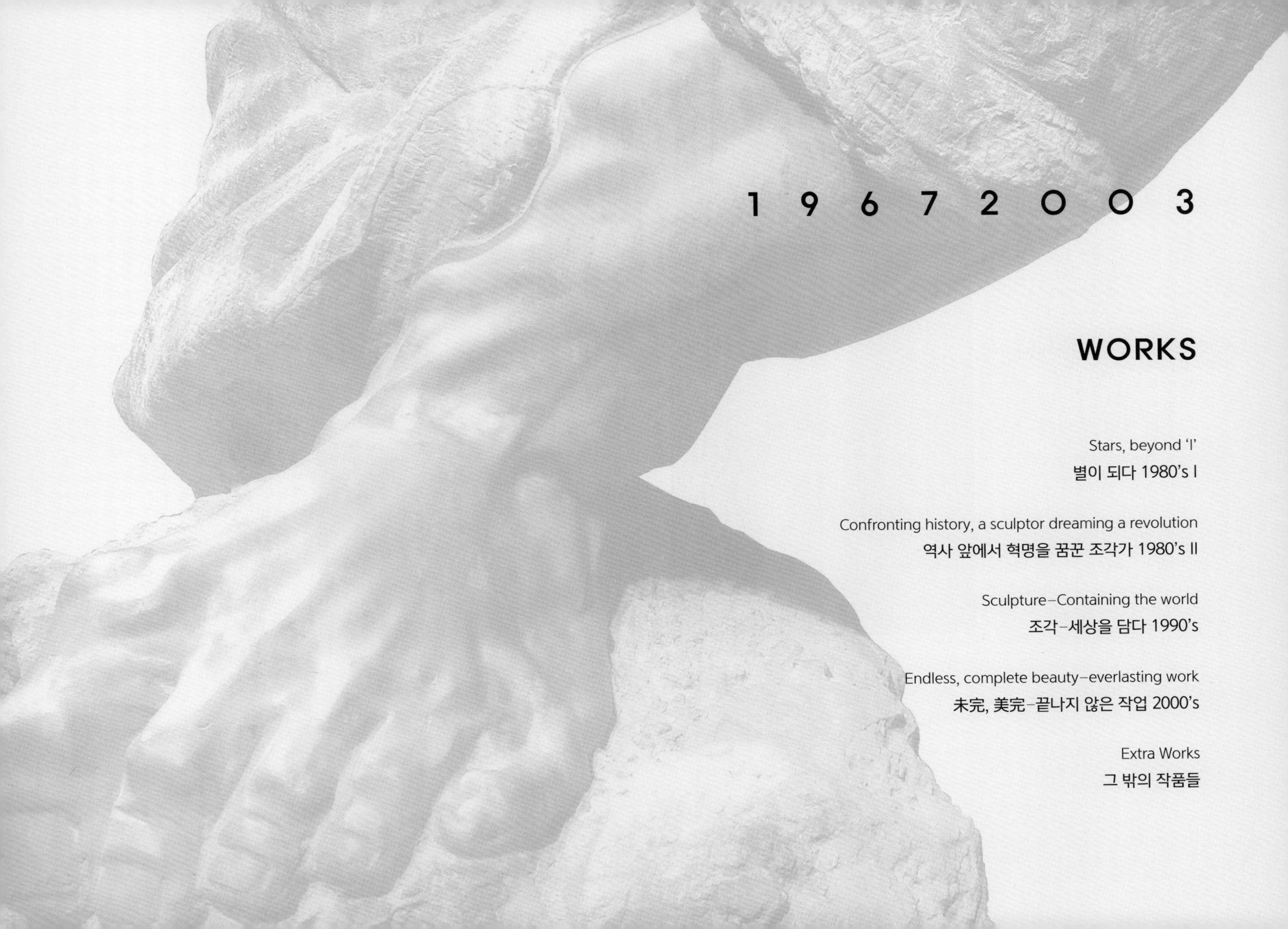

1 9 6 7 2 0 0 3

WORKS

Stars, beyond 'I'
별이 되다 1980's I

Confronting history, a sculptor dreaming a revolution
역사 앞에서 혁명을 꿈꾼 조각가 1980's II

Sculpture–Containing the world
조각–세상을 담다 1990's

Endless, complete beauty–everlasting work
未完, 美完–끝나지 않은 작업 2000's

Extra Works
그 밖의 작품들

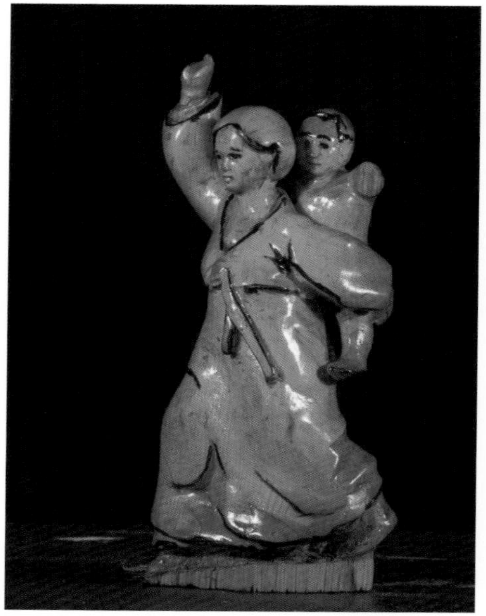
모자상, 1983

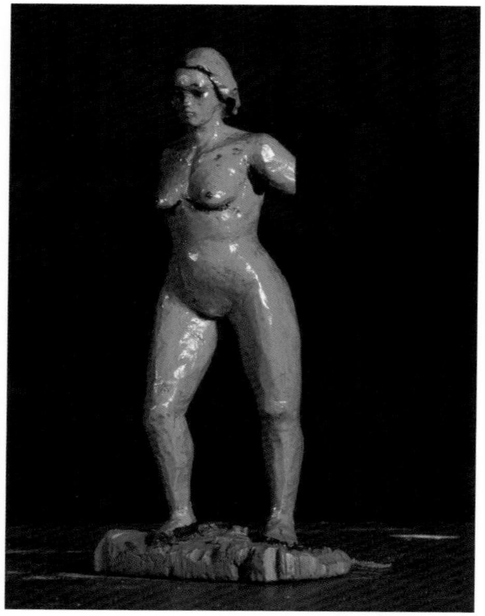
여인1, 1983

Stars, Beyond 'I'
별이 되다 1980's I

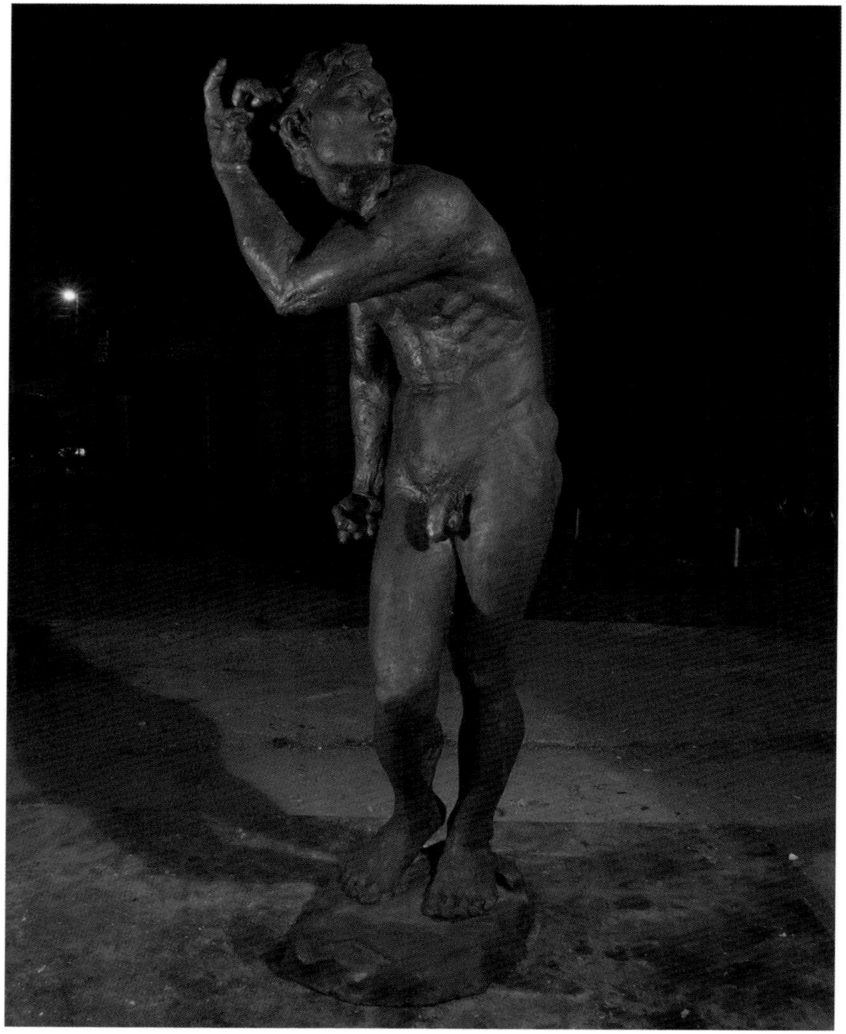

인체, 1986

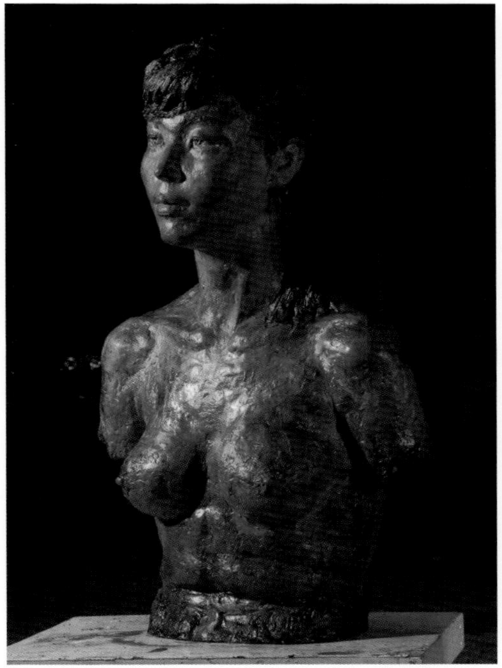
여인2, 1986

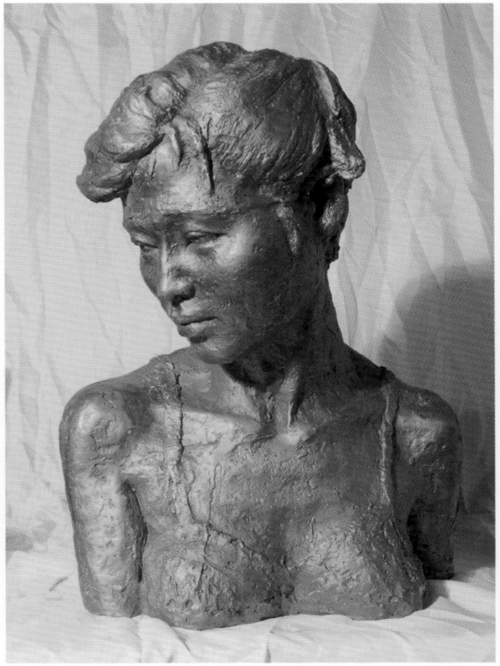
여인3, 1986

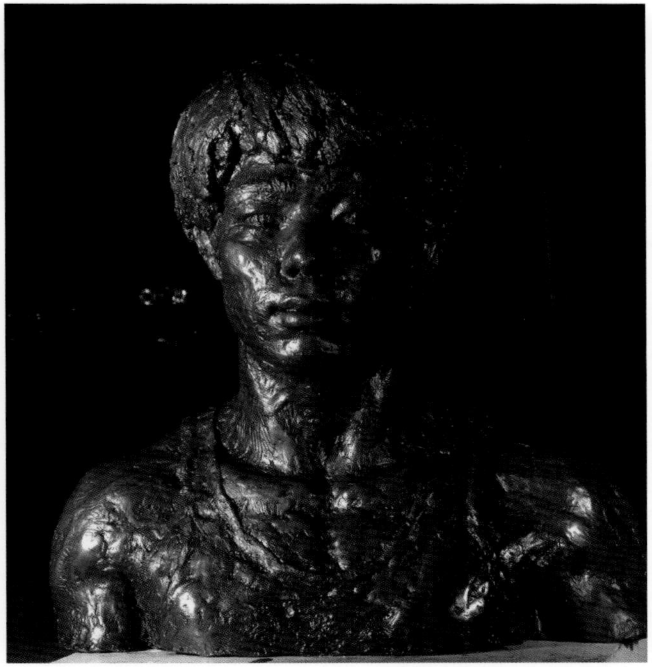
자소상, 1986

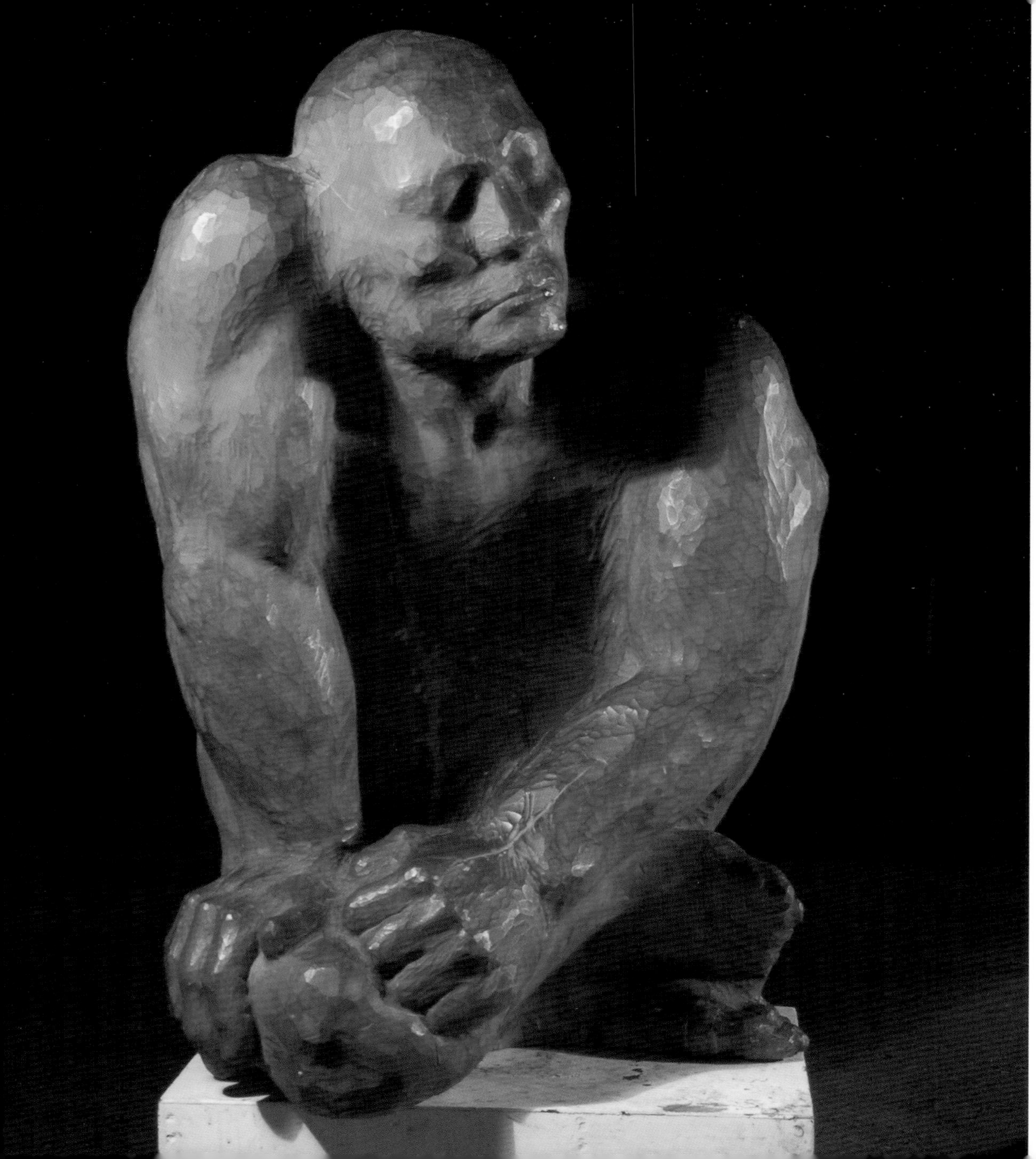

힘1, 1987

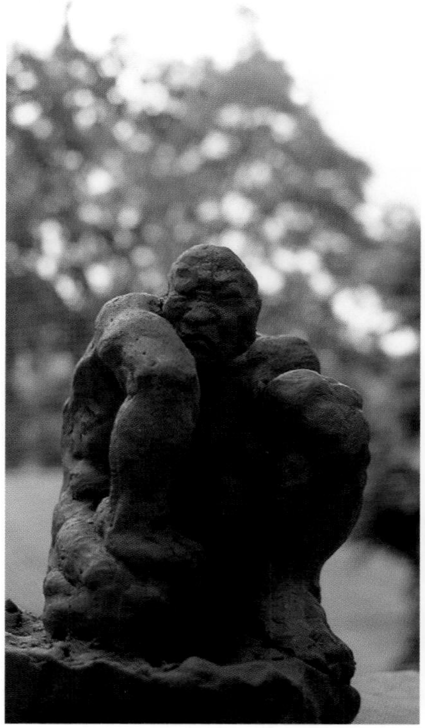

힘2, 1987

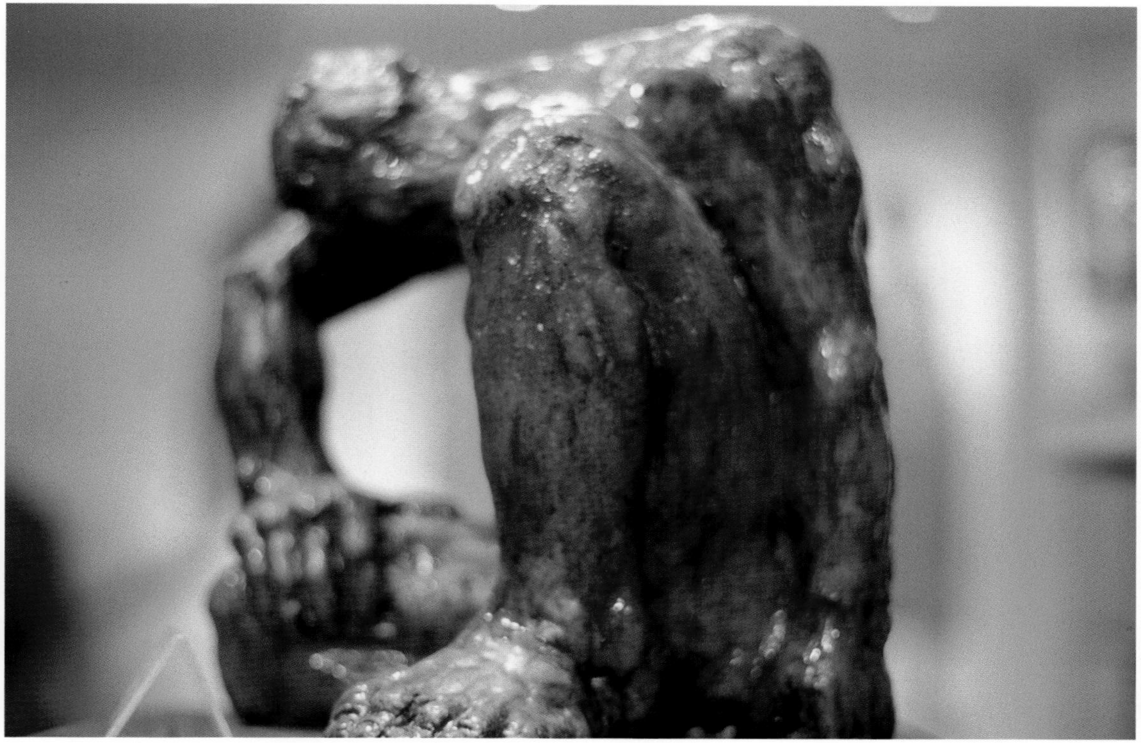

힘3, 1987

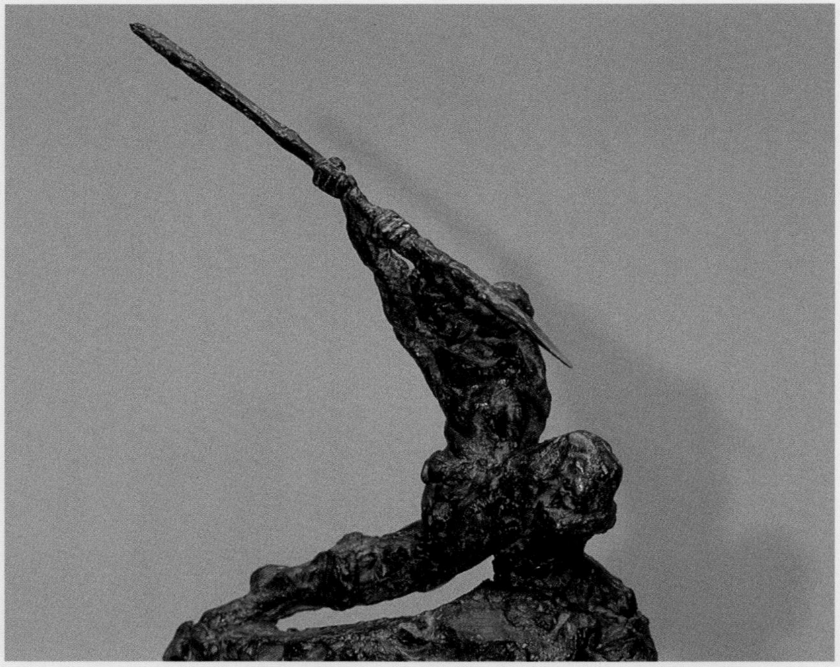

갑오농민전쟁1, 1995

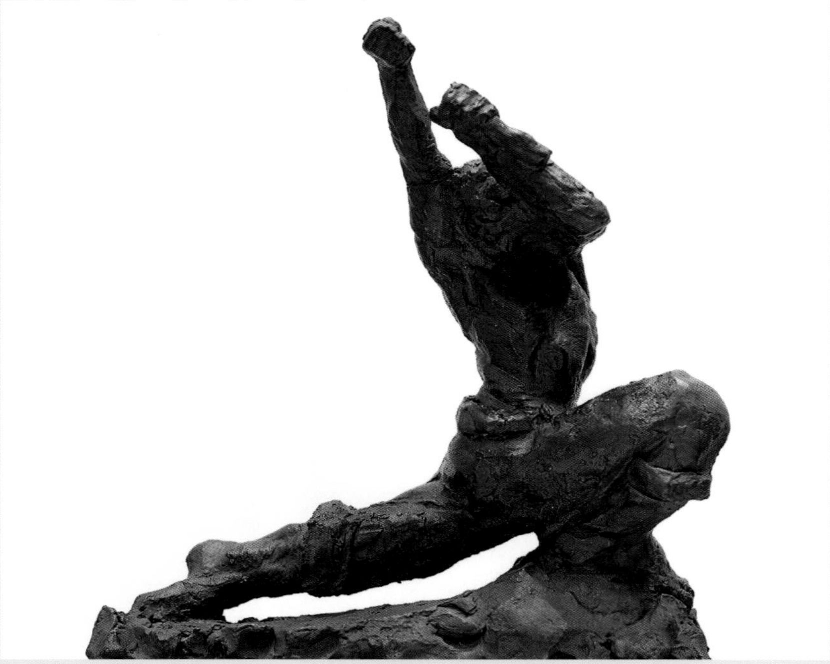

갑오농민전쟁1, 1987

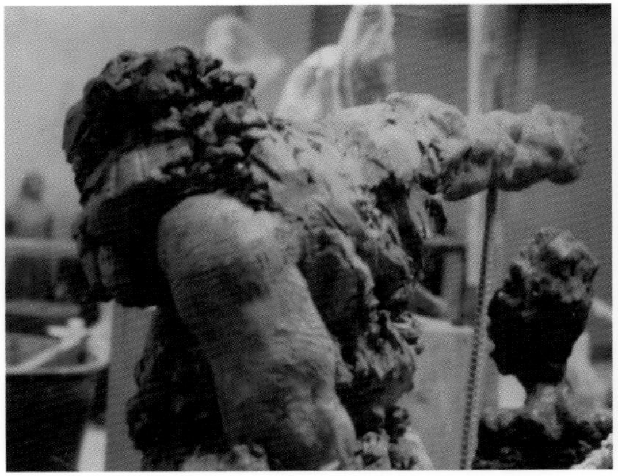

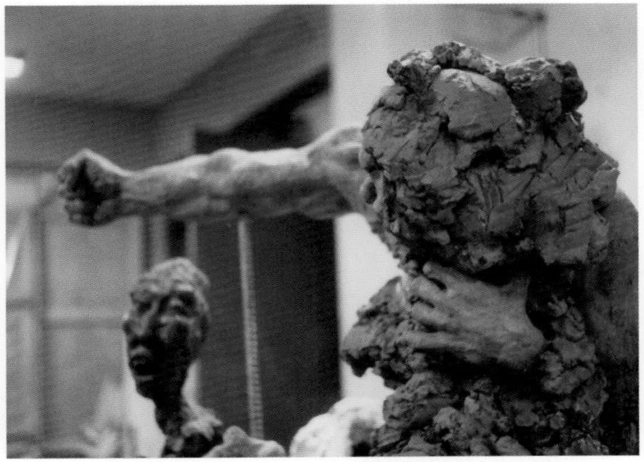

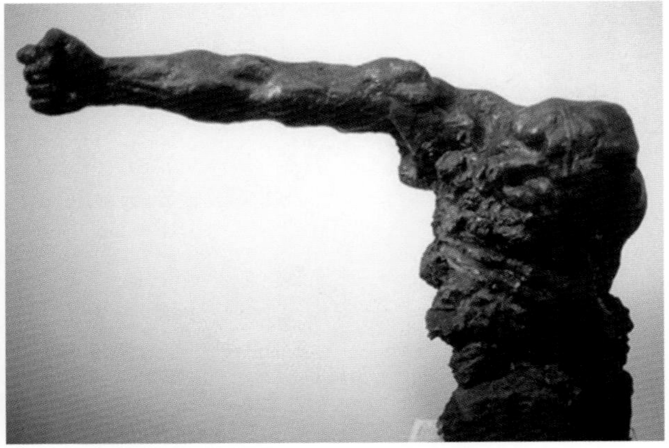

부활, 1989

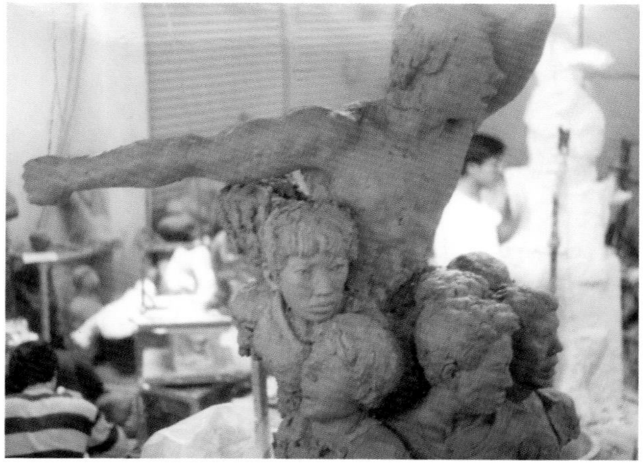

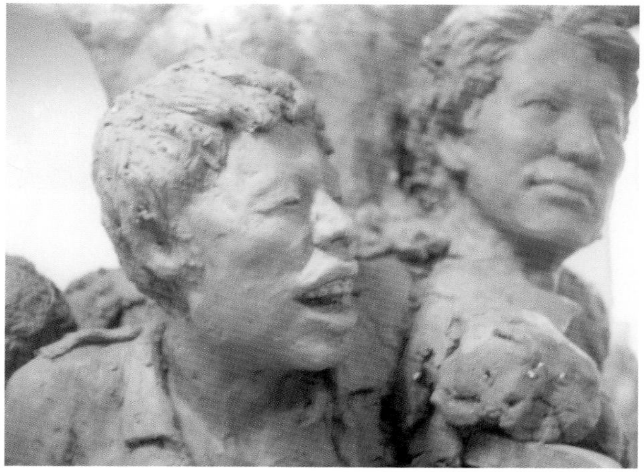

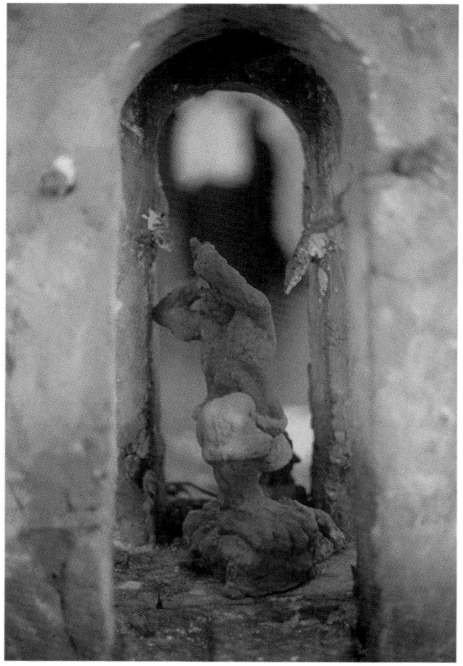

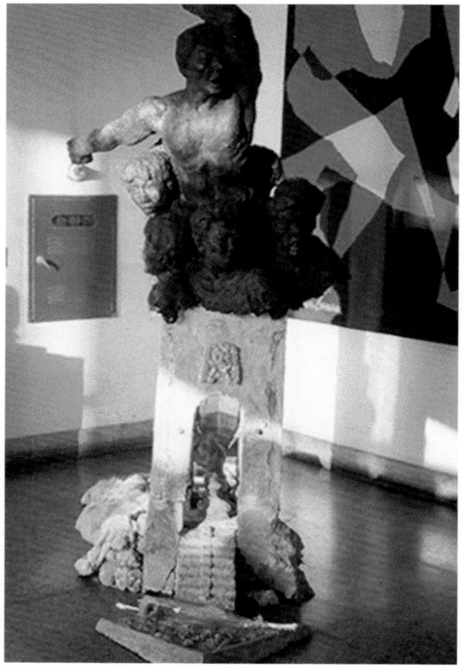

역사 앞에서1, 1987

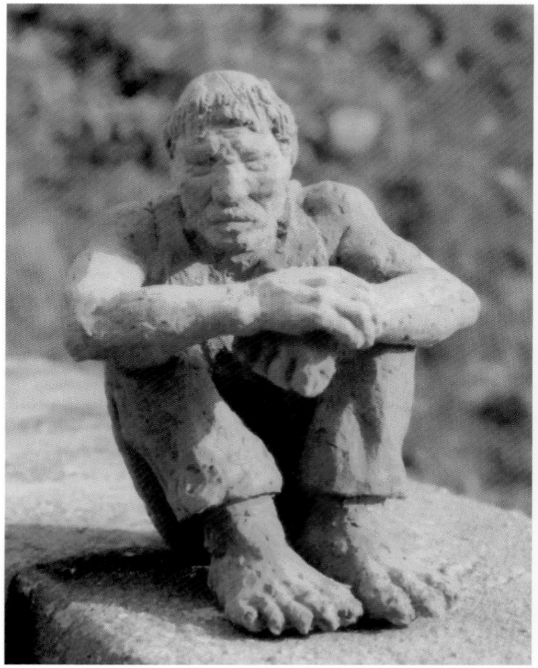
농민, 1987

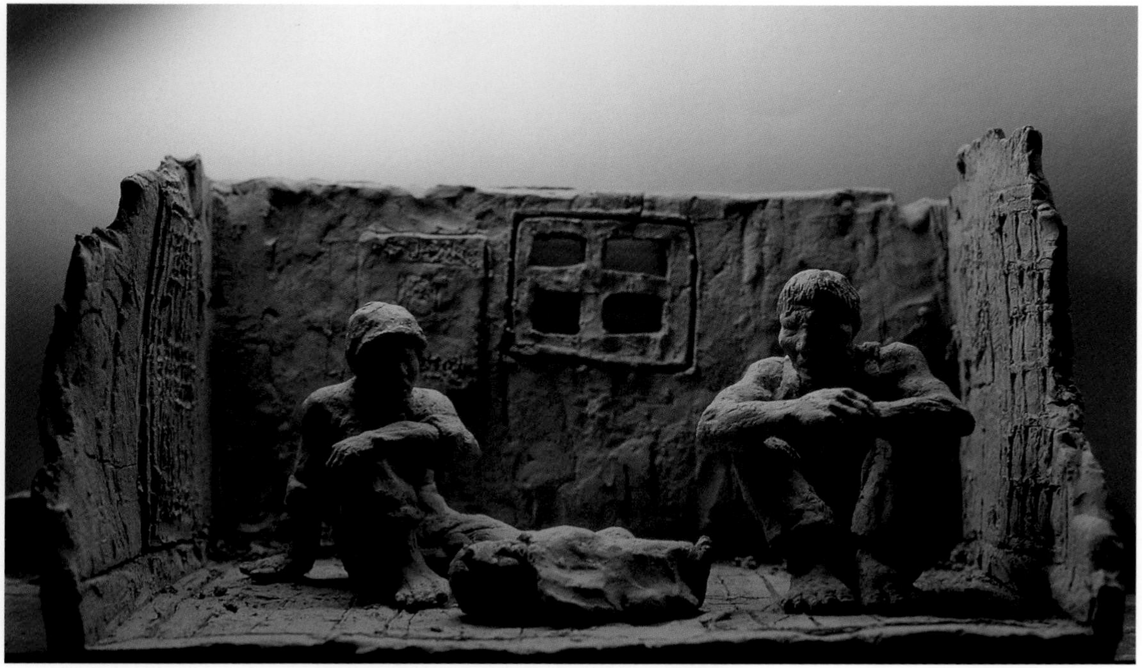
어떤 농부 이야기, 1987

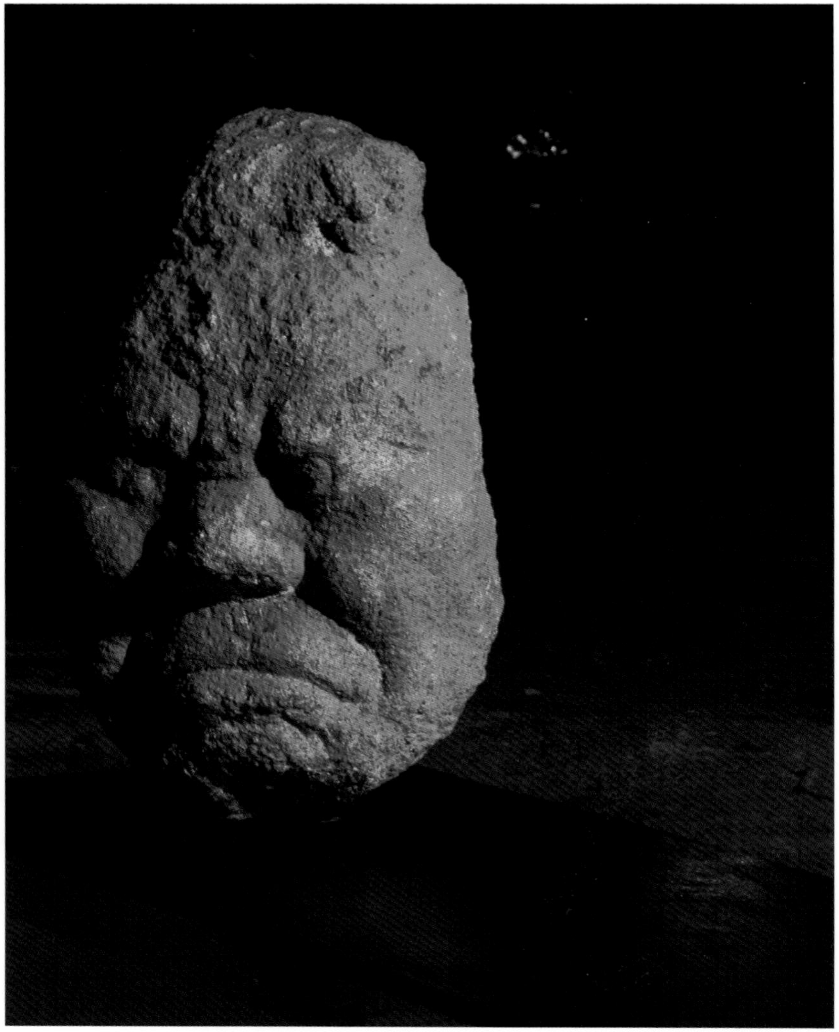

얼굴(금강역사), 1987

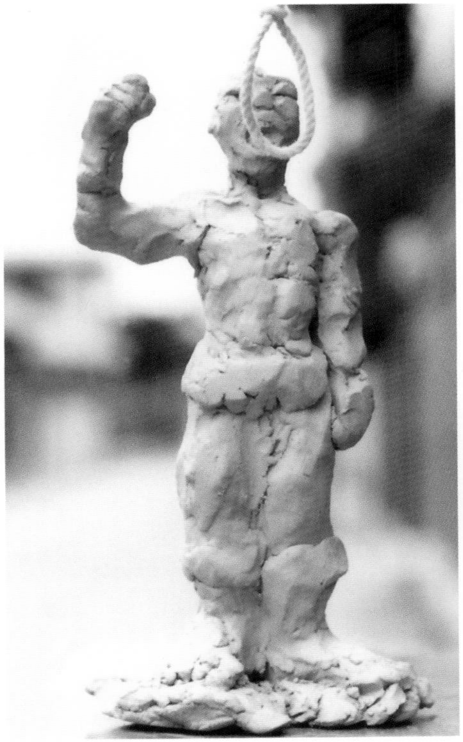

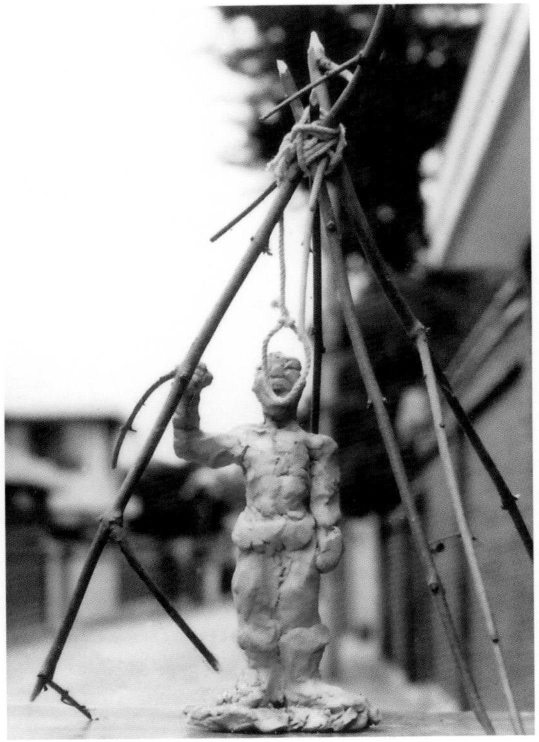

사형수, 1987

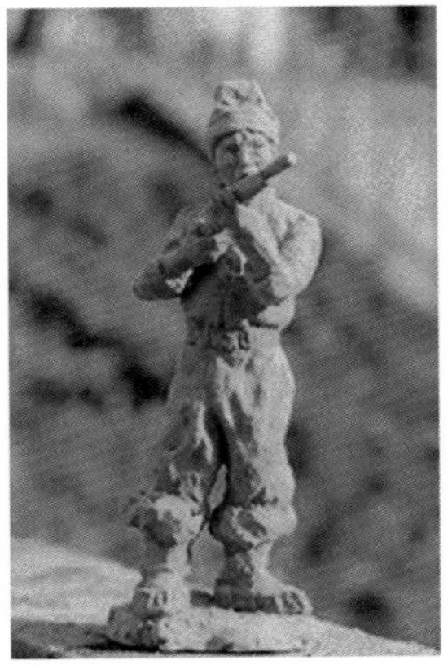

의병, 1987

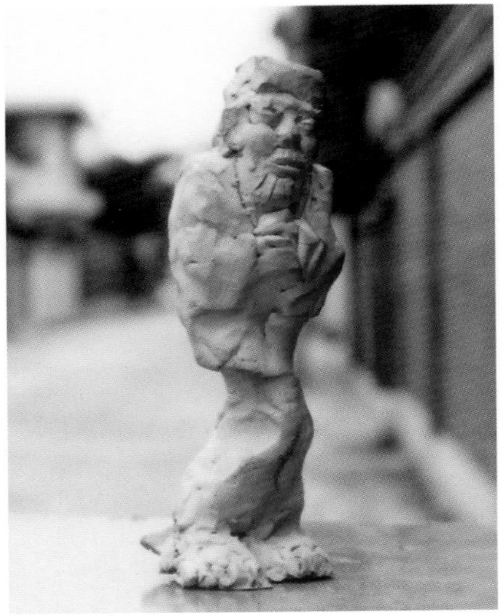

노인, 1987

Confronting history, a sculptor dreaming a revolution

역사 앞에서 혁명을 꿈꾼 조각가 1980’s II

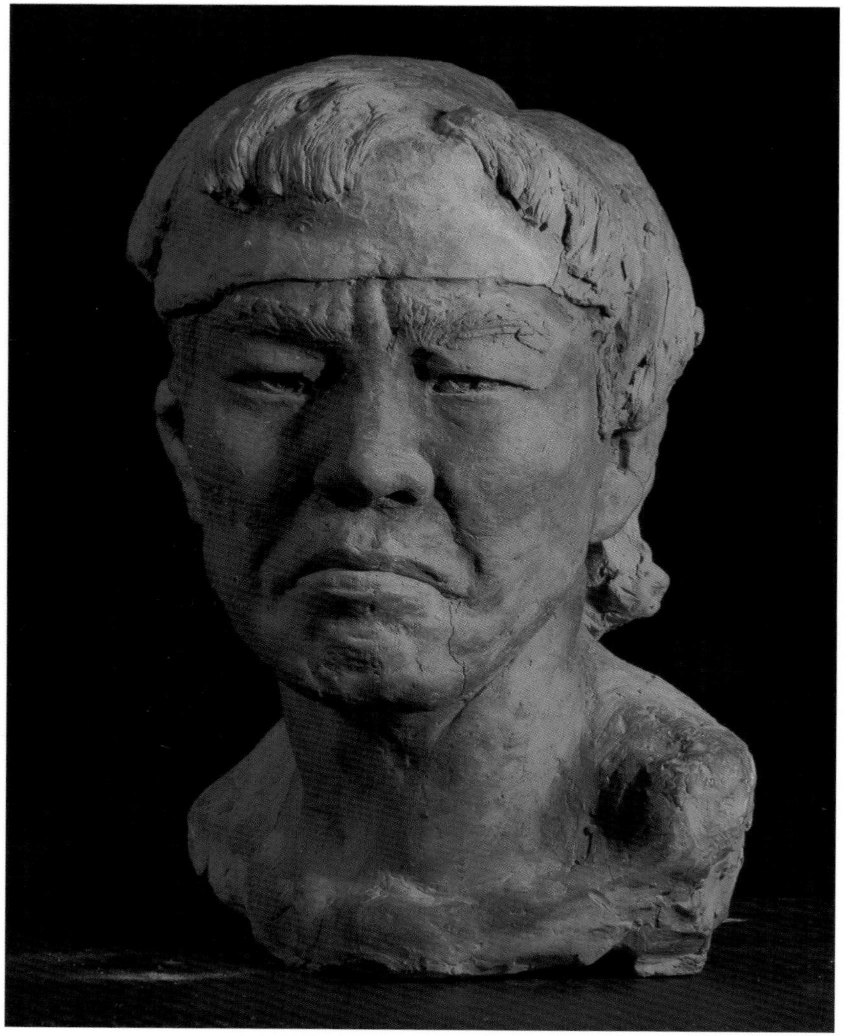

노동자, 1987

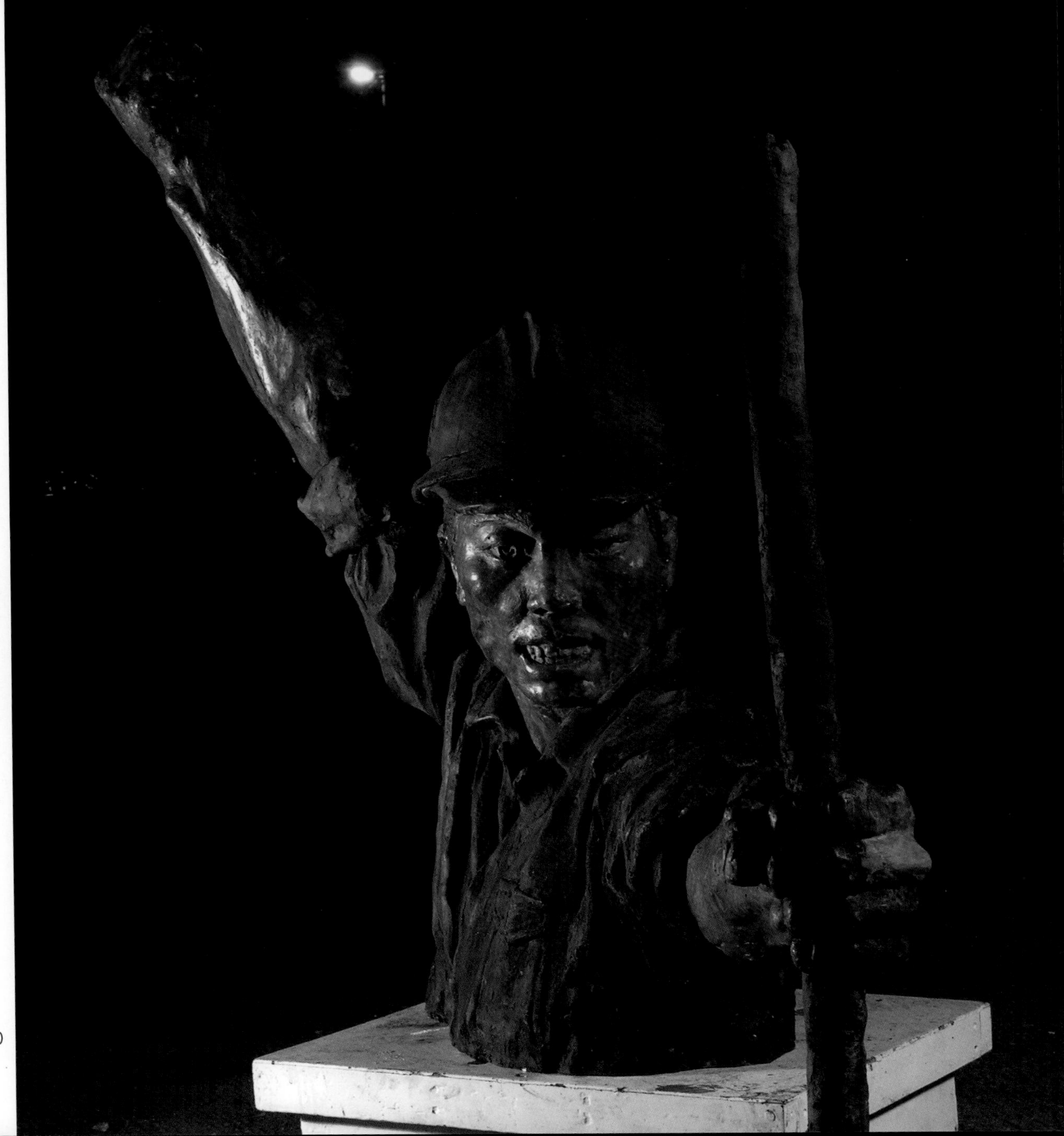

노동자의 깃발은 무엇으로 지켜지는가, 1990

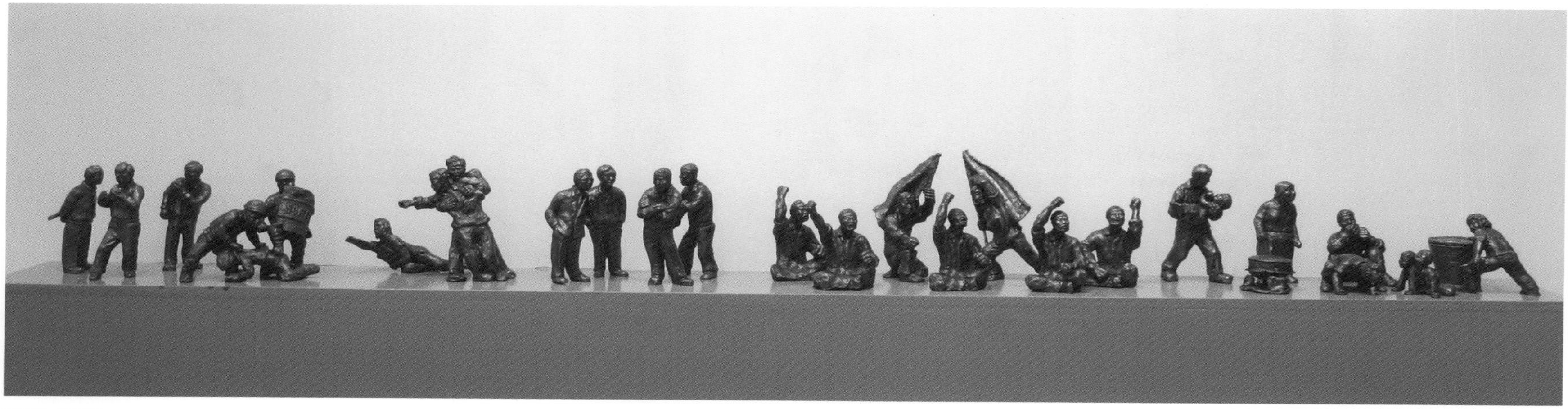

파업1, 2004

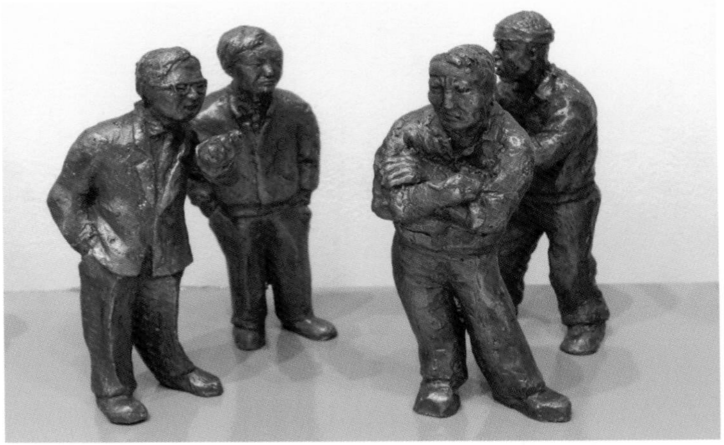

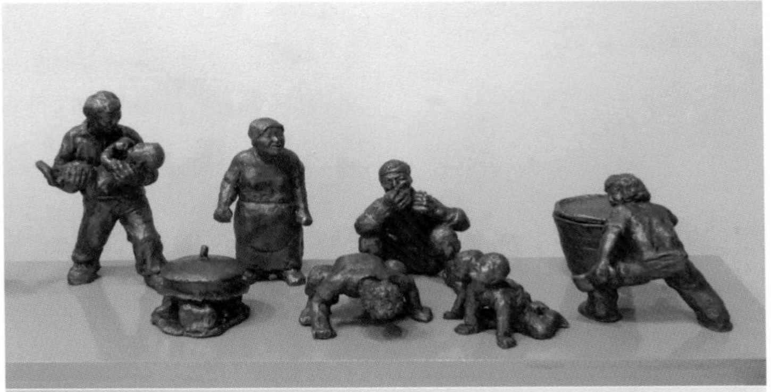

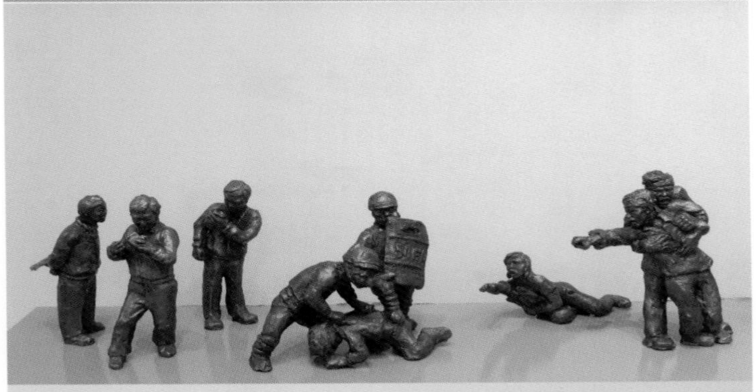

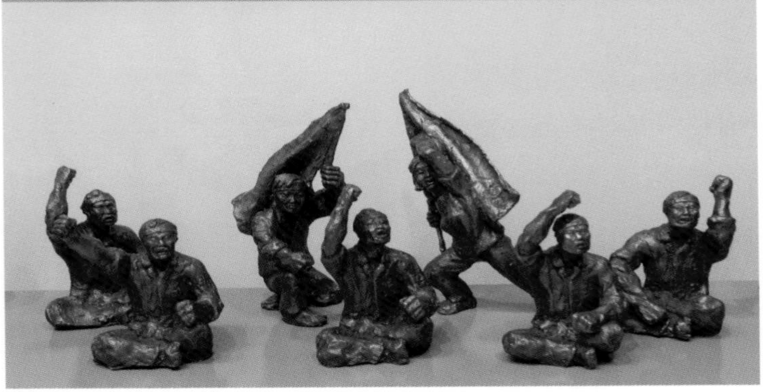

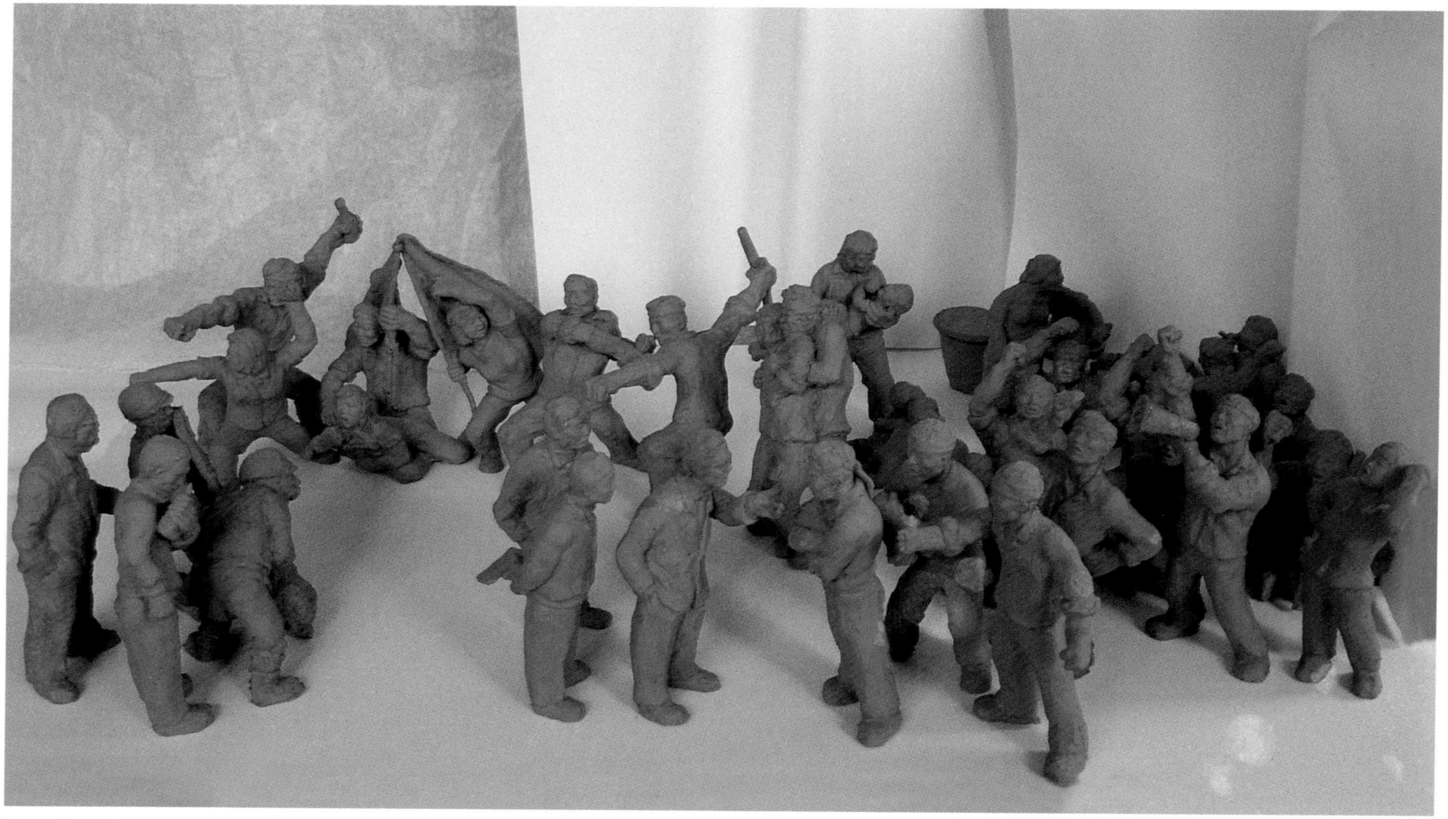
파업1, 1990

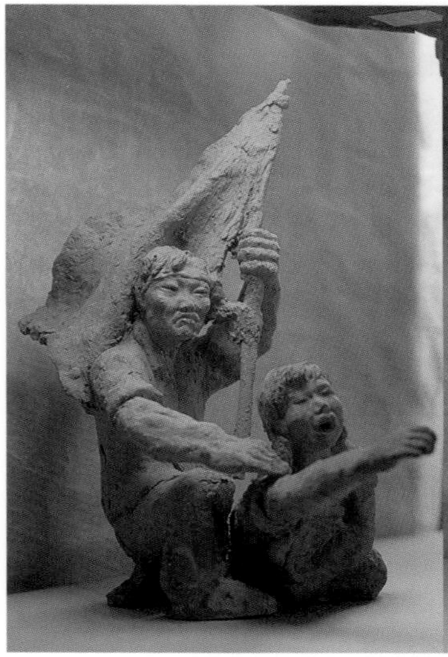
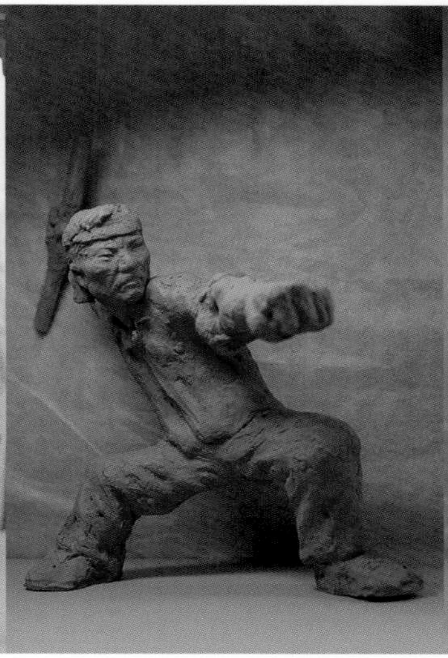
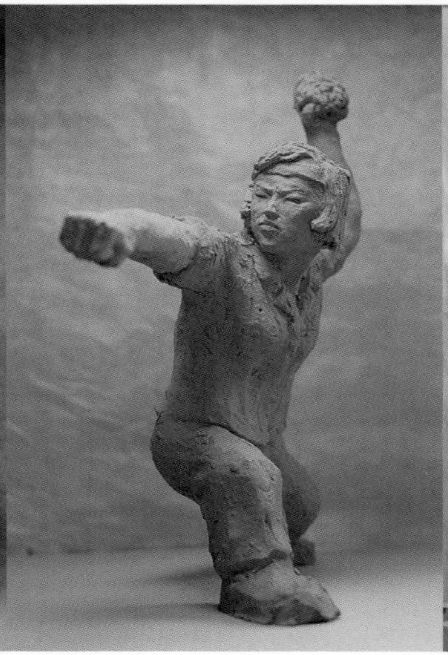
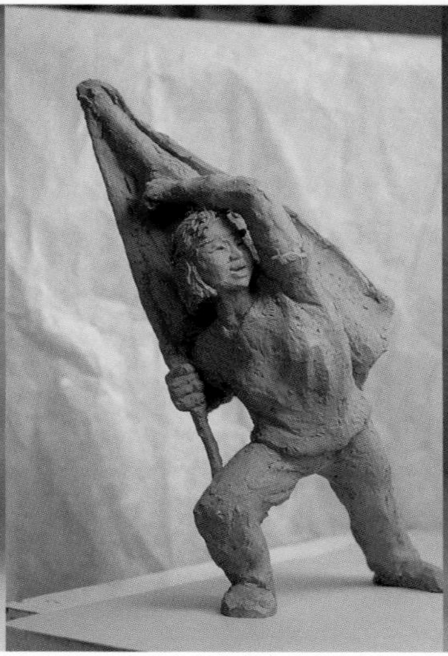
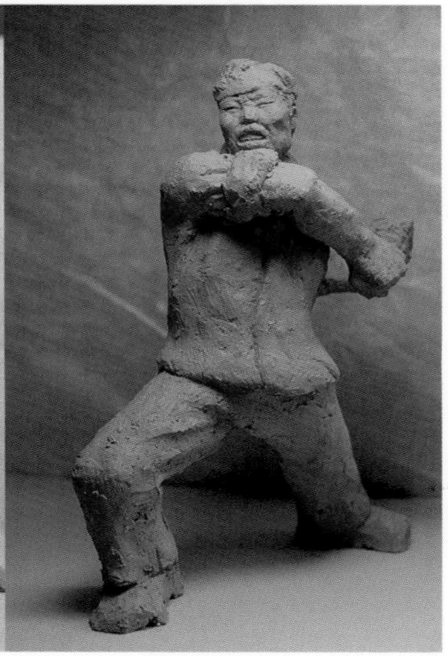

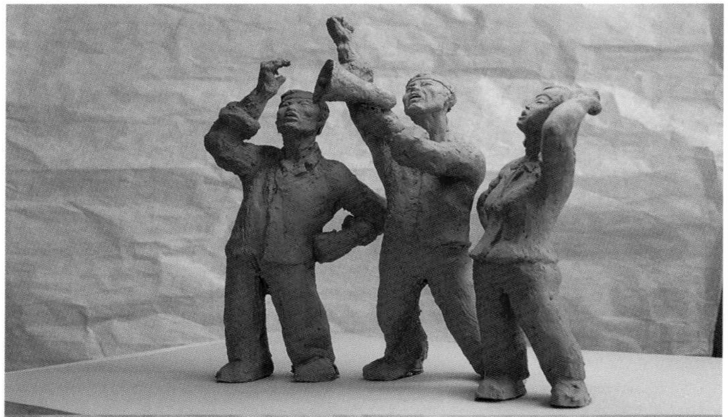
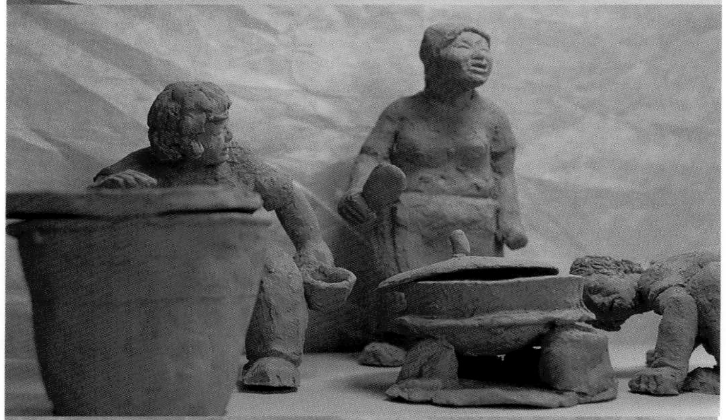
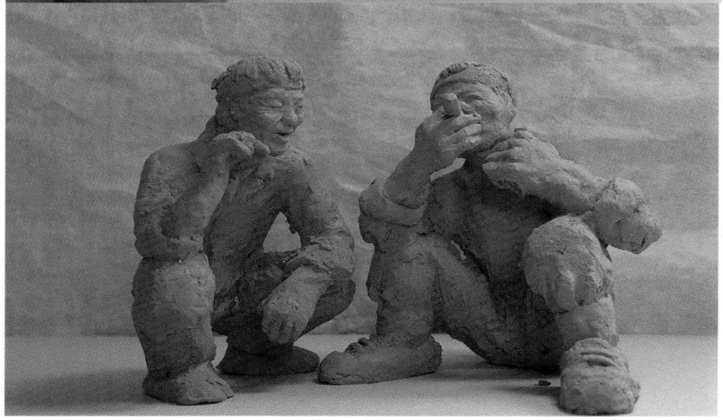
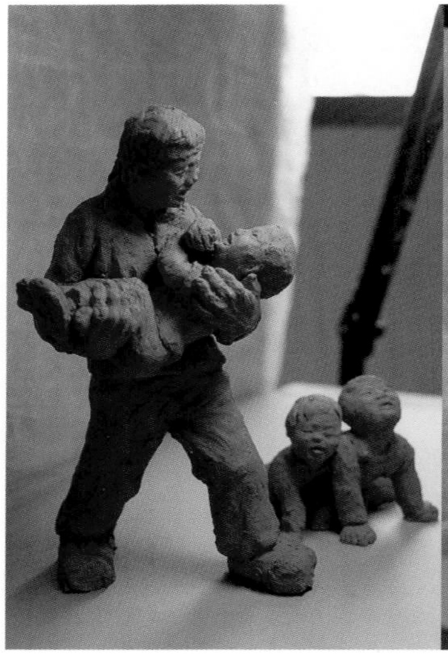
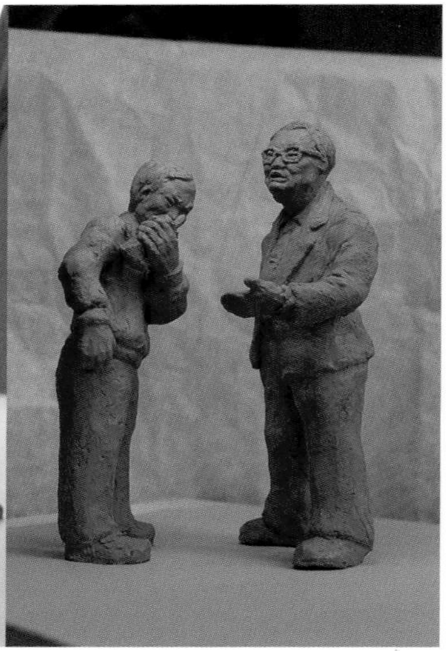

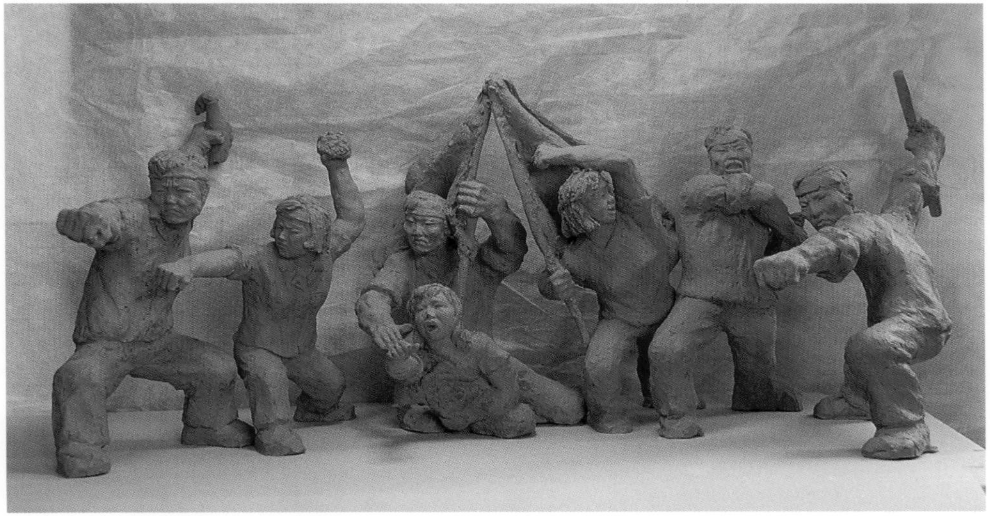

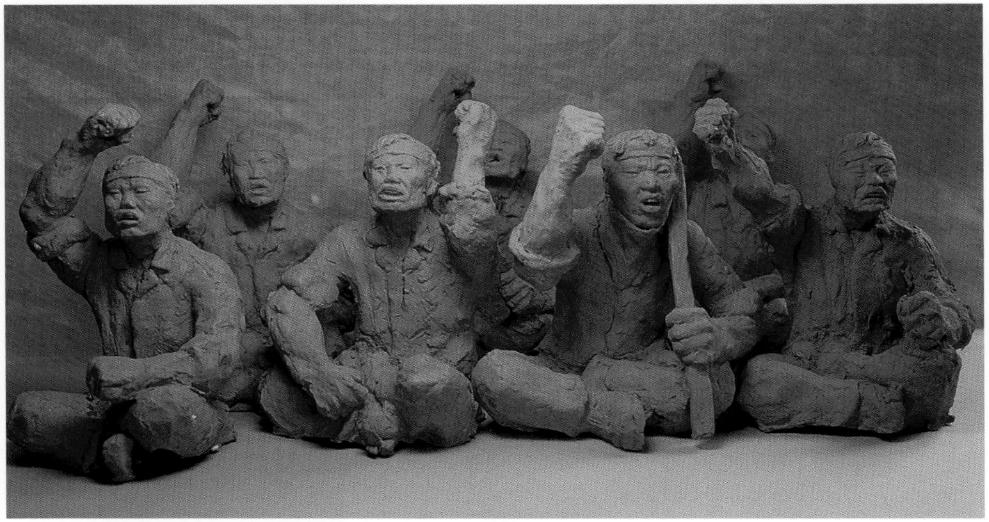

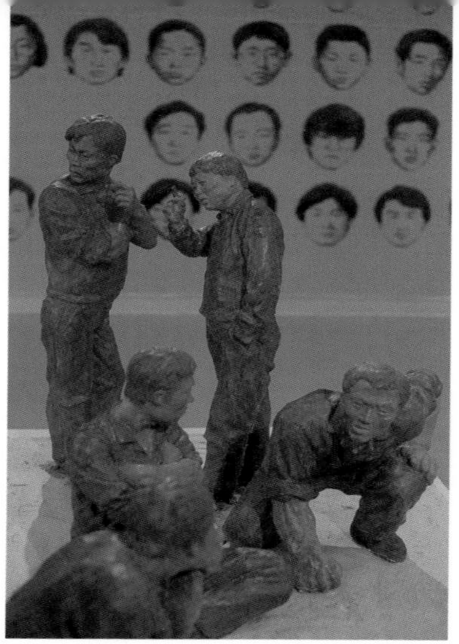

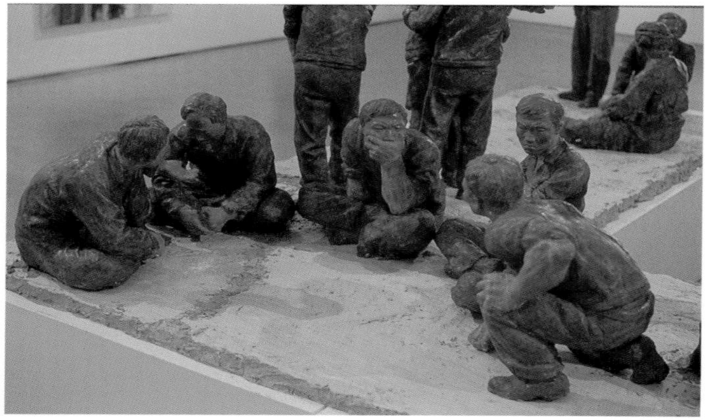

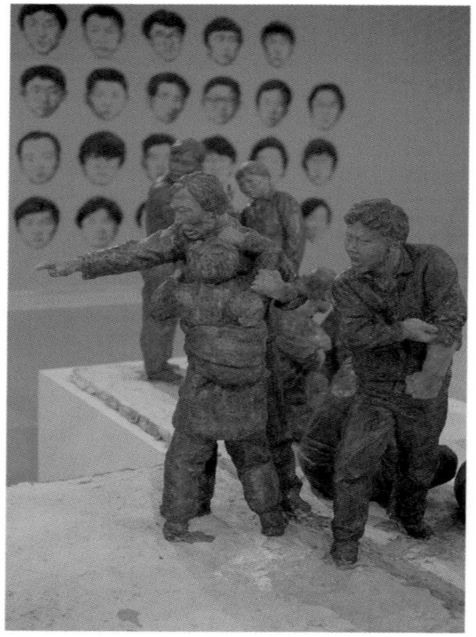

파업2, 1990

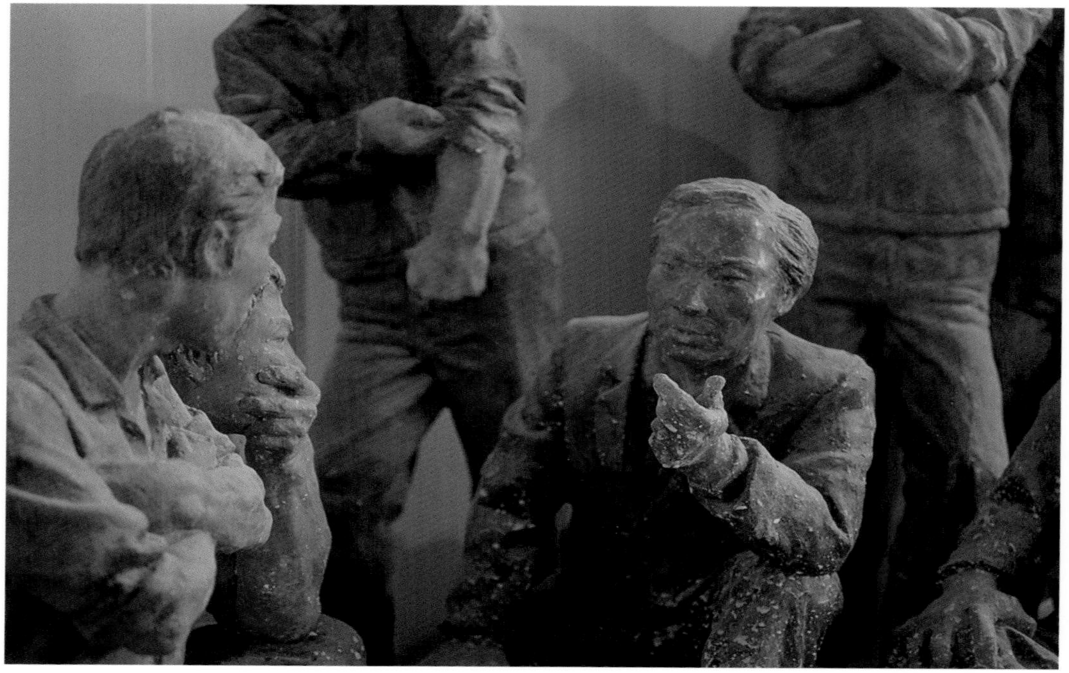

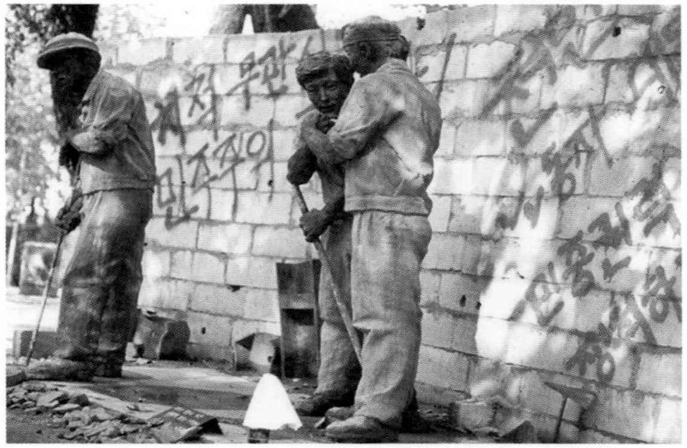

파업3, 1991

Sculpture – Containing the world
조각 – 세상을 담다 1990’s

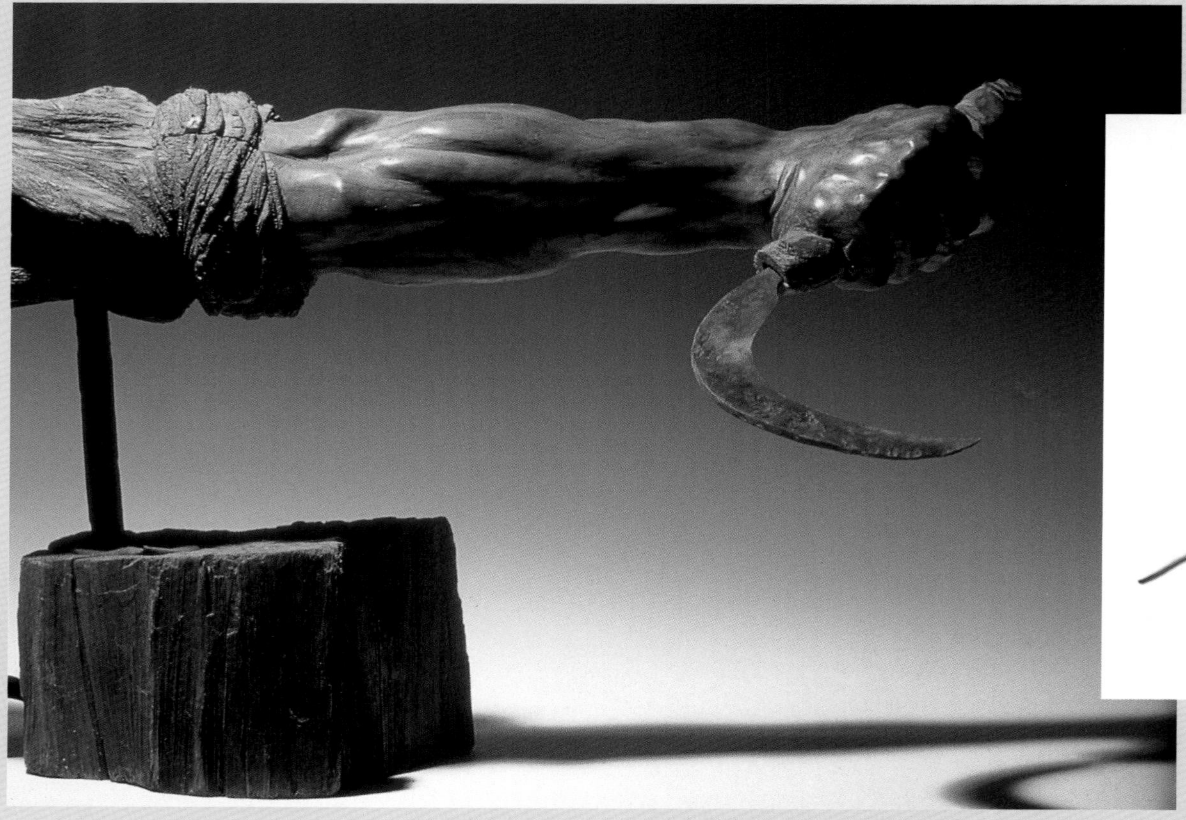

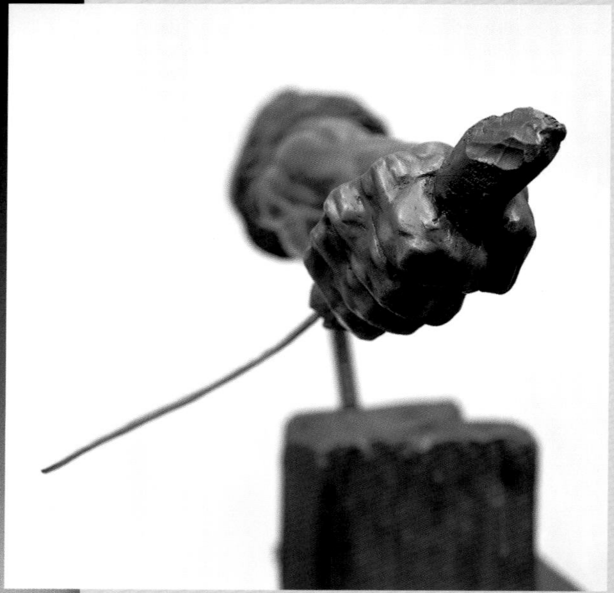

혁명은 단호한 것이다, 1992

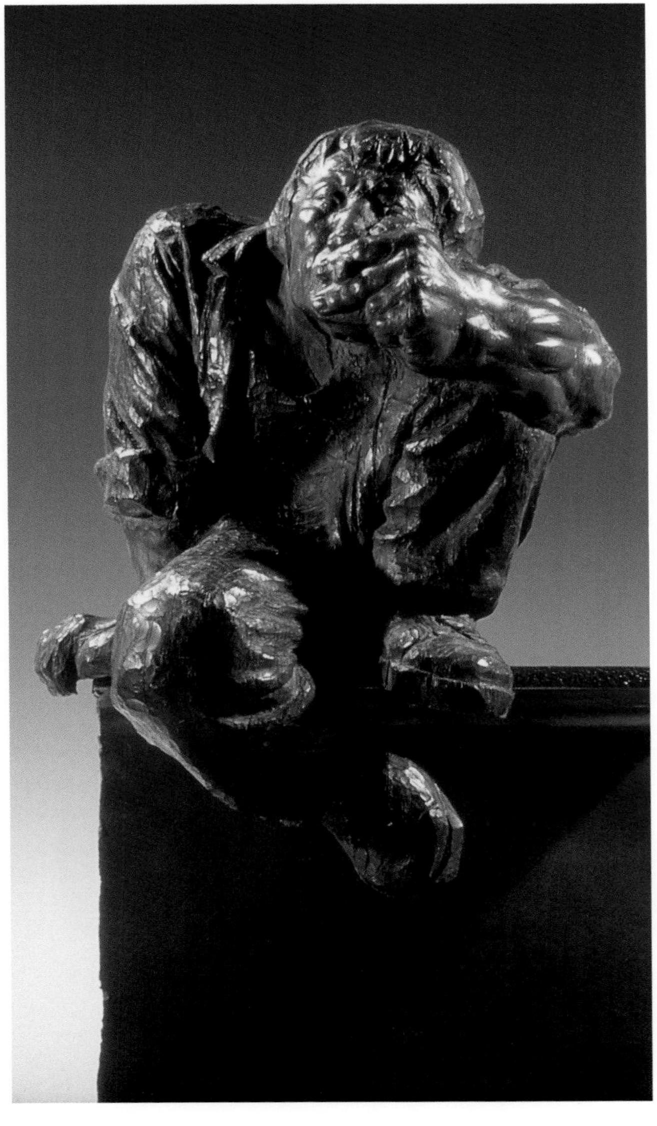

노동, 1992

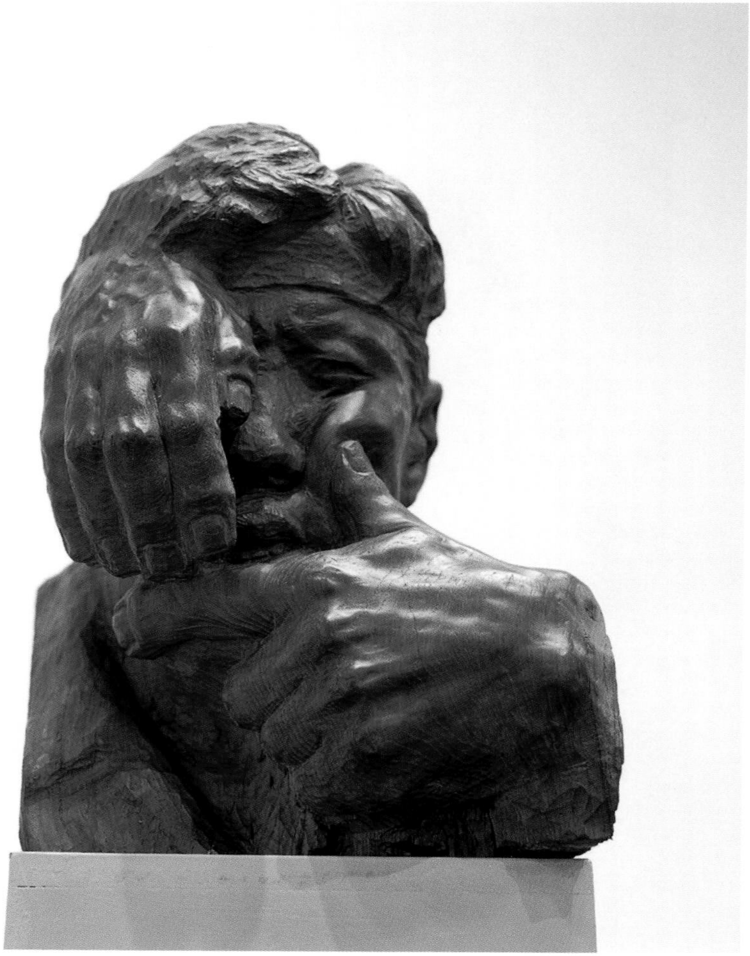
얼굴(노동자), 1990

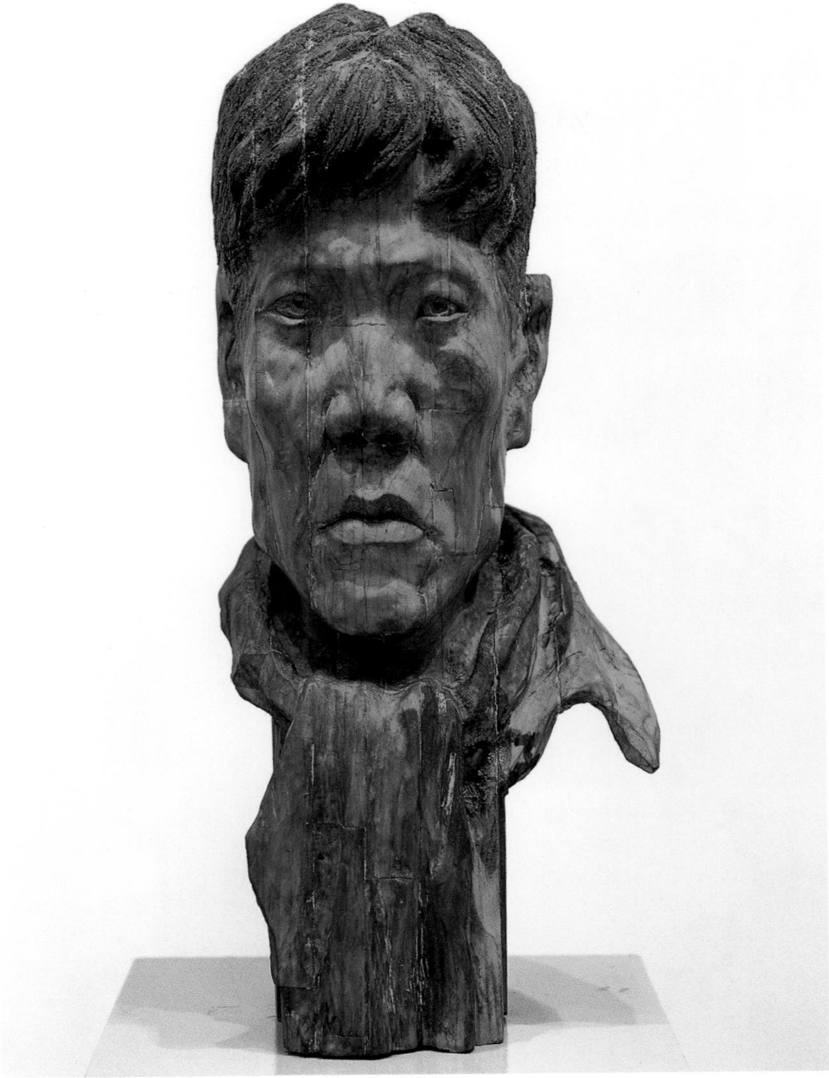

1992년 겨울, 1992

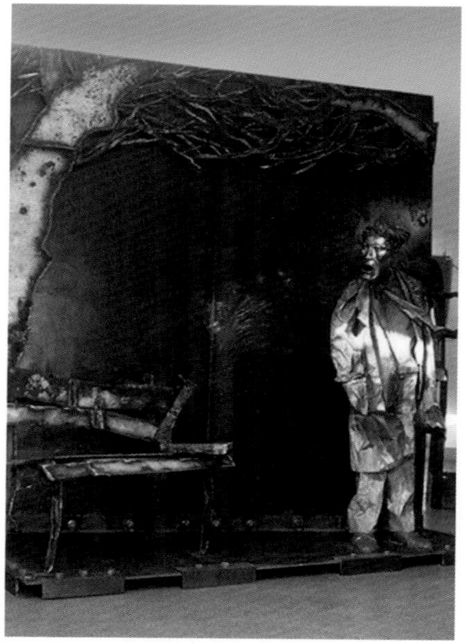

파고다 공원에 파랑새는 없다, 1992

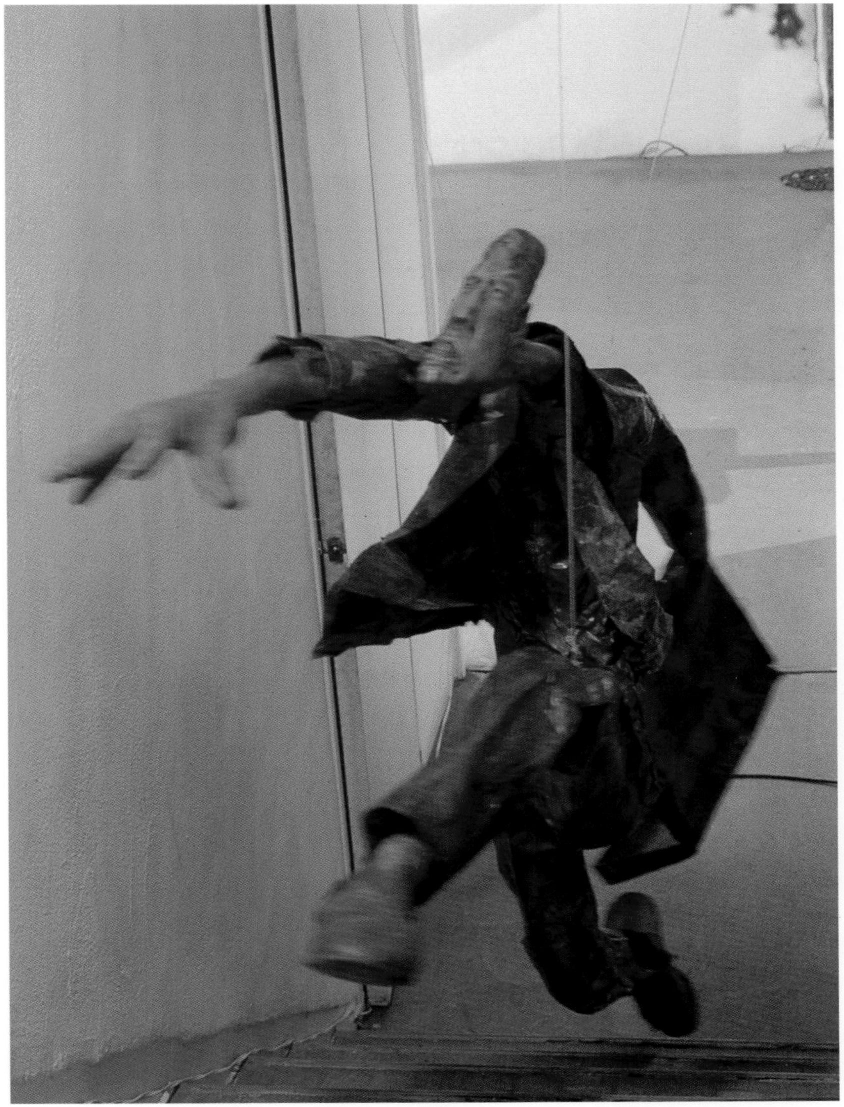

이과장의 40번째 생일날 아들에게 들려주고 싶은 이야기(=벅찬 출근), 1991

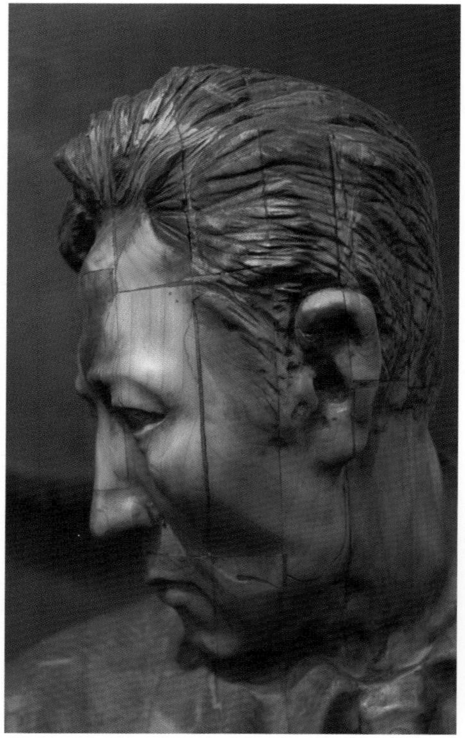

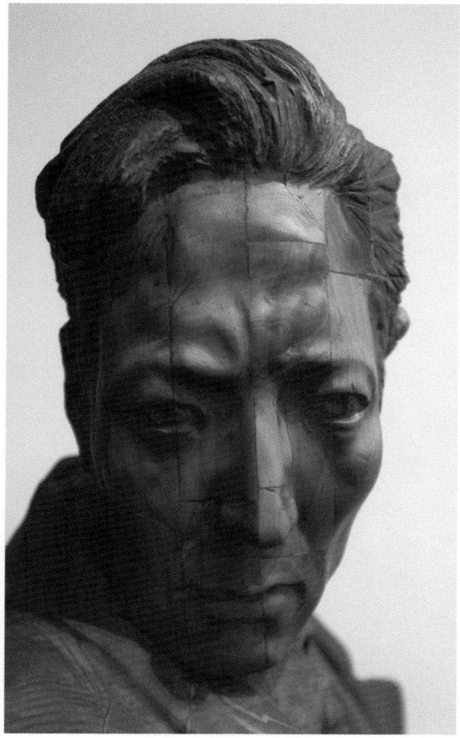

배대리의 여백, 1993

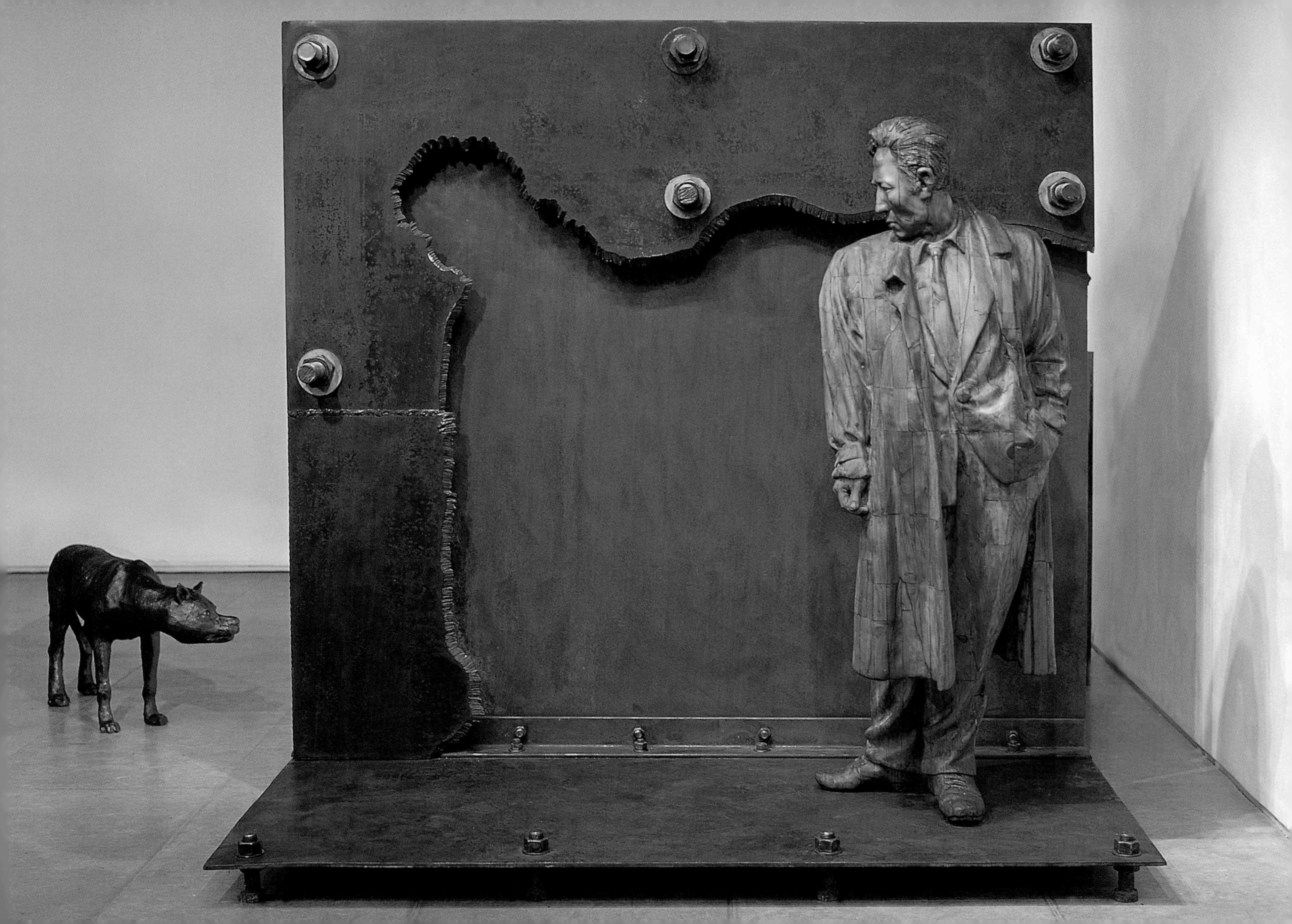

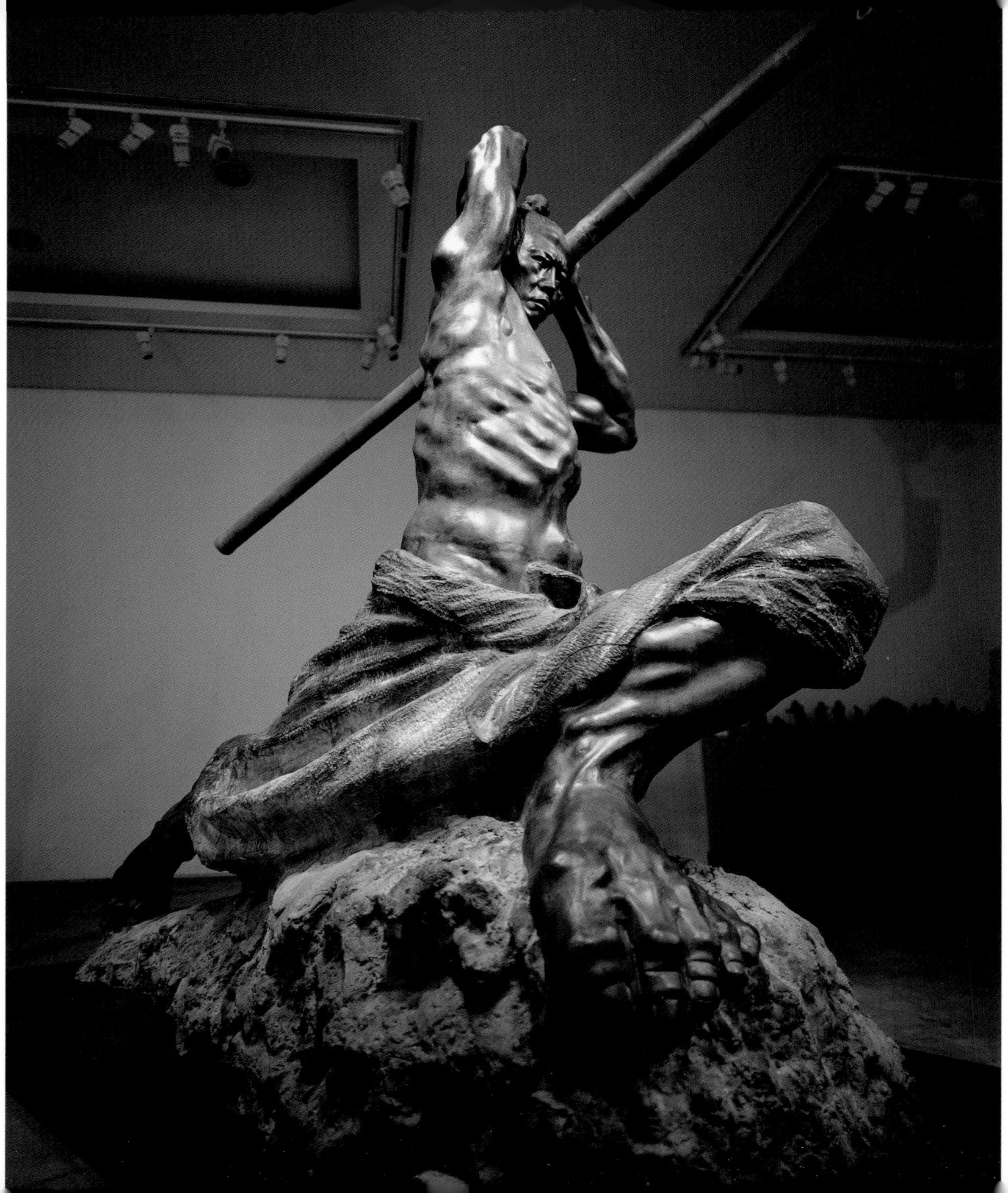

갑오농민전쟁2, 1994

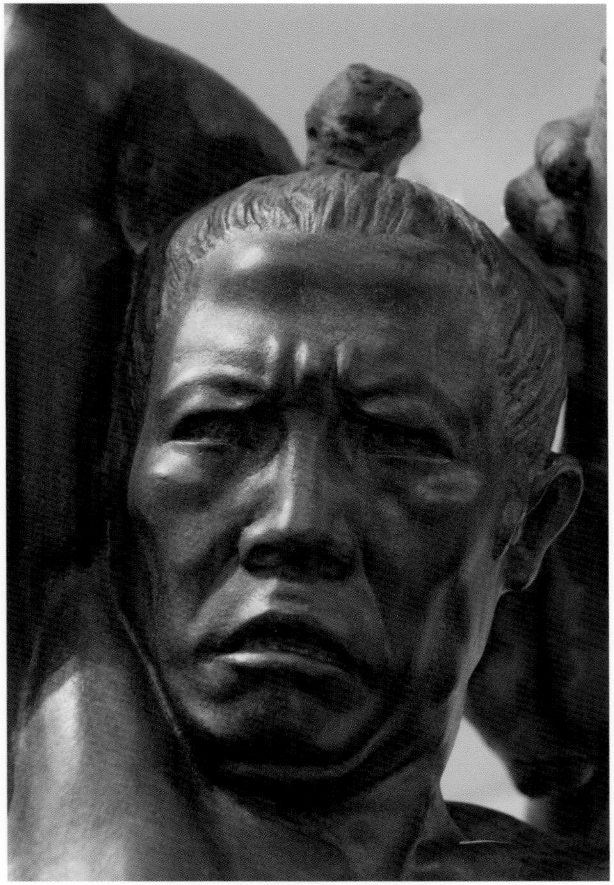

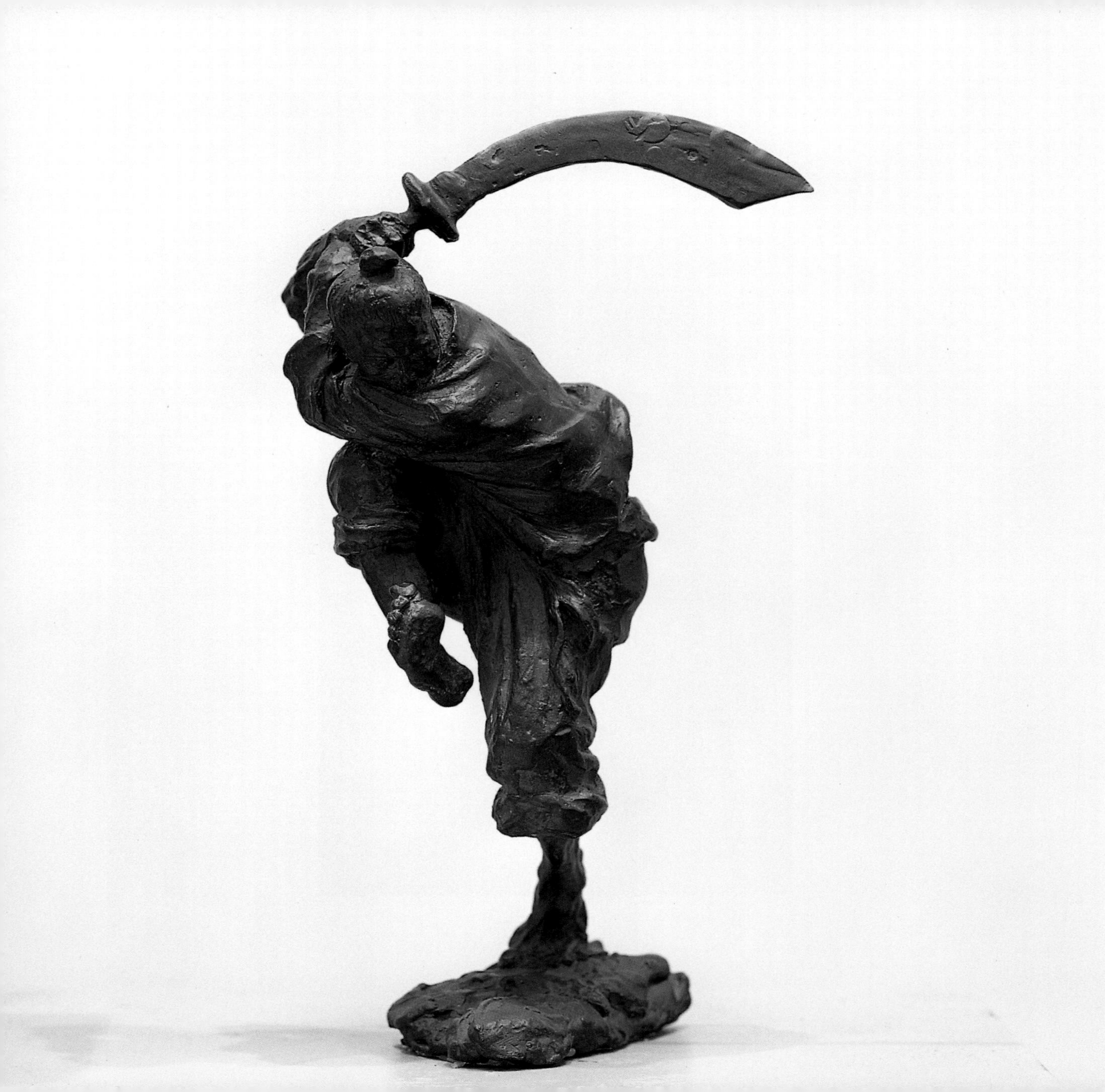

칼춤1, 1994

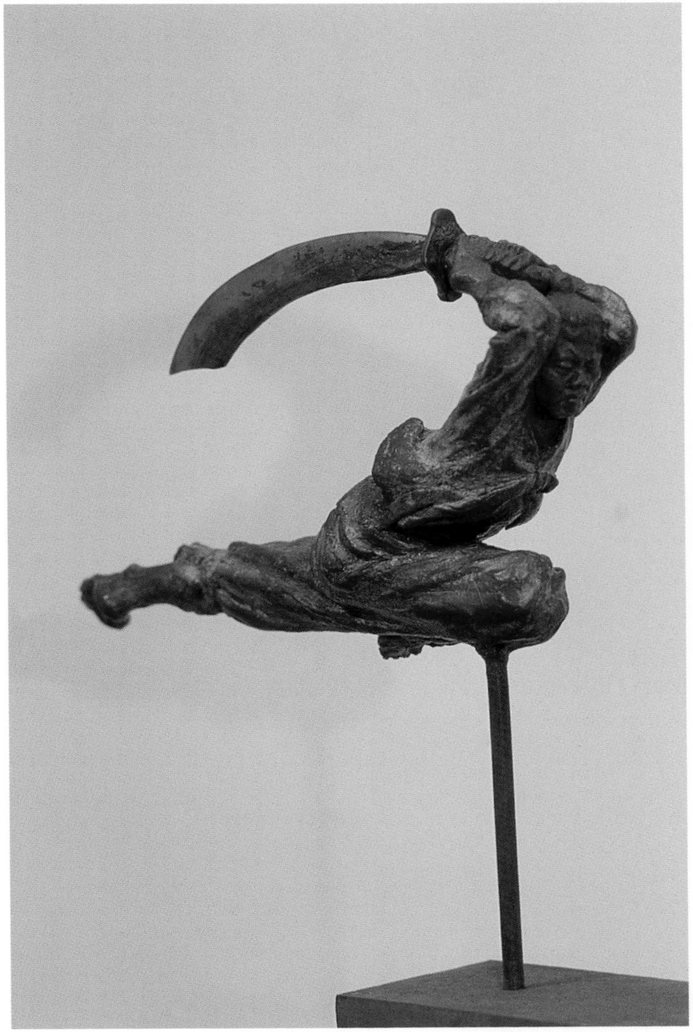
칼춤2, 1994

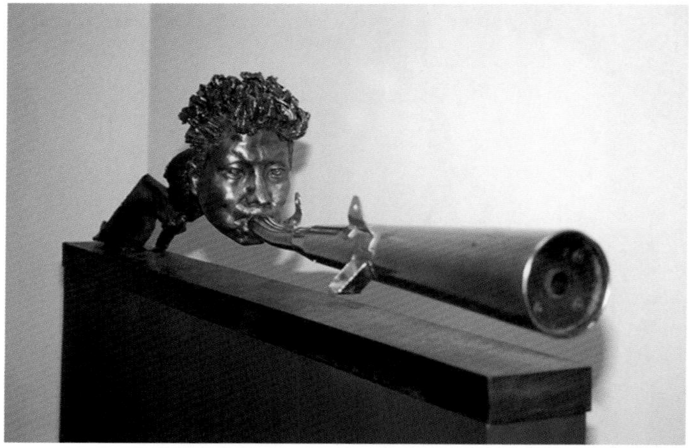

녹색 전설, 1995

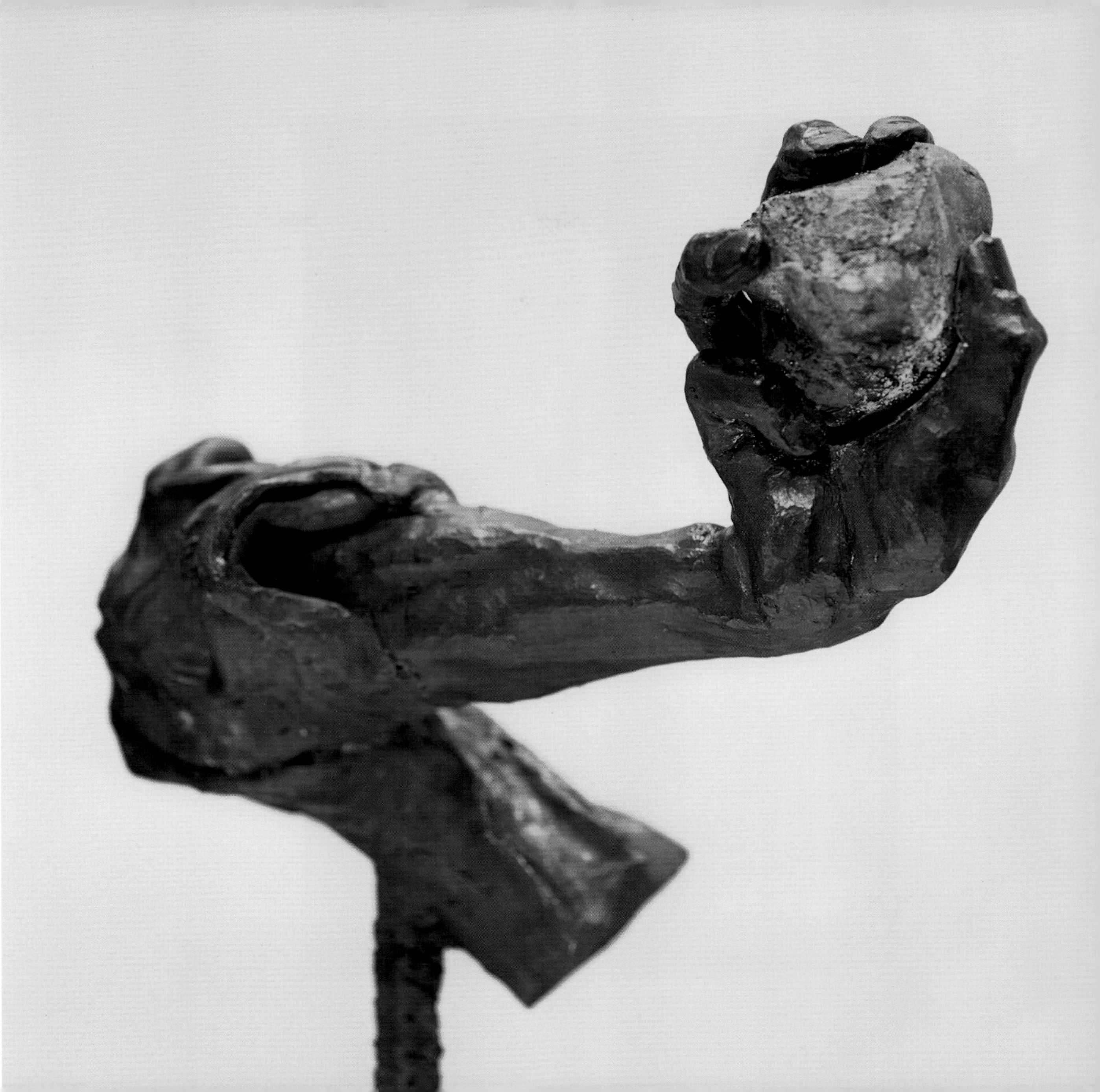
6월, 1995

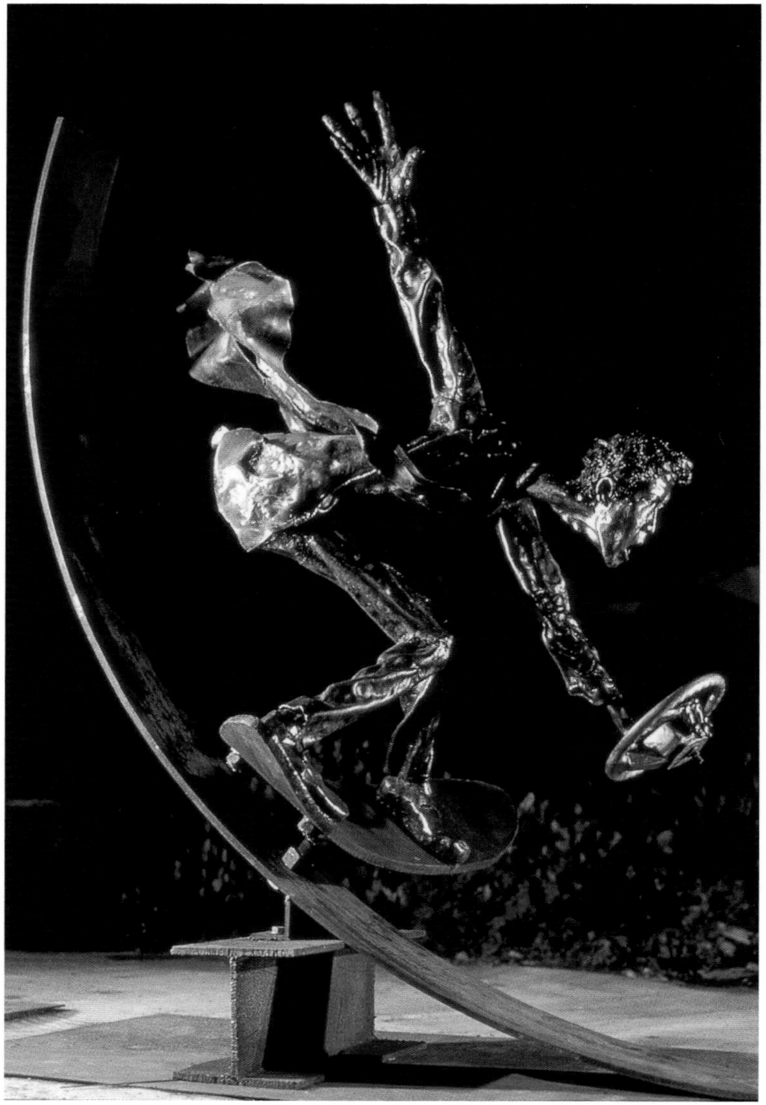

이대리의 백일몽1, 1995

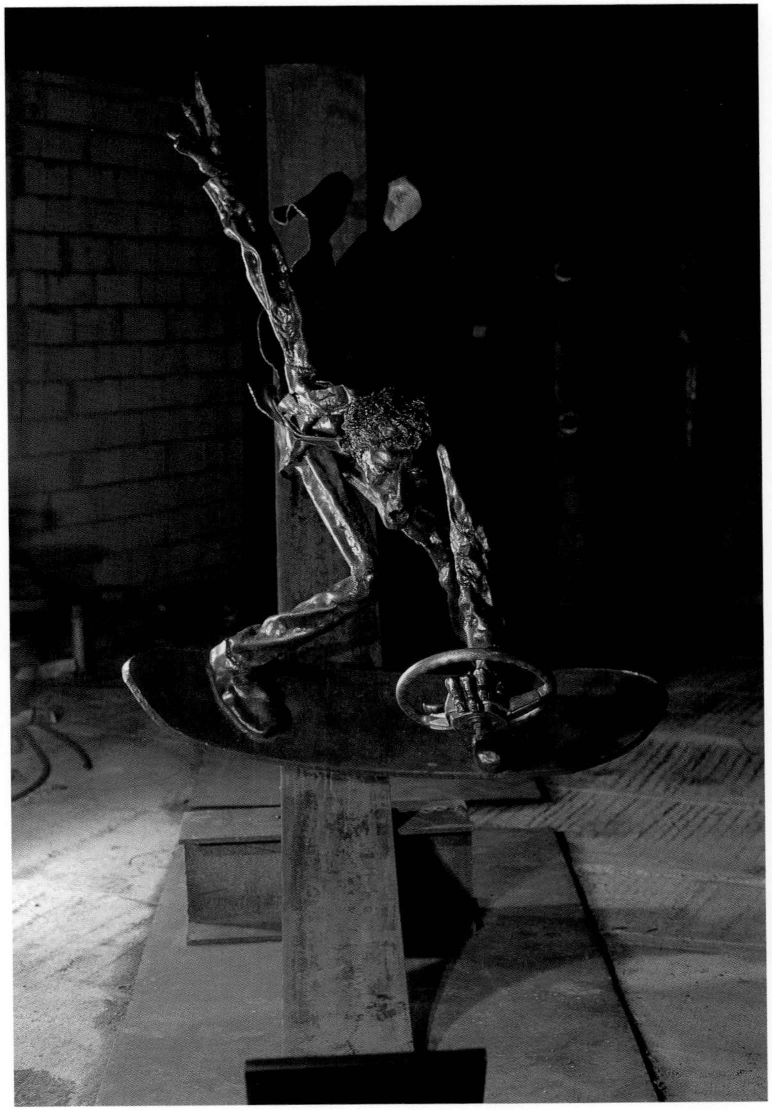

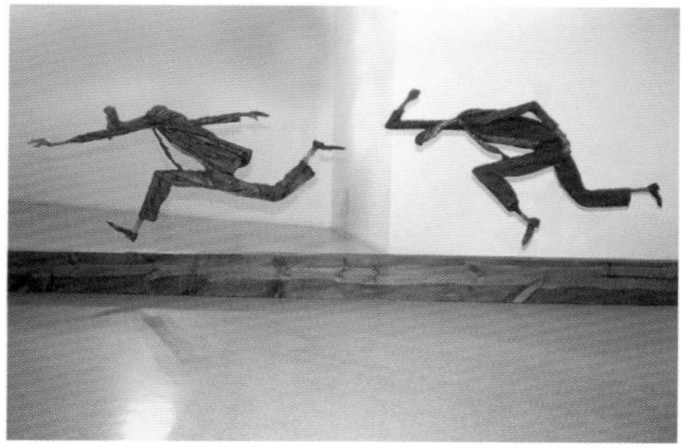

미스터 리1, 1995

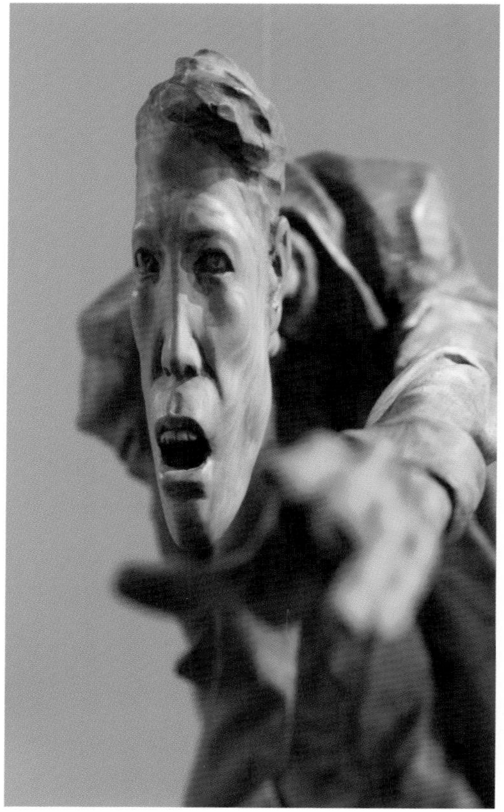

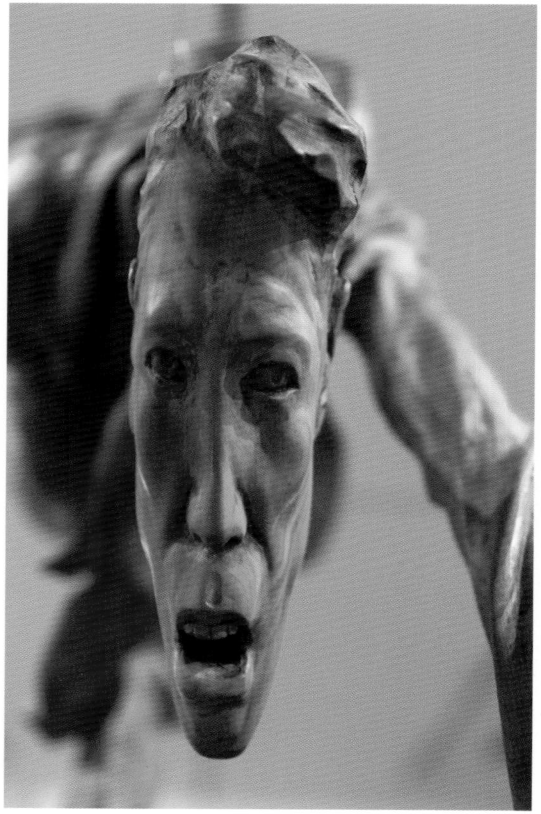

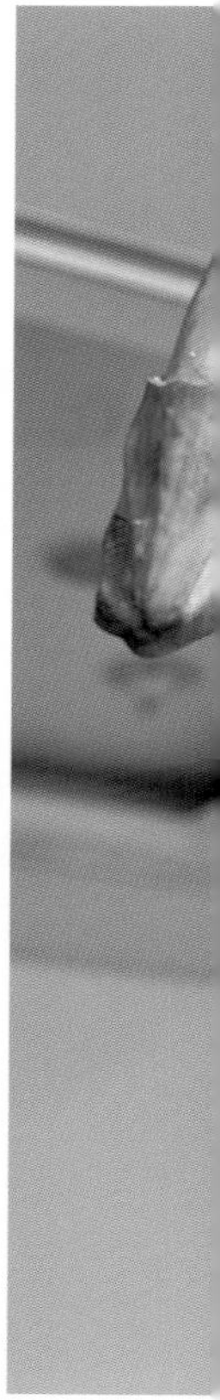

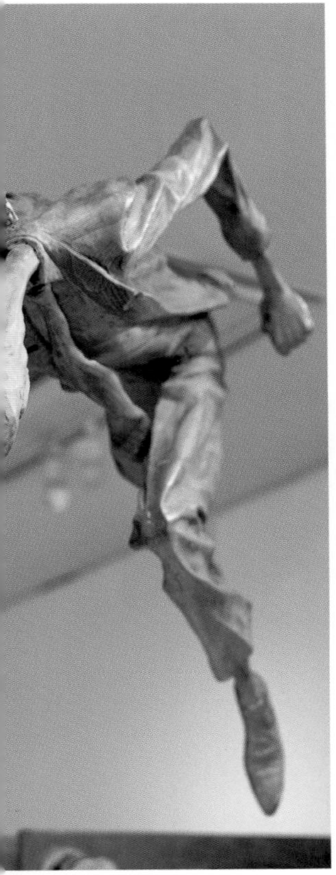
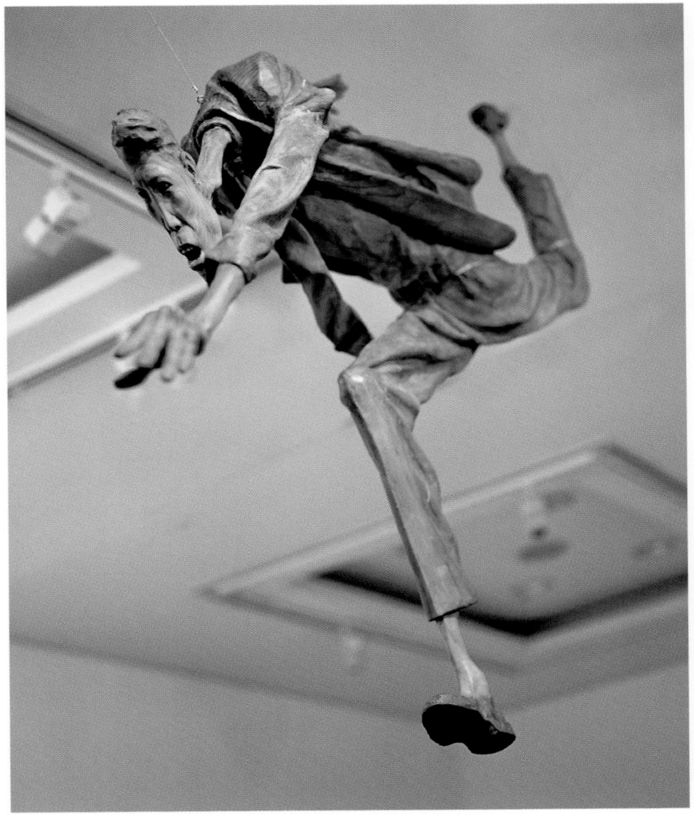
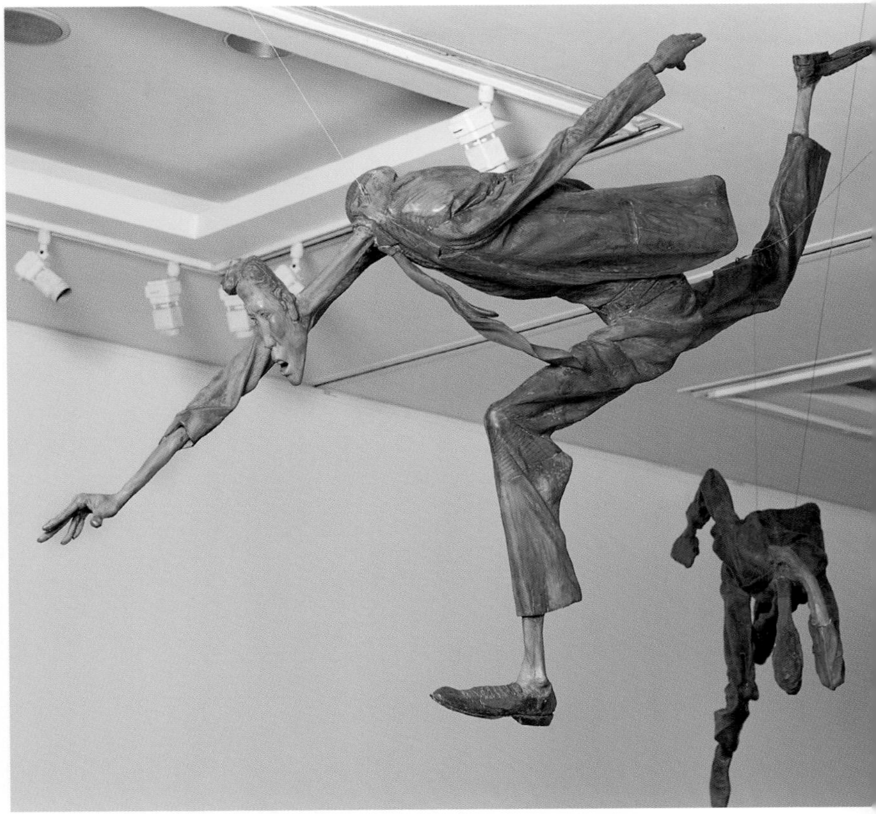

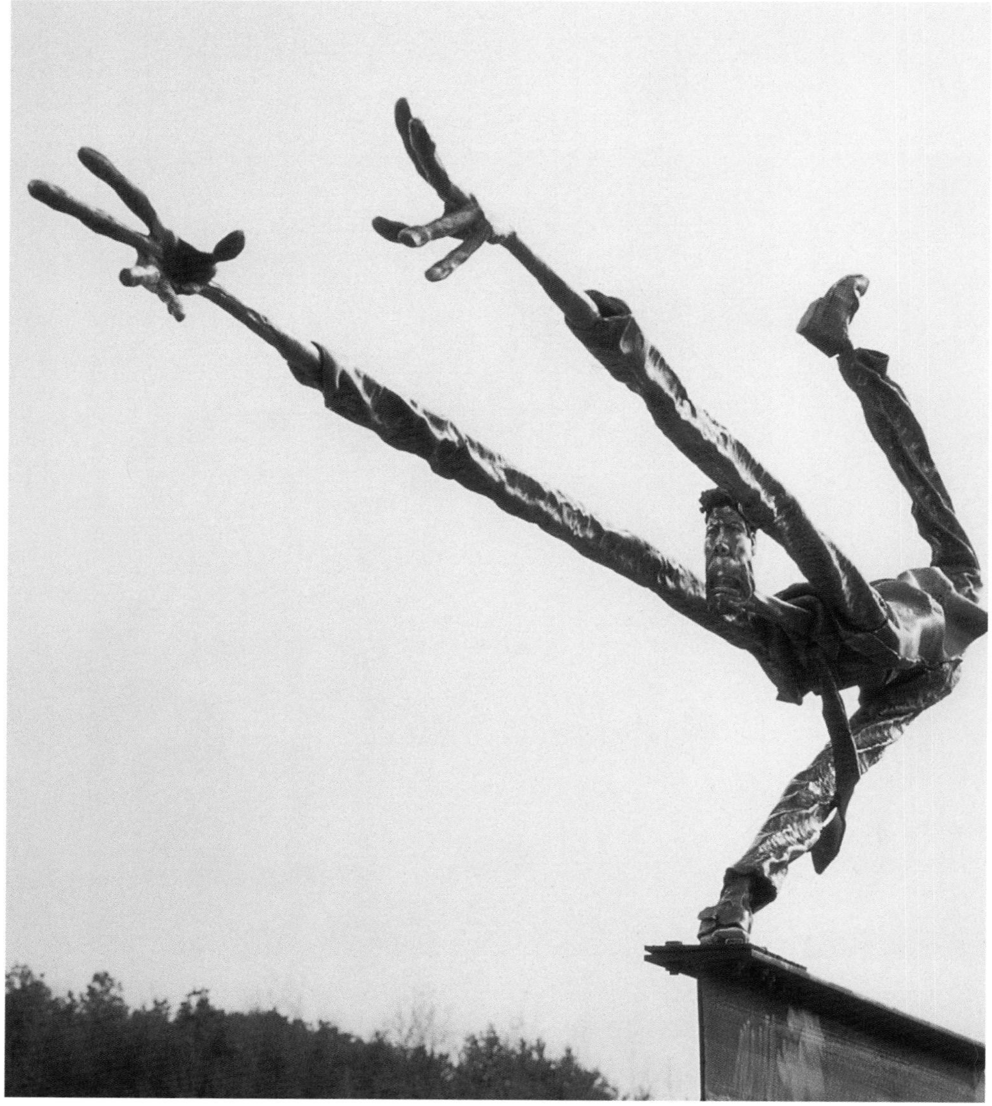

미스터 리2, 1995

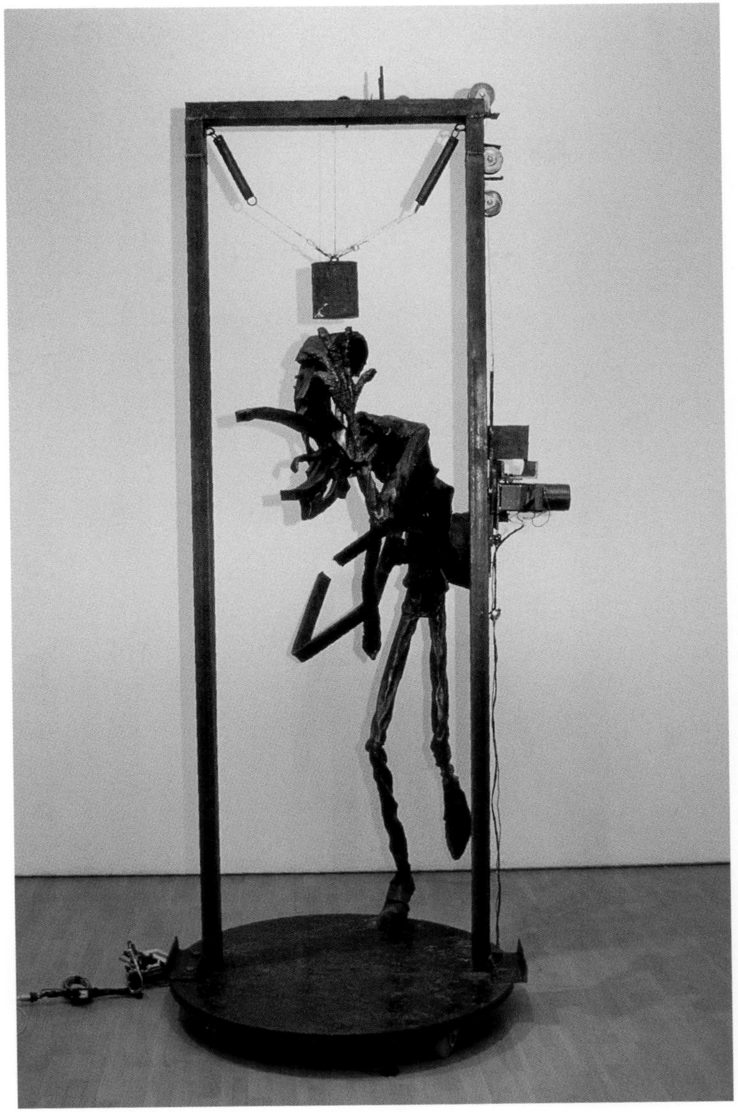
이게 웬 날벼락, 1997

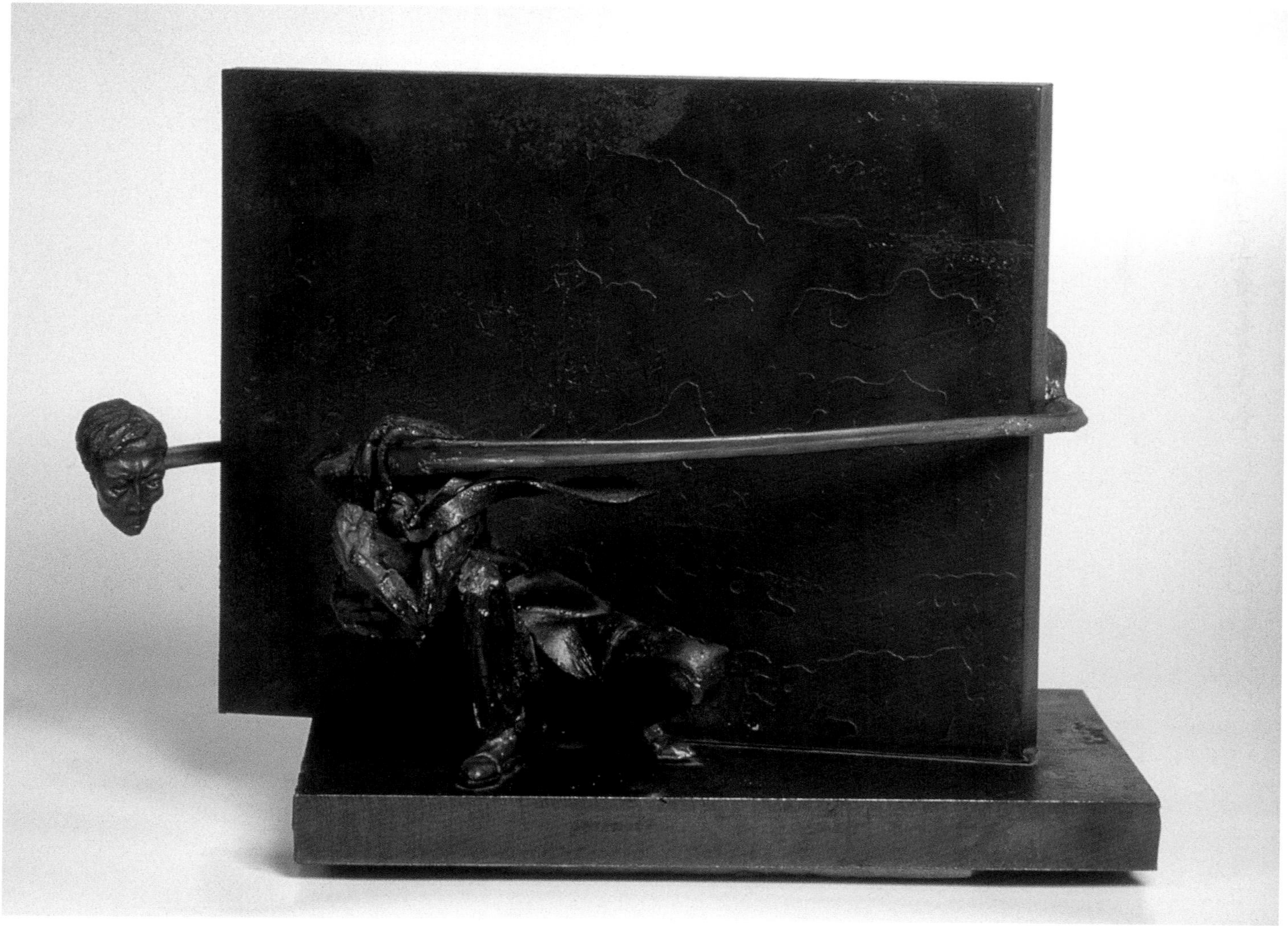

위기의식 속에 빠진 그는1, 1998

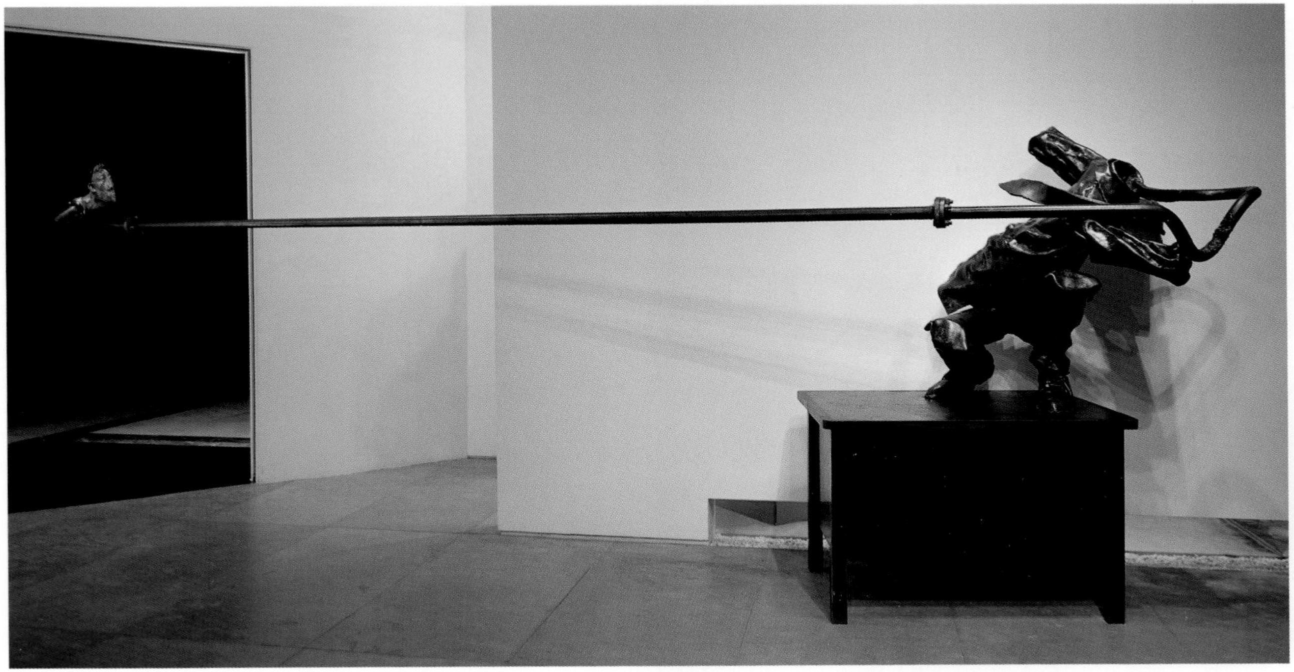

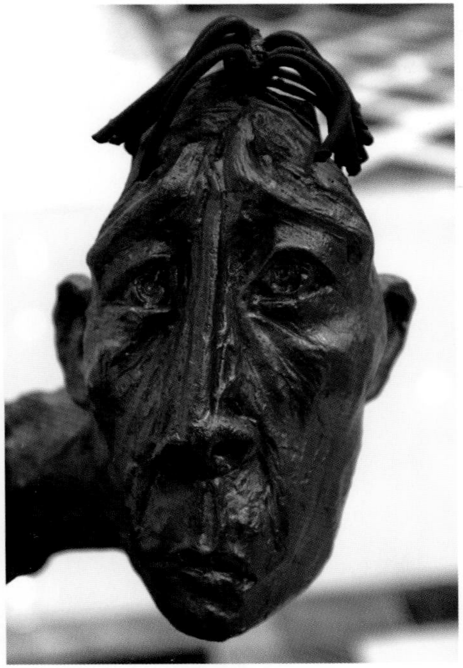

위기의식 속에 빠진 그는2, 1999

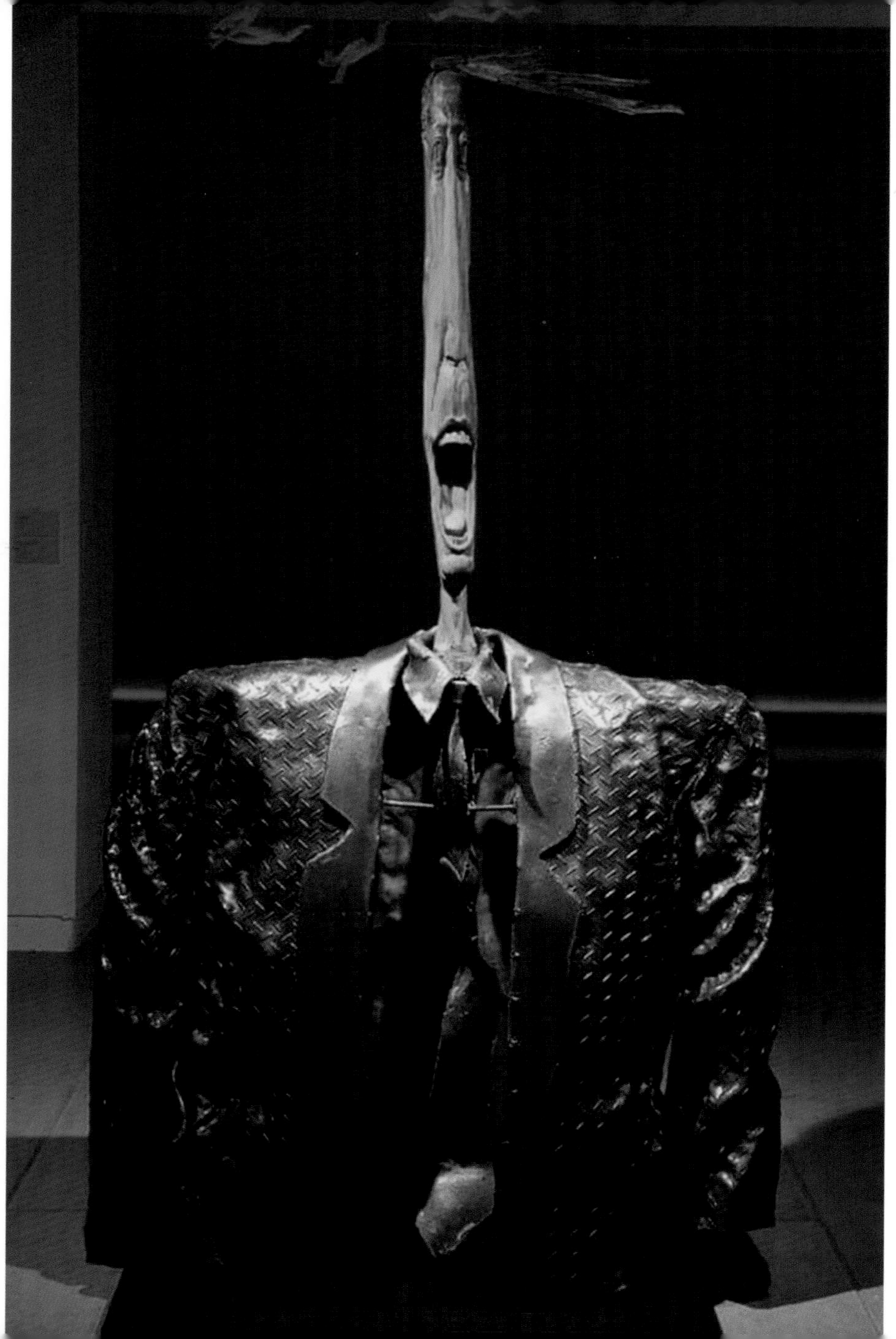

생존의 그늘, 1997

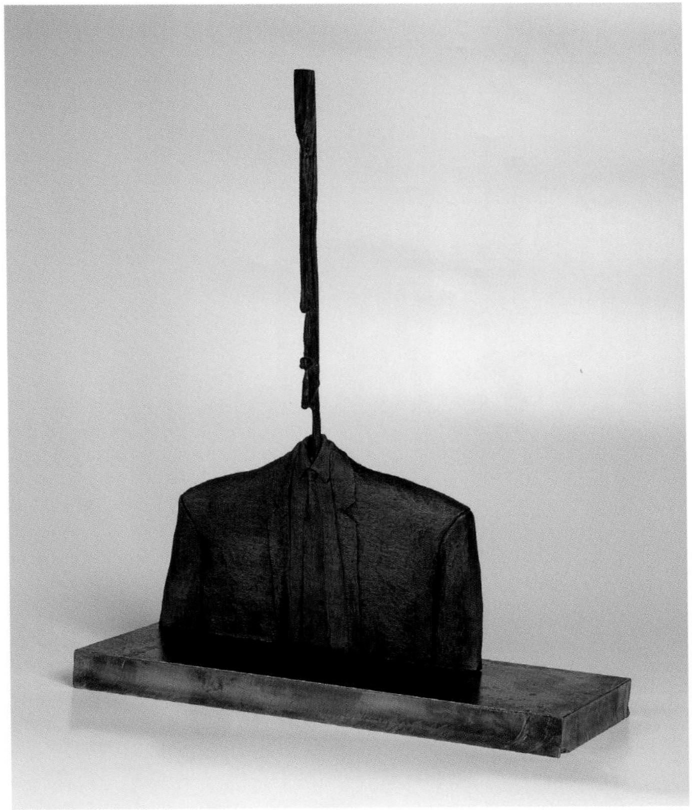

당신, 1998

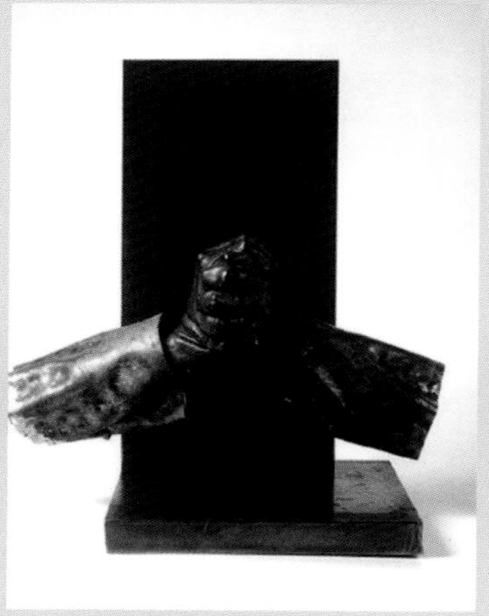

너무도 간절한, 1999

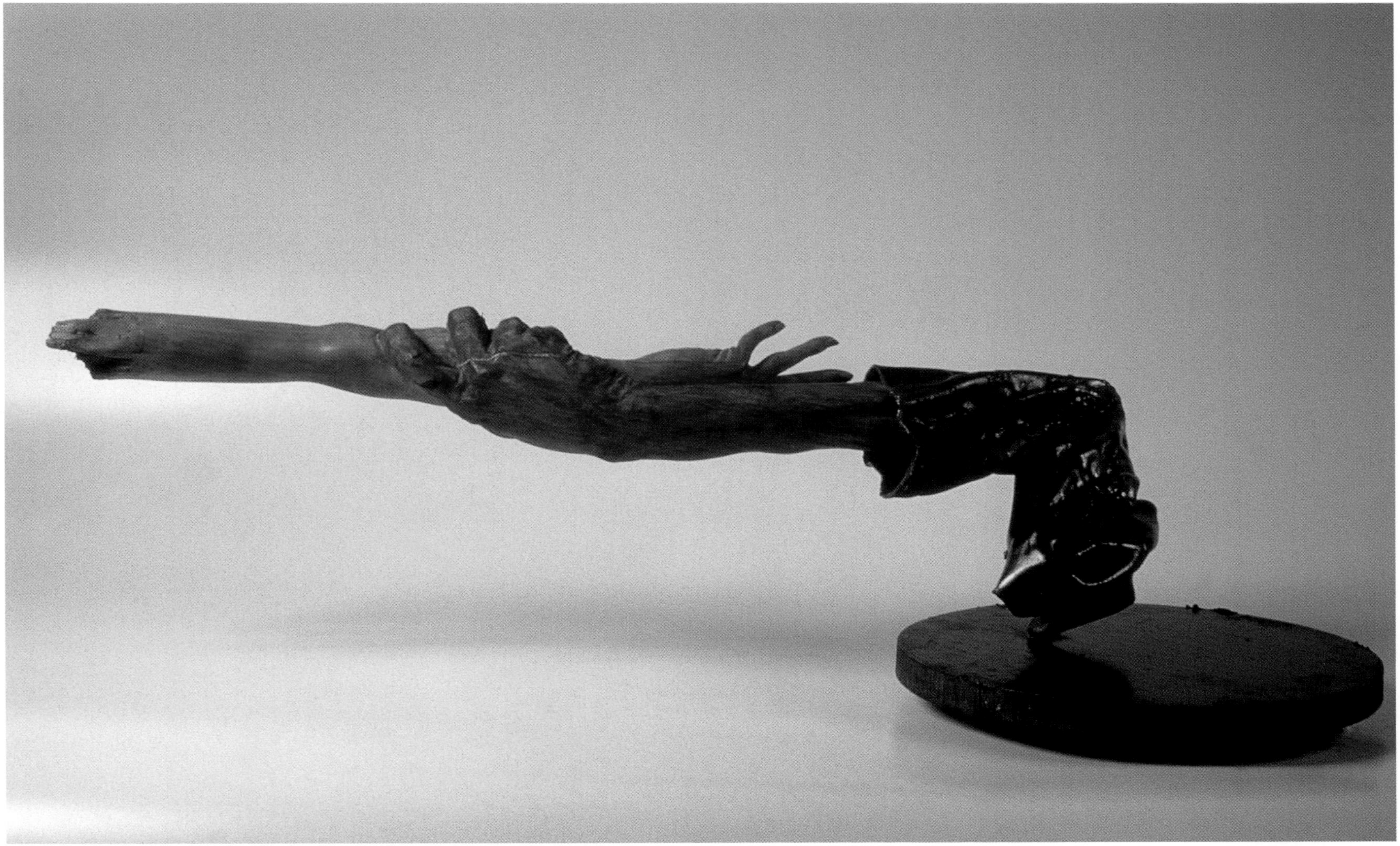
위험한 상상, 1998

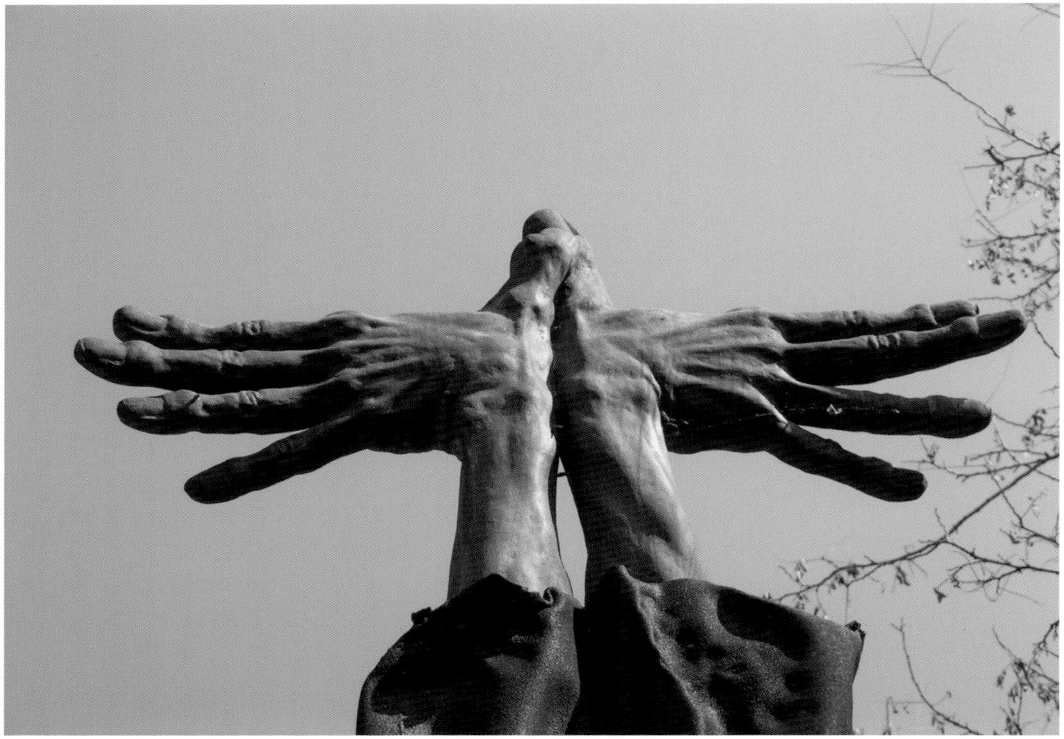
파랑새1, 1998

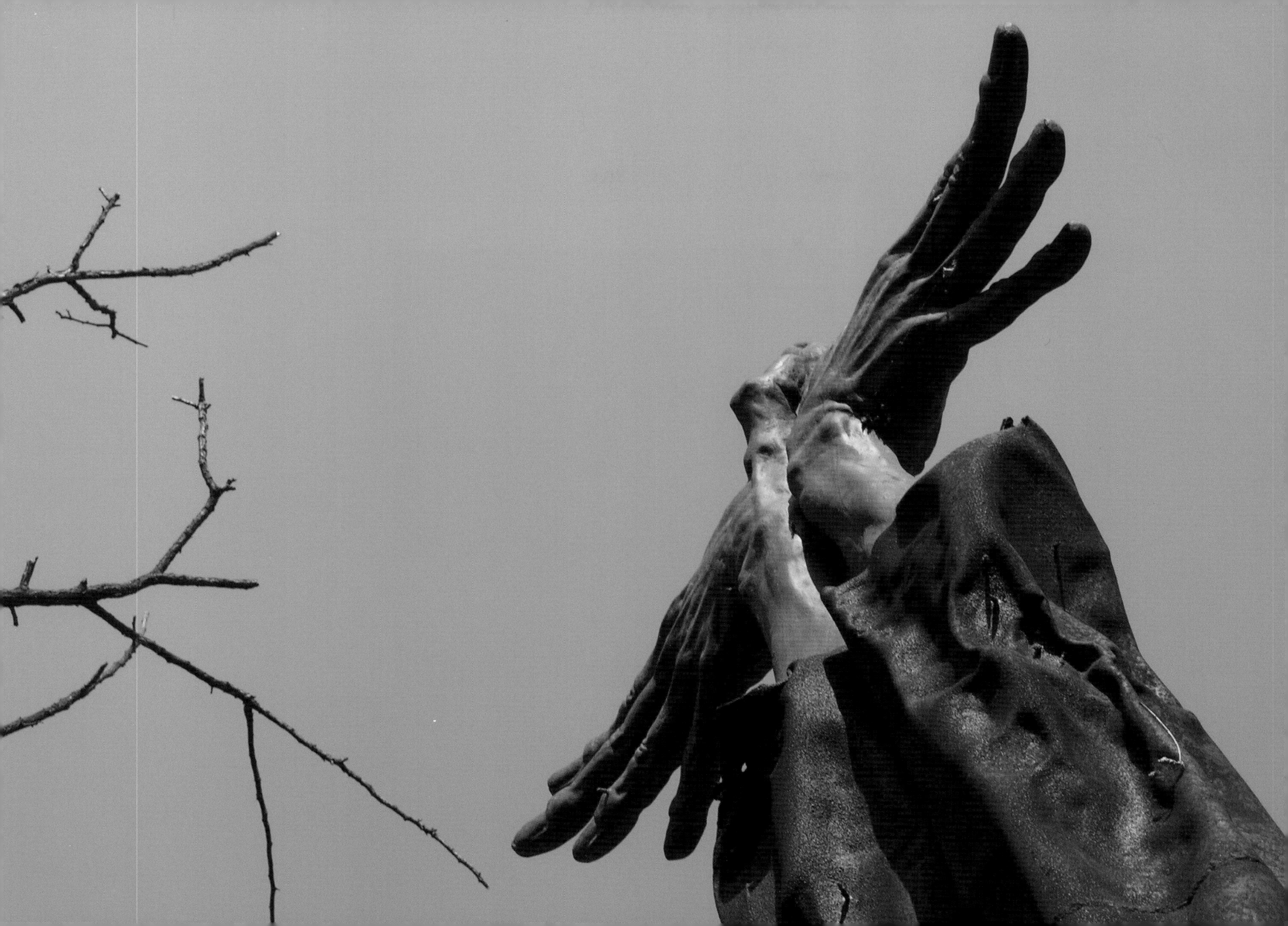

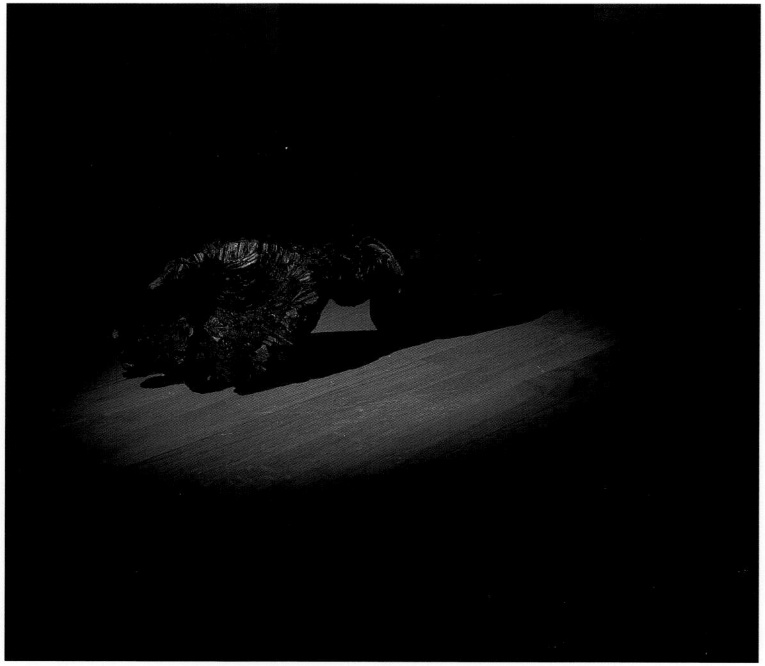

절망, 1999

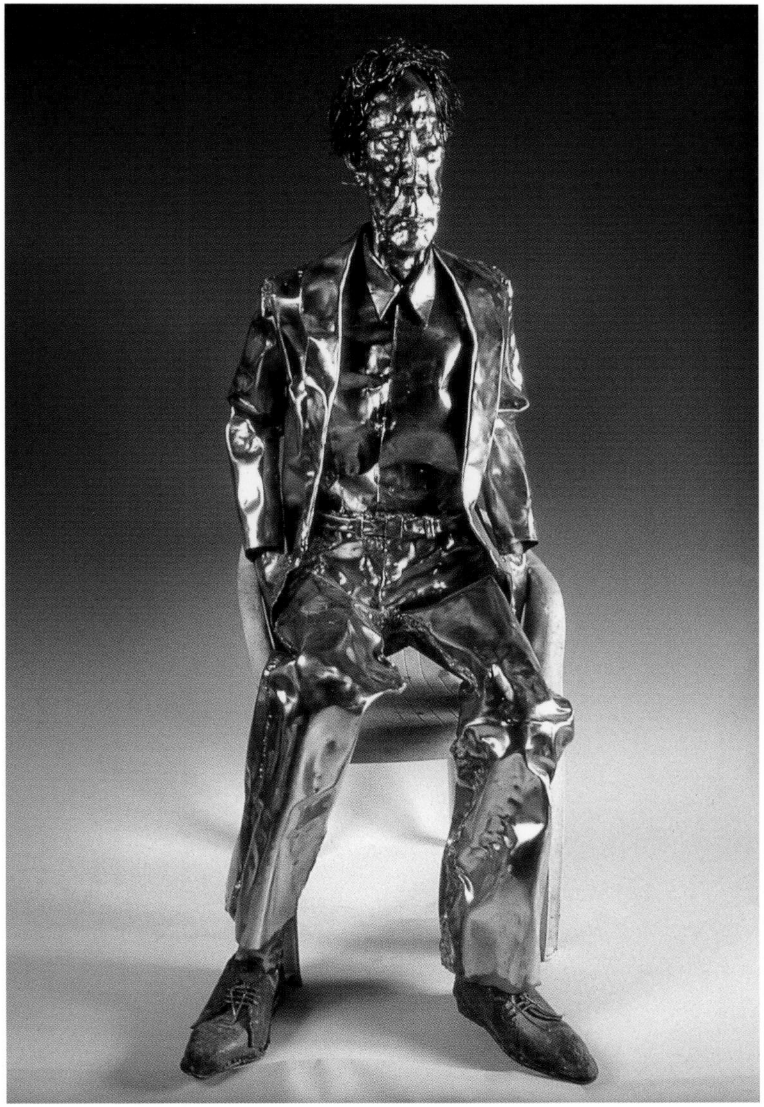
그는, 1999

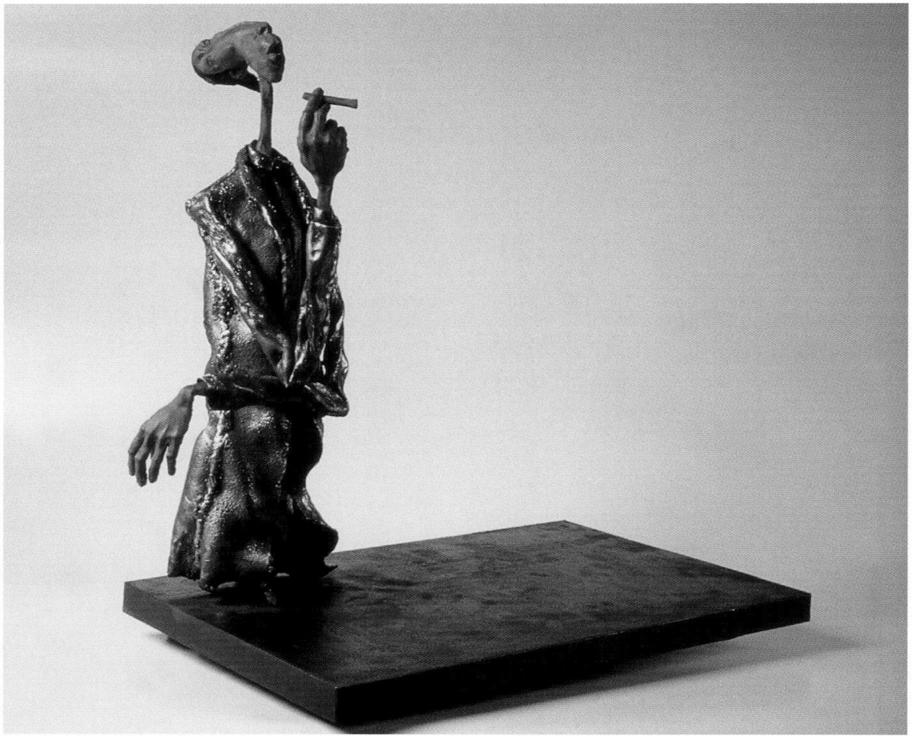

사는 게 뭔지, 1999

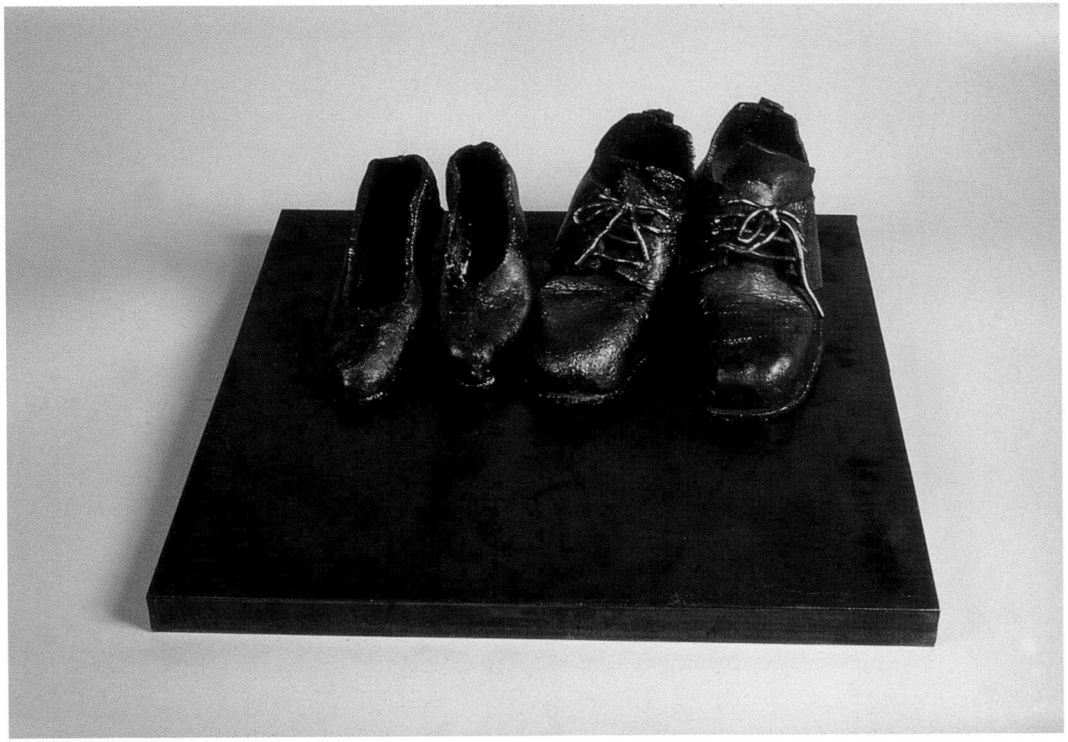

연인(신림장 여관), 1999

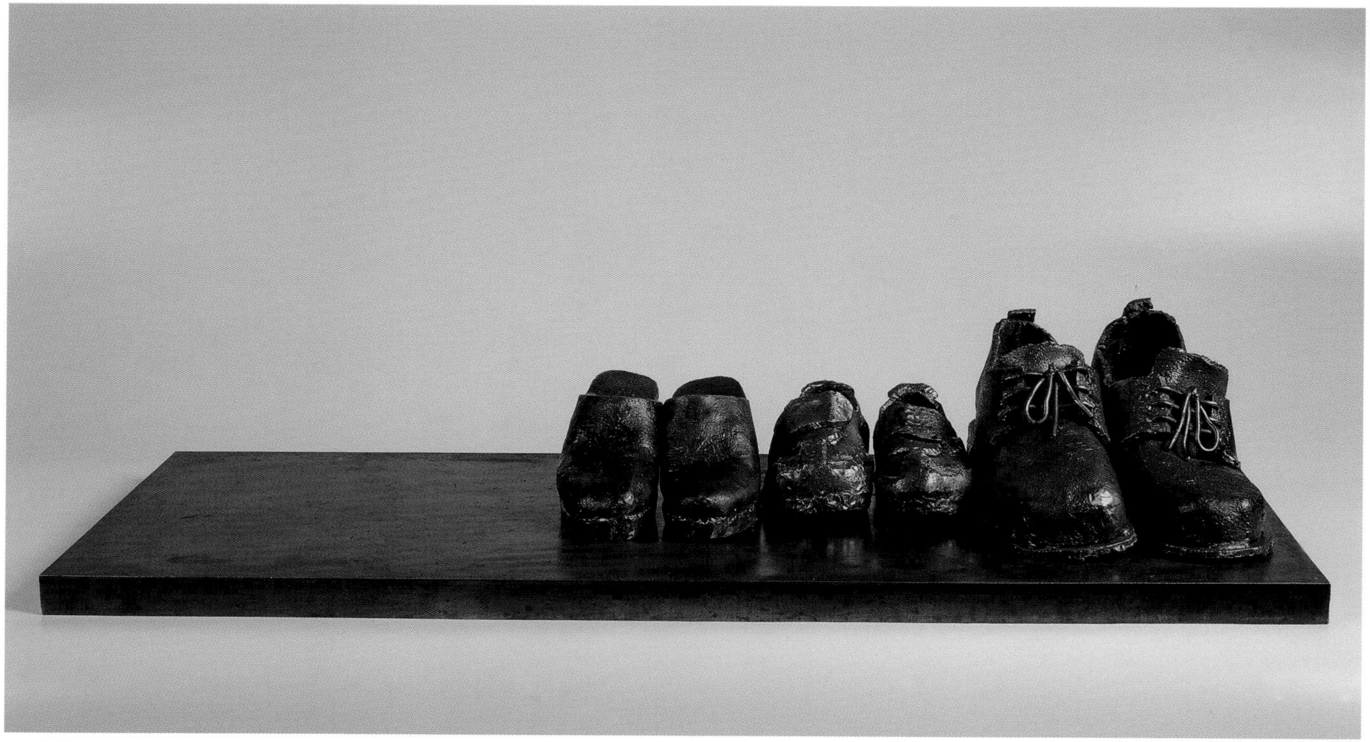

가족(편안한 귀가), 1999

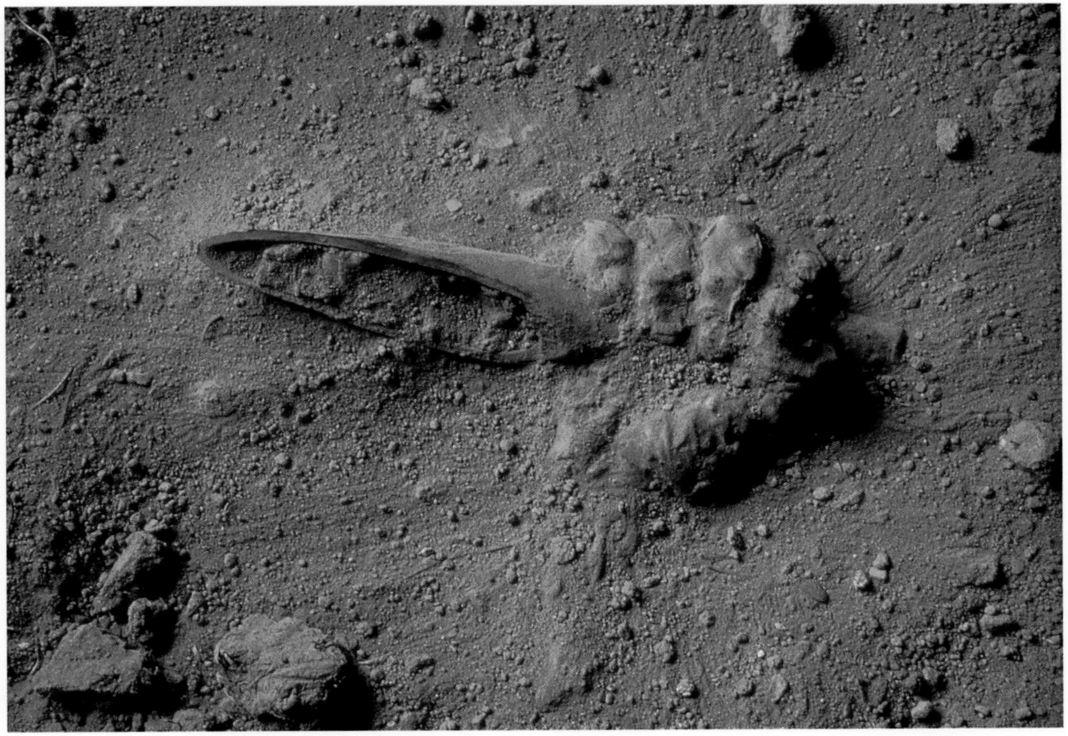
숨은그림찾기, 1999

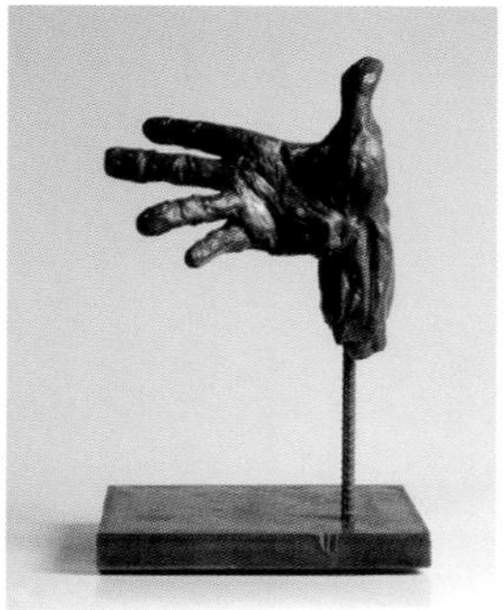

시작하는 손, 1999

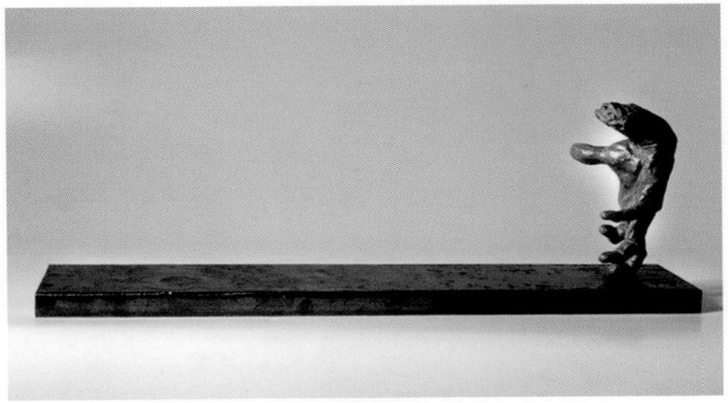

시작한 손, 1999

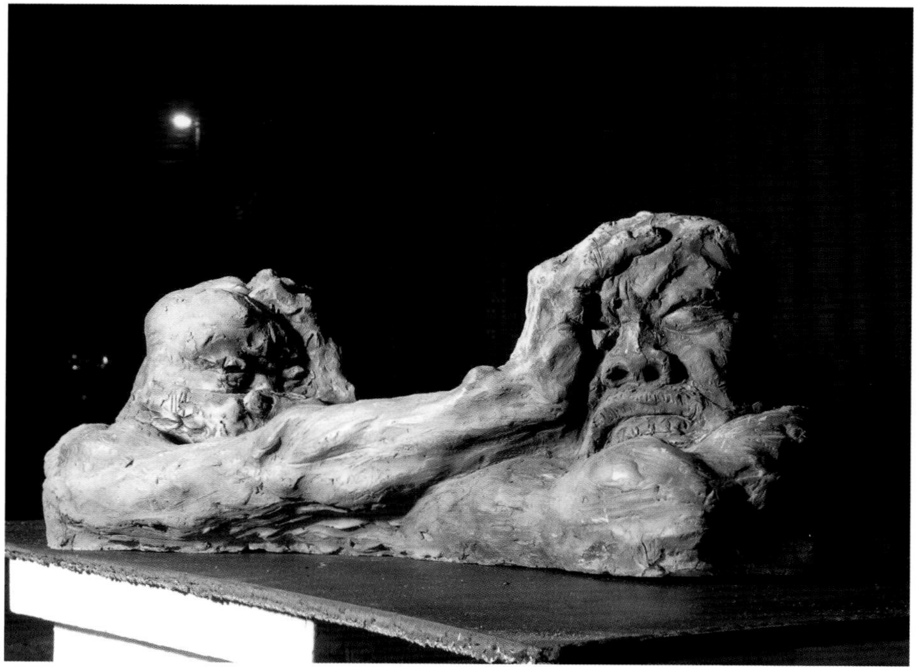

사생결단, 1999

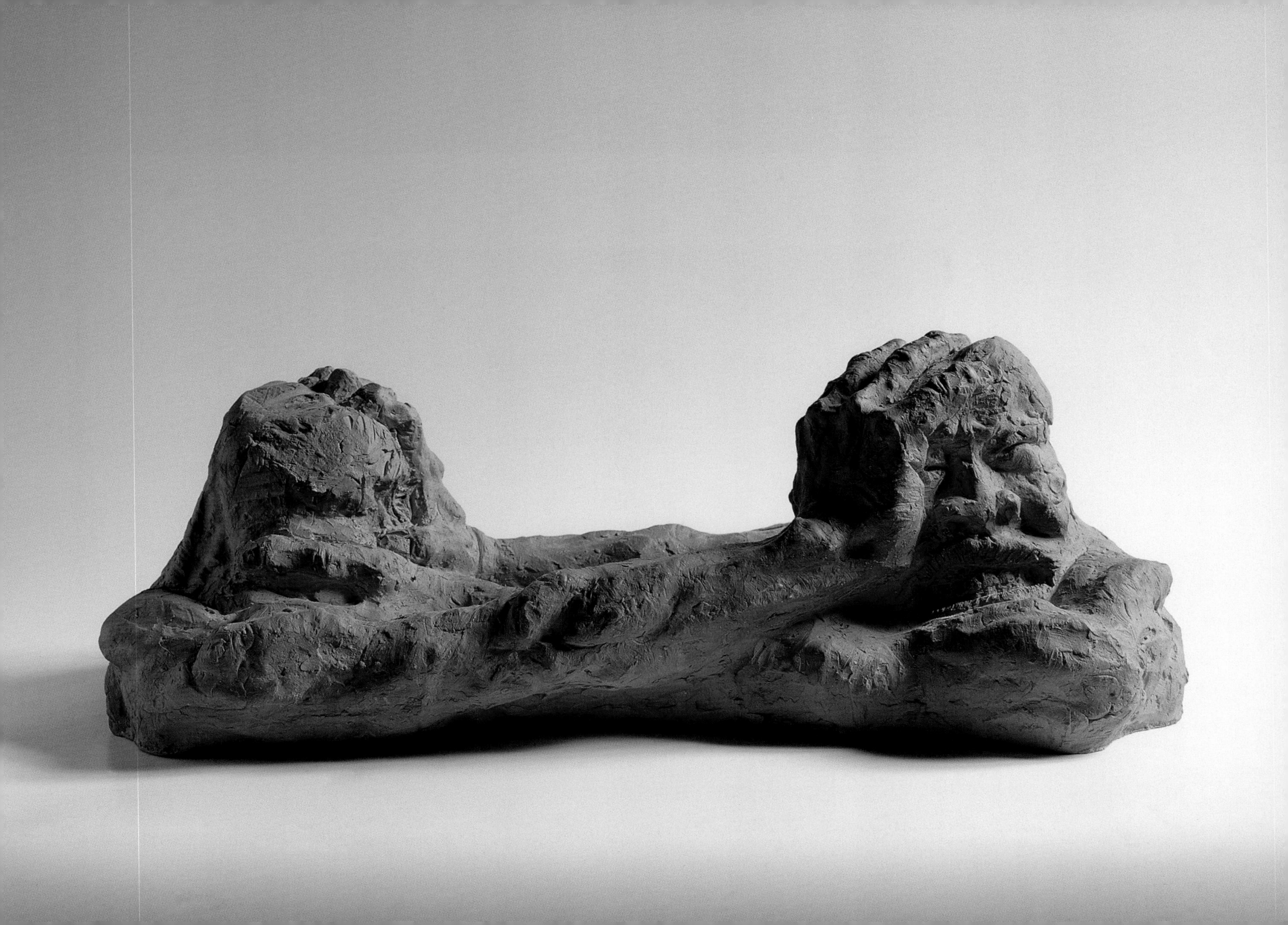

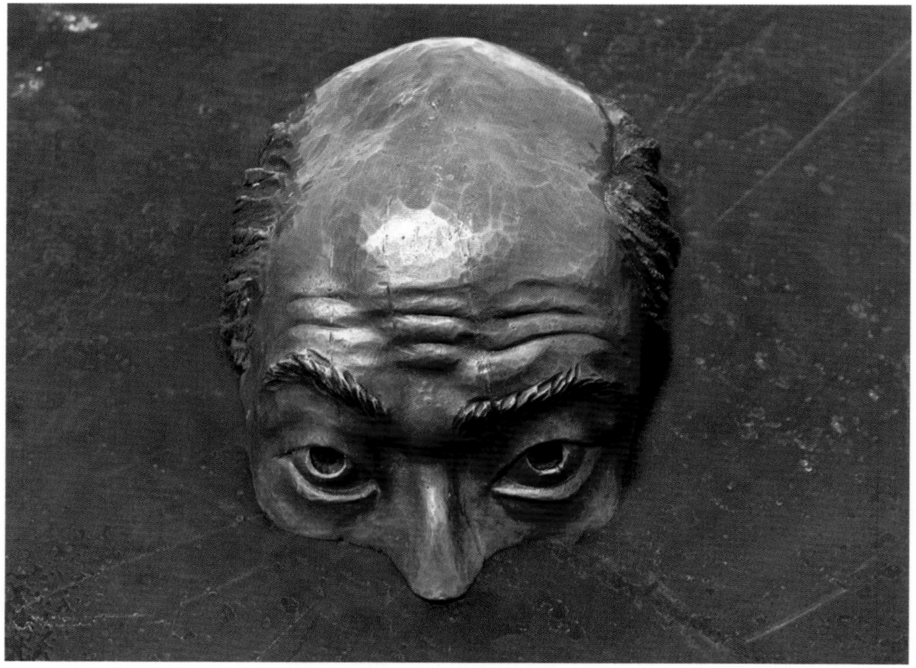

눈칫밥 삼십 년1, 1999

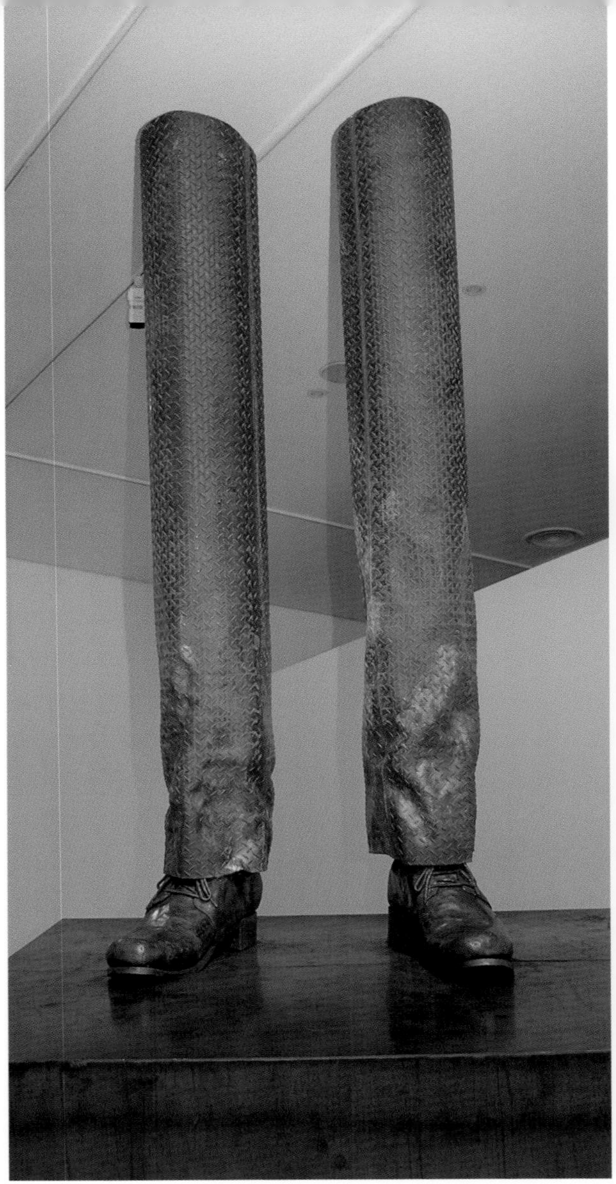

하늘이 무너지다, 1999

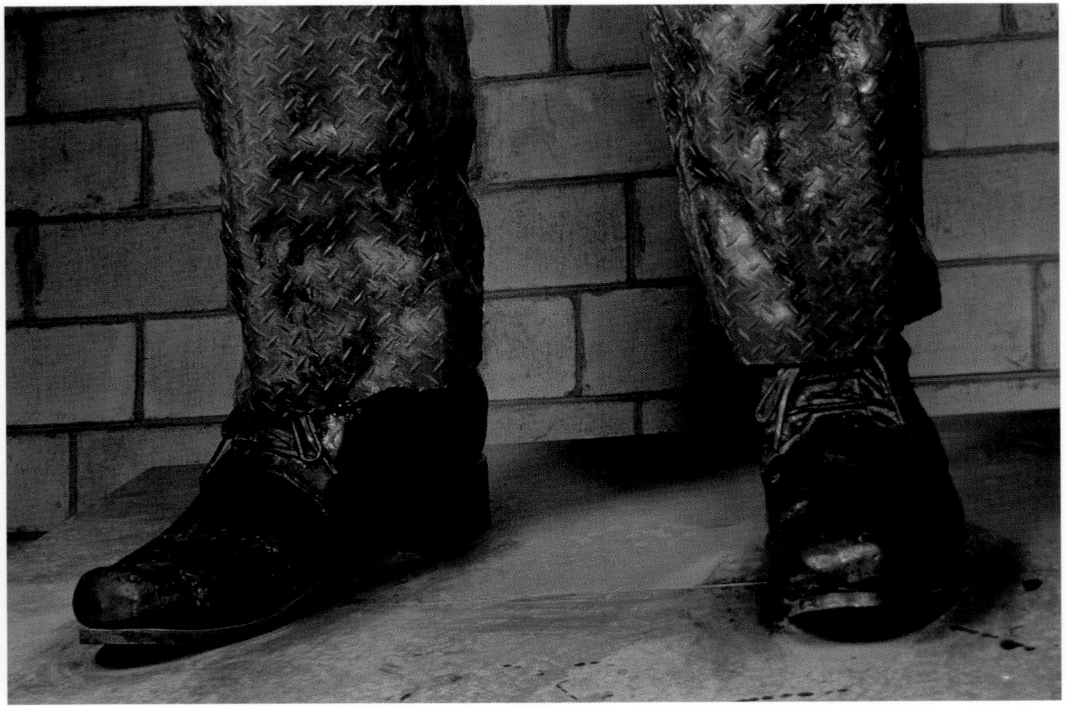

Endless, complete beauty – everlasting work

未完, 美完 – 끝나지 않은 작업 2000’s

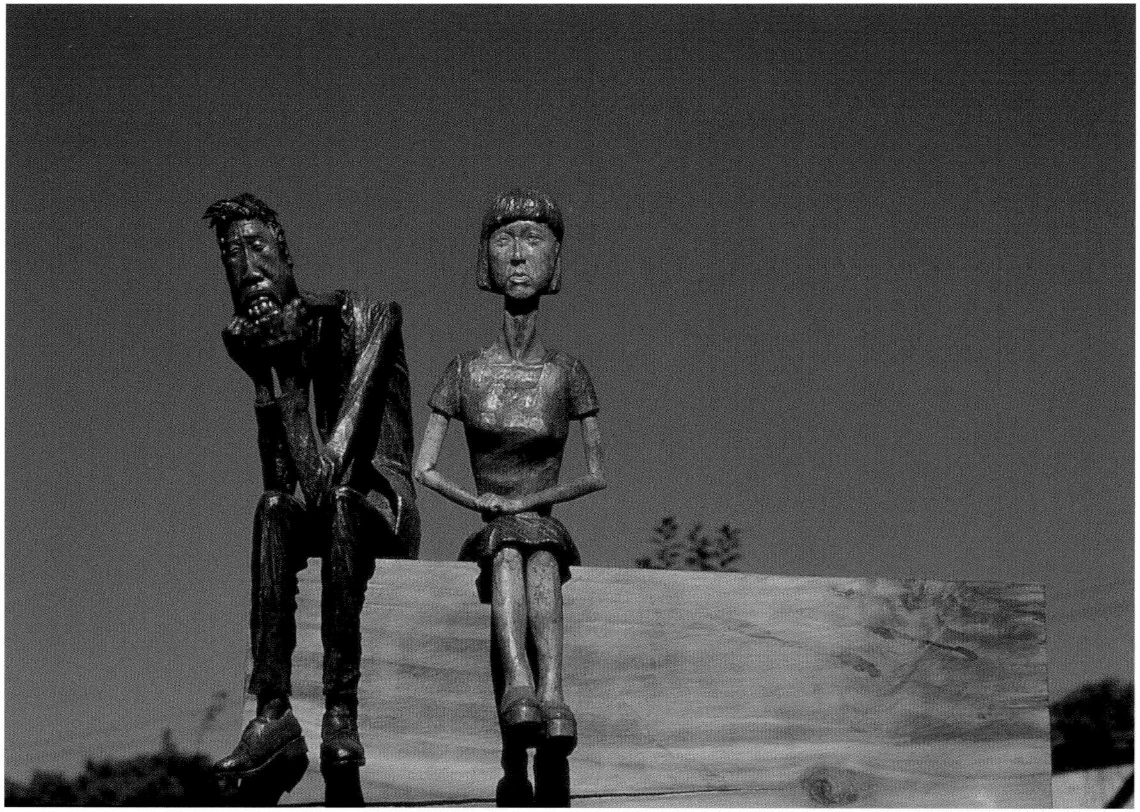

부부1, 2000

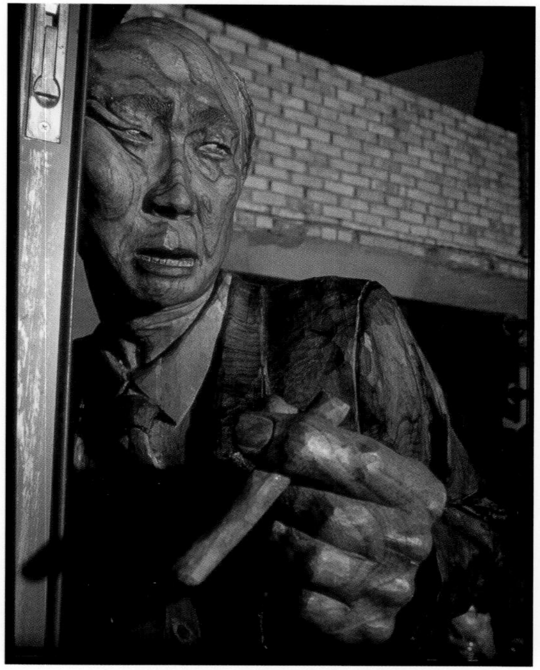

아빠의 청춘1, 2000

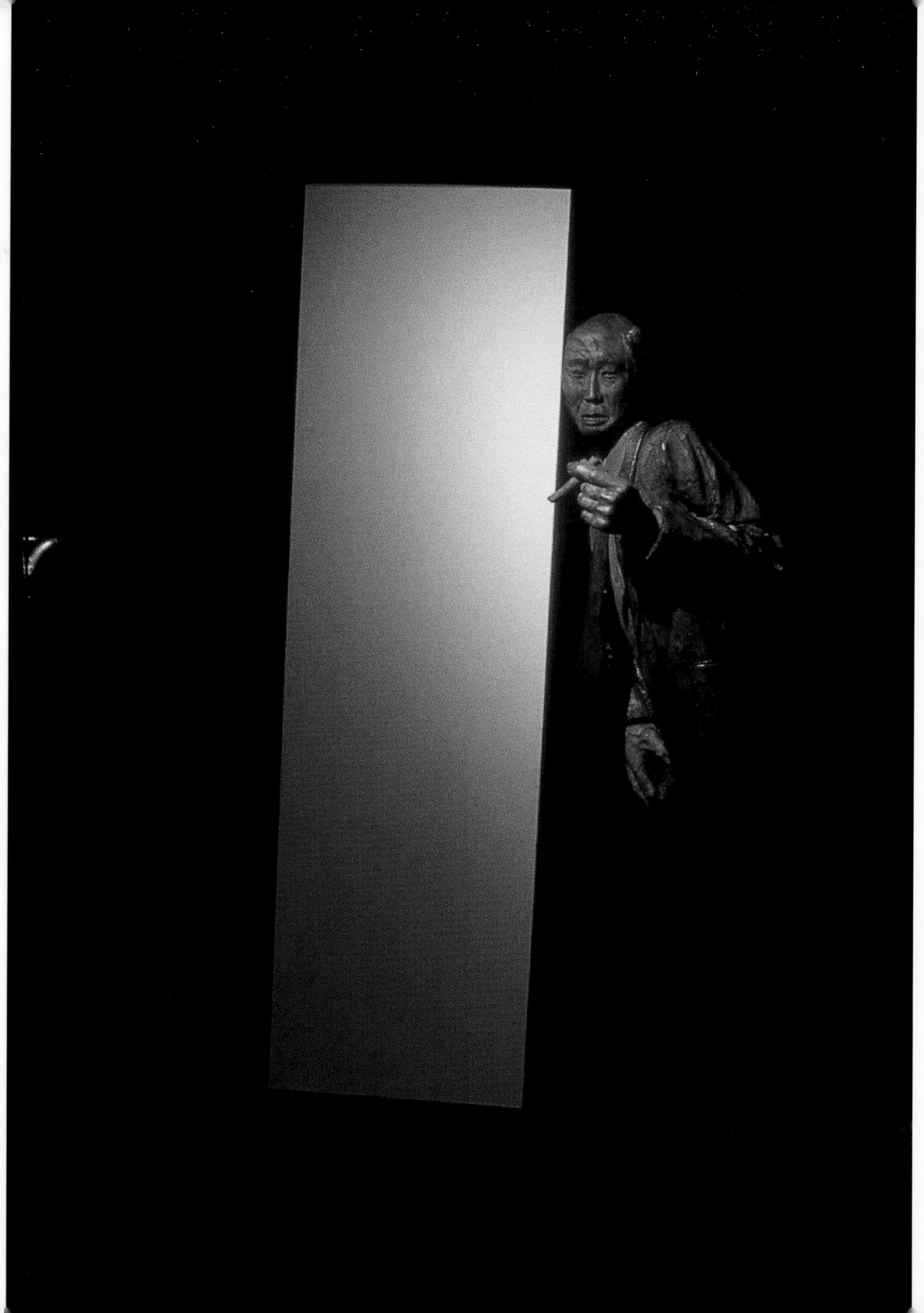

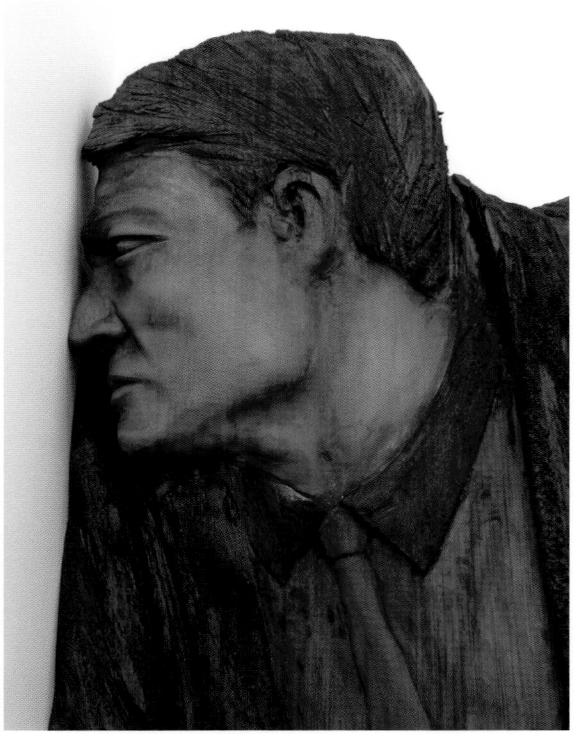

위기의식1, 2000

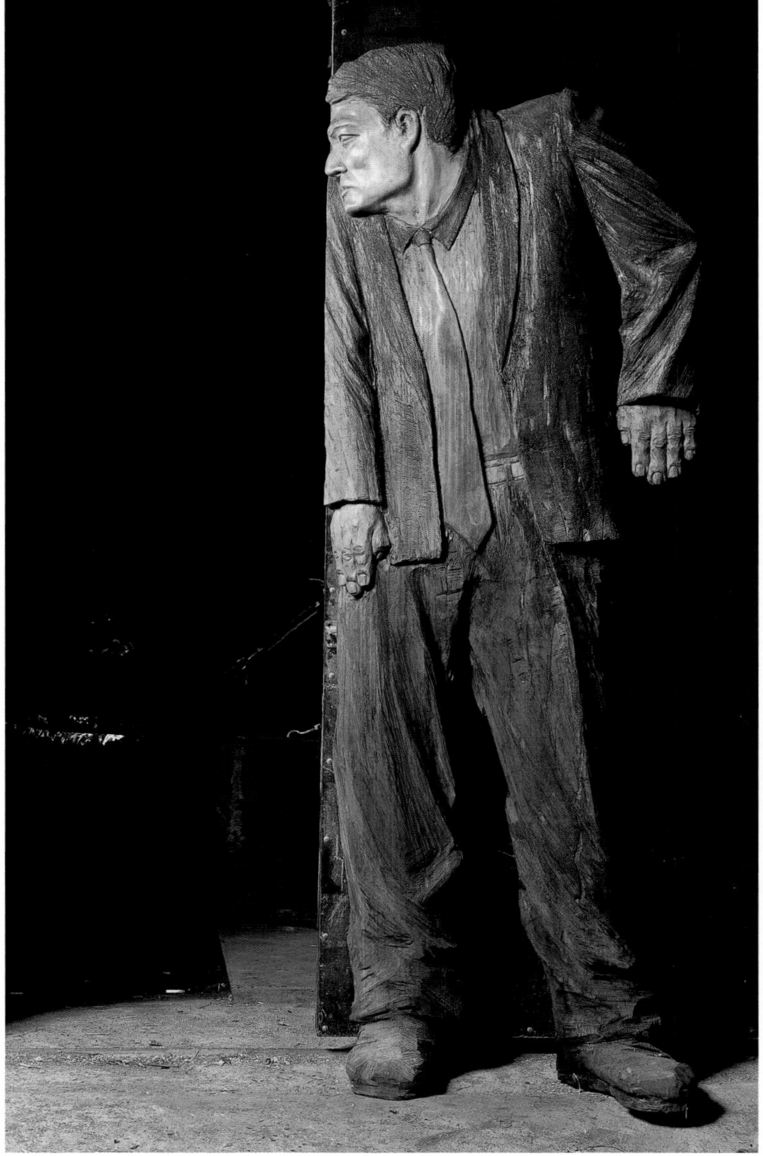

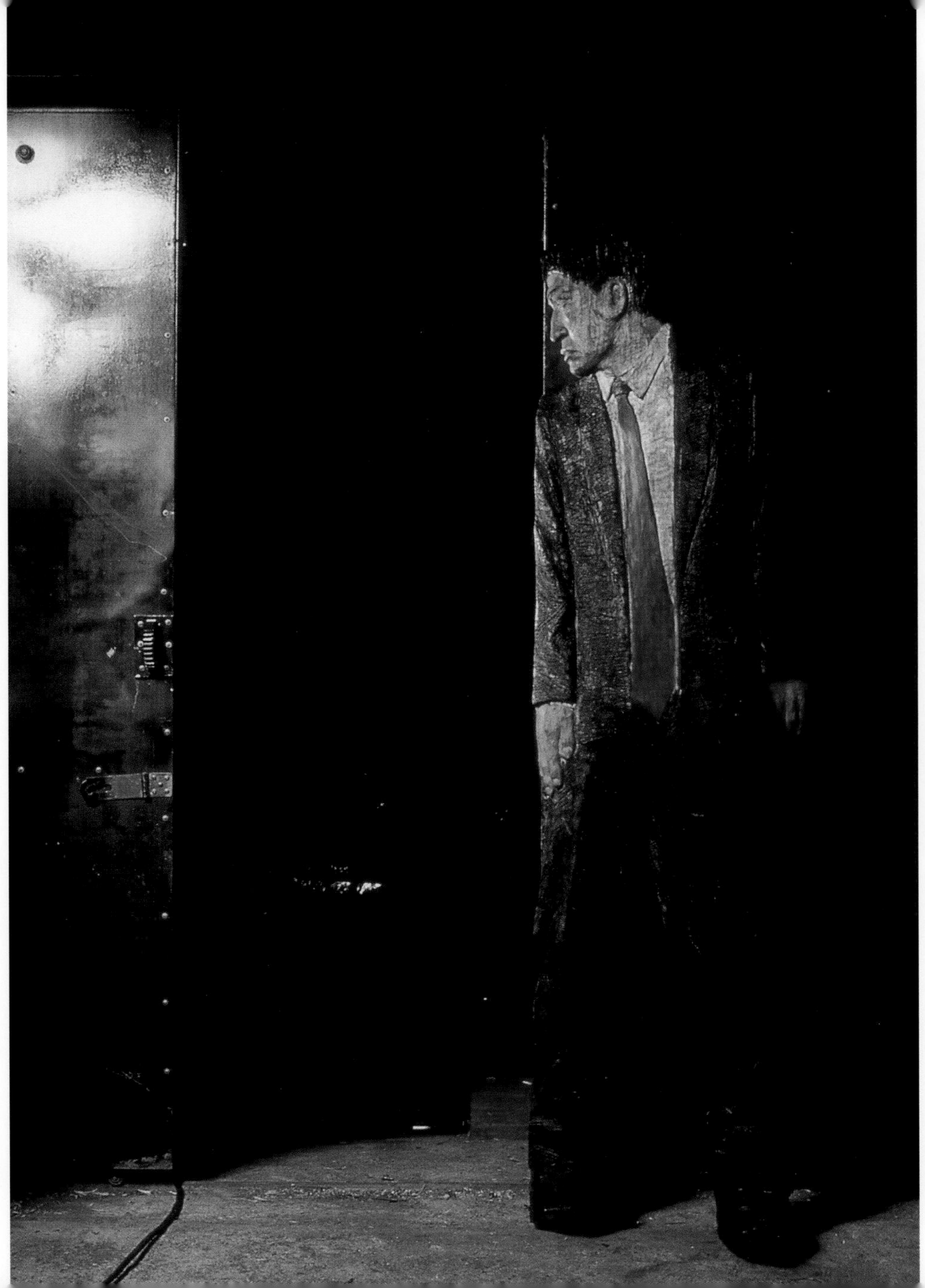

위기의식2, 2000

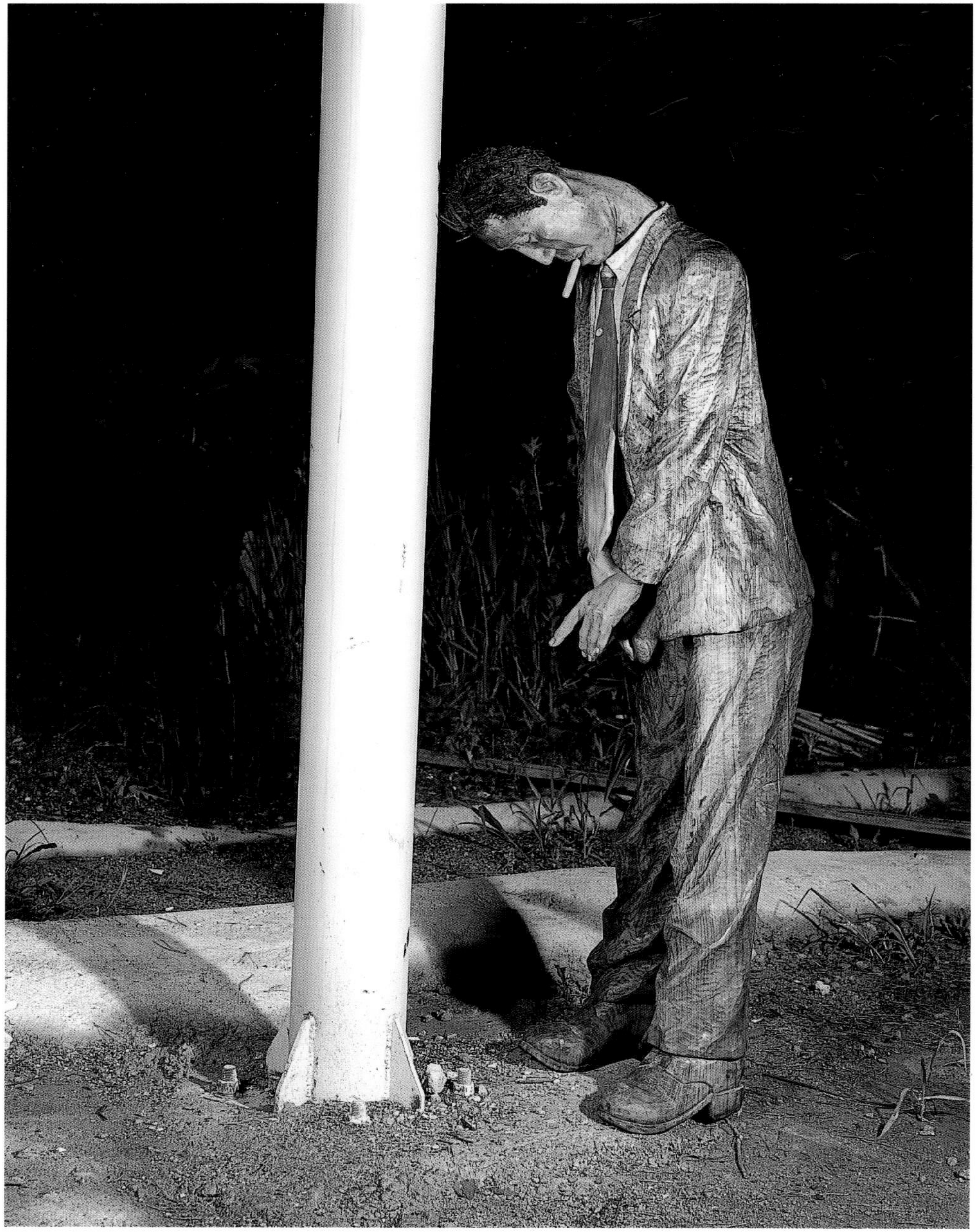

아빠의 청춘2, 2002

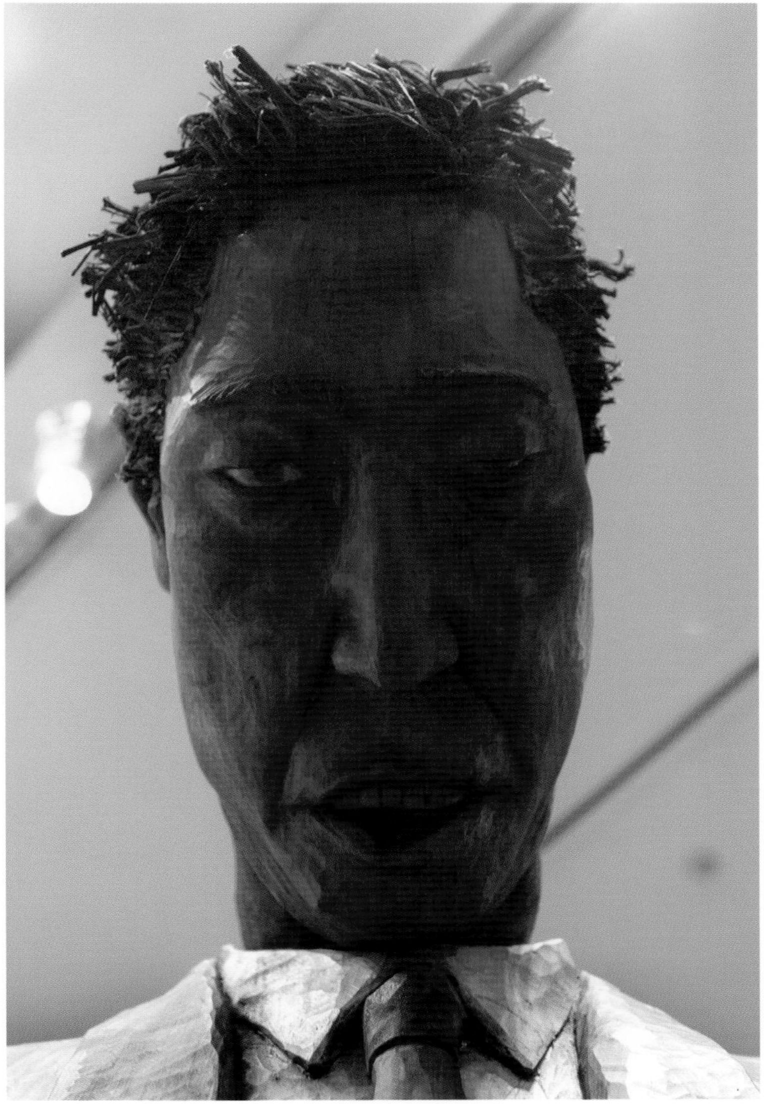

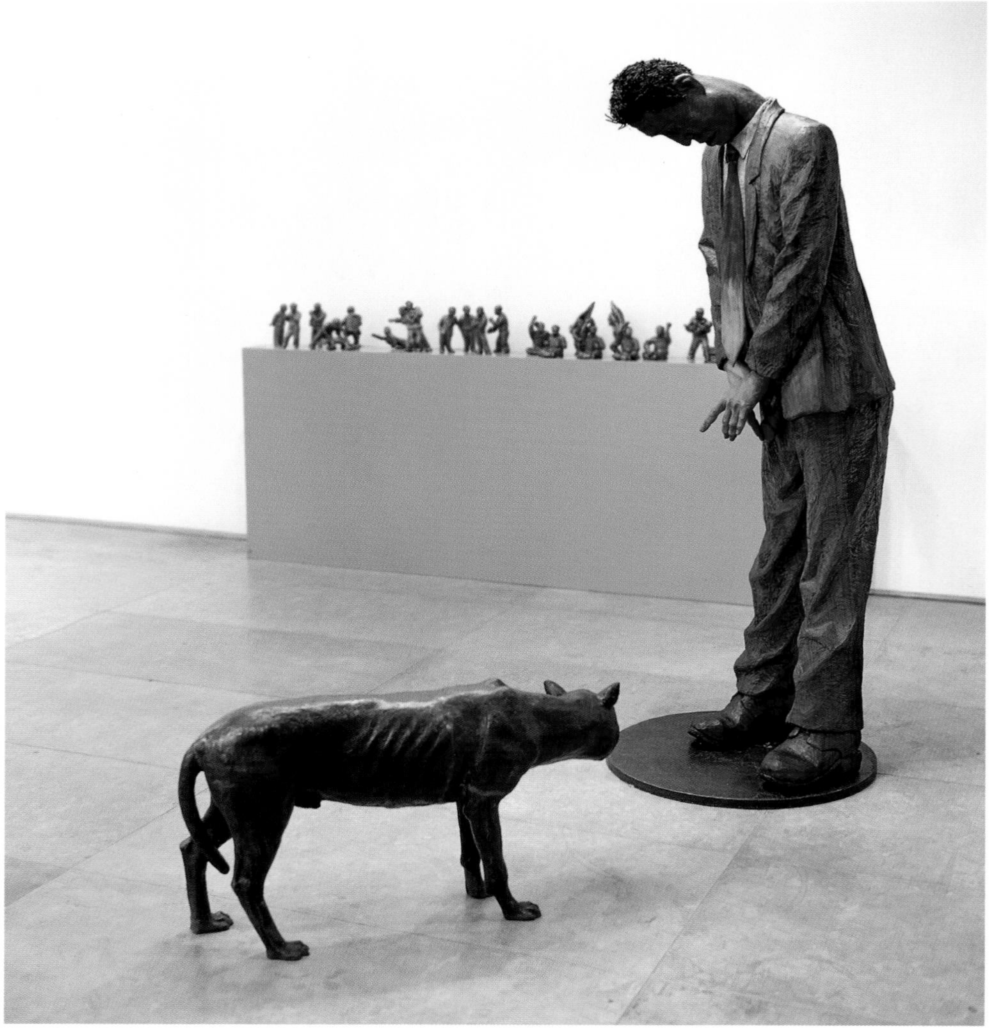

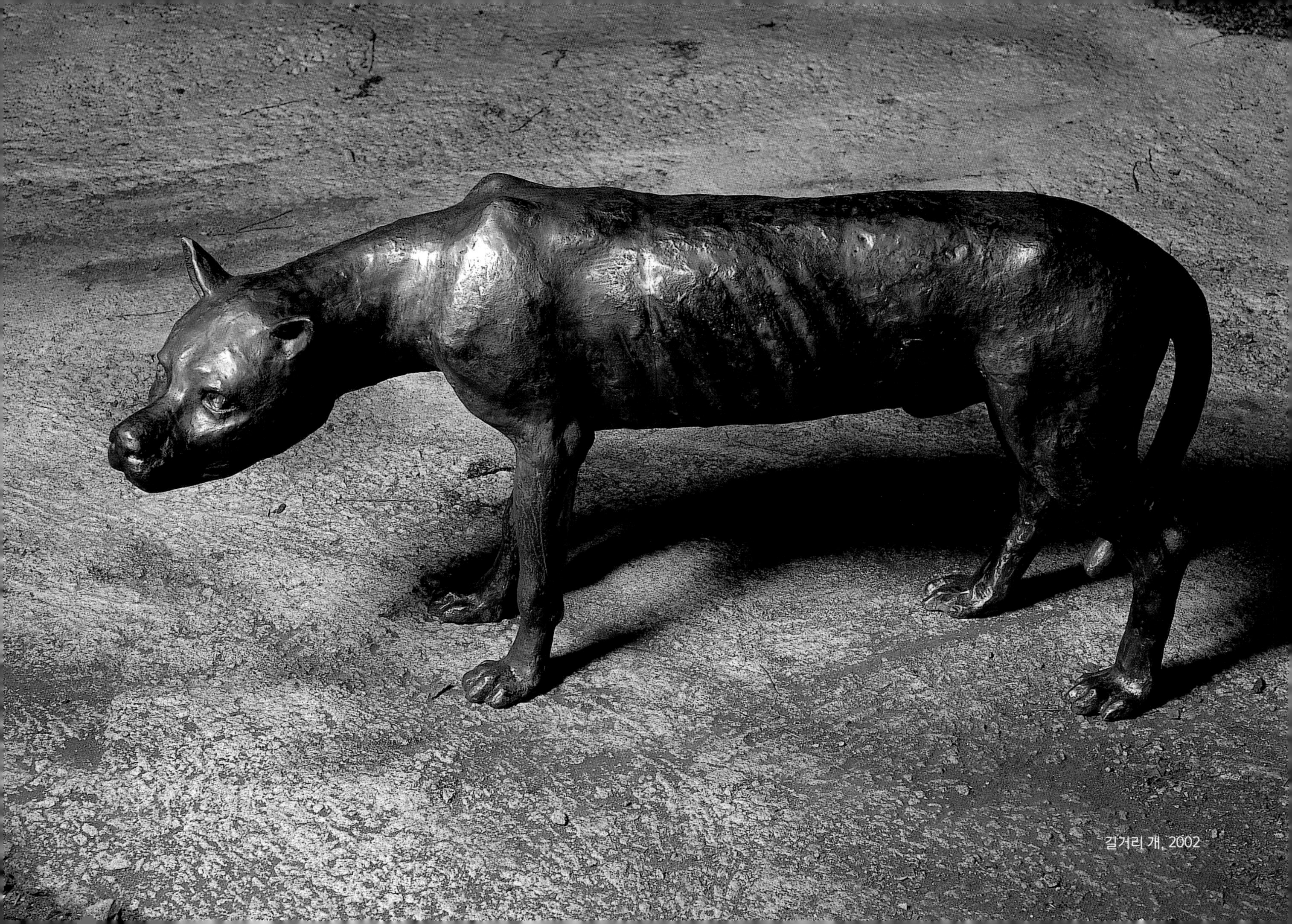

길거리 개, 2002

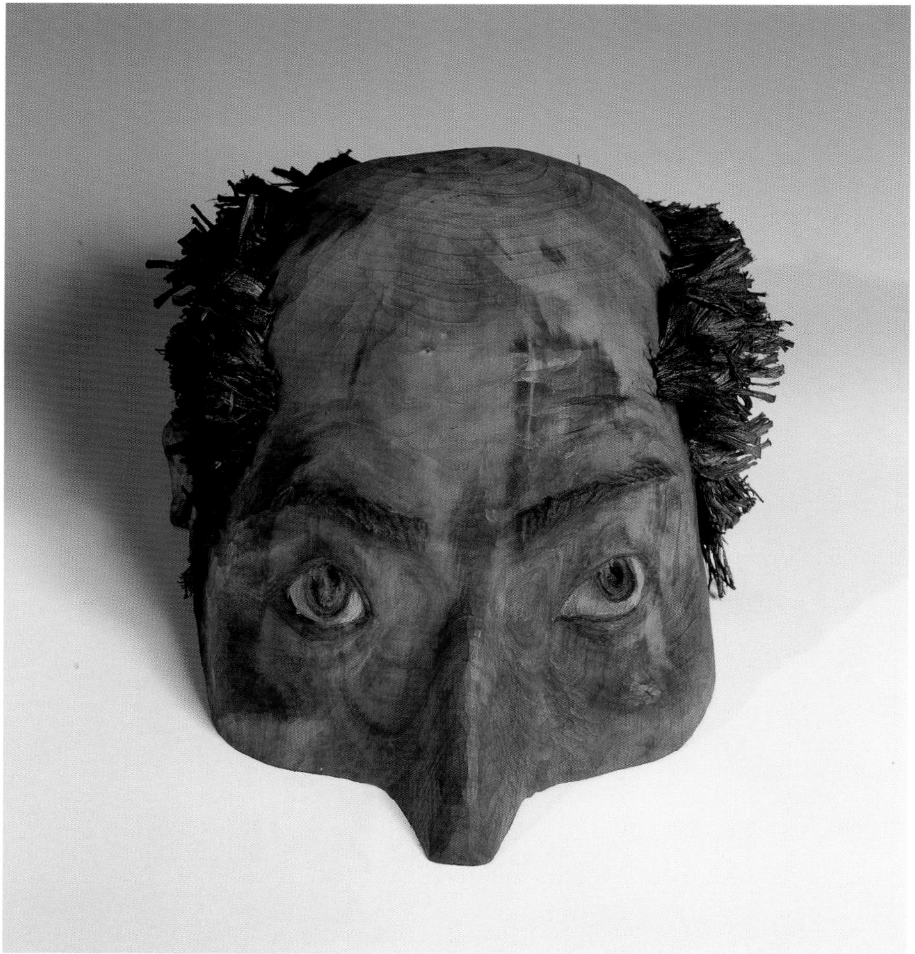

눈칫밥 삼십 년2, 2002

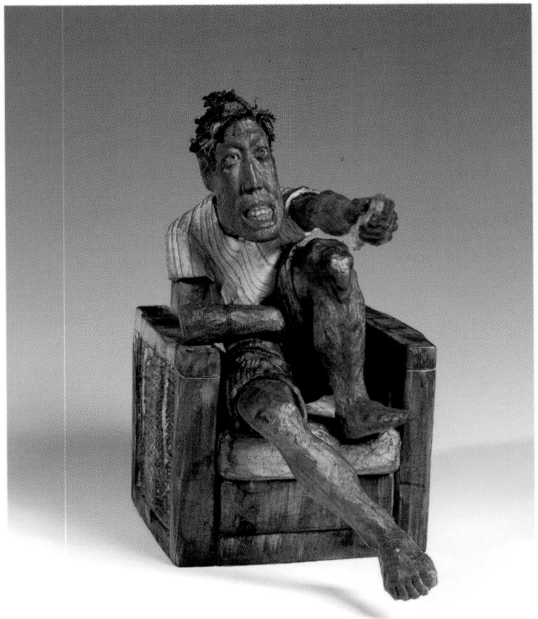

선데이 서울, 2002

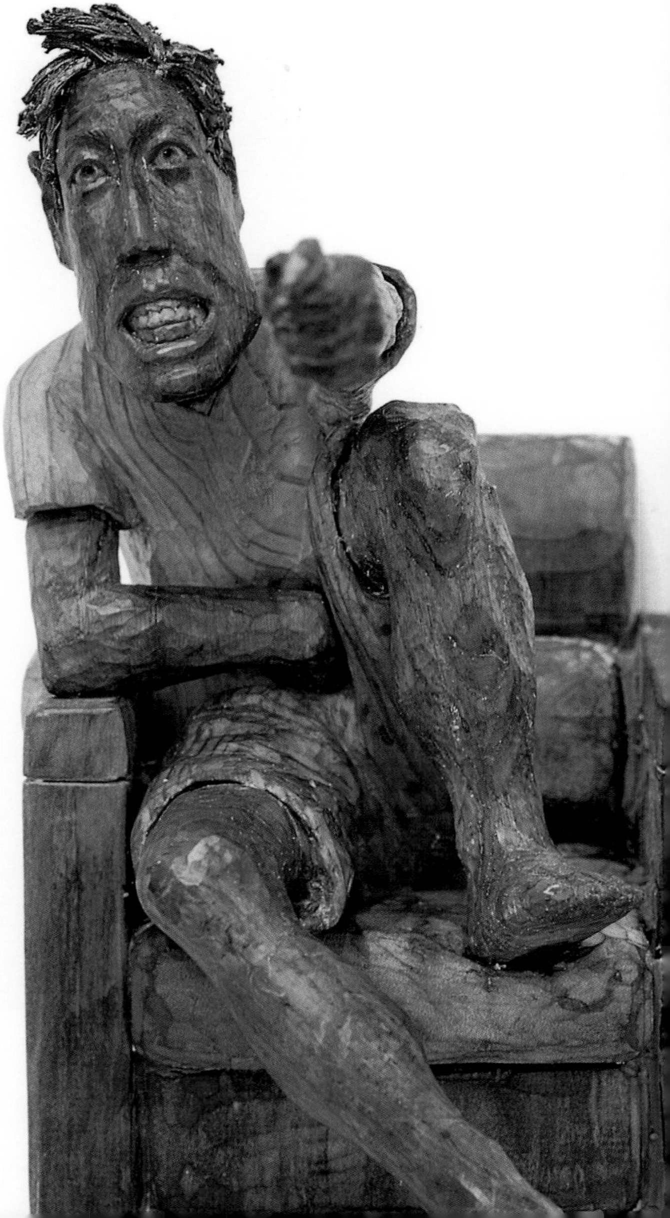

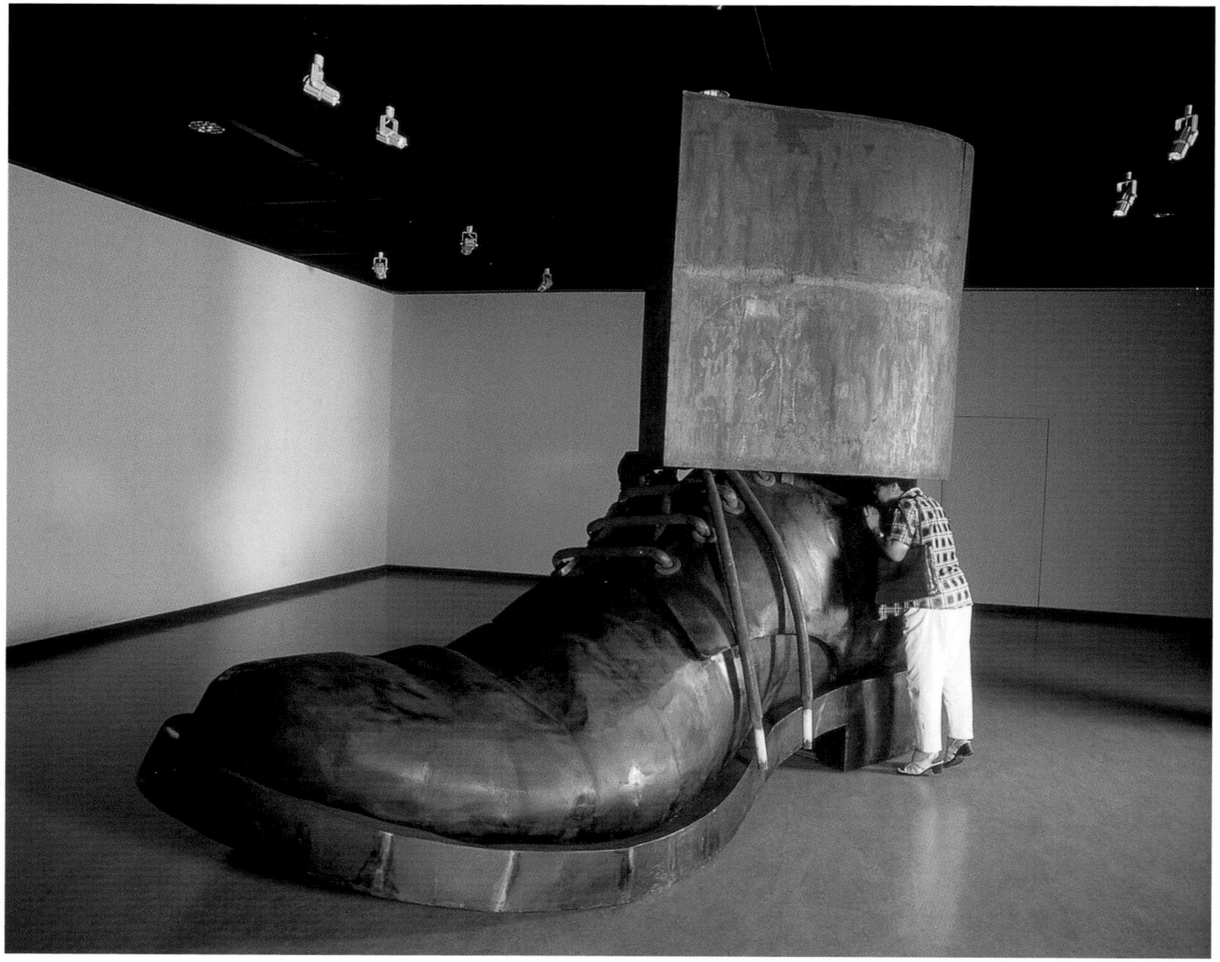

하늘, 2002

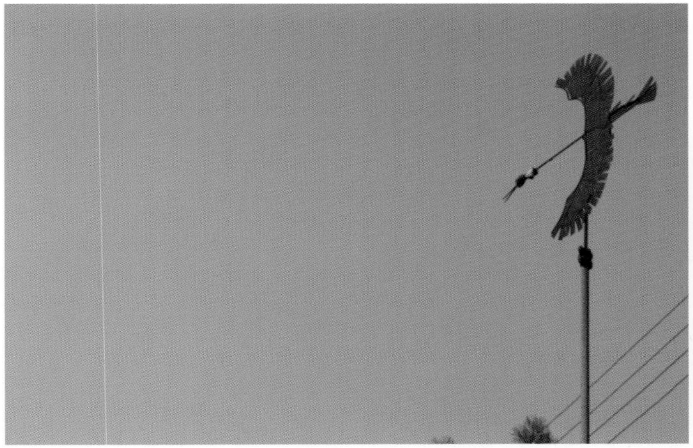

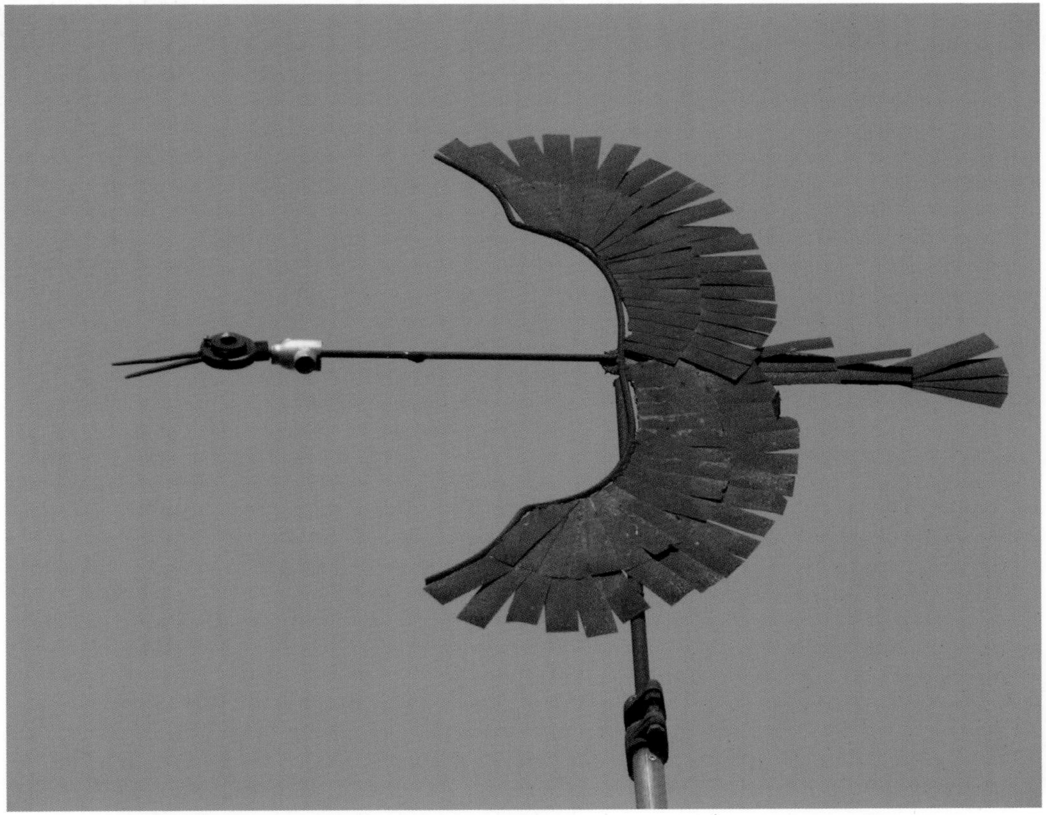

새, 2002

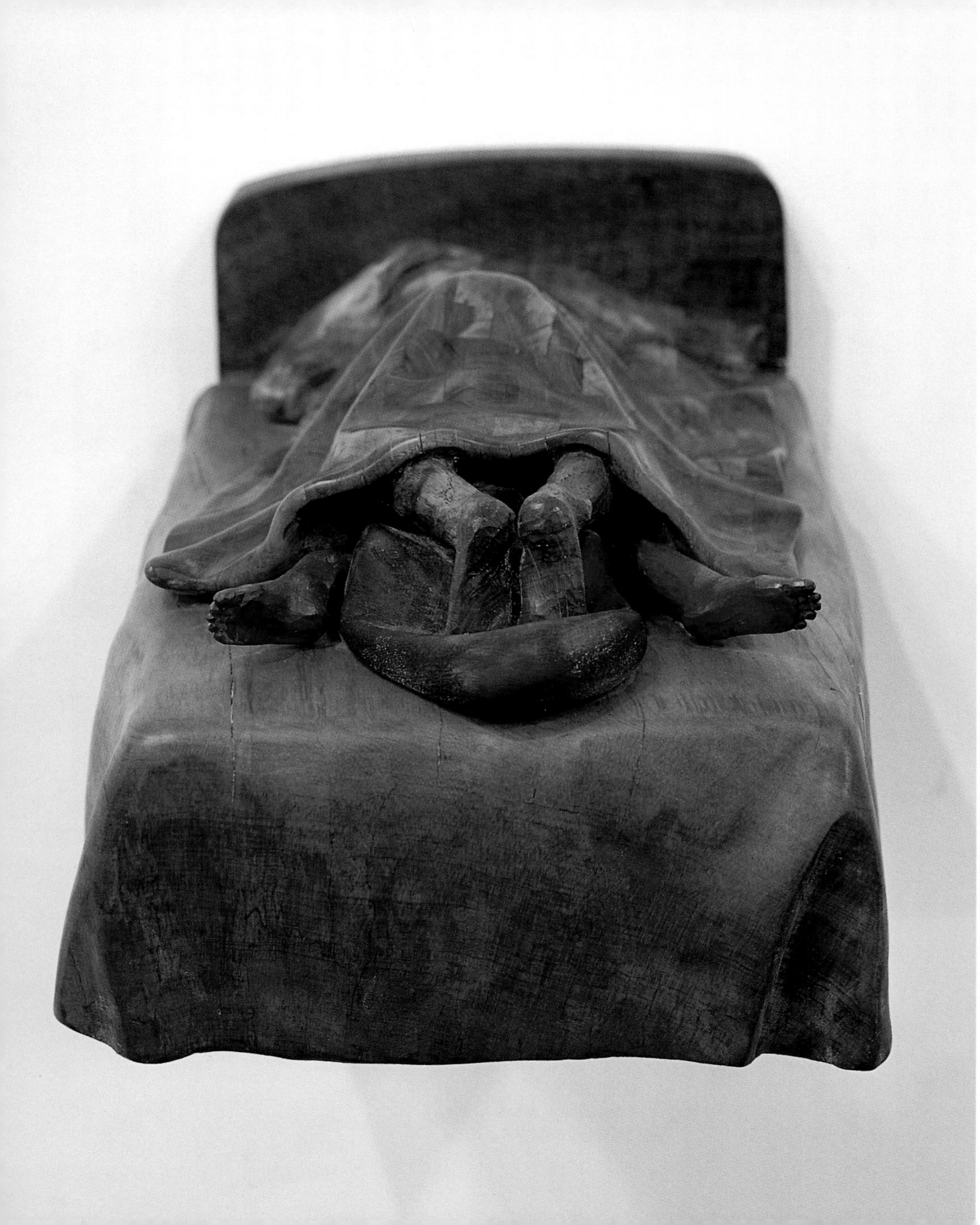

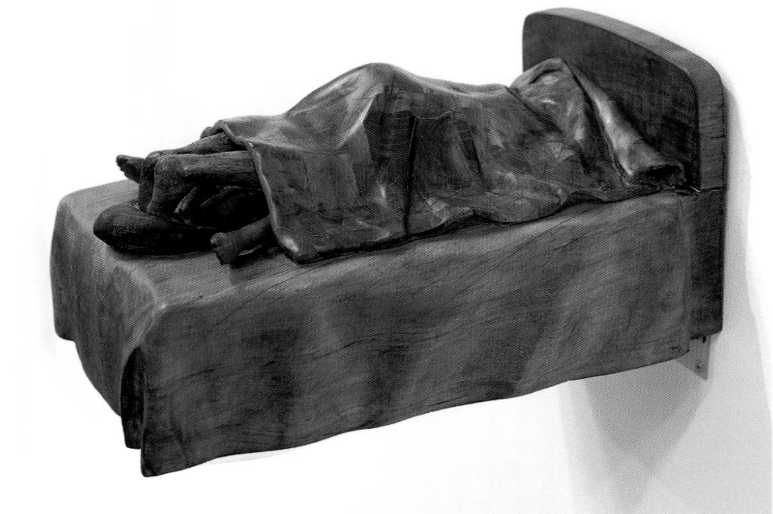

깨소금, 2002

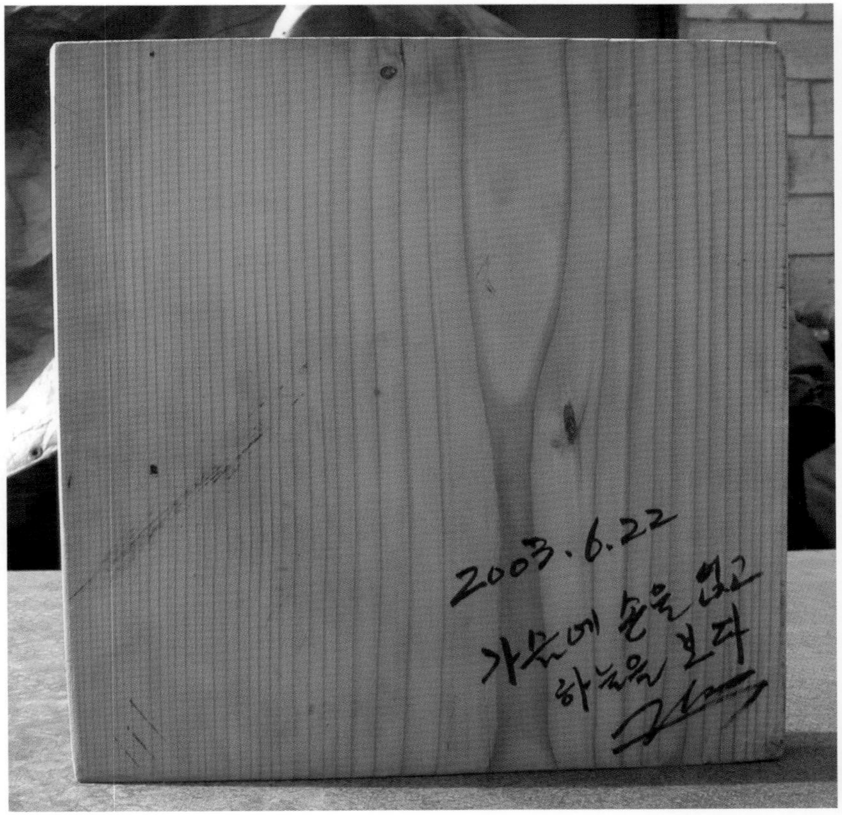

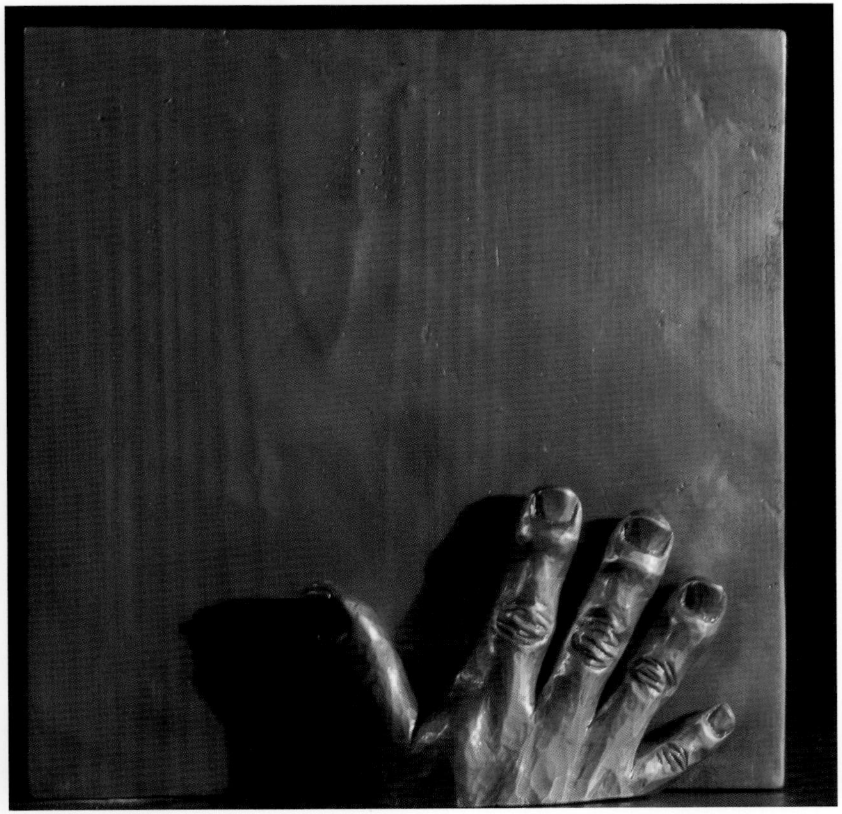

가슴에 손을 얹고 하늘을 보다, 2003

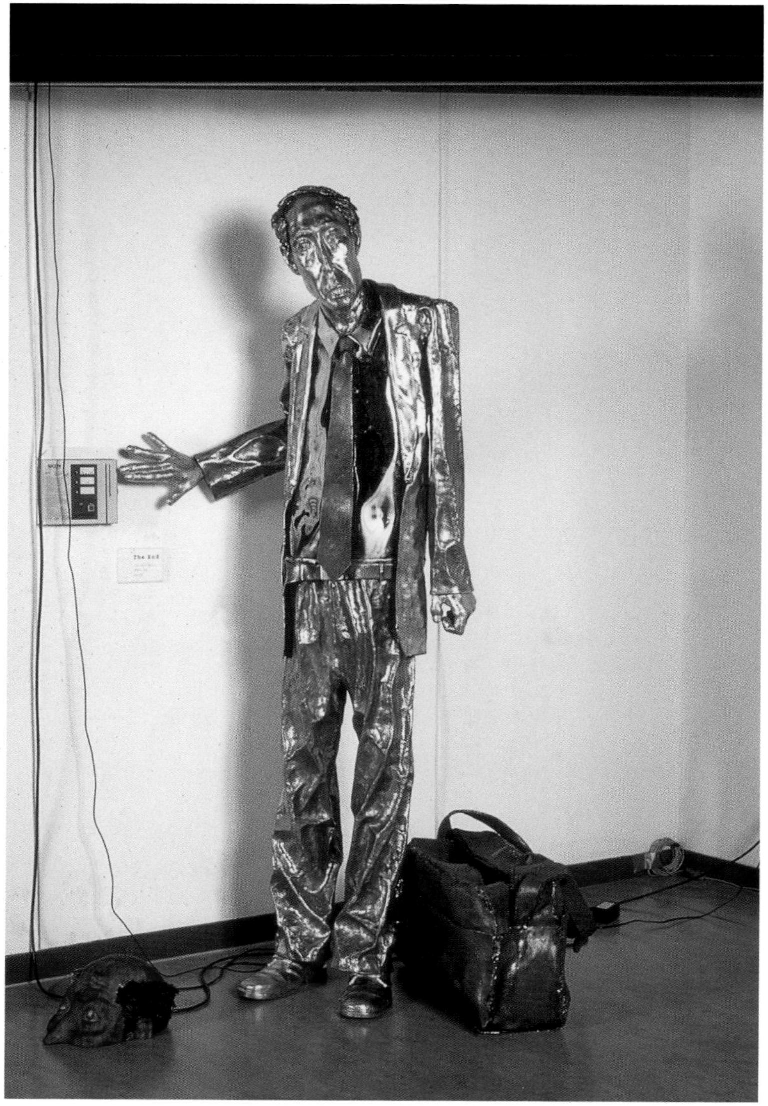

디 엔드, 2002

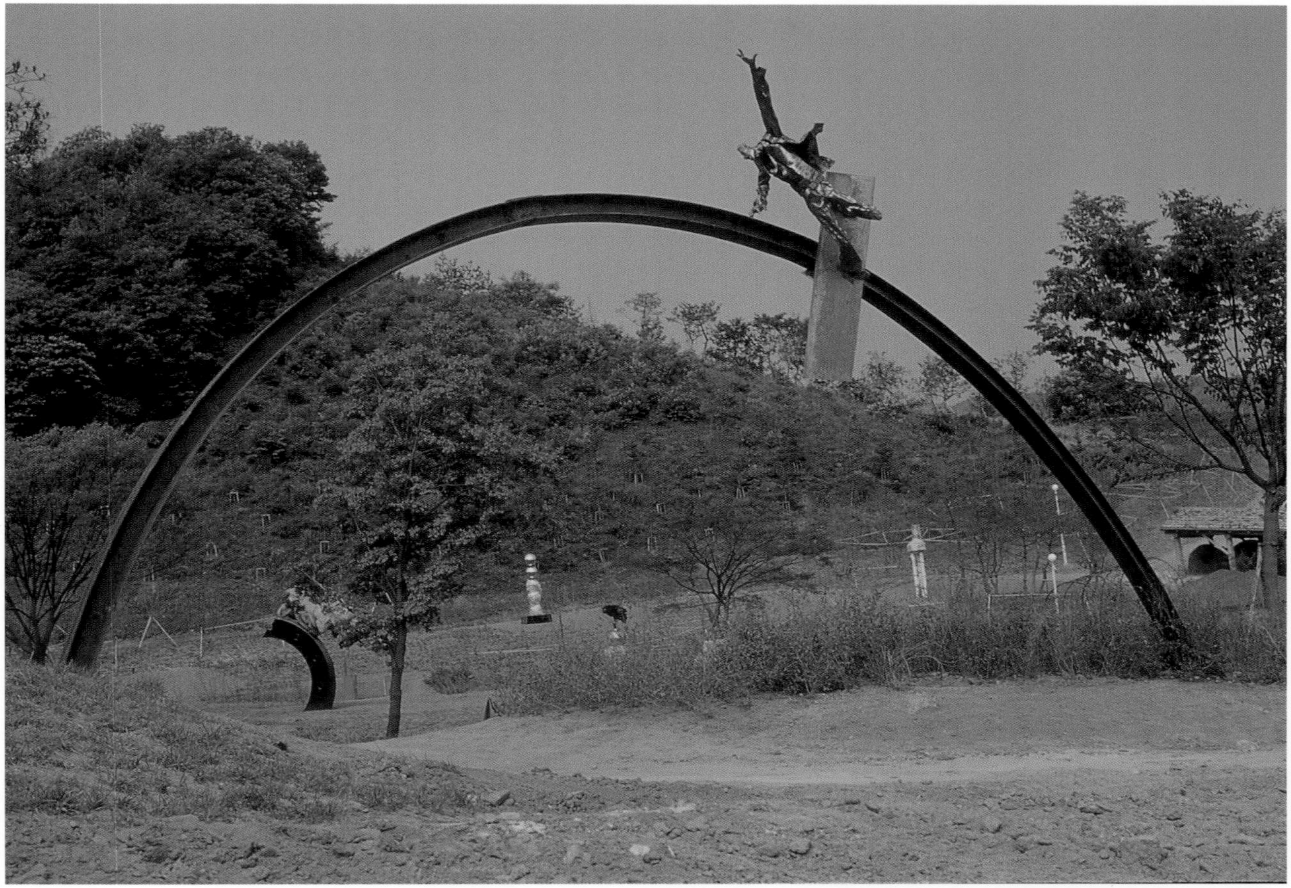

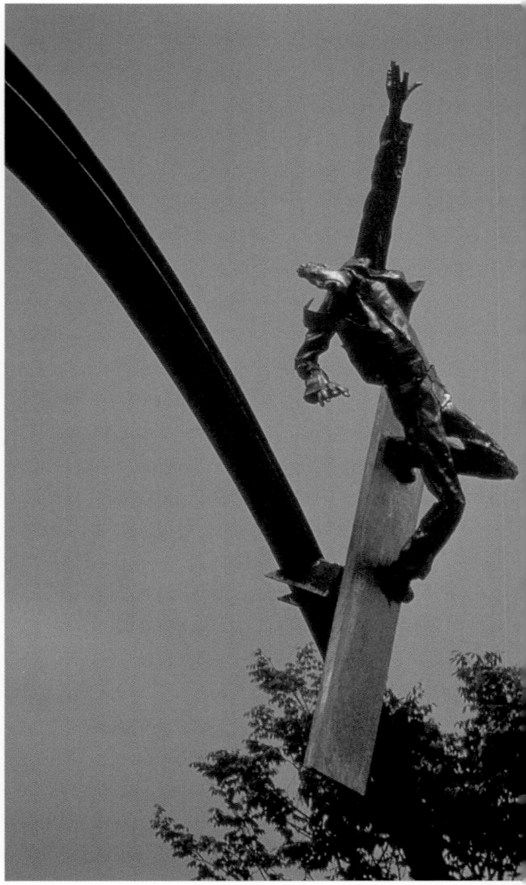

지나간 세기를 위한 기념비1, 2001

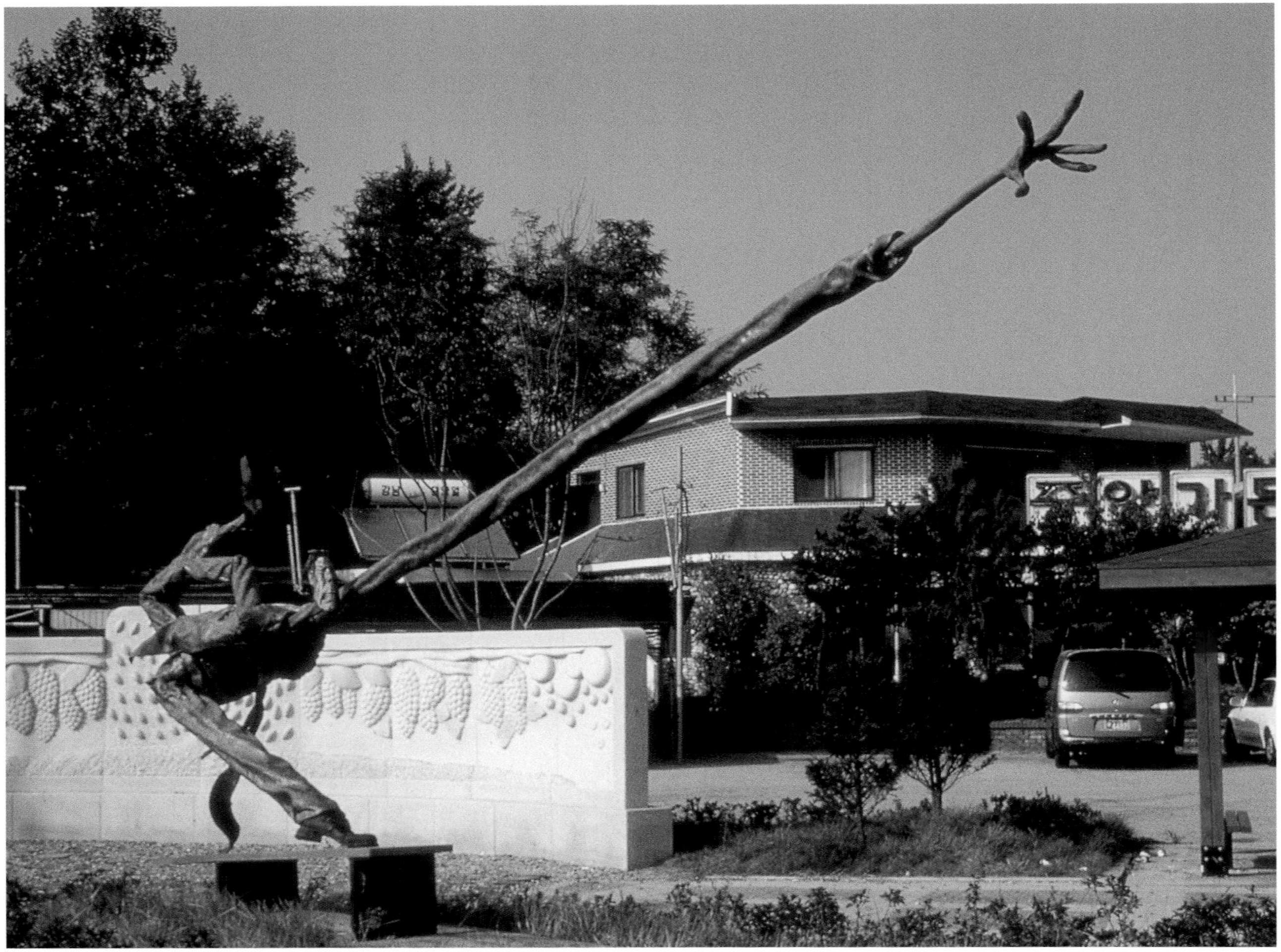

미스터 리3, 1999

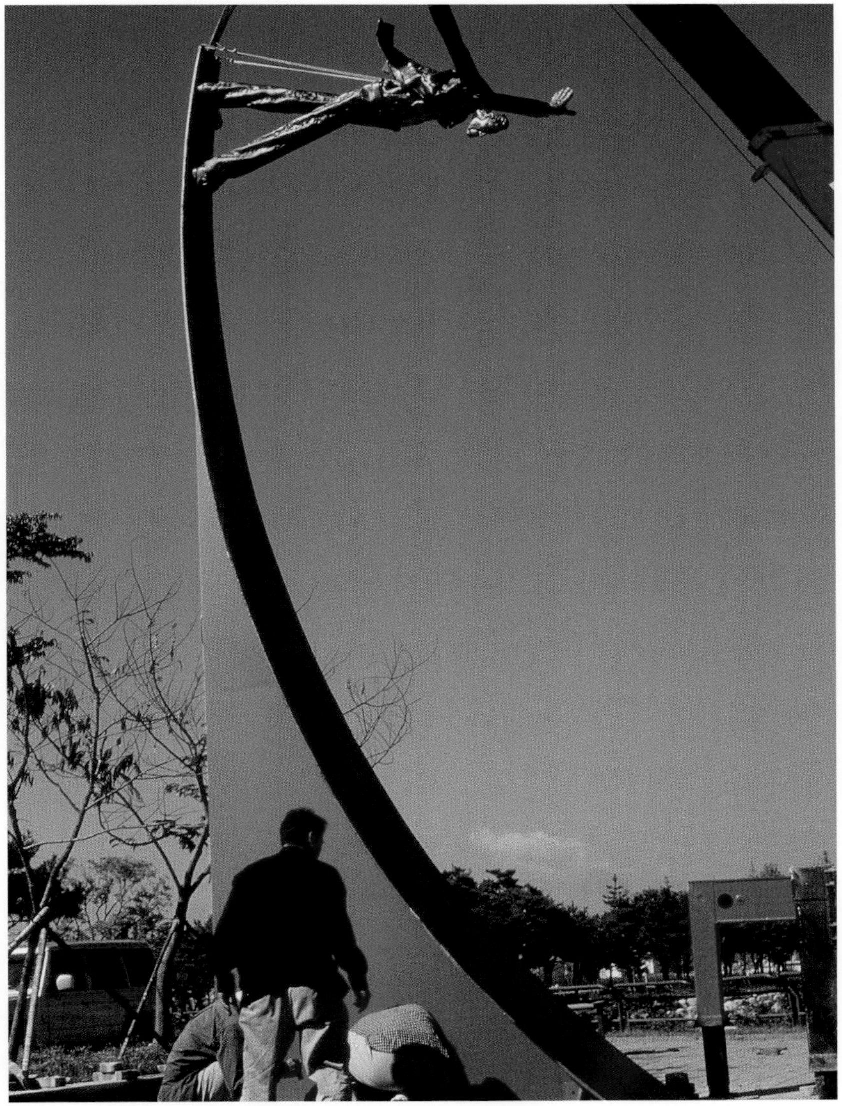

이대리의 백일몽2, 2001

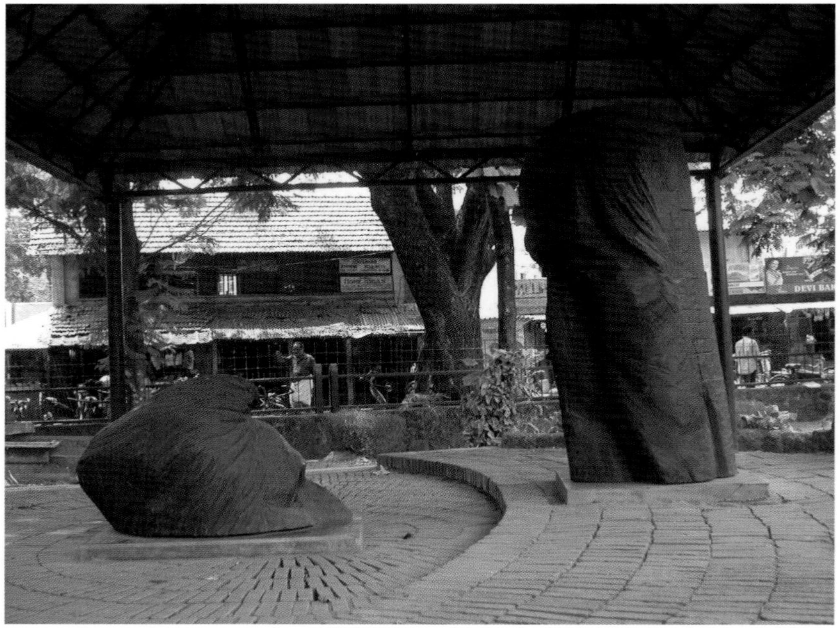

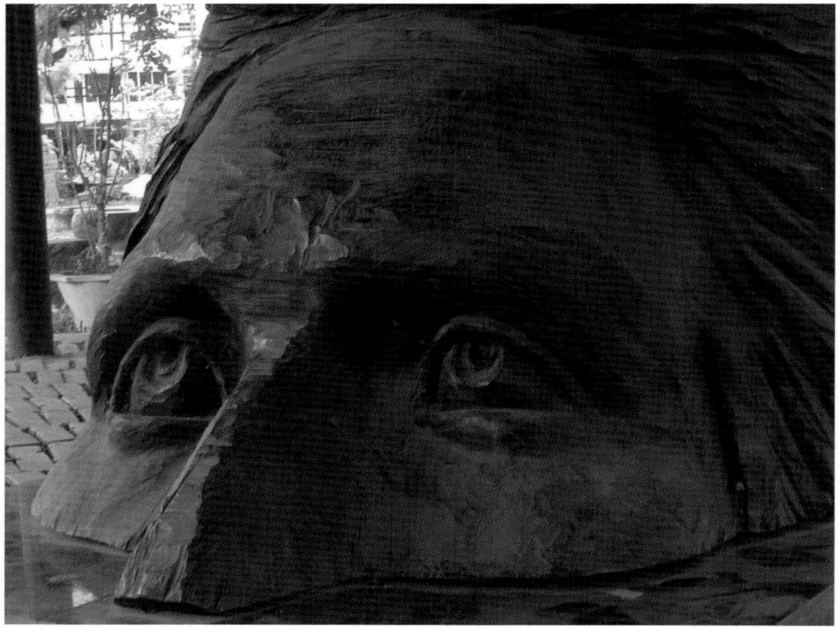

너의 느낌 그것이 진실이다, 2000

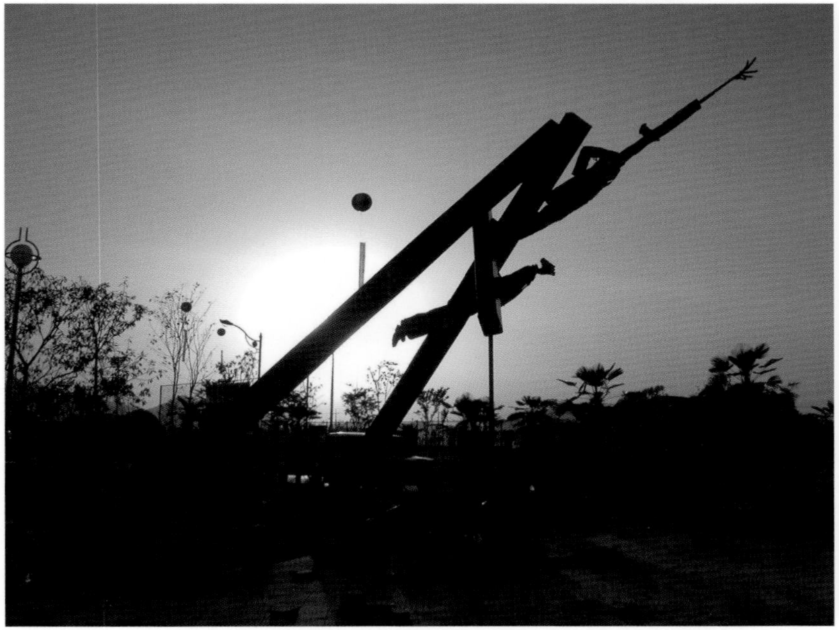

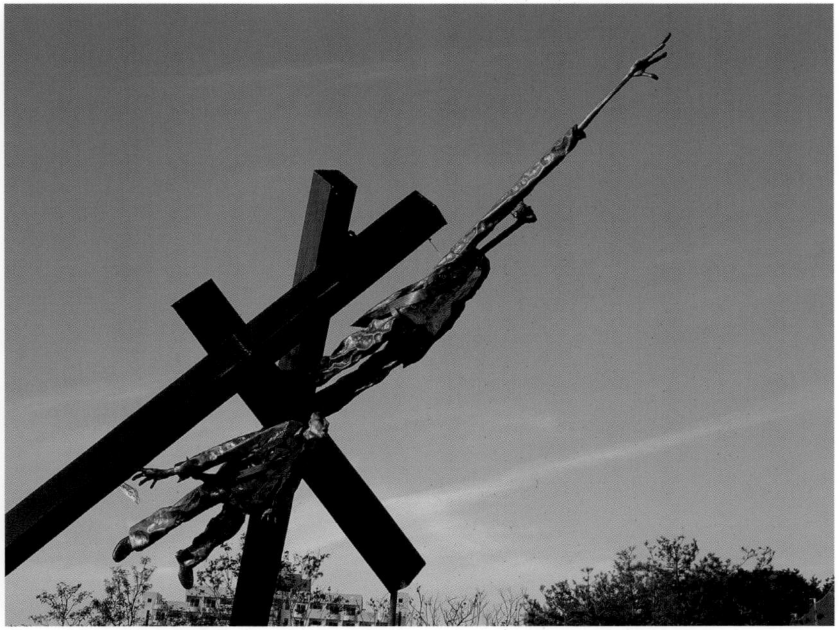

아빠의 청춘3, 2002

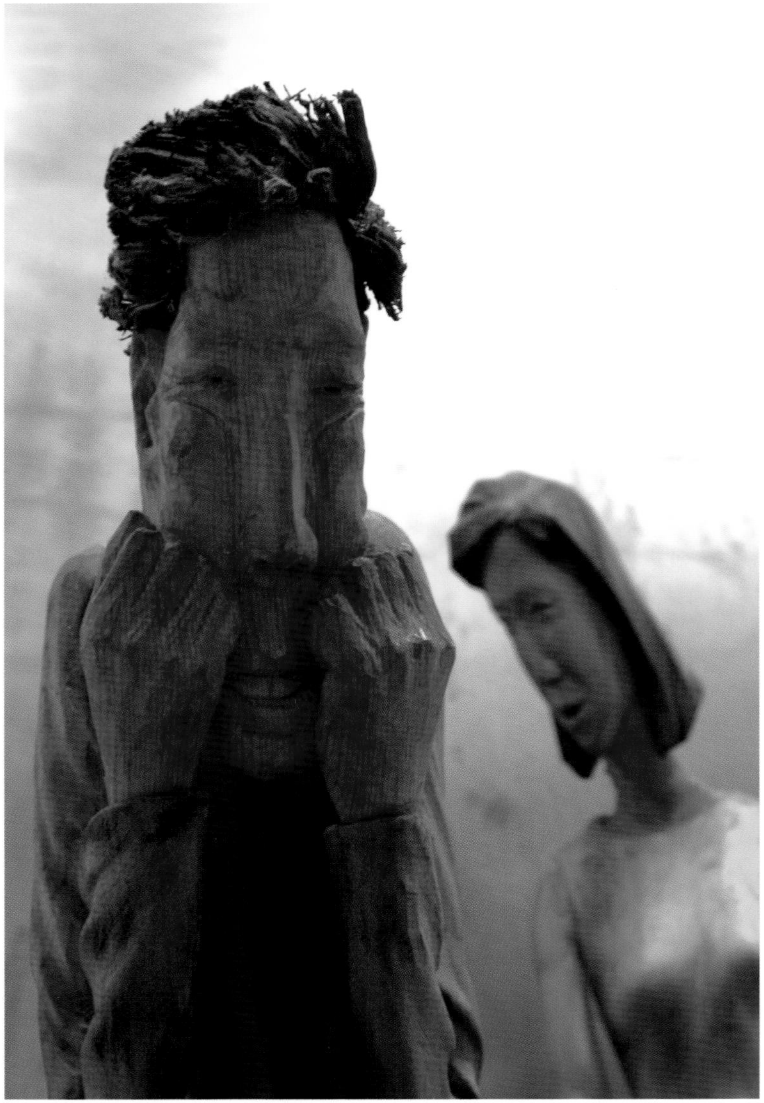

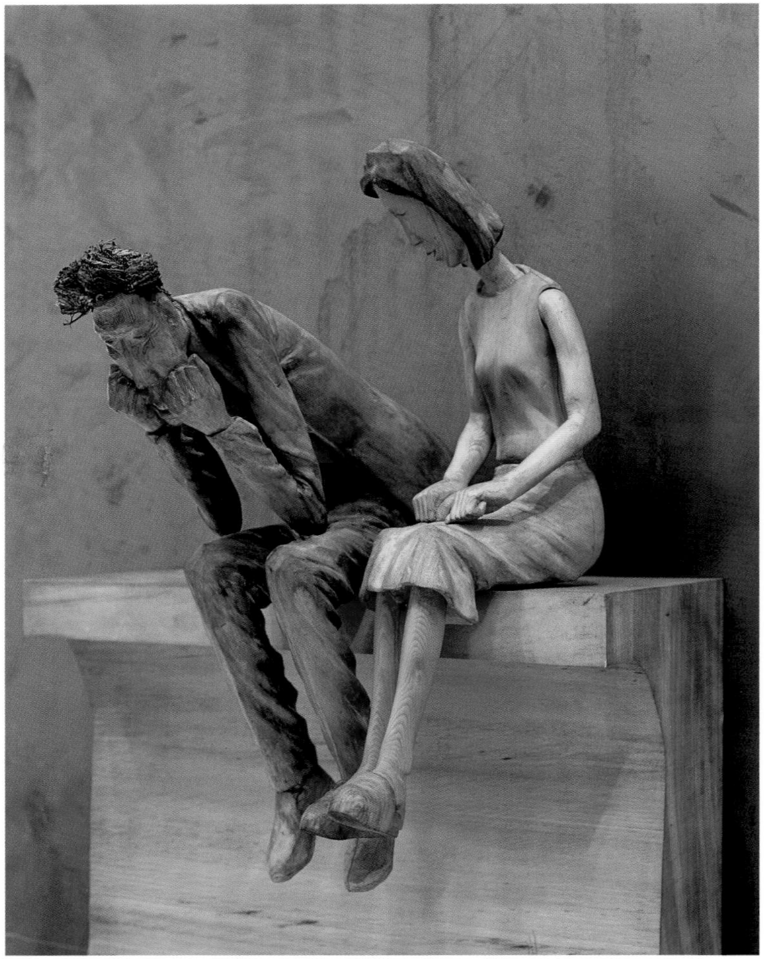

부부2, 2003

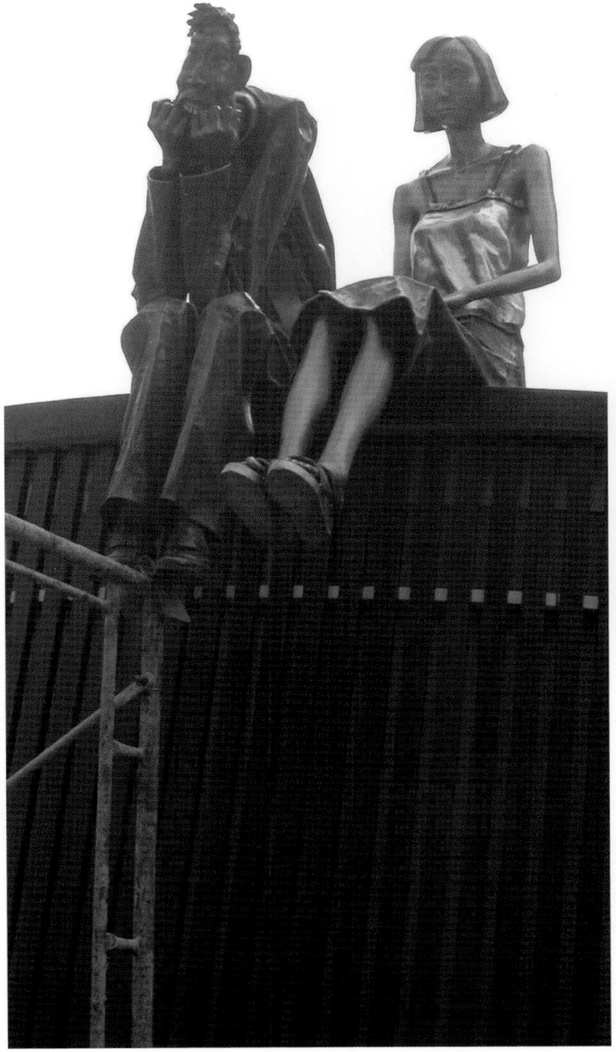

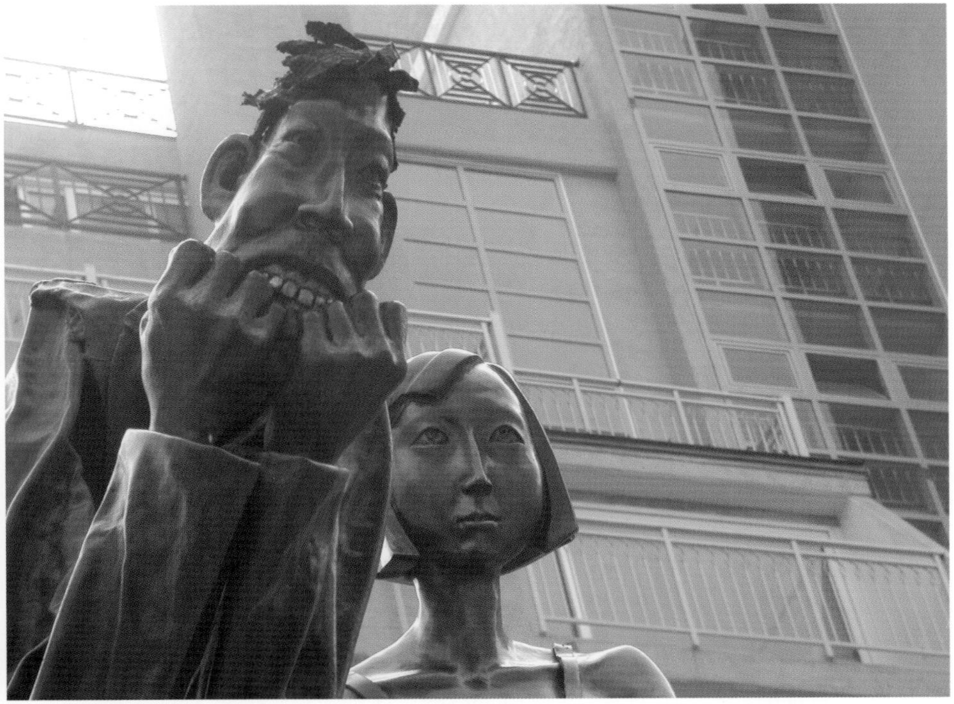

부부3, 2003

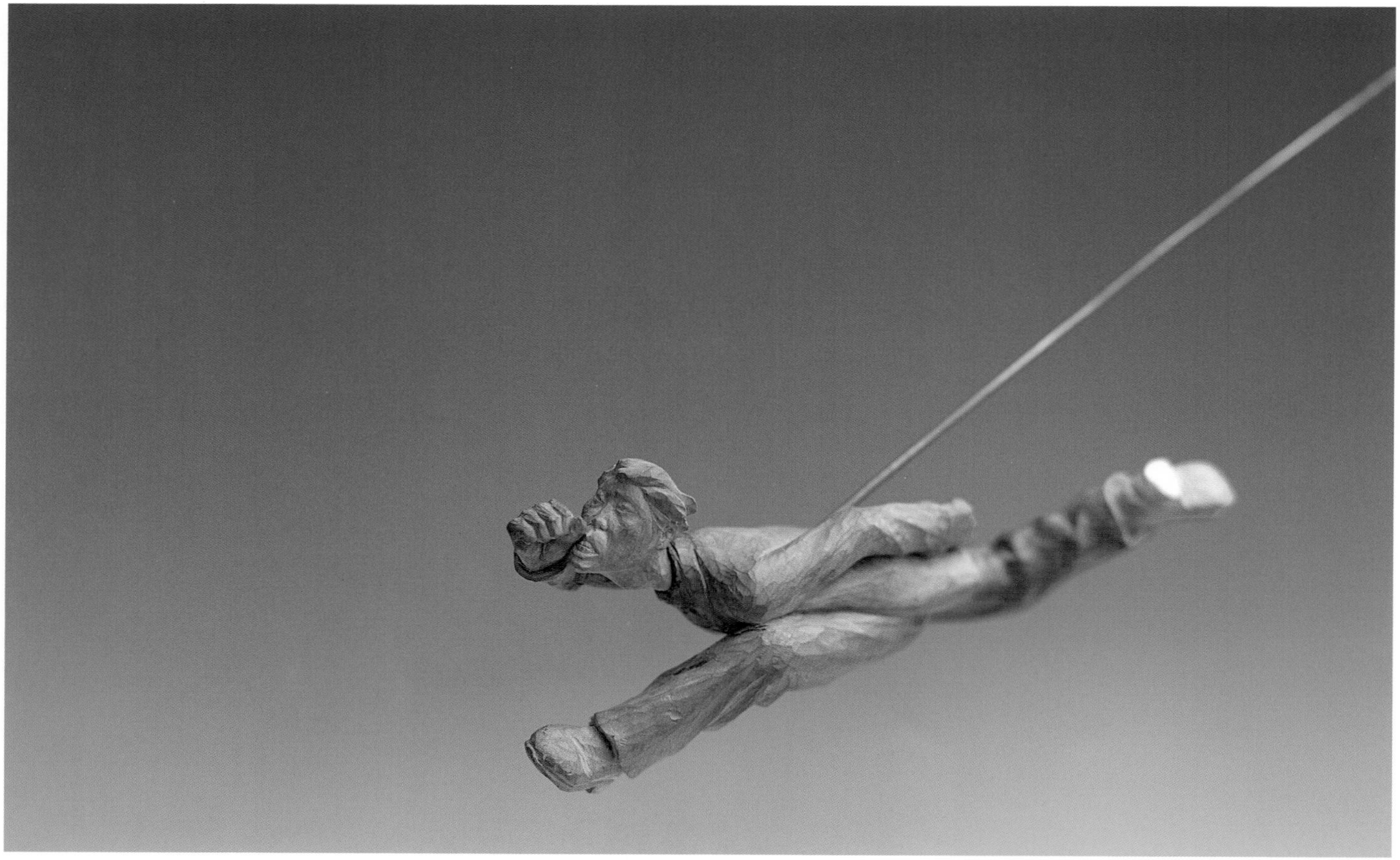

내일이면 까마득히 기억도 못할 순간에 집착하는 사람(=별이 되다), 2002

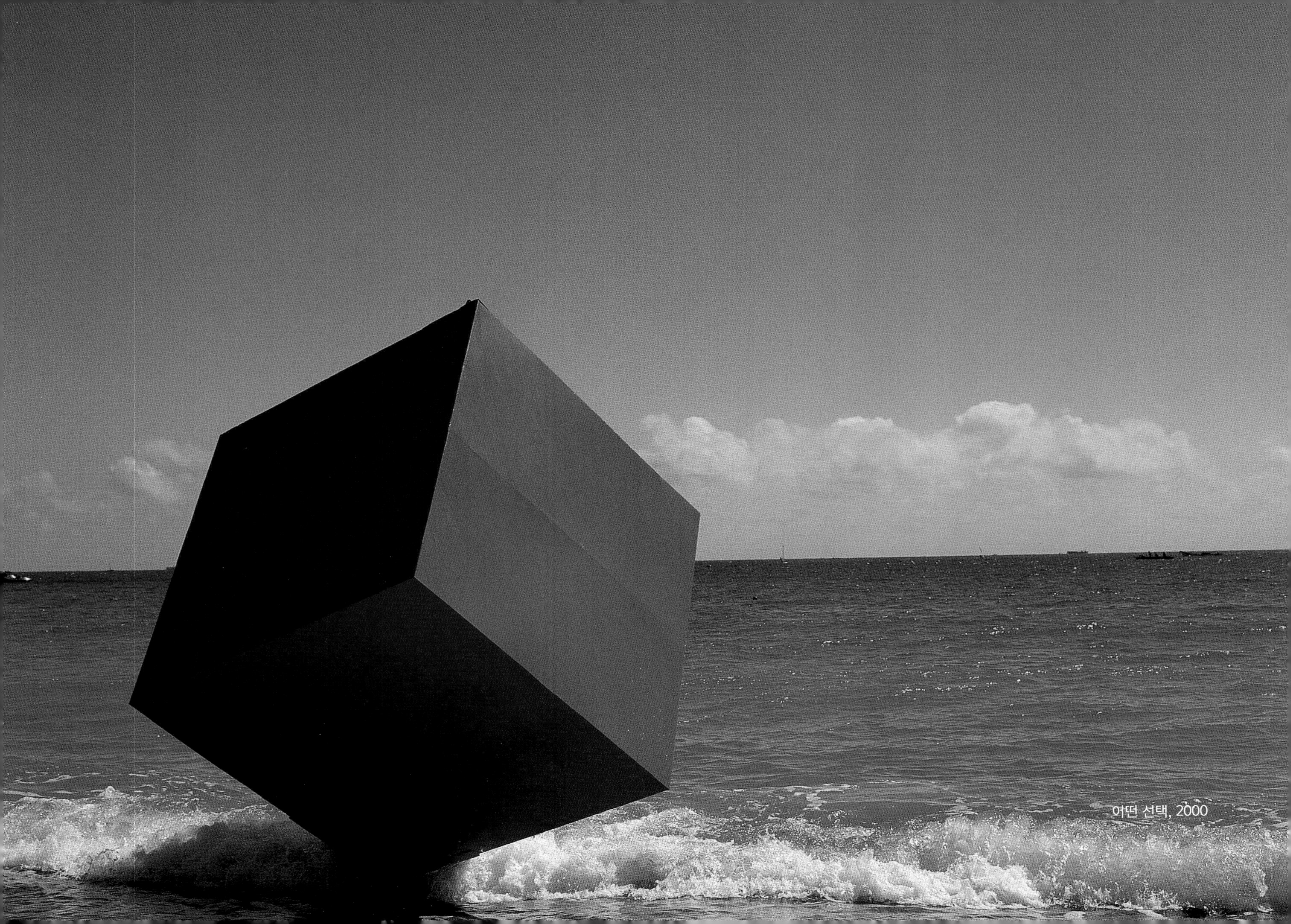

어떤 선택, 2000

Extra Works
그 밖의 작품들

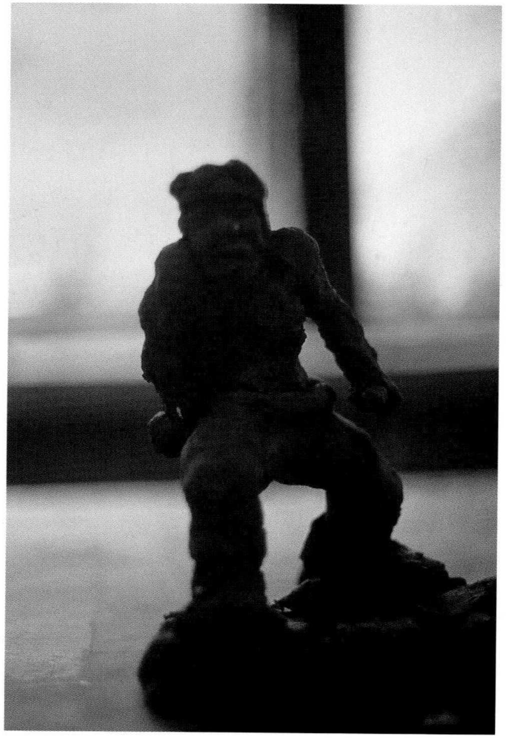

농부, 1987

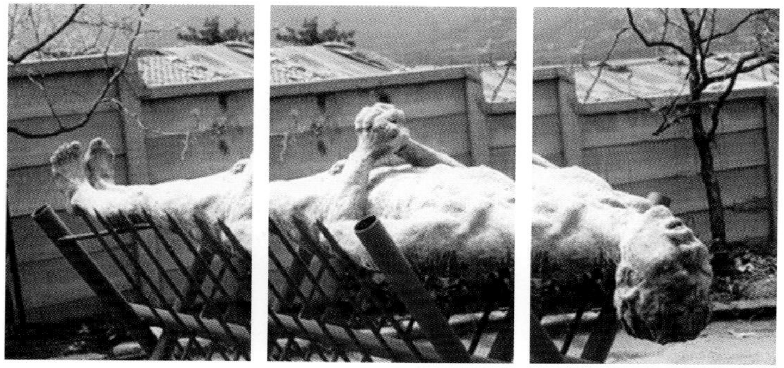

통행금지, 1988

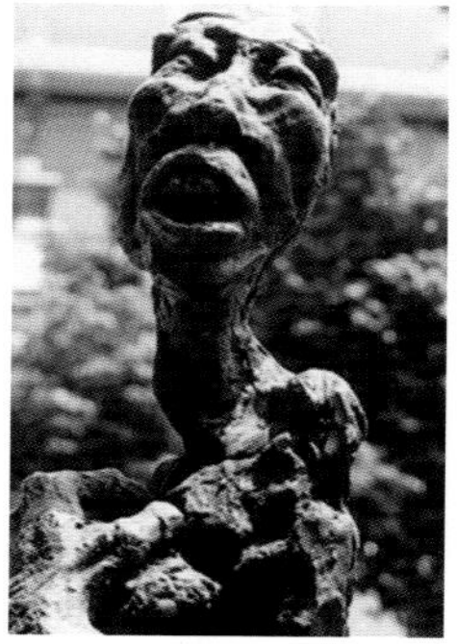

실체를 인정하라, 1989

파란, 1987

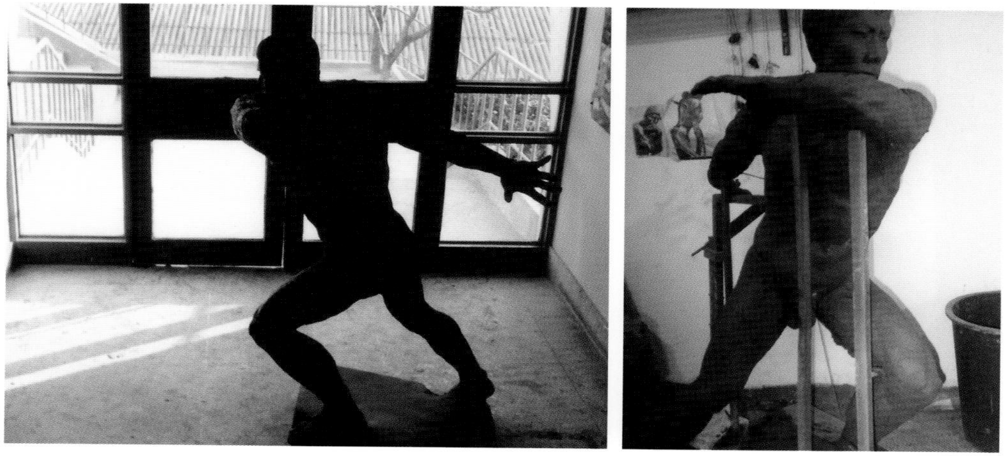

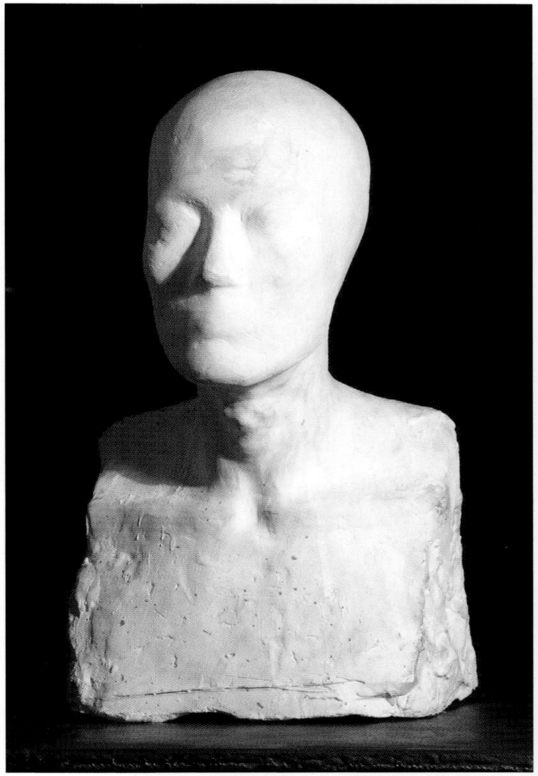

김대건1, 1999

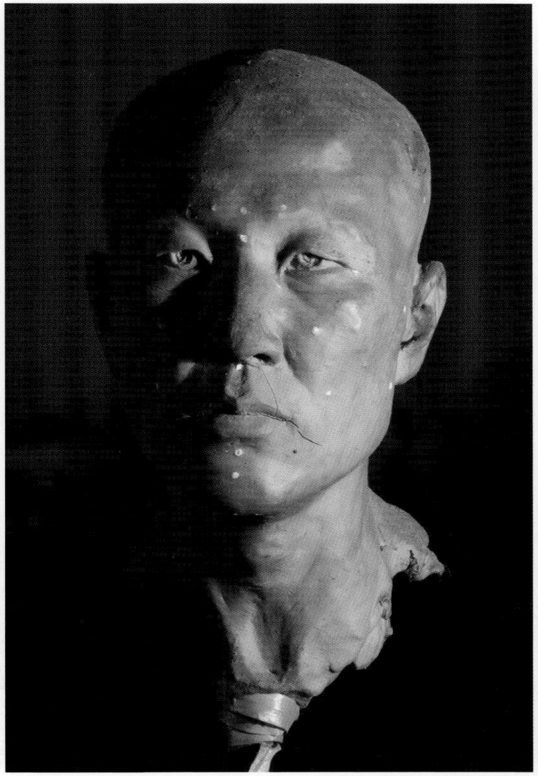

김대건2, 1999

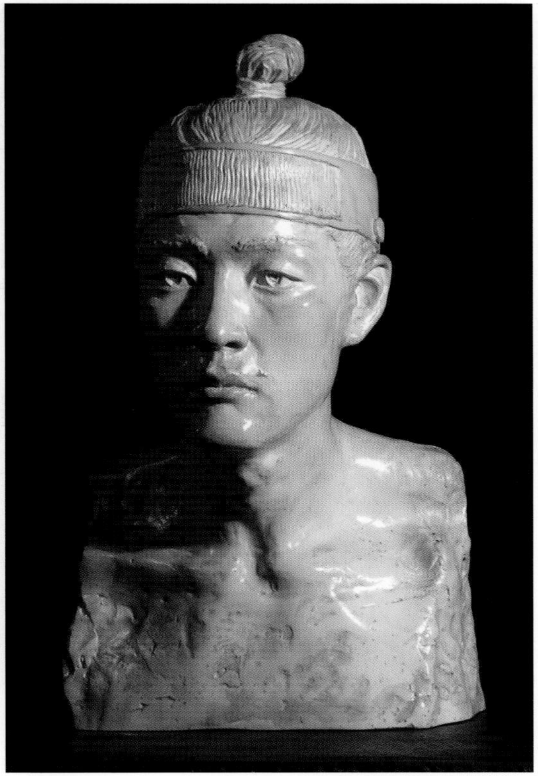

김대건3, 1999

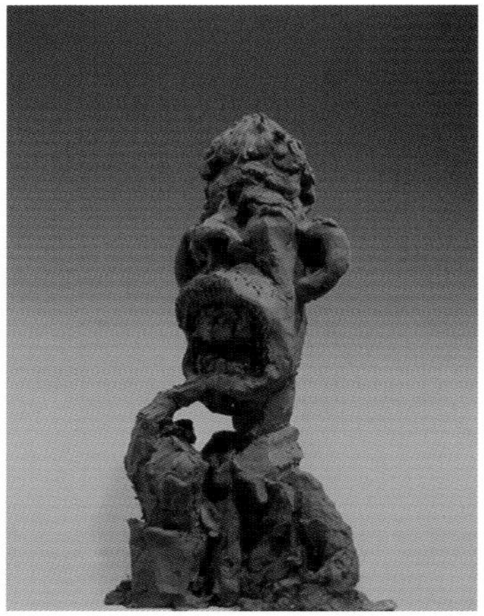

어리숙한 사람1, 1998

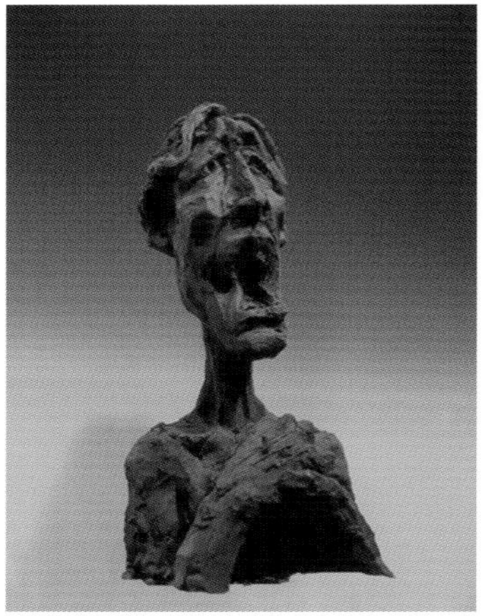

어리숙한 사람2, 1998

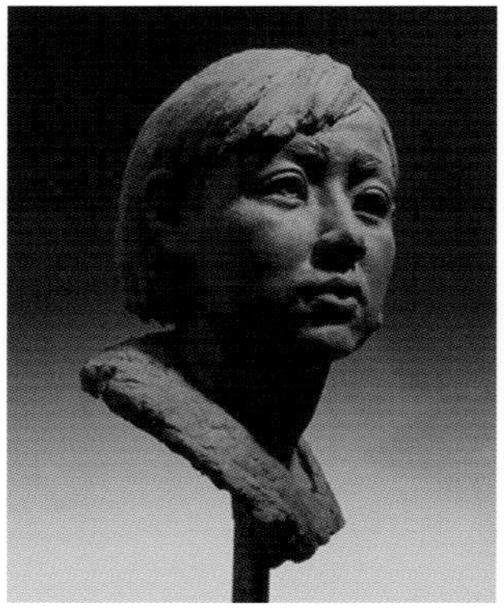

소녀, 1998

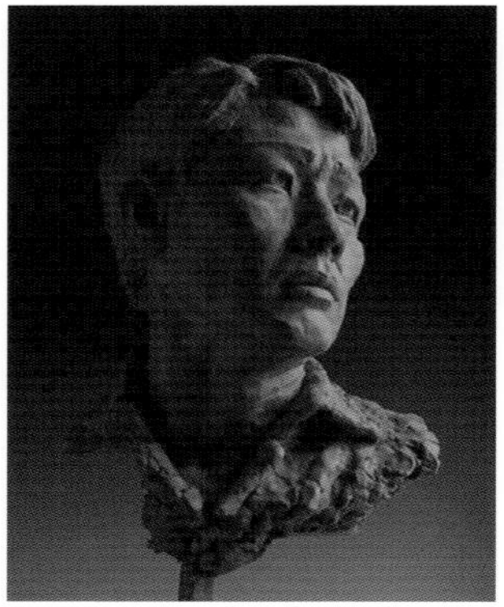

그, 1998

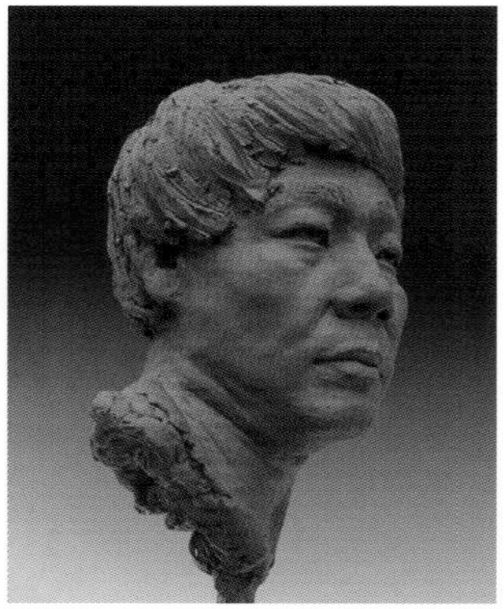

이 남자, 1998

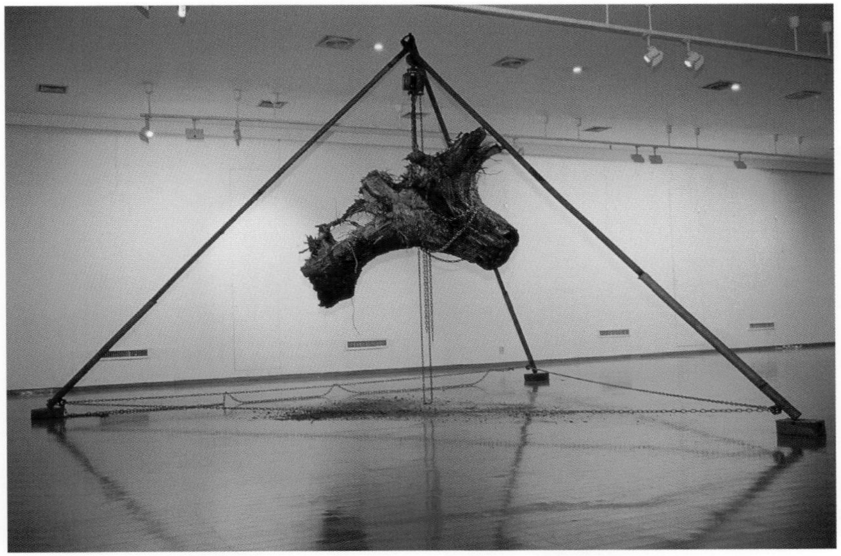

역사 앞에서2, 1996

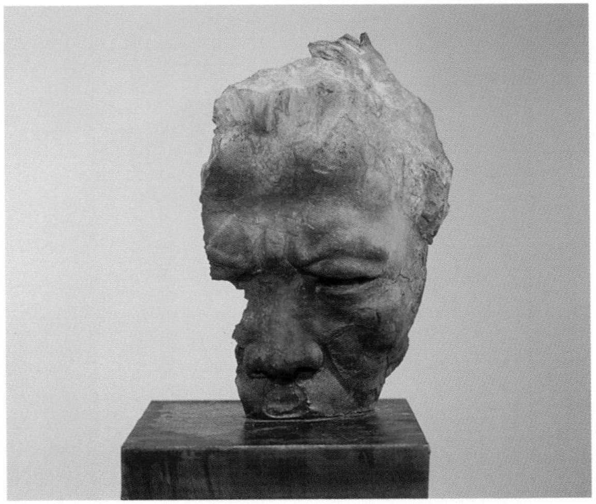

우울한 얼굴, 1994

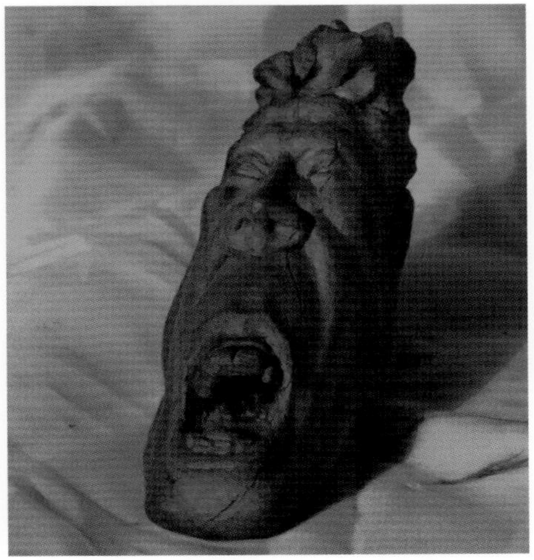

샐러리맨 얼굴1, 1999

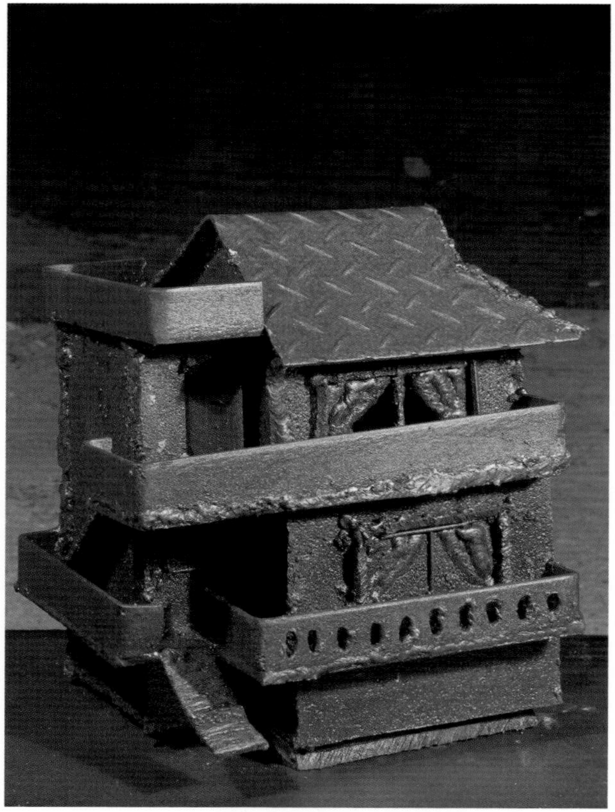

집1, 1998

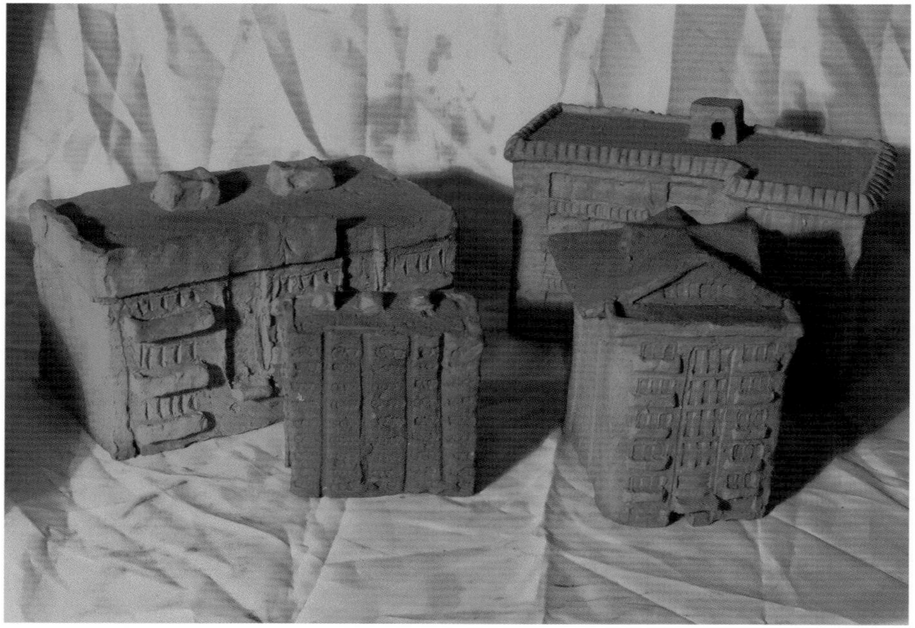

집2, 1999

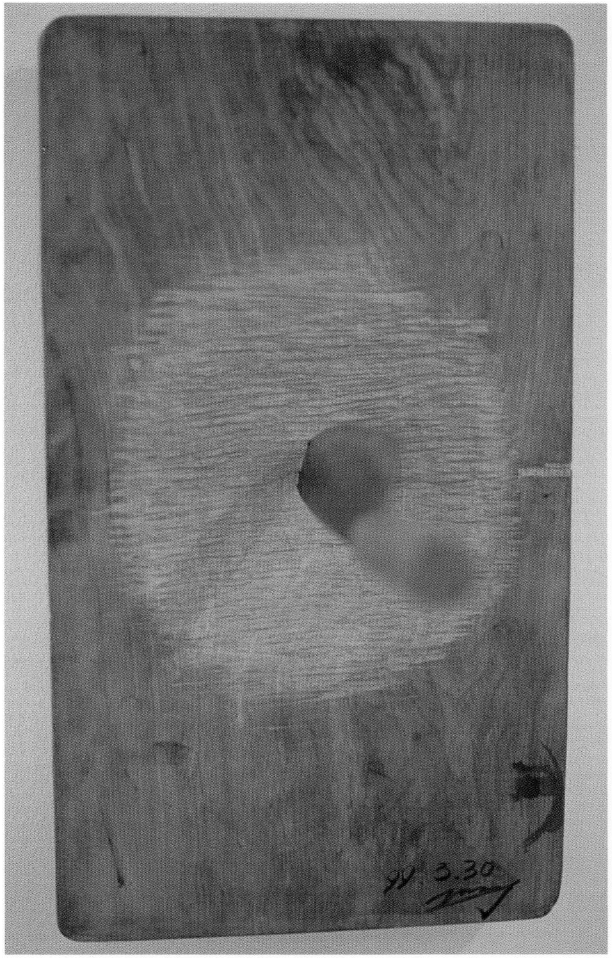

달인, 1999

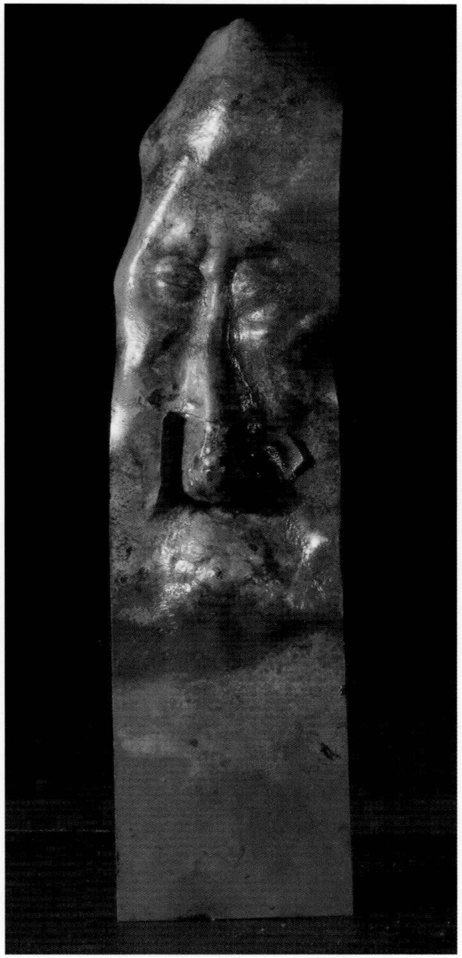

샐러리맨 얼굴2, 1999

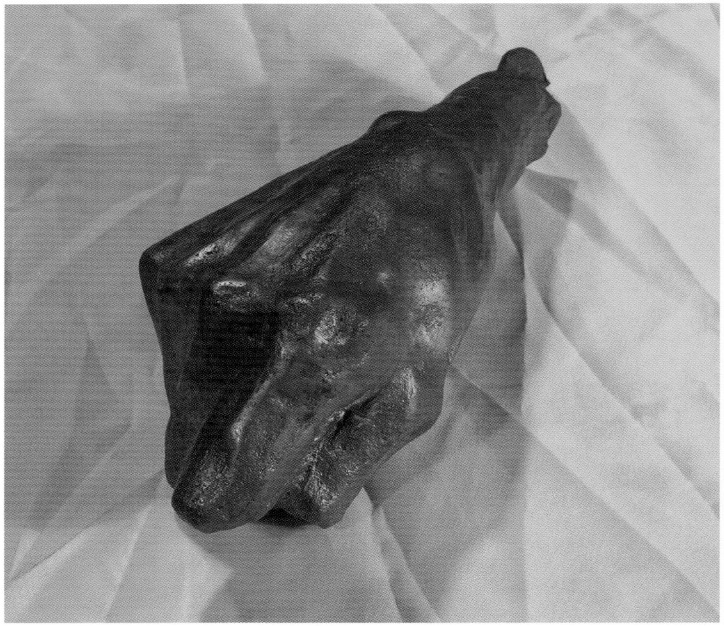

샐러리맨 손1, 1999

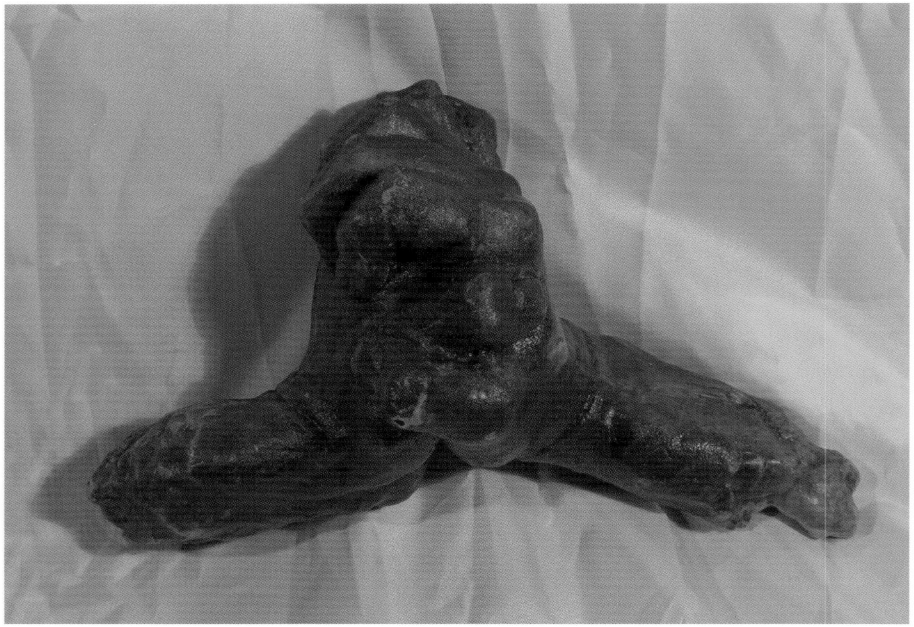

샐러리맨 손2, 1999

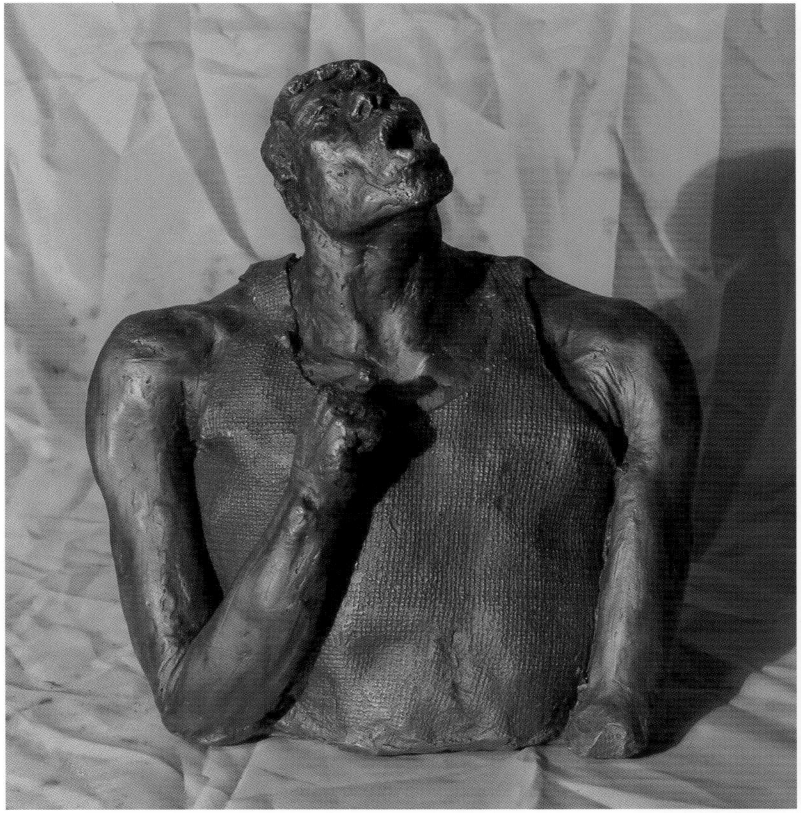

휴식, 1999

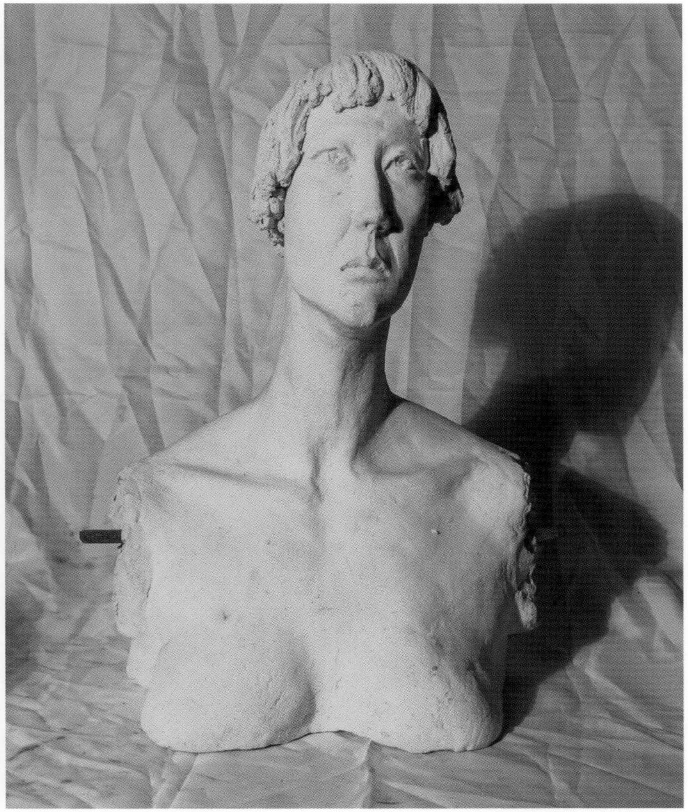

여인4, 1999

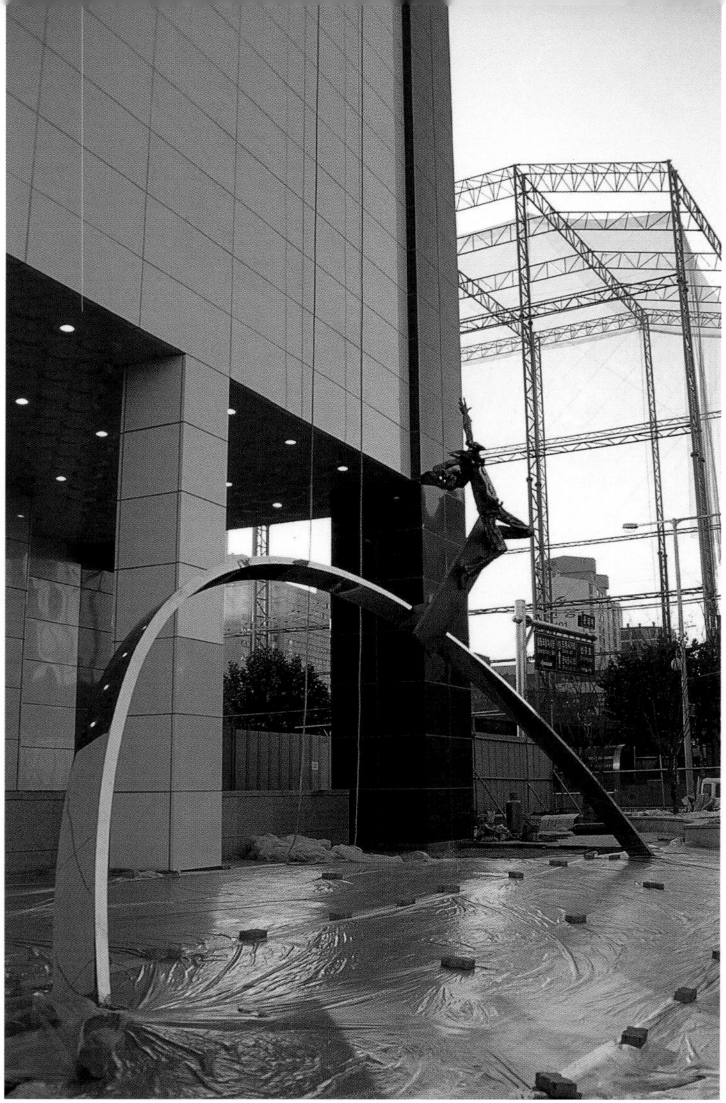

지나간 세기를 위한 기념비3, 2001

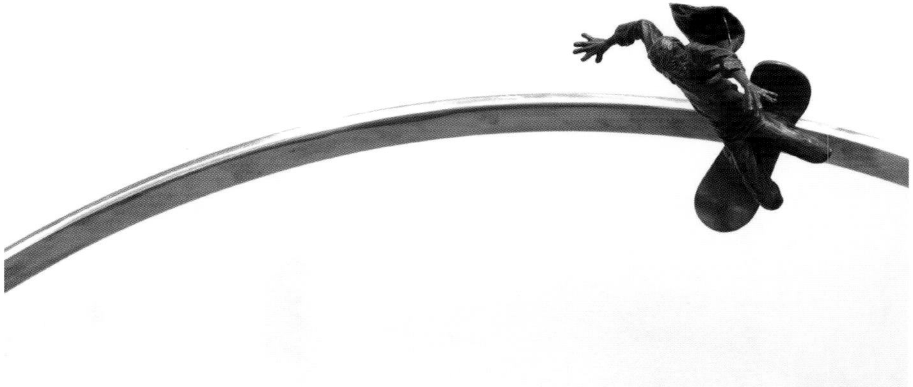

지나간 세기를 위한 기념비2, 2001

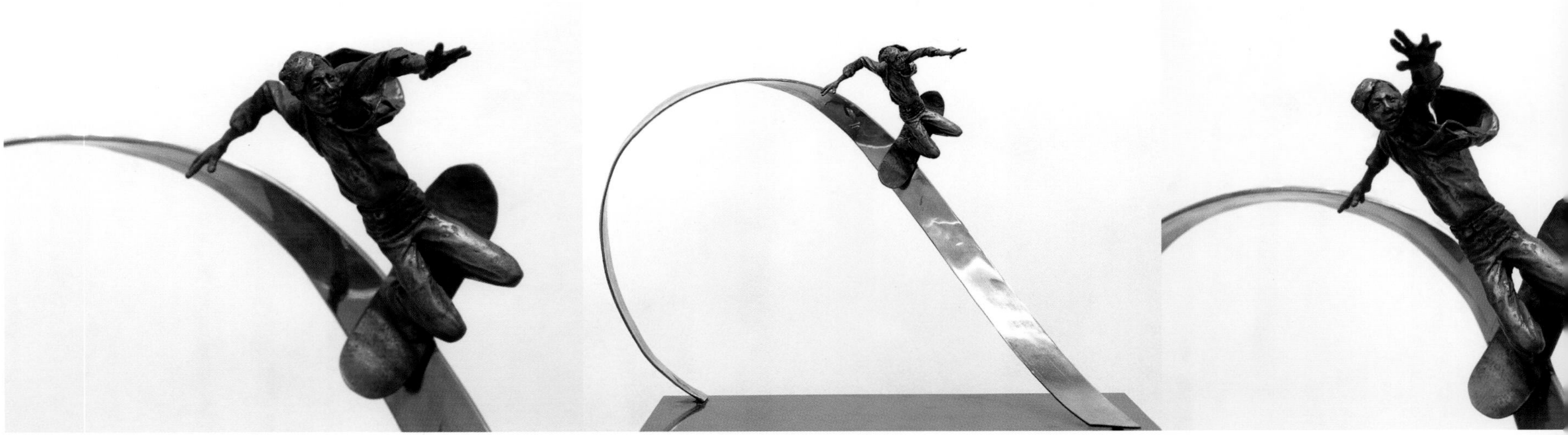

지나간 세기를 위한 기념비4, 2003

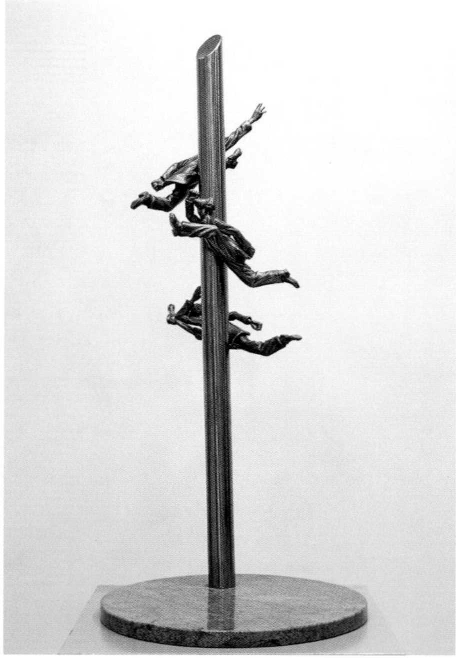

맨발의 청춘1, 2003

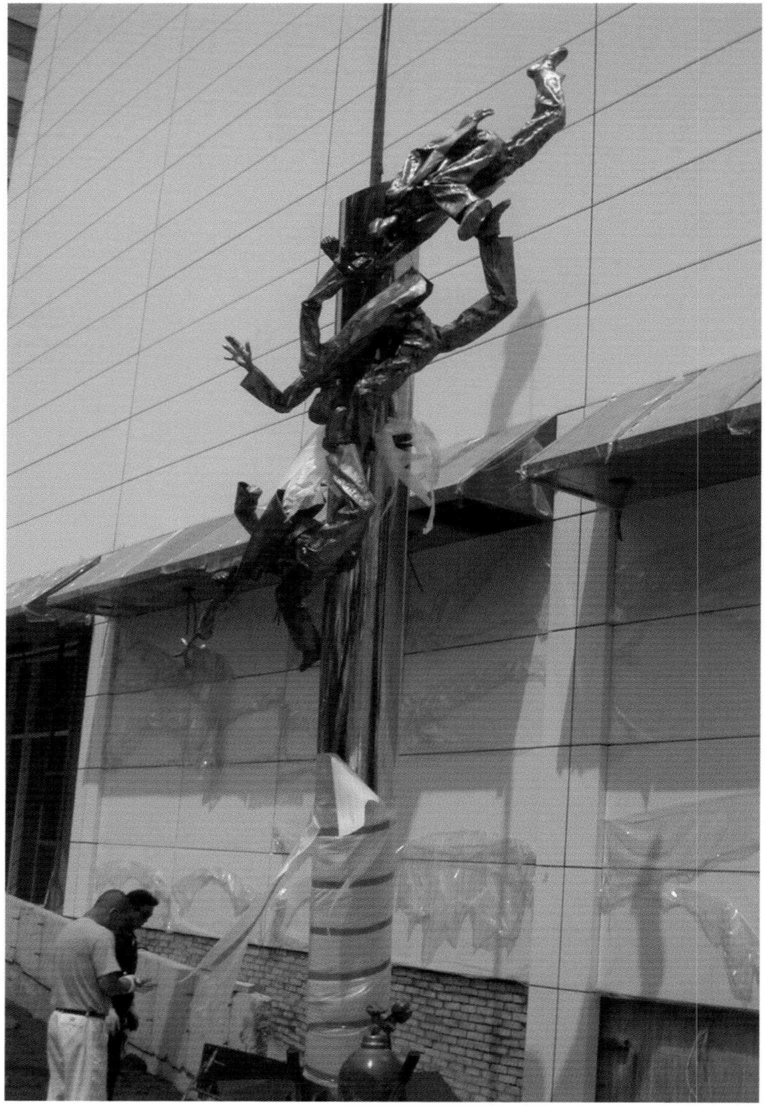

맨발의 청춘2, 2003

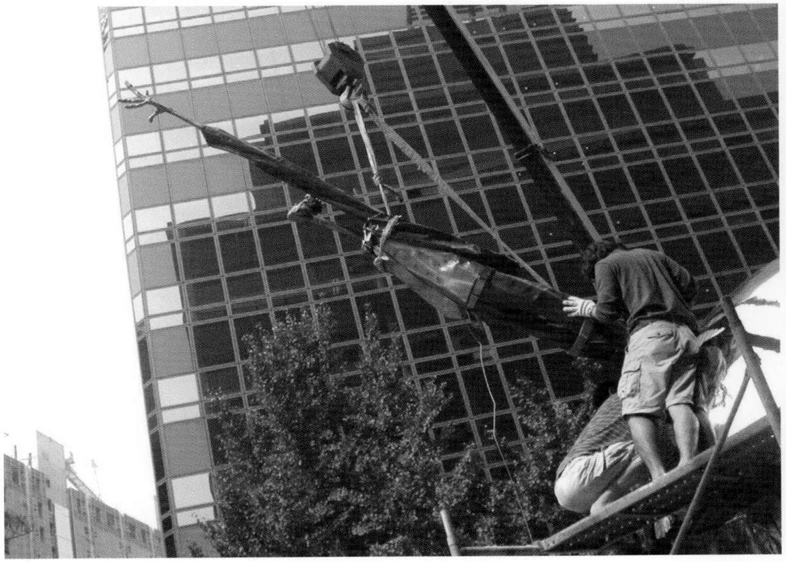

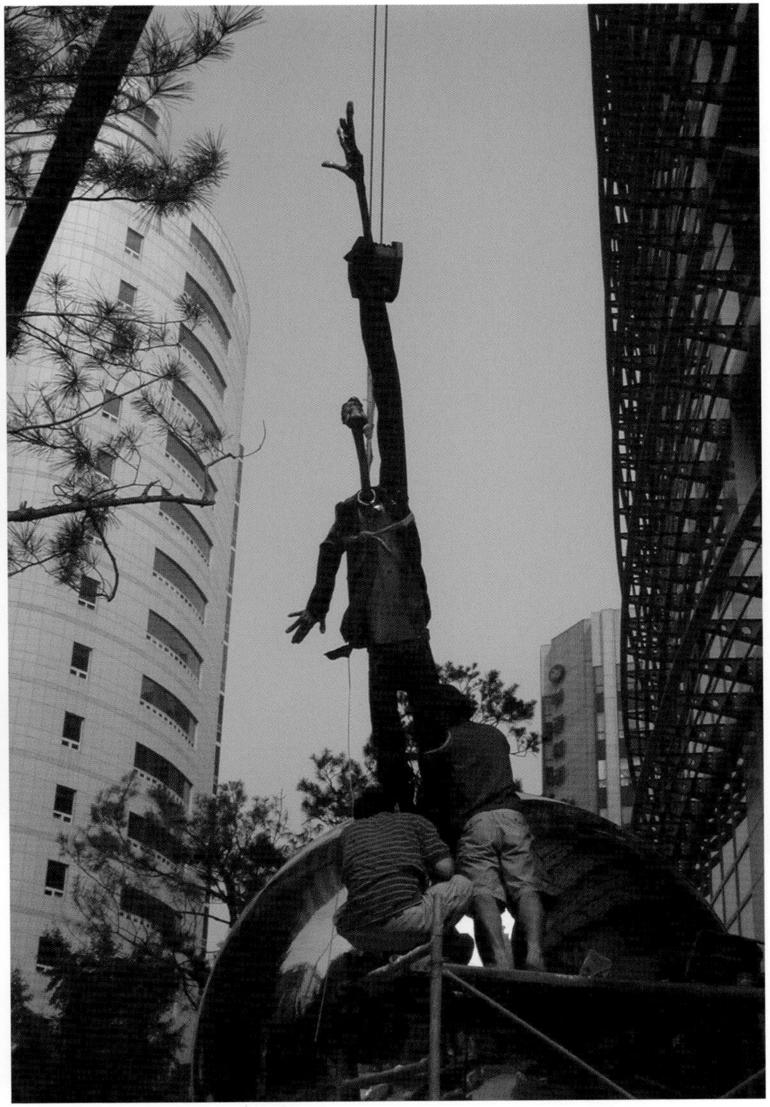

맨발의 청춘3, 2003

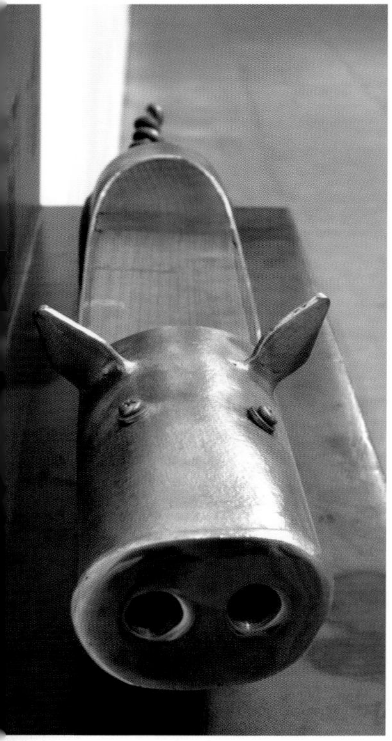
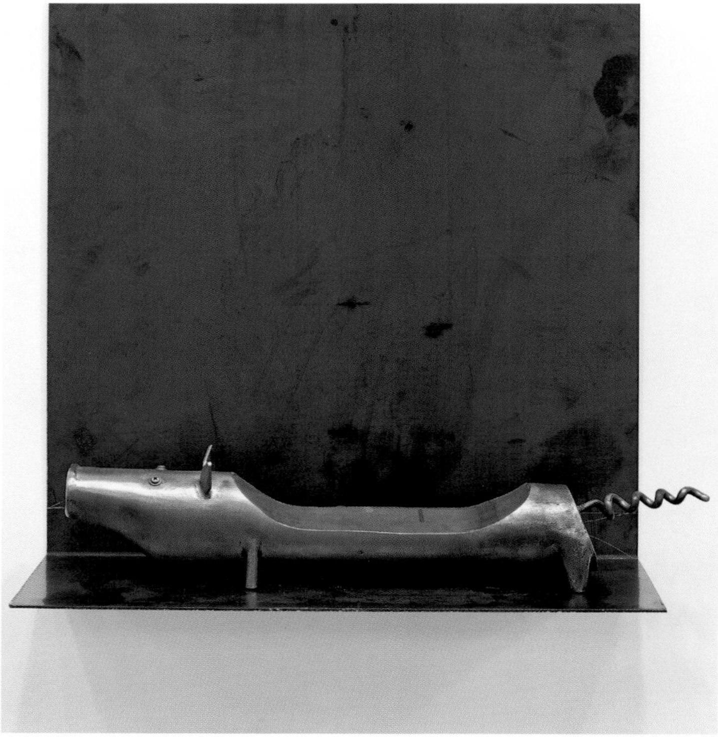
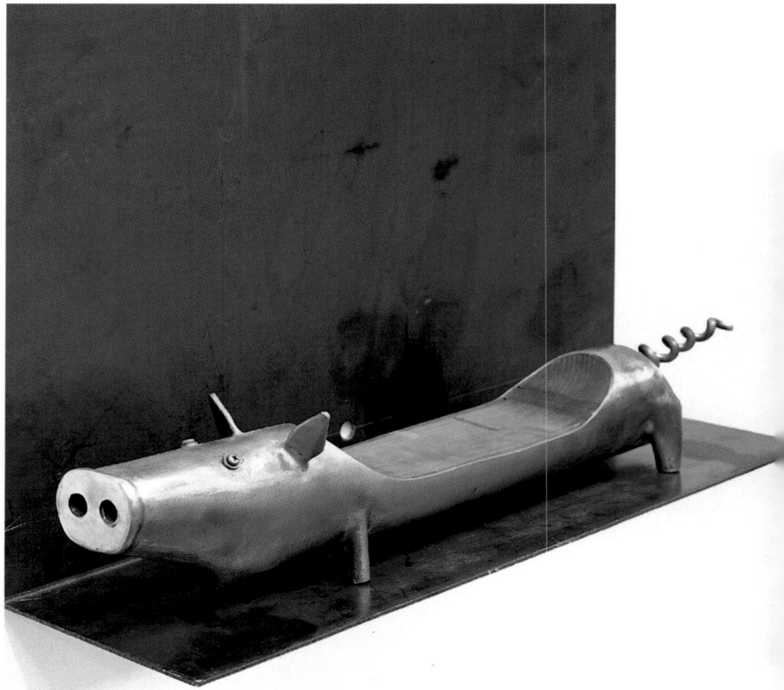

로또 대박1, 2003

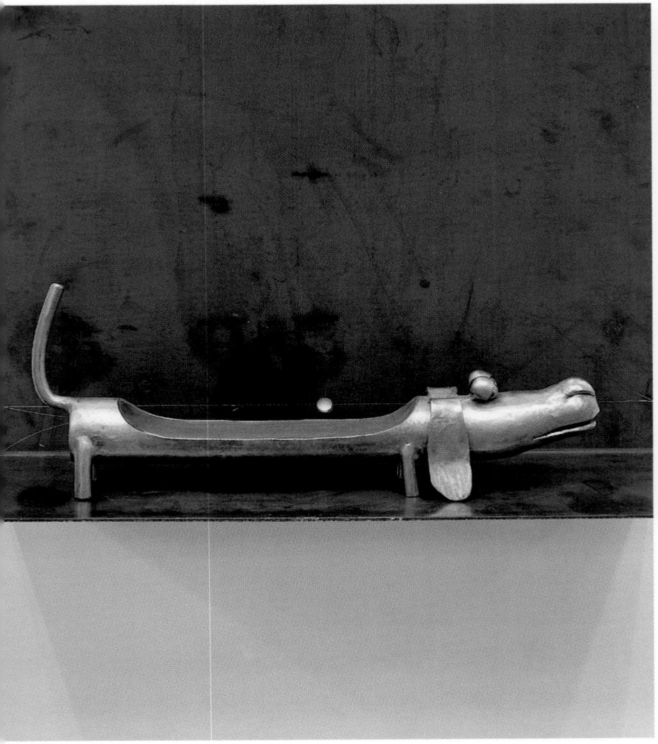

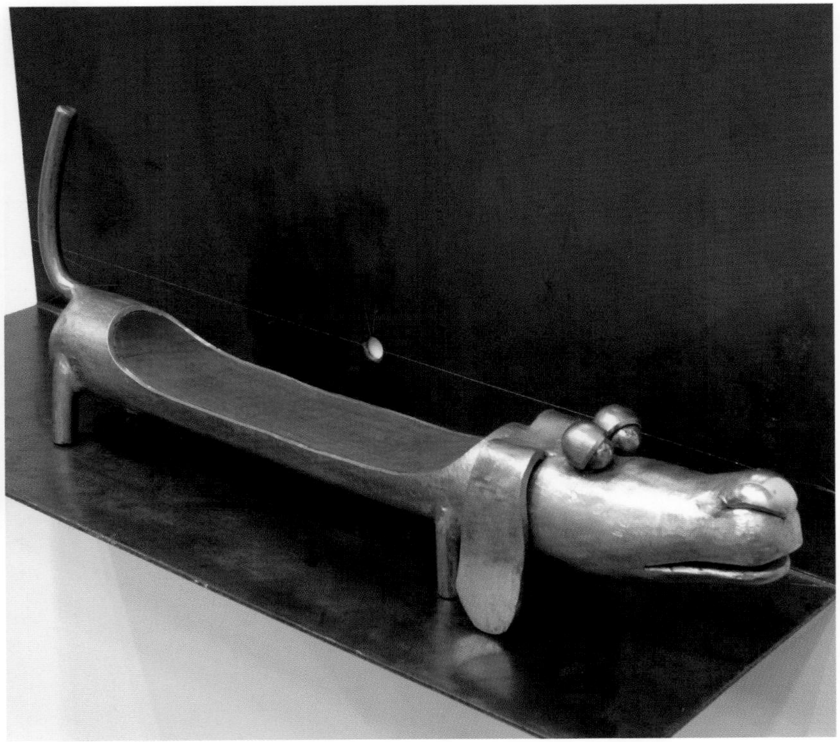

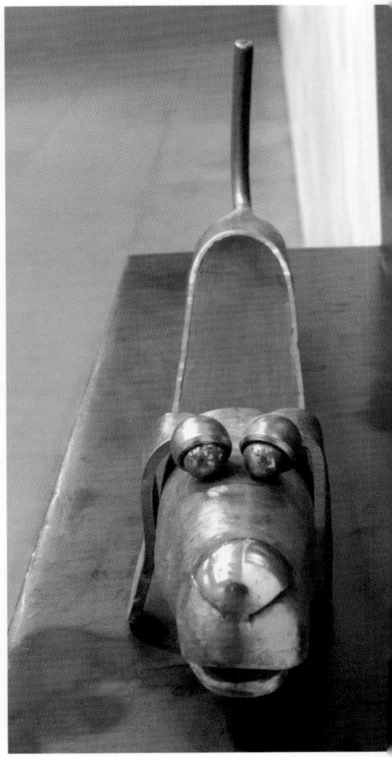

세모네 바우, 2003

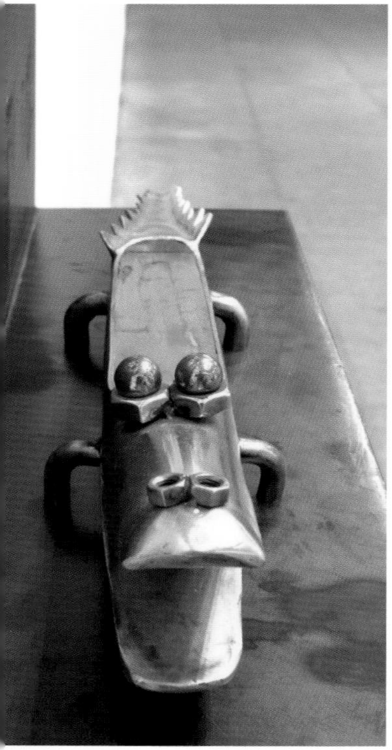

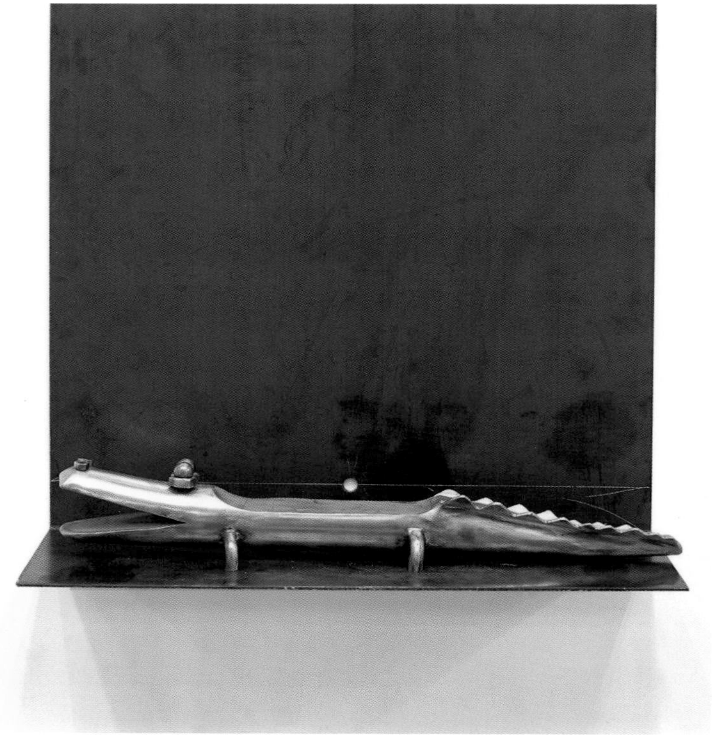

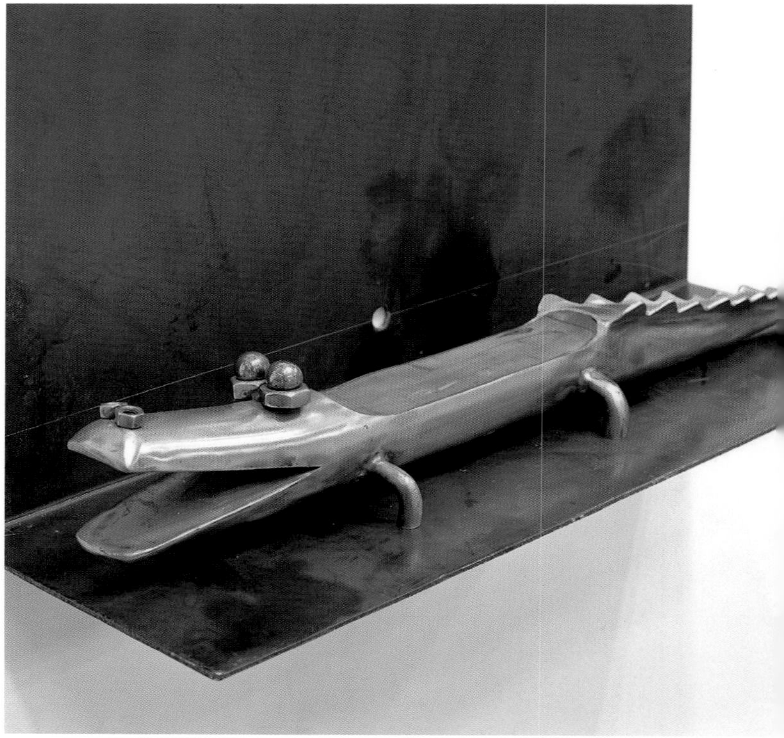

피터 팬의 시계를 삼킨 악어, 2003

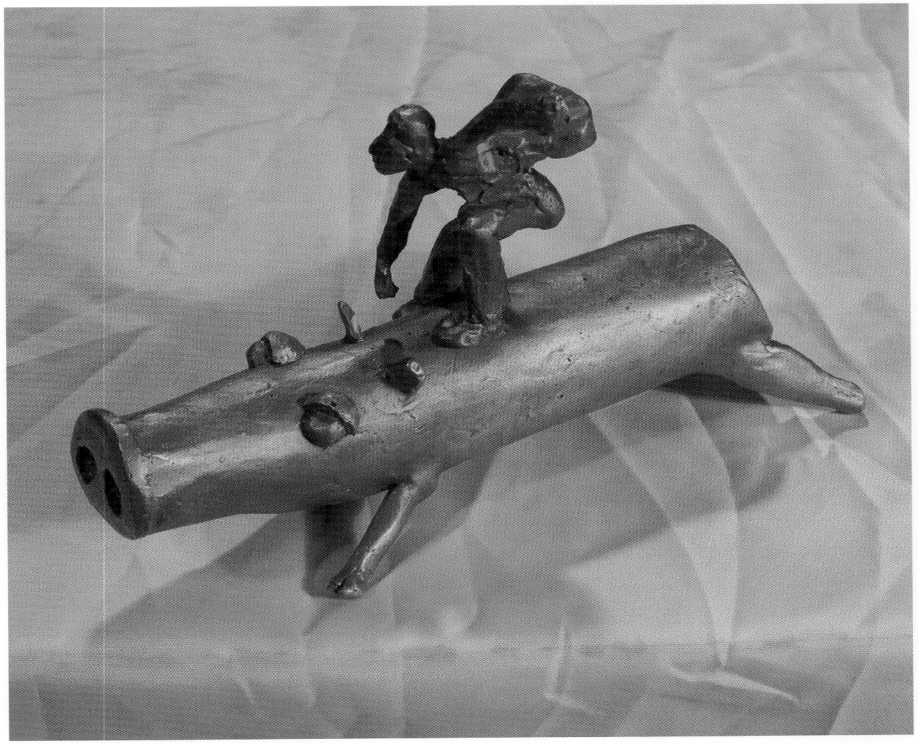

돼지꿈, 2003

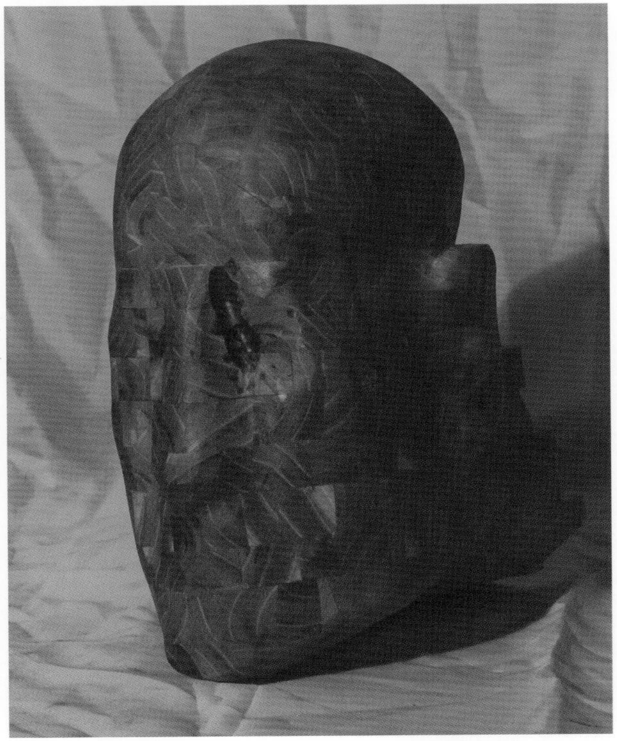

샐러리맨 얼굴3, 2002

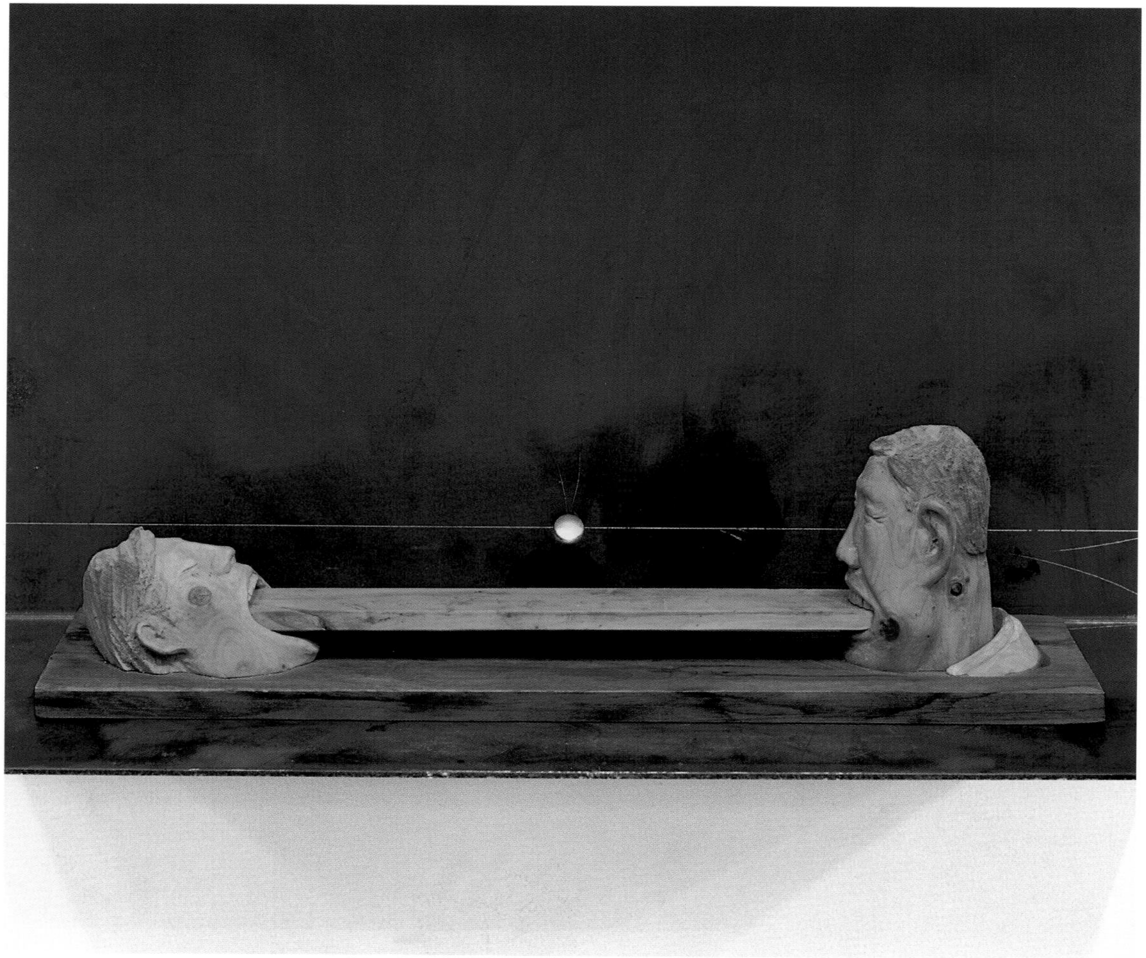

비스킷 나눠 먹기1, 2003

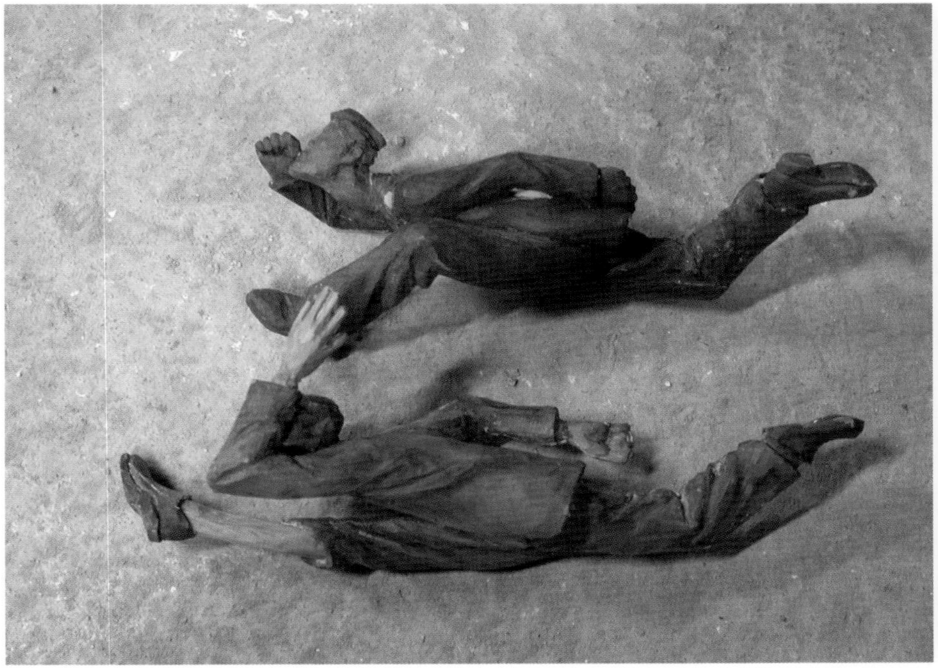

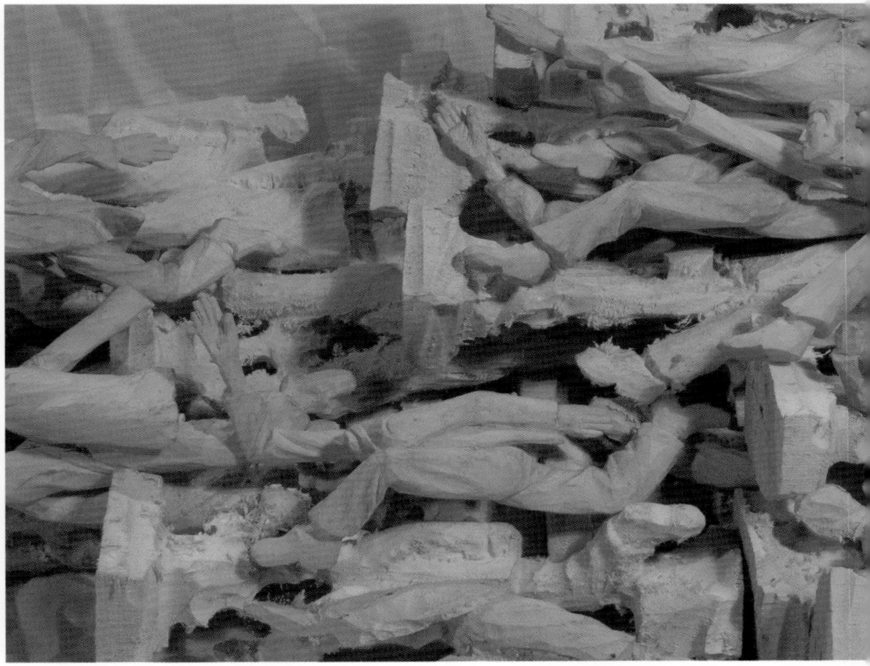

별이 되다, 2003

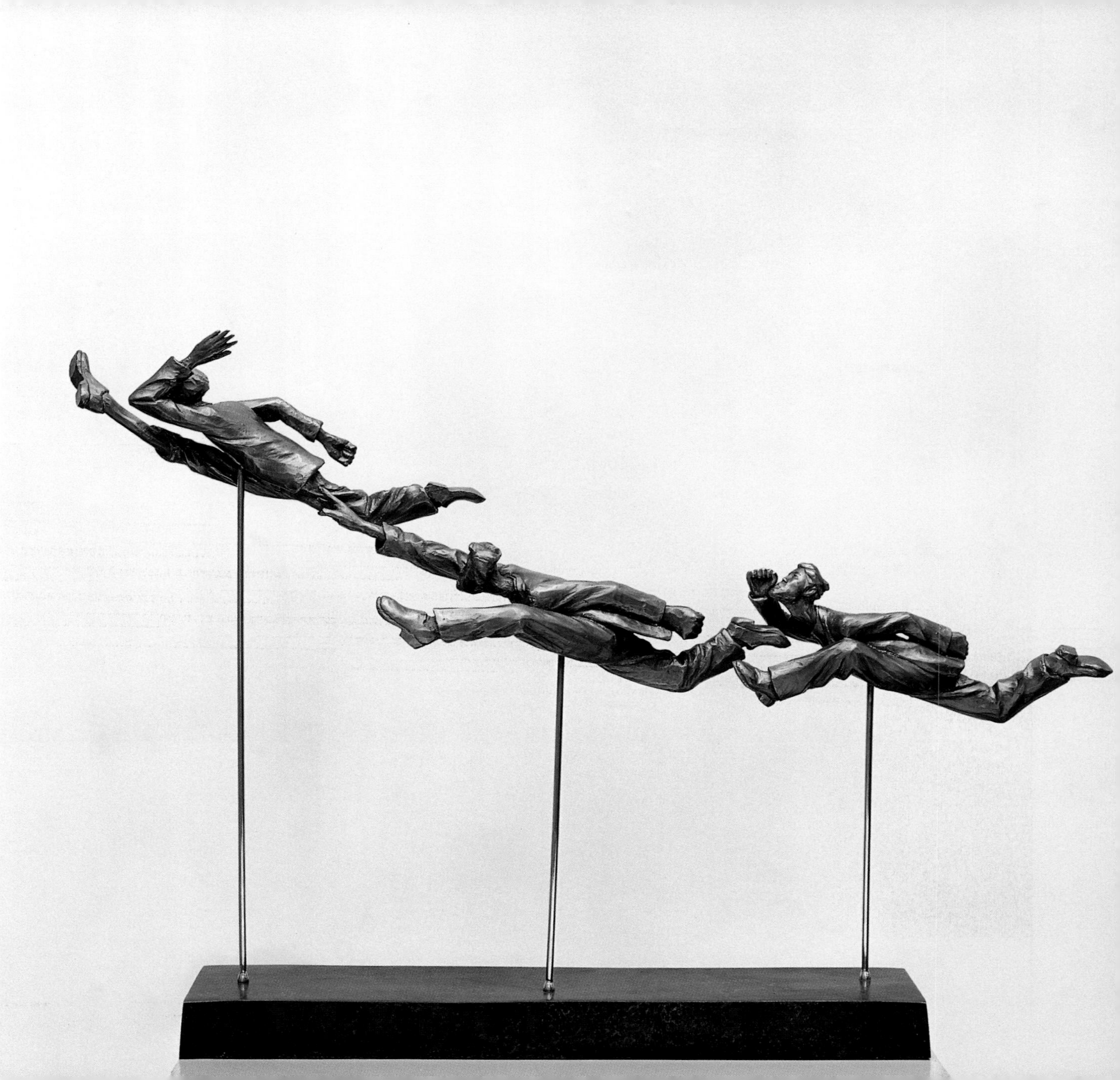

별이 되다, 2003

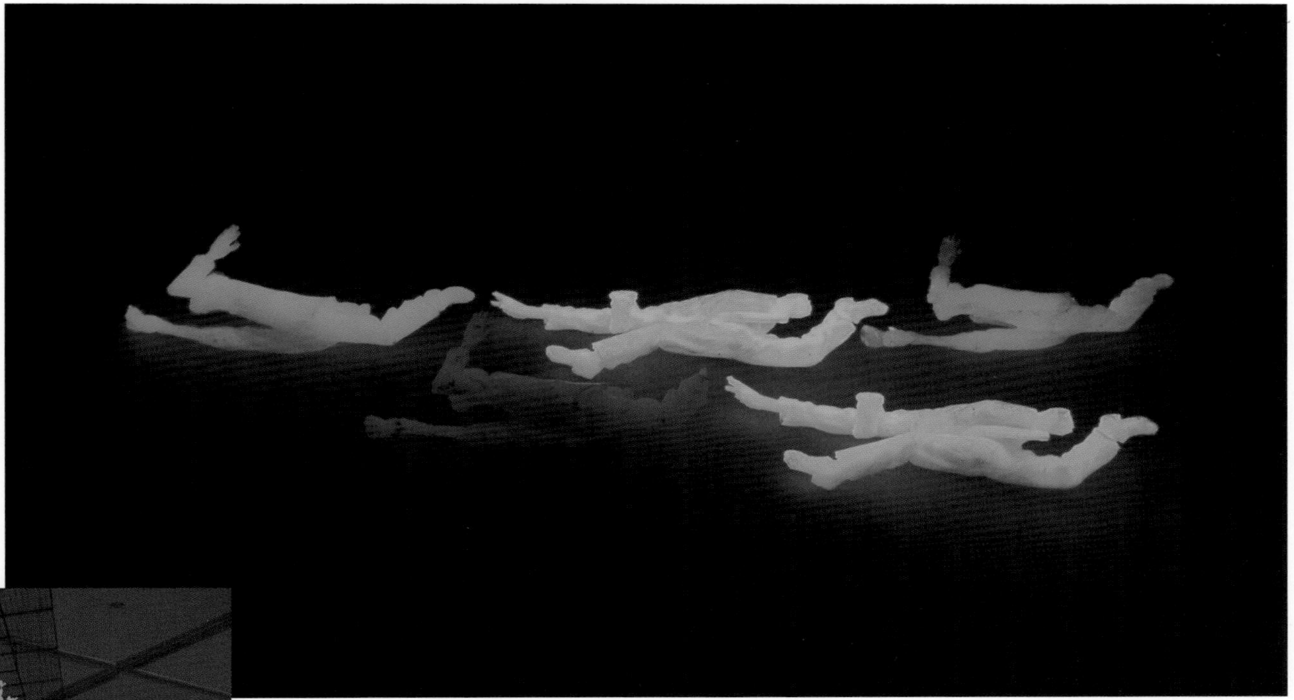

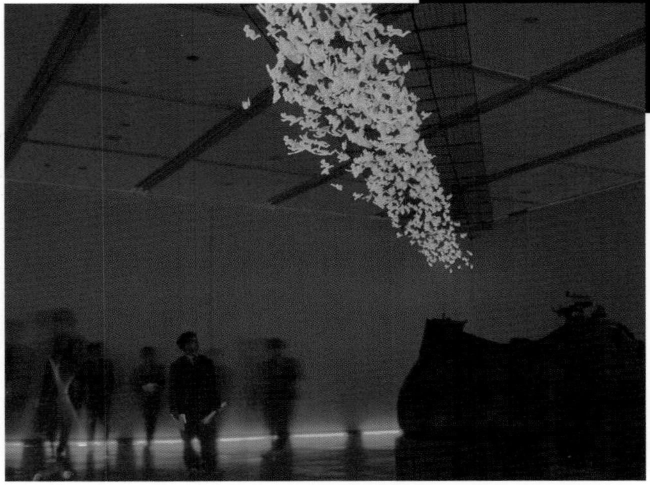

별이 되다, 2003

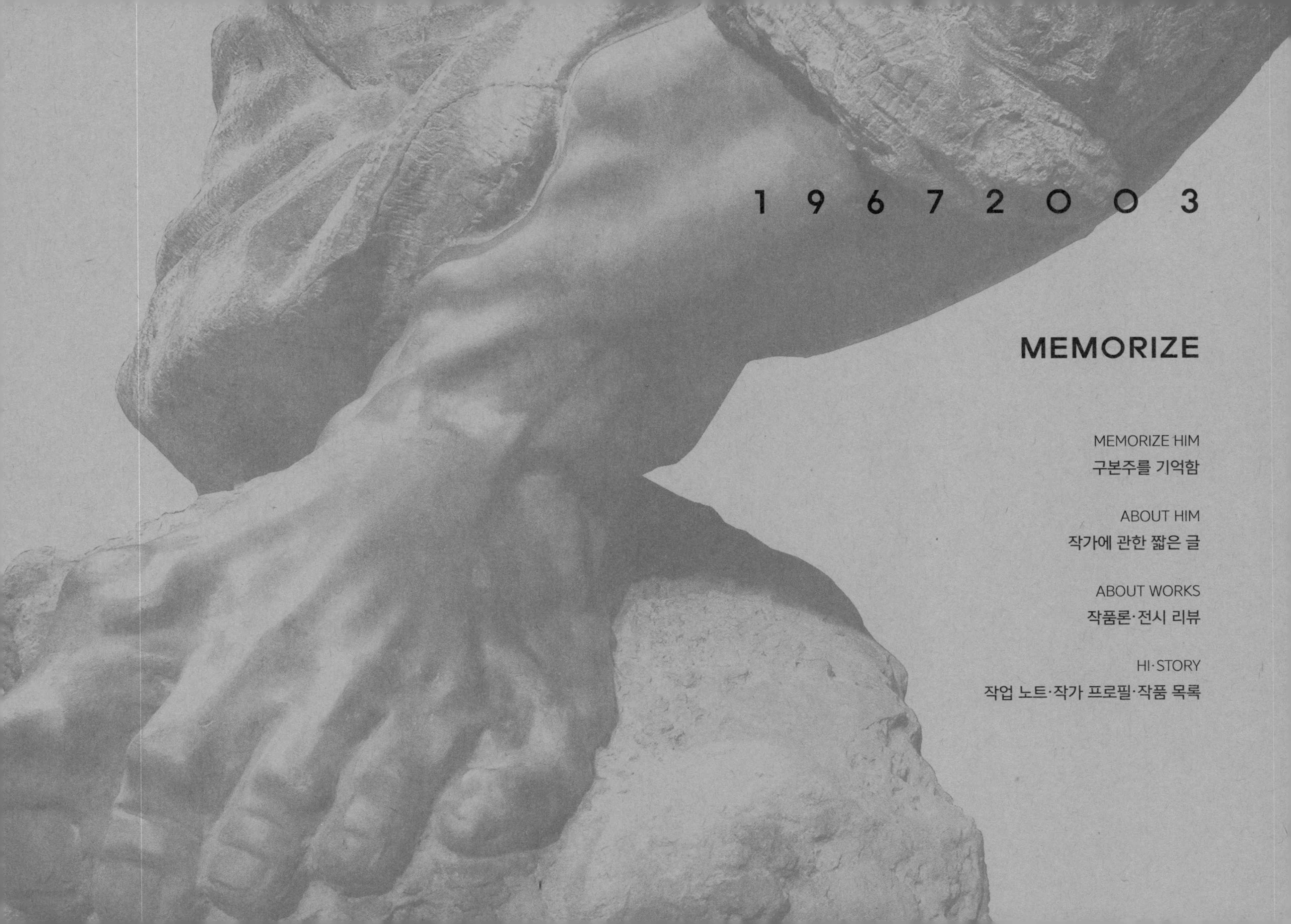

1967 2003

MEMORIZE

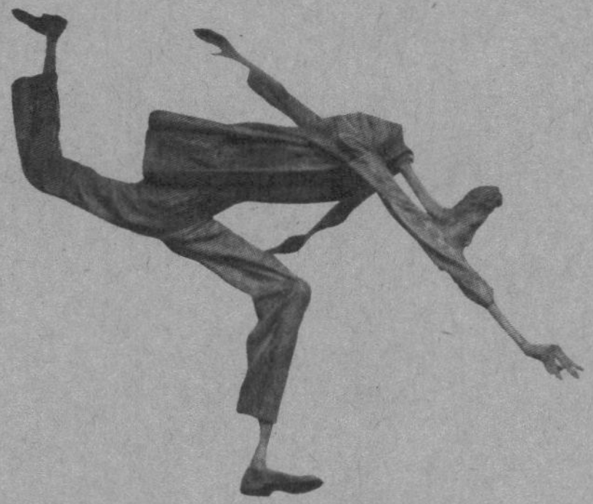

MEMORIZE HIM
구본주를 기억함

민족미술인협회 · 박불똥 · 연영석 · 이준희 · 이원석 · 전미영
최 열 · 문건호 · 강수미 · 전혜정 · 오선애 · 파도의꿈 · 이봉수
김준기 · 송 필 · 김시하 · 김윤영 · 이윤엽 · 김영민 · 박희진
김영현 · 박영균 · 김성복 · 나규환 · 최태훈 · 박장근 · 박진화
한진섭 · 이종빈 · 설총식 · 김병철 · 성낙중 · 이영진 · 장용석
임승오 · 최인기 · 이경복 · 김옥구 · 김 석 · 김도근 · 양형규
이재성 · 박야일 · 김기용(김노암) · 안성금

영원한 청년 작가 구본주 선생을 기리며

경기도 포천군 소흘읍 무봉리(560-2번지) 작업실. 자르고, 두드리고, 구부리고, 붙이고, 갈고, 깎아 내며 예술혼을 불태우던 곳, 당신의 작업실입니다. 당신이 20-30대 꽃다운 청춘을 바쳐 땀 흘리던 뜨거운 창작의 산실입니다. 작업실 입구에 무거운 쇠를 들어 올릴 수 있는 7-8미터짜리 크레인을 세워 놓고는 세상을 다 얻은 양 기뻐하면서, 이젠 철공소 못지않은 시설을 갖췄으니 떵떵거리며 작업할 수 있다며, 자랑을 늘어놓던 그 작업실입니다.

당신의 짧고 굵은 삶이 묻어 있는 곳. 저 작업실을 먼발치에 두고 오늘 우리는 당신을 자연의 품으로 되돌리고자 이곳에 모였습니다. 이곳에 참석하신 모든 분들의 애통한 마음을 모아 불의의 사고로 먼저 간 영원한 청년 작가 구본주 님의 넋을 기리는 말씀을 드리고자 합니다. 지금 당장이라도 잔주름진 눈가에 한가득 미소를 띤 채 씩 웃으며 나타날 것만 같은 구본주 선생. 스무 살 파릇파릇한 학생 시절부터 서른 중반의 늠름한 청년 작가로서 당신이 우리에게 새겨 둔 깊은 자리를 어찌하라고 이렇듯 갑자기 떠나십니까. 이렇듯 많은 사람들에게 커다란 약속함을 두고, 당신은 훌쩍 먼 곳으로 떠나셨습니다. 앞길이 창창한 아까운 사람, 구본주 선생이 떠난 자리가 두고두고 가슴에 남을 것 같아 긴 한숨만 앞섭니다.

평온하게 영원한 잠자리에 들어 있는 고인 앞에서 살아 있는 사람의 넋두리를 더 길게 하지는 않겠습니다. 이제 떠나는 당신을 배웅하러 여기 모인 사람들과 함께 구본주 선생이 못다 이루고 남겨 둔 뜻을 새겨 보려고 합니다.

1.

구본주 선생의 삶과 예술을 깊이 새겨 두겠습니다. 구 선생이 남겨 둔 것은 작품뿐만이 아닙니다. 근 몇 년 동안 구 선생은 리얼리즘 미술의 21세기적 변모를 꿈꾸면서 예술가로서의 깊은 고뇌를 안고 있었습니다. 30대 중반을 넘긴 청년 작가로서 당대성을 구현하는 리얼리즘 미술에 대해 깊은 고뇌를 가지고 있었던 것으로 압니다. 구 선생, 뒤를 돌아보면 앞이 보인다고 했습니다. 구 선생이 지금까지 걸어온 10여 년의 창작은 우리 현대미술계의 모습을 담고 있습니다. 학생 시절 구 선생은 억센 팔뚝을 내두르는 〈혁명은 단호한 것이다〉로 날카로운 대립각을 세웠습니다. 10년 전의 구 선생은 금호미술관 천장에 빠듯하게 닿을 정도의 높이로 죽창을 내지른 〈갑오농민전쟁〉을 남겼습니다. 지난해에는 철판을 두드려서 5미터짜리 구두를 만들고 거대한 기둥을 세운 아버지의 기둥으로 예술의전당 전시장을 가득 채웠습니다. 10여 년 전 구 선생은 수배를 피해 수원의 선배 작업실에 숨어 지내며 흙으로 빚은 작은 조각들을 만들었고, 오늘날의 구 선생은 포천 작업실에서 거대한 규모의 작업을 위해 고된 땀방울을 쏟아 왔습니다. 청년 작가 구본주의 짧은 세월을 봐도 이렇게 역동과 굴곡이 확연합니다. 앞으로의 10년, 20년을 위해 우리는 구 선생이 짧고 굵게 남기고 간 역사를 꼼꼼하게 되짚어 보겠습니다.

2.

다음은 당신이 이루려 했던 진보적인 미술운동에 관한 말씀입니다. 구 선생은 학생 시절부터 평등과 평화, 자주와 민주를 열망해 왔습니다. 작품을 통해서 현실주의 미술을 일구어 왔을 뿐만 아니라, 지난 몇 년간 민족미술인협회 이사로 활동하면서, 수많은 선배·동료·후배들과 민족·민중미술의 미래를 함께 이야기해 왔습니다. 지금까지 해 온 일들보다 해야 할 일들이 더 많이 남아 있는 당신이 이렇게 허망하게 가시다니 그 충격과 허망함을 이루 말로 다할 수 없습니다만, 당신이 열망했던 진보미술의 꿈은 우리들 가슴 깊이 남아 있습니다.

3.

마지막으로 구 선생께 부탁 말씀 한마디 드리겠습니다. 이승에 남긴 일 염려하지 말고, 저승에서 편히 잠드시길 바랍니다. 당신의 아버님과 형님·누님들, 아내 전미영 님, 그리고 당신이 그토록 사랑했던 두 자녀 세모와 내모. 남아 있는 사람들과 함께 용기와 신념을 가지고 살도록 힘과 지혜를 모을 것입니다. 구 선생이 서른을 넘기면서 따뜻한 감성으로 만들어 둔 가족 연작을 우리 모두 잘 알고 있습니다. 그 따뜻함을 잃지 않도록 당신의 가족들과 지인들이 함께 할 것입니다.

구본주 선생. 오늘 우리는 당신을 여기 묻고 갑니다만, 우리들 가슴속에 영원한 청년 작가 구본주로 깊이 새겨 두겠습니다. 이승에서의 무거운 짐 다 벗어 두고 영면의 그곳에서 부디 편히 쉬소서.

민족미술인협회, 영결식 추모사, 2003. 10. 1.

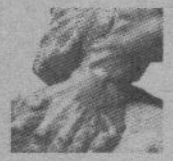

제잔들 후밴들 친군들 故구본주형의 명복을 빌며

야, 이 벼락아!
왜 치느냐 저 청정한 구월 하늘에.

기기도 구르기도 힘든 세상살이 하도 피곤하여
딴청으로 연사흘 밤새 마신 술이 깨기도 전에 어쩌자고
우리 엊그제 나눈 입씨름이 가시기도 전에 자네는 어쩌자고
내 뒤통수를 후려치느냐 벼락아
야, 이 본주 구본주야.

박 선생님 작품들이 이제야 조금 이해가 되네요
내 팔 꾹 잡으며 헤실헤실 웃음 건네던
십 년 전 기억도 마치 어젠 듯 가까운데

민미협은 민족이란 이름 너머로 진보해 가야 해요
생맥주 잔 부딪치며 내게 대들던
불과 사흘 전 대학로의 그 열변이
문득 수십 년 옛일인 양
아득히 멀어지다니
이게 웬
조환가 마른하늘에 날벼락인가 이 친구야.

푸르도록 박박 민 까까머리가 좀 보기 사납다가도
속눈썹만 가뭇하니 선으로 남기는 눈웃음 한 방으로
피아 쌍방의 괜한 긴장을 무색케 녹여 주던
그 표정,
언제 다시 볼 수 있느냐
이제 더는 볼 수 없느냐 이런 젠장.
모퉁이돌 화실 선생 류인의 요절을

설마 부러워야 했을까만 스승보다 더 짧게 애제자도
생을 이리 급히 마치니
본주,
나 솔직히 야단 한마디 치고 싶어.
이 사람아 청출어람을 제대로 안 겐가 모른 겐가.

허나
사람 가고 사람 오고
그게 어찌 인사겠어 천사인 걸 어쩌겠어.

죄 많아 나이만 먹는
이 늙다리들한테 무거운 짐 지워 놓고 훌쩍
떠나 버린 자네의 그 근육 그 근력이
야속하고 아쉽지만
독하게 맘먹고
용서하지.
날벼락 같은 자네의 부음을
암, 용서함세.

우리의
선선한 이 용서를
자네도 용서하시고
구본주,
부디
고이 잠드시게.

박불똥, 2003. 9. 29.

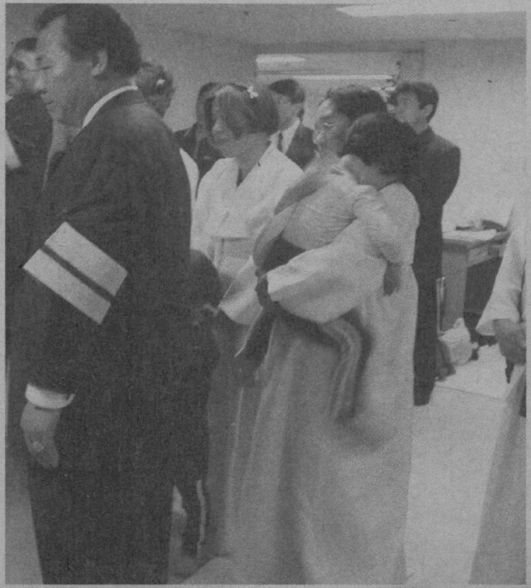

친구

저 따듯한 아랫목 이불 속에 감추어 둔 밥처럼..
언제나 그곳에 있을 것만 같았던 친구.
언제고 내가 허기지고 배고플 때 날 채워 주리라 생각했던..
여지껏 내 맘속에 있는.. 그런 말 한번 꺼내 주진 못했지만..
이제 와서 생각하니 그는 내가 아끼고 아껴 둔 든든한 밥이었습니다.

난 친구를 미워했습니다.
그가 내게 준 상처에 아파한 적도..
살아가는 날이 많아질수록 친구와 난 멀어질 거라 생각했습니다.
아니 점점 더 다른 길을 가고 있다고 생각했습니다.
하지만 그도 내게 하고 싶은 말이 있었을 겁니다.
내가 미처 꺼내지 못해 가슴속에 그저 담아 두었던 것처럼..

지금 난 그 친구를..
그 따끈한 밥을 도둑맞았습니다.
아직 난 한 숟가락도 채 퍼먹어 보질 못했는데..

마음이 이상합니다.

작업을 한다는 거..
그것이 얼마나 외롭고 기나긴 자신과의 싸움이라는 걸
그저 조금은 알기에 그가 그동안 느꼈을 고독에..

그저 가슴이 아픕니다.

허기가 집니다.

연영석, 2003. 10. 3.

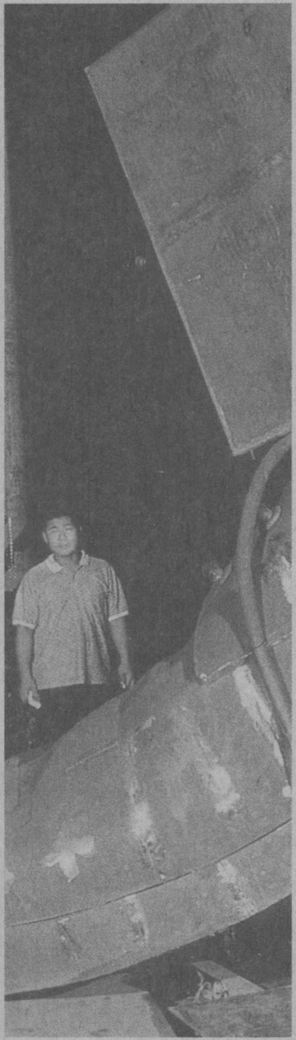

구본주의 미발표 시 “나는 행운아다”

〈월간미술〉 이준희 기자입니다.
생각 끝에 구본주가 생전에 남긴 시를 공개합니다.
이 시는 지난 2001년 2월호 〈월간미술〉에 실린 조각가 故류인의 추모 전시에 관한 기사를 위해 그때 제가 청탁해서 구본주에게 받았던 것입니다. 당시 지면 관계상 아쉽게 책에 실리지는 못했지만, 제가 후기를 통해서만 일부분 언급했던 내용입니다.
지난 화요일 저녁 늦게 고인의 빈소를 찾아 조문하고 돌아와, 부랴부랴 그때 원고를 찾았습니다. 이렇게 류인의 뒤를 따라간 스스로를 행운아라고.. 팩스로 받은 원고 필체가 아직 살아 있는 듯합니다.

나는 행운아다.
류인을 기억할 수 있는,
나는..

나는 행운아다.
조각가로서 그와 사제지간의 인연과
그 기억을 갖고 살아갈 수 있게 된,
나는..

나는 행운아다.
이제 진정 그가 내게 바랬고 내가 원한 길을
같이 걸어갈 수 있게 된,
나는..

나는 참 행운아다.

이준희, 2003. 10. 3.

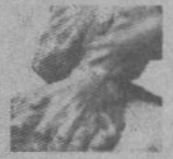

본주야~!

본주야
친구야

비마저 뿌려 축축해진 흙이었지만
너의 어머니 바로 옆에
이 두 발로 꼭꼭 밟아 널 묻어 주고
다시 내 삶 속으로 들어온 지 이틀째다

밥을 먹다가도 너의 두툼한 입술이 생각나고
길을 걷다가도 너의 못생긴 발가락이 떠오른다
거울을 보면 너의 작은 눈이 날 쳐다보고 있다
잠자리에 누우면 관 속에서 창백하게 누워 있던
너의 마지막 모습이 눈을 감은 채 날 내려다본다
차갑게 얼어 있던 너의 얼굴과 손을 쓰다듬은 이 손에
아직 너의 피부가 느껴지는데..

본주야
너를 생각하면 금방이라도 능글맞은 얼굴에 큰 웃음으로
내 등짝을 치면서 "친구야" 하고 소리치며 반갑게 손을 잡
을 것만 같은데..

본주야
생각나니?

대학 1학년 시절 둘이서 경주 여행을 갔을 때, 첫 행선지
를 어디부터 할 건지로 싸우다 결국 여행 끝날 때까지 따
로 여행한 적 있었지..

본주야
생각나니?

2학년 때 학생운동 시절, 같이 교문 앞 시위 도중 전경이
던진 돌에 이마를 맞아 얼굴 가득 피를 흘리면서도 웃으면
서 넌 말했지 "나 민주투사 맞지?" 했던 그때를..

본주야
생각나니?

3학년 때 네가 집시법 위반으로 영등포 구치소에 수감되
었을 때, 면회를 갔던 나에게 네가 쓴 최후 진술문을 보이
며 "야. 이 글 멋있지 않냐?"며 환하게 웃었던 그 모습을..

본주야
생각나니?

4학년 때 미술대학 학생회장 선거에서 우리 팀이 패하고
"결국 최선은 작업이다"며 너의 정열을 작품 생산에 불살
랐던 그 순간을..
그리고 너의 첫 개인전 하루 전날,
디스플레이를 끝내고 나눈 술자리에서 "가슴이 떨린다"며
초조해하며 연거푸 소주잔을 기울였던 그 자리를..

본주야
친구야
기억나니?

네가 사고 나기 이틀 전
대학로 미술회관 세미나를 마치고 술자리에서
내년 2월에 같이 인도에 여행 가기로 약속한 거..
그리고 내년 6월에 잡힌 전시회의 작품 구상을
이야기하면서 도와 달라고 했던 거..
그리고 우리 돈 모아서 사랑하는 우리 친구 연영석이
수술시켜 주자고 약속한 거..
그 약속.. 그 약속은 어쩌란 말이냐 친구야

사랑하는 본주야
너에 대한 기억이 이렇게 생생하게 살아 움직이는데
어떻게 널 보내란 말이냐
우리 친구들에게 있어 넌 긍지이자 희망이었다
그리고 앞으로도 넌 친구들의 가슴속에 영원히 살아
꺼지지 않는 불꽃이다
그래 넌 불꽃이다
활화산처럼 타올라서 힘차게 꽃을 피우는 불꽃이다

본주야
친구야
이젠 널 보내야 한다 가슴속에 널 묻으려 한다

본주야
사랑하는 친구야
넌 우리 가슴속에 영원할 것이다
잘 가라 본주야

이원석, 2003. 10. 3.

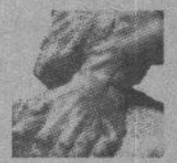

본주형은 이제 내 옆만이 아닌 모든 곳에 있다

나에게 '엄.마.'라는 두 글자를 강하게 새겨 놓고..
남편은 먼저 가 버렸다.

그의 마지막이었다는 상황을 앞에 놓고,
늘.. 언제나처럼.
'오늘은 좀 큰일이 벌어진 모양이야.. 어쩌나.. 어쩌나..'
그런데 그것이 마지막이었음을 깨닫는 순간,
나는 이미 내가 아니었다.

가끔씩은..
본주형을 사랑한 미영이가 불쑥불쑥 튀쳐나와
한마디 올라오지도 못할 목구멍 속이 꼬옥.. 조여지며
가슴이 터져 나가 버릴 것 같은..
머리통 위에 무언가 굉장한 무게로 눌려져 있는 듯..

내가 진정 어쩔 수 없는 현실,
도저히 변화 가능하지 않은 현실,
그 만만히만 보아 오던 현실,
현실이란 건 바로 이런 것이었군.

멀리서, 혹은 옆에서,
세모와 내모가 자꾸 알짱거린다.

나는
이렇게 슬픈데..
나는
이렇게 무서운데..
나는

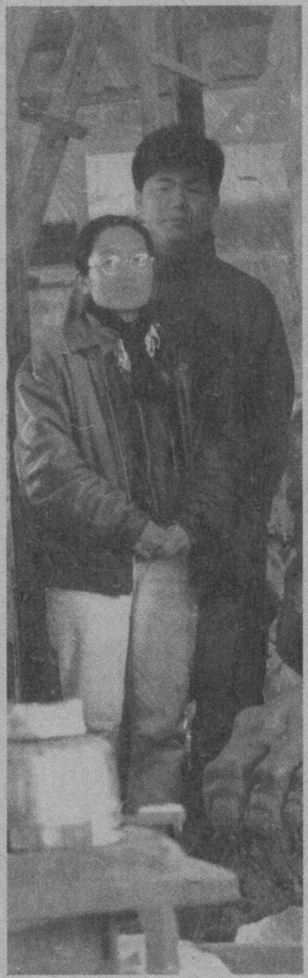

이렇게 어찌할 바를 모르겠는데..
두 아이는 모두가 우는 잔칫날인 줄 안다.
다만, 아빠만 없는..
순간,
난 엄마가 되었다.
완벽한 엄마가 된 듯하다.
아이를 낳기만 하면, 아이를 기르고만 있으면, 엄마가 되는 줄 알았다.

그런데..
또 하나 알았다.
완벽하게 알았다.
자신의 아이들에게, 외부로부터의 피신거리.
불안감을 완벽히 정화할 수 있는 존재.
아빠가 없어도 있는 듯한,
아빠의 잠시 긴 외출을 순순히 인정하게 해 주는..
그것은 엄마다.

눈물 한 방울 세모에게 보이지 않고, 나는 엄마가 되었다.
본주형이 마지막 준 깨달음의 선물, 엄.마.라는 임무를 꼬옥.. 가슴에 품고
이제 비로소 친구에서.. 아내에서.. 엄마가 되었다.
본주형은 이제 없을 것이다.
그러나..
본주형은 이제 내 옆만이 아닌 모든 곳에 있다.
그는 그가 원하던 대로 모든 이들의 앞에 섰다.

나는 감히 단언한다.
"나 전미영은 내 인생 전부를 앞선 자를 따르는 이들의 완벽한 어시스턴트가 될 것을 맹세합니다."
전미영, 2003. 10. 4.

남은 것은 추억과 몇 조각 작품

서른일곱의 나이라면
이건 참 —
얼마 전 5월 가족전 때 구본주가 작품을 출품했죠.
도시 일상 속의 한 시민을 출품해 주었죠.
잠깐 얼굴을 마주치며 그 특유의 투덜대는 모습이며
언제나 인사 나누면 멋쩍어 하는 모습이며
별일 없지요?
아!
너무 오래된 아주 옛날
1980년대 중반쯤이던가, 아님 1987년쯤인가 그때
경희대 앞 어느 외진 하숙집에서
밤새 마시며 떠들며 그랬던 기억이 납니다.
마구 스치는 것은
김복진, 권진규, 류인, 거기에 송영수, 김광진까지
왜들 조소 예술가들은 이런지 —
삶이란 언제나 그렇지요.
나는 어린 시절 속절없는 꿈을 꾸곤 했습니다.
마흔까지 살면 좋겠다! 그런데 마흔을 훌쩍 넘겼고
지금은 언제나 여분의 삶을 살고 있다면서 늘 사회에
바치는 삶이라고 다짐하며 살고 있습니다.

구본주 님!
영영 못 볼 사람이 되어 버린 당신!
끝 간 데 없을 구본주! 이제
남은 것은 추억과 그 몇 조각 작품들 —
오랫동안 잊을 수 없겠지요.

최열, 2003. 10. 5.

본주에게 보내는 편지

본주야! 떠나는 그 시간을 지키지 못한 나에게 니가 보러 왔더구나. 허둥대며 변명을 주절거리는 나를 언제나 그랬듯이 와락 껴안는 바람에 그 억센 힘을 주체하지 못하고 바닥에 나뒹굴고 말았지.

대학 시절 공장 한켠에 마련했던 너와의 작업실 시절이 생각난다. 문고판 로댕 어록을 읽으며 조각가의 설익은 꿈을 다듬어 가던 시절, 진짜 농민의 아들로 땅과 땀과 노동을 유전자 깊이 씨앗으로 품고 있던 너에게 책 몇 권 먼저 읽은 내가 글과 회색의 철학으로 꾸며진 민주와 투쟁과 혁명을 이야기하며 치기 어린 지적 우월을 과시할 때 너는 그것을 너의 삶과 예술의 자양분으로 꿀꺽꿀꺽 삼키며 성장하고 있었지.

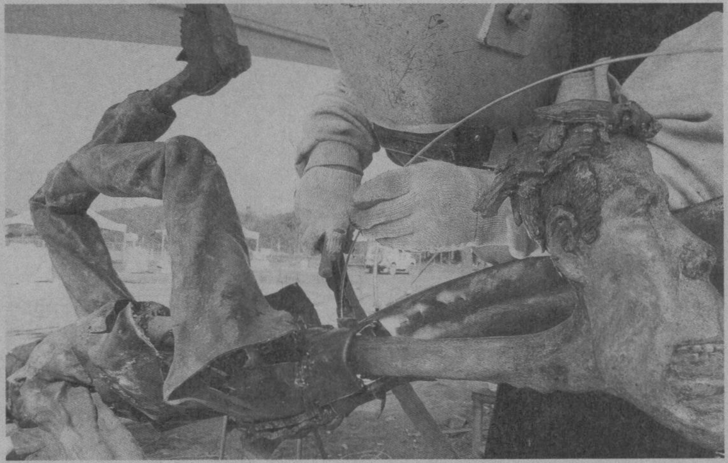

87년 6월 항쟁을 끝내고 그 가장된 권력 이양을 뒤로 하고 내가 군대에 가 백담사에 도피한 전두환의 보초가 되어 있을 때 너는 이미 내가 쫓아가기에는 너무 큰사람이 되어 가고 있었다. 복학한 나에게 순전히 너의 그 순수한 노력으로 가꾸어진 '참흙'이라는 조소과의 소모임은 유희와 실천의 차이를 명백히 가리는 나에게 주는 너의 일갈이었다. 그렇게 너는 웃으면 사라지는 작은 눈 속에서 흔들리지 않는 삶의 중심을 향해 힘으로 밀어붙이는 무식한 예술가라는 비아냥 속에서도 아랑곳않고 의연하게 나아가고 있었다.

우리를 어떤 식으로든 성장하게 했던 노선 투쟁과 너의 총학생회 부회장의 출마, 가슴 아프고 어수선하고 투명하게 빛나던 시절, 한 손에는 예술을 움켜쥐고 한 손에는 운동을 움켜쥐고 흔들리던 시절. 그 시절을 뒤로하고 너는 수배의 시기를 거쳐 더욱 치열한 예술의 길로 떠났고 나는 물과 기름처럼 시대를 기만하는 골방의 예술은 참을 수 없다며 마늘 먹기를 포기한 호랑이처럼 사회의 길로 떠났다.

분단된 조국, 주권이 없는 반쪽의 땅에 이식된 자본주의는 젊은 의욕을 욕구와 욕망으로 혼돈케 하며 나를 능숙하게 그리고 천박하게 길들이면서, 본주 너의 나락하며 질주하는 배대리의 모습으로 만들어 갔다.

그리고 현재 나는 이미 추락한 배대리가 되었고 '로또'의 구원을 믿는 그들의 전리품이 되었다.

내 속에서 가끔 울컥하며 솟는 예술의 향수를 본주와 영환이가 잘하고 있으니 됐다며 다독이곤 했는데. 〈파업〉이라는 작품을 보며 나는 너를 넘어설 수 없음을 알았다. 너의 팔뚝을 그대로 옮겨 놓은 듯한 〈혁명은 단호한 것이다〉를 보며 칼날 같은 너의 작가의 의지를 보았다. 〈갑오농민전쟁〉이라는 거대한 작품을 전시장에 같이 옮겨 놓으며 한국 땅에서 작가로 살아야 하는 고민의 치열함을 보았다.

〈배대리의 여백〉을 보며 현재로 스며드는 너의 세상에 대한 사랑과 연민을 보았다. 그리고 이제 이 땅에도 민중이 대를 이어 사랑해도 좋은 진짜 작가가 나오는 행복한 순간이 너로 인해 열리고 있다는 기쁨이 나를 설레게 했다.
나는 운명론자는 아니다. 그러나 너의 삶과 그 삶의 소멸이 반드시 더 큰 의미를 감춘 우주의 섭리임을 믿는다. 우주를 움직일 섭리가 작용할 만큼 너의 그 짧은 삶은 치열했고 세상과 사람과 자신을 사랑했다.
한 작가의 삶은 삶의 길이로 이야기하지 않음을 알고 있다. 너와의 추억을 사랑한다. 너의 어린 시절 조잡한 작품부터 자부심을 담은 미려한 작품까지 사랑한다. 그리고 무엇보다 세상의 진실에서 빗나가지 않았던 너의 그 치열한 정신을 사랑한다. 그래서 이 절름발이 남한의 땅에서도 사치와 귀족 놀음 예술에 가려진 그 치열한 삶의 예술이 존재함을 던져 주고 간 구본주 너의 모든 것을 사랑한다. 우리는 작품을 통해 자신의 진정한 자아가 살아 영원히 세상과 대화하며 역사로 이어지는 작가의 위대한 힘에 대해 마지막으로 가르쳐 준 너를 영원히 사랑하게 될 것이다.
본주 니가 언젠가 얘기했지. 내가 너의 정신적 아버지라고. 이야기할 기회를 놓쳤지만 너는 이 땅의 예술가들에게 정신적 아버지가 되었다고. 그리고 니가 던져 주고 간 많은 일들이 우리들의 몫이 되었지만 기쁘게 그 기회를 받겠다고. 안녕.
내가 가서 보려면 시간이 걸리겠지만(?) 너는 언제든지 보러 와도 된다. 그럼 쉬어라.

문건호, 2003. 10. 6.

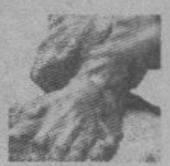

구본주, 그 한 사람을 되돌아 봄(re-view)

1. 혁명은 단호한 것이다[1)]

하늘이 필요로 하는 사람은 빨리 데려간다.
삶이란 게 자유스럽게 선택하는 게 아니라, 어쩌면 이미 벌써 나보다도 먼저 주어지는 것이어서 우리는 역설적으로 시시때때로 삶에서 벗어남을 생각하는 것인지도 모른다. 삶에서 그렇게 자의적으로 벗어나는 것을 생각하다가도 어떤 이의 황망한 죽음을 마주하게 되면, 그러한 생각을 한 내가 얼마나 오만한지, 얼마나 가벼운 인간인지 깨닫고 부끄러워진다. 세상 누구에게도 때늦은 죽음이란 없는 것이겠지만, 그야말로 때 이른 죽음 앞에서 우리가 할 수 있는 말이란 그 비통하고 애석한 감정에도 불구하고 별로 없는 듯하다. 고인의 덕을 기리고, 남아 있는 사람들을 위로하기 위해 겨우 할 수 있는 말이 하늘이 필요로 하는 사람은 빨리 데려간다는 정도가 아닐지. 어렸을 때 처음 이 말을 듣고, 사람의 언어가 얼마만큼 아름다울 수 있는지를 생각했다. 깃들어 있는 추모와 위로의 마음이 아름다웠고, 한 사람의 죽음을 여기서 끝이 아니라 하늘로 연장시켜 주는 상상력이 아름다웠다. 그러나 그 말의 배면에는 얼마나 큰 원통함이 깔려 있는지!
지난 9월 29일 월요일 운세 정보, 원고 청탁서, 전자 청구서, 스팸 메일 등이 층층이 쌓인 이메일 함을 열 때까지만 해도 그곳에 한 비통한 죽음이 껴 있을 것이라곤 상상도 하지 못했다. '조각가 구본주 타계!!!' 세 개의 느낌표가 느슨한 정신을 확 잡아채며, 그렇게 한 사람의 죽음을 알리고 있었다. 네오룩에서 발송한 그의 타계 소식 첫머리에 뜬 작가의 작품 〈혁명은 단호한 것이다〉가 풍기는 비정함에 아직도 마음이 시리다. 작품에서는 한껏 날이 선 낫이 그것을 쥔 손아귀의 힘으로 단호하게 외부를 향하고 있는데, 그의 운명의 낫은 왜 그를 향해야만 했을까? 정말 하늘은 자신이 필요로 하는 사람을 이렇게 일찍 데려가 버려야만 했을까?

2. 그는

사랑하고 찬미하는 누군가가 죽으면 때로 그의 그림을 만들어 보고 싶은 법입니다. 그를 찬양하기 위해서도 아니고 그를 옹호하기 위해서는 더욱 아닙니다. 그보다는 그와 닮은 것, 죽음을 통해서만 오는 그것, 바로 그라고 말할 수 있게 하는 그 최후의 초상을 위해서입니다.

– 질 들뢰즈, 「푸코의 초상화」 중에서

《푸코(Foucault)》를 쓴 들뢰즈가 어느 대담에서 한 말이다. 죽은 푸코를 추모하면서 쓴 그 책을 왜 썼냐는, 잘못 들으면 바보스러운 질문에 들뢰즈는 어떤 이해관계도 벗어난, 학문적 평가를 피해 가는, 인터뷰어의 날 선 태도를 무위(無爲)로 만드는 답을 준 것이다.
내 머리며 가슴속에서는 며칠 전부터 계속 이 인용구의 앞 문장이 울리고 있었다. 조각가 구본주의 때 이른 죽음 앞에서 내가 할 수 있는 일이란 아무것도 없었지만, 무엇인가는 하고 싶었다. 추모로 써진 그의 초상화를 만들고 싶었다. 비록 그와 개인적인 친분 관계는 별로 없었다 하더라도, 그래서 사랑과 찬미가 어떤 면에서는 바로 그를 향한 것이 아니라 바로 그의 작품을 향한 것이라 하더라도.
그의 작품 〈그는〉의 재료와 기법을 구본주는 다음과 같이 설명해 놓았다.

"황동과 적동, 백심을 열심히 두드린 방짜 기법을 사용하여 형태로 만들어 줬다." 보통 혼합 재료라든가 mixed media, 혼합 기법 등 기계적으로 표시하는 작가들의 작품 캡션에 비추면, 작품을 만들기 위해 사용한 재료를 하나하나 열거하고, 그것을 어떻게 만들었는지를 설명하는 것만으로도 구본주의 작품 캡션 표기는 특이하다.

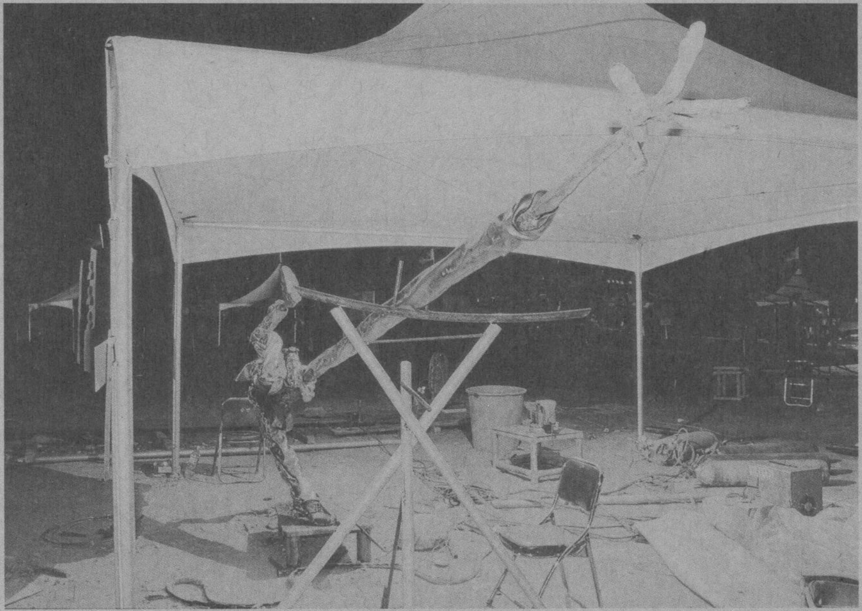

그러나 더 의미심장한 것은 작가가 마치 생명을 부여하는 창조주처럼 작품에 '만들어 줬다'는 표현을 쓴 것이다. 갈라테이아에 형태를 부여한 피그말리온처럼 그는 〈그는〉에 형태를 부여하고, 아프로디테의 부드러운 숨결 대신 조각가의 거친 손으로 열심히 두드려 초췌하고 무릎 꺾인 그에게 기운을 주고자 했는지도 모른다. 그래서 내 눈에 〈그는〉의 그는 바로 그, 조각가 구본주로 보인다.(물론 나는 지금 지나치게 감상적이거나 운명론적인 독해를 하고 있는지도 모른다.)

마른 몸에 황동의 구겨진 양복을 입고, 황망한 표정으로 엉거주춤 서 있는 그는 분명 외관으로는 얼마 전까지 여기 살아 숨쉬었던 인간, 구본주와는 닮은 구석이 없다. 살아생전 작가는 의당 조각을 할 만한, 아니 육체 노동을 업(業)으로 할 만한 체격이었고, 육체 노동으로서의 조각을 긍정하는 외양을 하고 있었던 것으로 기억한다. 그렇다면 왜 나는 조각 작품의 그와 따뜻한 육체를 가졌던 그를 동일시하고 싶은 것일까? 그것은 구본주가 열심히 두드리고 자르고 휘어서 만든 조각들이 진정성이라고 할 만한, 어떤 추상적 가치를 나에게 일깨워 주고 있기 때문이다. 과시하지 않는 태도로 쉽게 들고나지 않는 무게로.

작품 〈그는〉에 이어지는 시제가 현재 진행형이 아니라 과거 시제가 되어 버린 지금, 고인의 삶과 작품을 향한 진중한 태도가 이제는 작품 속에만 내재되어 있다고 생각하면 다시 한 번 마음이 시리다.

3. 가족(편안한 귀가)

그의 작품을 처음 본 것은 1995년 쌀쌀한 어느 가을날로 기억한다. 사간동 금호미술관 전신인 인사동 금호갤러리에서 있었던 구본주의 첫 개인전에서다. 건물 — 하드웨어가 세련되거나 혹은 개념 — 소프트웨어가 세련되거나 하여튼 전시장 문화가 다변화된 지금의 눈으로 보면 사각형으로 딱 떨어지지조차 않았던 그 갤러리에 들어섰을 때, 그 옹색한 공간은 놀랍게도 달리고, 솟구치고, 물러나고 있었다. 이는 은유적 표현이 아니다. 실제로 전시장 안에서 작품들 — 조각된 시민들은 뛰고, 오르고, 뒷걸음질치고 있었다. 작품에 덩달아 정적인 전시 공간이 울렁거리고 있었던 것이다.

온통 철과 원수라도 진 양, 모두 리터럴리스트(literalist)라도 된 양, 작가들이 쏟아 내는 검붉은 녹이 묻어나는 고철 조각이 만연하던 당시, 구본주의 조각은 재현에 가까웠고, 너무나 감정에 차 있었다. 사람, 사물 등 구체적 대상을 묘사한다는 면에서는 재현이지만, 감정의 표현을 위해 기꺼이 왜곡된 그 조각들은 모사로써의 재현은 아니었다.

시간이 많이 지나 제대로 된 기억은 아닐지라도 그때 봤던 한 작품을 부족한 언어로나마 묘사해 보고 싶다.

시민 K씨는 이미 지나가 버린 버스를 마치 손을 뻗으면 잡을 수 있는 양 악다구니를 쓰고 있다. 그 악다구니의 의지에 따라 저절로 늘어난 사지(四肢)는 거의 수 미터에 달한다. 늘어난 팔뚝과 손가락은 작가의 뛰어난 손놀림으로 왜곡되었음에도 불구하고 기괴하지 않고 오히려 자연스러워 보인다. 마치 '눈알 튀어나오게'나 심장이 '벌떡 벌떡'과 같은 언어적 표현이 과장 속에서 감정의 실체를 잡아내는 것처럼, 구본주의 시민 K씨는 형상의 옷을 입은 실체의 감정 그 자체 같다.

이렇듯 8년이 지난 지금도 손에 잡힐 듯 선명한 부피와 감정을 가진 조각을 만든 작가를, 그가 살아 있던 당시에 나는 꼭 두 번 만났다. 그것도 그가 운명을 달리한 올 한 해 동안. 한 번은 지난 4월경 한창 미국의 대(對) 이라크 전쟁 반대로 온 세계가 들끓고 있을 때, 반전(反戰) 전시를 했던 까페 시월에서. 한 번은 그가 죽기 3일 전 마로니에 미술관 전시 오픈 장에서. 인사성 별로 없는 내가 날아가는 부시를 조각한 작품을 까페 시월 벽에 설치하고 있는 이가 작가 구본주인 줄 뻔히 알면서도 뚱하게 쳐다만 보고 있을 때, 그가 대뜸 물었다. 기자세요?, 아니요., 그럼, 누구세요?, 아, 저는.. 그렇게 해서 서로 얼굴을 텄지만, 그 이후로 별로 만날 기회가 없었다가 마지막 본 게 작가가 생을 달리하기 3일 전이라니! 그날도 나는 별말 없이 목례만 하고 지나쳤는데.
나는 그의 부고를 듣고, 엉뚱한 기시감(旣視感)을 겪었다. 아니, 정확히 하면 시간관념이 엉클어짐을 느꼈다. 그러니까 마로니에 미술관에서 마지막 본 그날 새벽의 그의 귀가가 이승에서 마지막 귀가였던 것 같은. 결코 가족을 향한 〈편안한 귀가〉가 되지 못한 9월 29일 새벽이 아니라. 한 사람의 때 이른 죽음 앞에서 그만큼 시간을 되돌리고 있었다.

4. 시작하는 손

미켈란젤로였던가? 조각은 이미 그 물질 안에 들어 있고, 그것을 꺼내는 것은 바로 조각가의 손이라고 했던 사람이. 로댕의 작품이 그랬던가? 그 자체의 고유한 해부학적 토대를 반영하지 않는 몸짓들, 즉 우리 자신 속의 인식 가능한 선행 경험에 논리적으로 부합될 수 없는 몸짓들을 보여주는[2] 조각들 말이다. 아니 로댕의 작품이 그랬다기보다는 한 미술사가가 그렇게 로댕의 작품을 독해했다는 게 옳다.
열심히 두드리고 자르고 휘어서 형상화하면서도 물질을 거스르지 않는다는 점에서 구본주의 조각은 미켈란젤로의 조각론을 수용했다고 말하고 싶다. 앞서도 썼듯이 그의 조각들 중 많은 부분은 형태를 심하게 왜곡했음에도 불구하고 자연스러워 보인다. 한편으로는 작품의 재료가 되는 물질이 감정 — 내용을 표현하는 데 적절하게 봉사하기 때문이고, 작가가 구체화한 형태 — 형식이 물질 속에서 드러나기 때문이기도 하다. 그리고 이때 형태는 어떤 지적 체계, 예컨대 해부학적 실증과 논리에 구속되지 않는다. 지각에 의해서든 논리에 의해서든 규정되지 않는 일련의 구본주 조각이 보여주는 형태감은 이미 고착된 경험에 호소하는 것이 아니라 작품을 볼 때 갖게 되는 바로 그 경험을 기대했던 것은 아닐지.
그의 1999년 작 〈시작하는 손〉은 브론즈 캐스팅 전 소조 당시 조각가의 손놀림이 느껴지고, 미끄러운 흙의 물질성이 느껴진다. 과장되게 꺾인 관절과 부풀어 오른 근육은 억지스러워 보이는 것이 아니라 그 작품 앞에선 누구라도 부지불식간에 자신의 손목과 손가락에 힘을 넣어 보게 되는 그런 감각적 지평을 열어 준다.
애초 〈시작하는 손〉은 다른 의미를 띠고 있었을지 모르지만, 나는 그의 〈시작하는 손〉이 (독해가 다소 과장되더라도) 조각가가 우리의 감각을 일깨우기 위해 움직이기 시작하는 손이라 보고 싶다. 비록 그 손이 이제는 조건지어진 운명에 의해 멈췄더라도.

깊지 못했던 만남과 풍부하지 못한 작품 체험에 근거한 이 글이 행여 고인에게 누를 끼치고 있는 것은 아닌가 하는 자괴감이 글 쓰는 내내 들었다. 혹 그렇더라도 마음속의 추처럼 매달린 고인에 대한 애도의 감정을 이렇게나마 밖으로 꺼내고 싶었다. 마지막으로 그가 자신과 비슷한 운명을 살다간 조각가 류인(1956-1999)을 추모한 시를 소개하며 한 사람을 되돌아보고자 했던 이 글을 마치자.

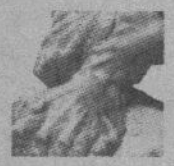

나는 행운아다.
류인을 기억할 수 있는,
나는..

나는 행운아다.
조각가로서 그와 사제지간의 인연과
그 기억을 갖고 살아갈 수 있게 된,
나는..

나는 행운아다.
이제 진정 그가 내게 바랬고 내가 원한 길을
같이 걸어갈 수 있게 된,
나는..

나는 참 행운아다.

- 구본주, 조각가 류인을 추모하는 미발표 시[3]

[각주]

1) 글의 각 소제목은 故구본주의 작품 제목을 인용한 것이다.
2) 로잘린드 Rosalind Krauss, 현대 조각의 흐름(Passages in Modern Sculpture), 윤난지 옮김, 예경, 1998, p. 41.
3) 이 시는 2001년 2월호 〈월간미술〉에 실린 조각가 故류인의 추모 전시에 관한 기사를 위해 쓰였지만, 지면 관계상 발표되지 못했다고 한다. 월간미술 이준희 기자가 그의 사후 한 웹사이트 게시판에 공개한 것을 인용했다.

강수미, 2003. 10. 23.

구본주 선생님에 대한 짧은 단상

개구쟁이 같은 웃음, 짓궂은 성격, 그리고 치열함이 보이는 작품들..
'현장 2001 건너간다'에서 본 구본주 선생님의 모습입니다.
그리고 그의 아내와 아이, 작업실의 모습들.. 그 회상들을 뒤로 하고
안타까운 마음에 다시 한 번 삼가 고인의 명복을 빕니다.

전혜정, 2003. 11. 7.

I wanna help your planning

처음 소식을 들었을 때, 정말 말로 표현 못할 정도로
쇼크가 컸다. 그렇게 건강하고 해맑은 본주가 그 젊은 나이에..
믿을 수가 없었고 내 살을 몇 번이나 꼬집어야 현실임을 인식할 수 있었다.
미영이와 통화 후, 지금까지 미영 그리고 본주와의
인연들을 생각하면서 그가 이젠 다른 세계에서 이 먼 미국 땅, 내가 숨 쉬고 있는
이곳을 어쩜 그가 내려다보고 있을지도 모른다는 생각이 들게 되었다.
멀리 있다기보다
단지 그리 쉽지 않은 삶을 살고 있는 우리들만 못 보고 있을 뿐이라고
미영이에게 뭔가 도움이 되는 말을 하고 싶었는데
오히려 씩씩한 그녀는 내게 용기를 주는 말을 아끼지 않았다.
그녀가 정신을 쏟고 있는 그 계획에 대해 나의 작은 능력이 도움이 된다면
본주와 미영 그리고 그들의 어린 자녀들을 위해 뭔가 하고 싶다.
언제든지 해맑은 미영이가 되길
그리고 건강하게 지내길 그녀의 가족을 위해 기도하면서..

오선애, 2003. 11. 17.

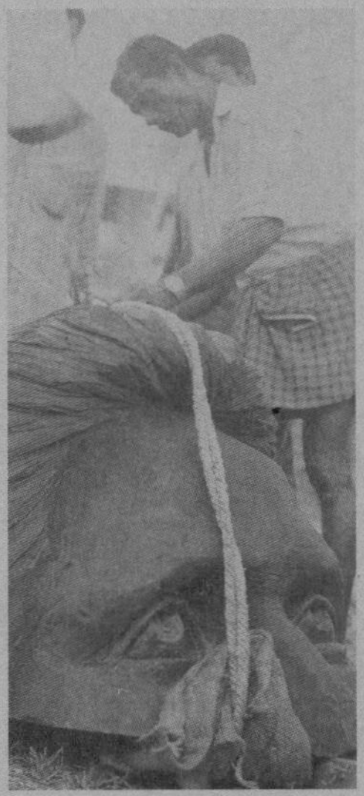

안타깝습니다..

동네에 사는 후배인데..
저희 논 위에 있는 고인의 작업실을 지나다
가끔 이런저런 얘기를 나누곤 했습니다..
의식이 강한 친구인데..
아쉽군요..
고인 같은 훌륭한 사람을 우리가 가졌다는 것을 행복으로 생각합니다..

파도의꿈, 2003. 11. 21.

처음 본 본주

아침 안개 상큼한 호반의 도시 춘천에 MBC 조각 초대전이 열리고 있었다.
언제나 그랬듯이 이번엔 어떠한 작가의 작품이..
나는 언제쯤 이런 대열에서 전시를 할 수 있을까? 아니 할 수는 있을까..
이른 아침 한적한 시간에 작품 감상을 하며 발길을 옮기던 중
나의 시선을 멈추게 한..
야 재미있다! 야 이거 망치로 두들겼네..
이거 재료가 뭐지, 얼굴은 브론즈군, 신발은 철판이고, 팔과 다리는.. 마치 나는 무슨
고고학자인 양 현미경 같은 두 눈으로 작품을 해부하고 있었다.
구본주 아니 브론즈 아니 얘는 누군데 남의 작품을 도용한 거야?
내심 화가 났다. 언젠가 내가 상상하고 있었던 작품이..
상기된 얼굴로 언덕을 내려오며 다시는 저따위 작품은 상상도 하지 말아야지,
왠지 패배자 같은 마음에 분을 삭이지 못했다.
술잔 위에 떠도는 긴 팔과 손, 얼굴 표정.. 못내 지우려 술잔을 비웠지만..
그래 언젠가 만나겠지.
나는 알고 있었다.
내가 살아 있다는 것을..

비록 취미로 하는 보잘것없는 촌뜨기지만..

두 번째는 ..
원서갤러리 개인전 때 본주를 만났다.
얼굴도 모르는 그의 작품을 보며 야! 잘 만들었다.
나도 기능적인 면에서는 뒤질 게 없지만 상상력과 표현력 그리고 실현해내는 추진력에서
과연 나는..
"저 작가 선생님이 어느 분이시죠?"
"야 본주야 너 찾는다."
"전데 누구시죠?"
빨지도 안은 듯한 긴 머리에 꽁지.. 그러나 그의 손과 덩치에 그만..
나는 주눅 든 아이처럼
"참 잘 만드셨네요."
"그냥 대충"
나는 그가 젊다는 것을 그제서 알았다. 생각하기로는 40대 후반..
"용접은 무엇으로.."
"..."
"..."
"근데 뭘 하십니까?"
"아 저요 그냥 조금 만들어요."
"아니 뭘 만드시는데요?"
순간 나는 나의 초라함 때문에 말을 못했다.
자격지심.
나이는 동갑인데 그는 미술인 선망 최고의 학교에다 잘 나가는 차세대 유망주..
나는 고등학교 졸업에 강원도 촌뜨기, 무명작가..
무엇 하나 내세울 것이 없는 초라한 내 모습에 그냥 그 자리를 도망치고 싶었다..
"춘천에서 그냥 두들기는 거 좋아해요."
"아 그래요, 그래 무얼 두들기나요?"
"아 냄비 뚜껑.."
"엇 그러면 춘천에 그.. 전에 TV에서.. 맞죠?"
"에—이 부끄럽게 그냥 취미로 해요."
"어! 아니에요. 그렇지 않아도 춘천에 가면 꼭 만나 봐야지 했어요."
"일전에 당구장에서 당구 치다가 우연히 TV에서 봤지요."
"어이 반가워요."
그는 그때 악수를 청하며 담배도 한대 주고 커피도 주며 나에 대해 묻기 시작했다.
오래된 군대 동기를 만난 것 마냥.
그러고는
"우리 친구가 돼서 작품 활동해 봅시다."
"서로 교류하면서 배울 것 있으면 배우고 어려울 때 힘이 되고.."
나는 순간 숨이 콱 막혔다.
무슨 소리.. 날 놀리나..
공무원을 사퇴하고 작업 한번 해 볼 거라고 미친듯이 작업만 하며 화랑가를 돌기 시작했다.

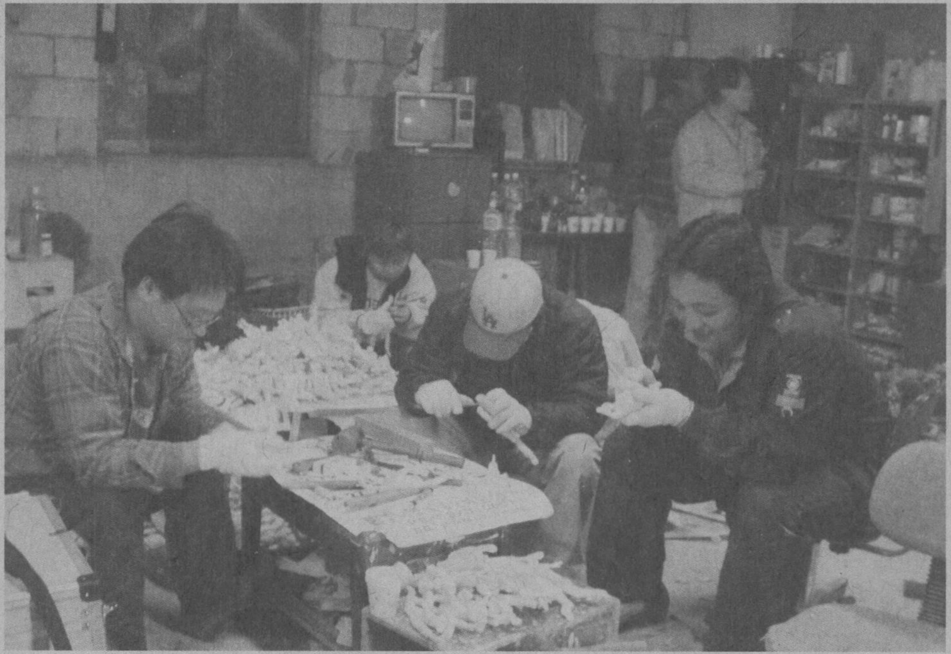

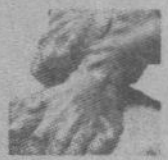

주중에 주말에 두세 번씩 작품집을 가지고 인사동, 사간동, 청담동, 신사동 화랑이라고 하는 화랑은 다 돌아다녀 보았지만 나에게 관심은커녕 문전박대가 일수였다.

“재미있네요! 어느 대학 나오셨죠?”

“유학은요?”

“재산은 있나요?”

“이렇게 돌아다니시면 아이디어 빼앗겨요. 그러면 당신은 아류가 돼요.”

말로만 듣던 소설 속의 이야기가 나의 이야기가 될 줄은 상상도..

아니 적어도 작품이 안 좋으면 왜 안 좋은지 조언을 해 주든가 별 쓸데없는..

동냥은 못 줄망정 쪽박은 깨지 말라는..

참 한심하기 짝이 없었다.

그래도 미술을 하는 사람이 배웠다고 하는 그들이

학벌은.. 나이는.. 재산..

나의 꿈들이 무참히 짓밟히고 있었다.

아니 그래도 어쩌면 아주 호된 신고식이라고 생각하니 그나마 위안이 되고

열심히 하면 하늘도 감복하겠지..

지금 생각하면 아찔하다 사람은 본 대로 느낀 대로 말한다고 그때 본주를 만나지 않았더라면..

세상 한탄이나 하며.. 미술 세계는 다 그런 거야..

내가 알고 있는 본주는 학연이나 지연에 억매이지 않고 오로지 나의 작품을 인정해 준 것에 나는 감사한다.

그로 인해 나는 좀 더 열심히 작업할 수 있는 계기가 되었고 열 사람보다 한 사람이 중요하다는 것을 본주를 보며 깨달았다.

“꿈이 있는 사람이 꿈꾸는 사람을 알아본다.”고 할까.

본주와의 두 번째 만남은 그렇게 이루어졌다.

두서없이 맞춤법이.. 학교를 옆 울타리로만 다녔더니.. 그러나 중요한 것은 지식이 아니라 지혜라고 생각하며 나의 생각과 표현이 100% 전달되면 된다고 생각한다.

그리고 어느 날 본주에게서 전화가 왔다.

“봉-수, 나 본주데, 내일 시간 있어? 아니 꼭 시간 좀 내서 서울로 올라와.”

다음날에.. (2004. 1. 16.)

다음 날 우리 부부는 경춘선을 따라 도심을 뚫고 원서갤러리에 도착했다. 오늘 무슨 일이.. 내심 두려움 반 설렘 반. 멀리 본주 모습이 보였고 나는 손을 높이 치켜들었다. 산적 같은 손과 악수를 나누고 그는 내 포트폴리오를 손수 들고 갤러리에 모여 있는 동료들에게 자기가 발견한 산속의 잡초와 같은 사람이라며 포트폴리오를 펼쳐 소개하며 동료들에게 자랑을 했다. 이준희 김준기 한미애 유근택.. 그리고 잘 기억은 나지 않는다. 그때는 낯선 사람이라 왠지 서먹하기만 했다. 저녁 식사 후 호프집에서.. 돌아오는 길에 본주에 대해서 많은 생각을 했다. 아니 자기 작품도, 동문도 아니고, 고향 친구도 아닌데 왜 그리 좋아하는지.. 그리고 왜 그렇게 나에 대해서 관대한지.. 거리를 헤매며 많은 사람을 만나 보았지만 본주 같은 애는 없었다. 조금은 질투하거나 별 관심 없는 표정. 그냥 시골뜨기.. 그들의 표정을 보며 미술이 과연 무엇인지 미술하는 사람은 무슨 생각을 하며 사는지.. 조금은 회의적이었고 조금은 별나라 같은 생각에.. 본주라는 애의 진정 마음에서 울어나 나를 칭찬하고 이다음에 한가닥할 사람이라고 소개하는 본주의 마음의 크기는 과연 얼마만한가 내심 부럽기도 하고.. (2004. 1. 24.)

어느 날 꿈속에서 본주와 무언의 대화를 나누었다. 요즘 민생고 해결하느라 작업도 전시도 거부한 채 속된 말로 돈벌이에 여념이 없다. 아이가 둘.. 나의 재료비를 두 아이가 다 먹어 치우다 보니.. 벌어도 벌어도 모이지 않는 건지 이러다 그냥 돈벌이 노예가 되어 그냥 사라지는 것 아니야.. 많은 번민에 쌓이곤 한다. 내가 고민하고 삶에 안주하려고 할 때 본주는 작업을 하고 있겠지.. 작업.. 작업.. 사람이 아름다운 것은 자기자신의 꿈을 향해 목표를 정하고 매순간 순간 노력하며 결과를 만들어 내는 사람에게서 사람의 향기가 난다고.. 소신 있게 자기자신의 결과물을 만들고 다른 사람에게 당신도 할 수 있다고 꿈과 희망과 용기를 나누어 준 그 친구가 그날 찾아와서 나에게 말없이 눈으로 이야기했다. 지금 움직이지 않으면 꿈은 사라진다고.. 작가는 작품으로 이야기하는 거라고.. 삶이 어렵고 힘들어도 도전하지 않으면 꿈은 사라진다고.. 그리고 나아가서 현실과 투쟁하라고.. 성공이란 그냥 얻어지는 것이 아니라고.. 성공이란 가치 있는 꿈의 점진적인 실현이라고..

이봉수, 2004. 3. 28.

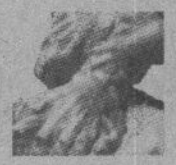

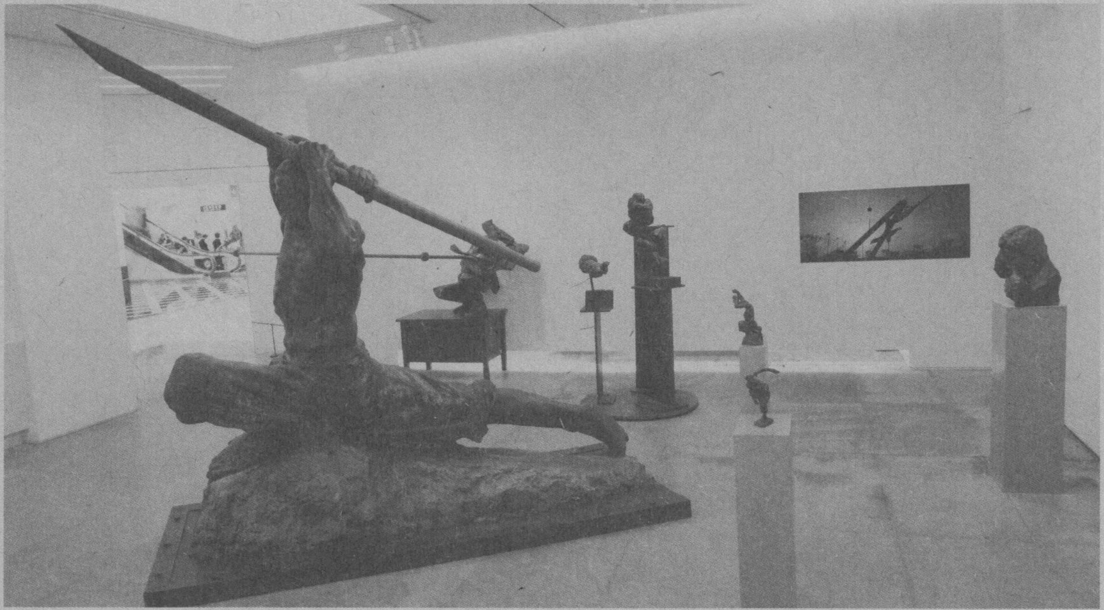

본주형 그이의 큼지막한 막손

본주형 그이가 간 지 어느덧 넉 달을 넘기고 있습니다만, 살다 보면 문득문득 그의 잔영이 상념에 잠기게 합니다. 본주형의 큼지막한 막손 얘깁니다. 엊그제는 인사동 소주집에 앉아 잔을 기울이고 있는데, 건너편에 앉아서 일행들과 왁자지껄 술판 말판을 벌이고 있는 40대 아저씨의 폼새가 영락없는 구본주였습니다. 커다란 덩치에 좌중을 압도하는 큰 목소리.. 타인의 반응을 크게 개의치 않는 썰렁 시리즈 유머들.. 그리고 막판에.. 그는 자신이 먹다 남긴 계란말이를 우리 일행에게 가져다주면서 깨끗하게 먹은 거라고 너스레를 떨더니.. 문득 저에게 손을 내밀어 악수를 청하는 것이었습니다. 큼지막한 그 손을 잡으며 본주형의 막손에 잡혀 고통을 호소하던 짧은 기억들이 떠올랐습니다. 웬 악수를 그리도 우악스럽게 해댔던지.. 그 아저씨 가고 나서 한참을 구석을 바라보며 취기의 감상을 이어갔습니다. 때마침 음악마저도 그 분위기를 맞춰 주더군요.. 사람은 가고 없어도 그이의 잔영은 남은 이들이 사는 동안 잊히지 않고 가슴에 남는 것 같습니다. 그를 기억하는 사람들, 가끔은 이렇게 씁쓸한 기억을 가질지라도 어쩌면 그마저도 행복한 기억일 수 있다는 생각입니다. 까페시월에서는 2월중에 본주형의 벗 연영석의 후원 모임을 갖는다고 합니다. 그날 같이 모여서 술이나 한잔 기울이면서 큼지막한 막손 구본주 얘기나 좀 해볼까요..

김준기, 2004. 1. 20.

이상하지

어딘가, 방안이 아니면, 화장실, 작업실.. 인사동 골목이나 어디 전시회이든.. 짠 나타나실 것만 같으니. 작가이기 이전에.. 세모, 내모 얘기하면서 눈빛 반짝이던 멋진 아버지의 모습이 내가 기억하는 모습이야.. 내모야, 내모가 아마 우리 무늬랑 몇 개월 차이지. 자라서 아빠 얼굴이 기억나지 않더라도 아빠가 너를 안아 주던 두툼한 손은 기억날 거라 믿어. 항상 건강하게 자라줬음 좋겠고, 엄마의 든든한 벗이 되어 드리렴.. 그래서 아빠가 보여주고 싶어 했던 세상을 맘껏 누리기를 빈다.

송 필 · 김시하, 2004. 5. 8.

고3 구본주, 하늘에 있는 사람 기억하기

본주가 죽었다는 이야기를 들었을 때 처음 내뱉은 말이 '개새끼'였다. 내가 할 수 있는 욕 중 가장 심한 욕. 많이 화가 났다. 잘 모르는 선생에게 들었을 때 바로 튀어나온 욕. 욕하는 나의 모습, 도대체 부끄러워 몸 둘 바를 몰랐다.

고3의 구본주를 알고, 그리고 20년이 다 되어 가는 그때 즈음. 왜 잘 모르는 구본주를 향해 그 심한 욕을 했을까? 집에 돌아와 생각을 했다. 그 욕을 했을 때 나를 모르는 선생들의 표정. 그 창피함, 부끄러움.. 왜 욕을 할 정도로 화가 났을까?

본주를 찾기 시작했다. 고3 때 조소과에 지원한 것처럼 그동안 조각을 하고 있었단다. 하나의 글..

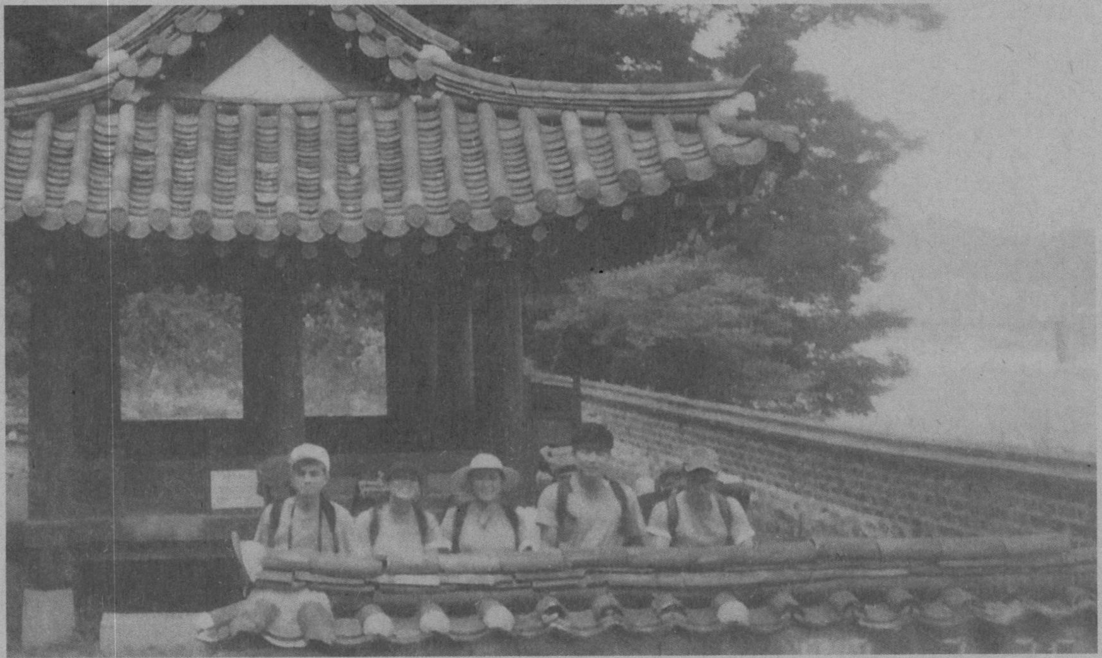

1992년 겨울 〈ART WORLD 1995년 8월호〉

그랬구나. 그렇게 살았구나. 아마 그때 즈음 봤던 과천현대 미술관의 상을 탄 사람 구본주가 다른 사람이 아니라 바로 그 구본주였구나. 바로 류재현 님과 연락을 했다. 상황이 안 되어 오랫동안 본주의 이야기를 나눌 수가 없었다.

그리고 올해 불현듯 다시 생각난 사람. 다시 찾았다. 그래서 찾은 곳이 이곳. 수많은 사람이 그를 기억하고 그를 사랑하고 있었다. 사진을 하나하나 보면서, 아니 수십 번 들여다보면서 구본주가 어떤 사람인가 내가 알고 싶어하는구나.. 생각이 들었다.

내가 그에 관해 갖고 있는 것은 몇 마디 서로 건넨 말. 내가 본 첫 모습, 내가 본 그의 첫 그림, 그의 공책에 써 있는 괜찮은 필체.. 아주 작은 기억이다.

아주 짧은 기억이라 쓸까 말까 수없이 고민했다. 그리고 1년 만에 또 류재현 님과 연락을 했다. 김준기 님이 한마디 안 건넸으면 짧게 기억하고 다시 내 안에 넣어 놓았을 이야기다. 그가 살아 있었으면 좋겠다. 그리고 술 한잔하고 그의 웃는 모습을 보고 싶다.

1985년 여름 즈음

종로구 혜화동 모퉁이돌 미술학원.

학원의 학생 대부분은 그 근처의 학교에 다녔다. 그래서 멀리 포천에서 학원 다니러 왔다고 하길래 이상하게 여겼다. 그 당시 포천이라는 곳이 어딘지 몰라서 그냥 단지 멀리서 온 촌스런 학생이라고만 생각했다.

거친 머릿결, 거친 얼굴, 방금 농사짓다 올라온 것 같은 시커먼 큰 손, 큰 키. 처음 본 본주의 모습이다. 선생님 질문에 그의 굵은 목소리가 화실을 울렸다.

내가 아는 그가 처음 그리던 그림 데생은 아그리파였다.

석고상을 그리던 것이 그때가 처음이 아닐까 생각이 든다.

능숙하지 않은 선.

연필 선의 뭉개짐.

지우개로 수없이 지워 더 이상 그릴 수 없을 정도의 종이.

어떠한 선의 기교도 어떠한 형태의 계산도 없었고, 보이는 대로 그대로의 형태에 충실했다.

3시간 즈음이라고 기억하는데, 두세 번을 제외하고는 일어나지 않았다. 그리고 나서의 선생님의 말과 표정이 기억이 난다.(그를 인정하는 모습에 그가 너무나 부러웠다. 그래서 오랫동안이나 잊지 못했나 보다.)

"그래 됐다."

무데뽀였다. 그림 그리는 모습이나 그림은..

그 이후 선생님들의 그림 그리는 방법에 대한 청이 있었다. 내 생각에 그의 표정에서 그 청을 받아들이지 않았던 것 같다. 씰룩한 표정으로 여전히 그는 그렇게 거친 그림을 그려 나갔다. 그 후 오랫동안 연필 선은 아주 굵고 어두웠고, 형태는 내가 기억하는 한 여전히 뭉개진 선에 갇히고, 2절의 종이는 온통 시커멓던 것 같다. 그리고 가끔 봤다. 자주 화실에 안 온 건지 내가 못 본 건지..

1985년 가을 즈음

어느 일요일 한적한 화실에 한 번 같이 있었던 기억이 있다. 징그러울 만큼 가까이 앉아 그 큰 손을 내 등받이에 척 걸쳐 놓고 "잘 되냐?" 했다. "넌 잘 되냐?" 했는데 별 대답이 없었던 것 같다. 그러고는 씩 하고 웃고 데생하는 옆에 앉아 내 그림과 내가 그리는 석고를 번갈아 보며 한참 앉아 있었던 것 같다.

1986년 겨울

학교 발표가 나고 여전히 본주도 나도 화실에 나왔다.
그즈음 그동안 못해 본 다른 전공 분야를 기웃거렸는데, 일주일 정도는 조소실에서 보냈다. 한번은 한참이나 내 작업을 보더니
"이거 왜하냐?"
"심심해서."
또 별 대답이 없었다.
그러고는 서로 아무 이야기 않고 작업했다.
그리고 항상 부드럽게 날 불러 주었던 것 같다.
"윤영아.."
"왔냐?"
"뭐하냐?"
"잘 되냐?"
다들 쓰지 않는 특이한 말의 어미.. 냐?..

김윤영 2004. 10. 31.

개고기 본주형

어제
본주형 꺼 작품 철수하러 갔었는데,
한 삼 년 됐나
딱 이맘때였어
형이 군고구마 장수 오바를 입고 있었으니까.
영동시장 뻥튀기 골목 도장 파는 집 위에 원조 개고기 집.
거기서 개불알까지 끄억 먹고는
길 위에 얼음을 지치고 사라졌어.

본주형은 죽었어.
땅에 들어가는 걸 봤으니까. 그런데도
살았는지 죽었는지 그 앞에선, 어제 같으면 좀 헷갈려.

개고기 생각이 났어.
아 콱 뜯어먹고 싶은 살점들.
수육도 되고 전골도 되고 탕도 되는 살점들.
개고기 먹고 두드리고 깎고 판 쇠와 나무의
살코기들, 가죽들, 뼈마디들.
죽어서 피가 되고 살이 되어 다시 사는 생명들.

가만
그러고 보니,
본주형 개고기 아냐.

이윤엽, 2004. 11. 1.

위망제영재가(爲亡弟營齋歌)

1.

살아가면서 찍은 사진이라고 해봐야 사진첩 하나를 근근이 채우는 내 이력은, 사진이 증명하는 것처럼 별 볼 일 없을뿐더러 별반 추억도 없다. 그 사진 중에 녀석이랑 찍은 사진이 두 장 들어 있다. 미술대학 운동회가 끝나고 시장 골목 술집의 다락방에서 불쾌한 얼굴로 반쯤은 취하고, 반쯤은 졸린 얼굴이 그 사진 속에 들어 있다. 그 사진은 녀석이 죽고 나서 내 책상머리로 옮겨졌는데, 녀석과 내가 유별나게 친했다거나, 혹은 서로에게 '무슨 깊은 의미가 있다거나 하는 것 때문은 아니다. 단지, 녀석을 포함한 몇몇 또래들의 연쇄적인 죽음으로 인해서 나는 '사람들이 참 매가리없이 죽는구나.'라고 생각했고, 죽는다는 것이 퍽 허전한 일이기는 하나, 일상에서 그렇게 멀리 있는 일이 아니라는 것을 알았다. 그래서 보이는 곳에 두고 싶어졌다. 나는 책상머리의 사진을 보면서 잠깐씩 죽는다는 것에 대해, 혹은 산다는 것에 대해 생각한다. 그러고 나면, 둘 다 일상이라는 것에 생각이 미친다. 뒤르켐 식으로 말하면, "죽은 사람이 산사람 마음속에 중요한 위치를 점하고 있다는 것을 증명함"으로써 산사람들과의 정신적인 유대를 다지고 상실을 보상받고 '그것'에 대비하려는 것이다. 게다가 그것은 피할 수도 없다.

2.

내가 녀석보다 한 살 많음에도 불구하고, 어영부영 말이 까이더니 대충 친구 먹히고 말았다. 잠재적인 폭력을 동반한 막무가내 식의 태도에 나는 하릴없이 그렇게 맘 먹히고 말았다. 녀석에 대한 내 기억의 시작은 지독한 발냄새와 아마, 빨치산들이 산을 헤매며 신어도 그렇게 험하게

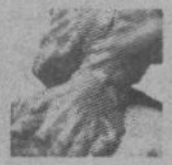

일그러지지는 않았을 녀석의 신발이었다. 그러고 나서, 우기면 최소한 비긴다는 식으로 자신의 생각을 강요하는 태도, 정체 모를 약간은 들뜬 열정, 우직함과 간혹 보이는 영민함, 내가 늘 녀석의 미덕이라고 여기며 전혀 의심해 본 적이 없는 '어떠한 재료도 제압할 수 있는 힘' 같은 그만의 특징들이 그 뒤로 세월이 흐르면서 기억으로 쌓여 갔다.

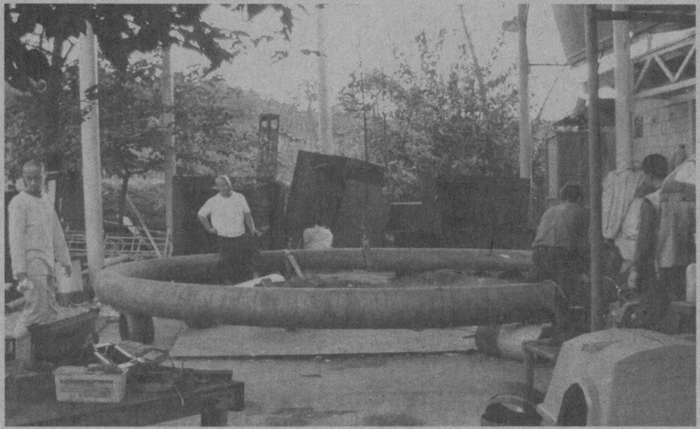

우리는 졸업하고 나서 종종 만나서 술이나 한잔하는 그냥 그런 친구로 지냈다. 녀석은 작업을 하고 나는 일을 했다. 그리고 나이 먹으면서 자연적으로 생기는 그런 이야기들을 하면서 술을 먹었고, 그 횟수는 시간이 지나면서 줄어들었다. 막무가내 식의 태도도 만나는 빈도와 비례해서 줄어들었다.

그런데 녀석이 죽기 얼마 전, 우리는 술 먹는 횟수를 조금씩 늘이고 있었는데, 무언가 자신에게 의미 있는 일을 했으면 한다는 것에 대해서 이야기를 시작했기 때문이다. 시간이 흐르면서 무언가 성장하는 것 같기도 하고 가시적으로 그런 성장이 보이기도 하지만, 학교 다닐 때 술 먹으면서 했던 일종의 미술가의 책무랄지, 미술의 역할 같은 것에 대한 조금은 시대착오적이랄 수도 있는 생각들을 조금씩 가시화할 수 있지 않을까 하는 기대 때문이었다. 우리는 나름대로 어깨에 힘이 붙고 있다고 생각했으며, 조금 구체적인 이야기도 한 듯싶다.
그러더니, 어느날 갑자기 죽어 버리고 말았다. 슬펐다기보다는 황당했다.

3.
아마 1992년으로 기억하는데, 매번 예술 작품이라기보다는 정치 포스터에 가까운 거친 것들만 만들어 내던 녀석이 조소과 애들이 거의 둥지를 틀고 있던, 약간의 잔디와 험한 조형물들로 구성된 공간에서 나무로 사람의 팔뚝을 만들었다. 나는 지나다니면서 진척도를 확인했고, 녀석에게 그런 솜씨가 있다는 것에 매우 놀랐다. 늘 그렇듯이, 정치적인 문제에 관심이 많은 미대생의 작품들은 나름대로 '이론'이 있었고 전형도 있었다. 그들은 군대도 아닌데 무엇엔가 '복무'했다. 게다가 당시는 '그림이나 그리고' 앉아 있기에는 좀 터무니없는 세월이어서 작업을 열심히 하는 것이 불가능한 때이기도 했다. 하긴, 요즘도 터무니없음이 줄어든 것 같지는 않다. 잠복해서 다른 형태로 보일 뿐.
그런데, 그날 내가 본 나무로 만든 팔뚝은 흡사 살아 있는 듯 생생했다. 나는 후일 하이데거가 고흐의 구두를 두고 '이말 저말 여러 말' 하는 수업을 들으면서 그 '팔뚝'을 생각했다.

처음, 나는 녀석의 솜씨가 섬세함에서 나온다고 생각했다. 녀석보다 먼저 죽은 한 조각가의 약간 부풀려진 근육과 과장된 동세와는 다르게, 섬세하고 한편으로는 완고한 긴장감 같은 게 녀석이 만든 팔뚝에는 있었다. 요즘도, 나는 그때 녀석이 만든 팔뚝을 종종 떠올린다. 그리고 조각가에게 가장 중요한 것은 재료를 제압할 수 있는 능력이라고 생각한다. 간혹 전시장에서 재료에 치이고 색깔에 치이고 형태에 치여 허덕이는 것을 볼 때마다 녀석이 만든 손을 생각한다. 섬세함보다는 '포괄적으로 말하는 힘'이 녀석의 미덕이었다.
그 후, 녀석의 작품은 형태적으로 조금씩 과장되고 서사 구조를 극대화하기 위해서 형태를 희생하는 방향으로 전개되는데, 여러모로 호평을 받게 된다. 노동자나 농민이 샐러리맨이 되면서 그 표현 방법과 형식도 그것에 어울리게 바뀌어 갔다. 비판적 리얼리즘 정도로 수위도 조절되었다. 작품도 녀석처럼 말이 많아졌다. 사람들은 그 솜씨와 많은 말들을 재미있어 했다. 아마, '리얼리즘의 새로운 가능성..' 뭐, 이런 식의 평가였던 것 같다.

4.
호랑이가 죽어서 가죽을 남기는 것은 호랑이가 의도하는 바가 아니다. 그래서 사람들이 이름을 남겨 영생을 얻고자 하는 것과 동일시할 수는 없다. 인생은 짧고, 멋진 뭔가를 남겨야 한다는 사람의 조급증들이 호랑이 가죽을 떠올리고는 '이름'을 남겨야 하는 것을 호랑이 가죽에 빗대어 정당화한 것이다. 재현 시스템에 목숨 건 인간의 단면이다.

그러나, 호랑이 가죽은 '가오'보다는 실용이 목적이었

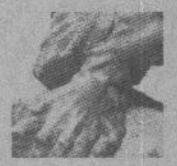

고, 죽어서 남겨진 것이 아니라 대부분의 경우, 그것 때문에 죽임을 당한 것이다. 게다가 가죽은 호랑이 가오를 살려주는 것이 아니라 그것을 획득한 사람의 가오를 살려준다.

나는, 실제로 본 적은 없으나 고흐의 작품을 좋아하고, 그가 비교할 대상이 없을 만큼 훌륭한 작가라고 생각한다. 그러나 내 주위에 고흐 같은 인생을 사는 작가는 없었으면 한다. 연료도 아닌 사람이 삶을 불태우고, 나아가 자해를 하고 예술에 미쳐서 타다만 삶을 자신의 손으로 마감하는 고흐 같은 사람이 남긴 '가죽'이 여럿 감동시키고 천세 만세 만만세 세월을 견딜지라도, 나는 내 주위에 그런 사람이 있길 바라지 않는다.

나는 녀석이 살아생전에 행복했을 것이라고 믿는다. 녀석이 젊은 날 허리가 꺾여, 이후에 제작될 것임에 틀림이 없는 훌륭한 작품들이 세상에 나오지 못한 것을 손실이라 여기지 않는다. 손실이라손 치더라도 녀석과는 무관하게 다른 사람들의 손실일 뿐이며 녀석의 가오와는 무관한 것이다. 사람들은 늘 대체재를 찾게 마련이고 누군가가 다른 모습으로 주목받을 것이다.

녀석은 유쾌하게 떠들 줄 알고, 그래서 여러 사람들하고 친교도 많았다. 녀석의 재능을 아끼거나 사람됨을 아끼는 이들도 제법 있었던 것으로 알고 있다. 멋쟁이 여편네도 있었고, 수많은 처제들도 있었다. 그 사람들은 여전히 있고, 나는 그들 사이에서 녀석이 행복했을 것이라 믿는다.

녀석은 행복했었고, 남은 사람들도 행복하면 그뿐.

김영민, 2004. 11. 1.

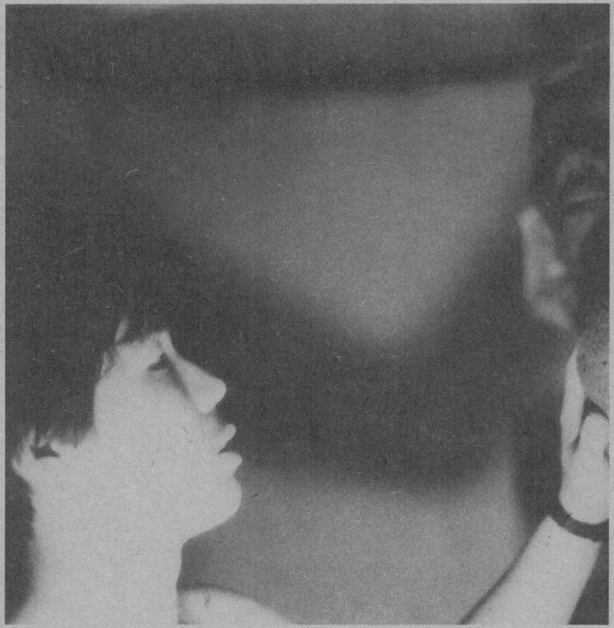

선배님 여전히 웃고 계시지요?

눈이 안 보이게 웃으시던 모습..
'세상에 그렇게 맘 좋게 생긴 분 드물다'고 생각했는데..
십여 년 전 기억이지만..
그리고 그렇게 가까이서 본 모습도 아니지만..
참으로 생생합니다..
영원히 기억하겠습니다..

박희진, 2004. 11. 5.

술을 다시 마시게 되는 날..

017-363-7742
뚜 — 르르륵 — 뚜르륵 찰칵
덜컥 겁이 난다. 혹시나 전화를 받을까 봐.. 그래서 살아있지 않음을 다시 확인할 수 있을 것만 같아서 덜컥 겁이 난다.
언제부터인가 술 한잔을 걸치면 전화기에서 본주의 이름을 찾아서 통화를 눌러 보는 환상을 경험하게 된다.
아마도 살아 있을 때도 가끔씩만 전화를 했었던 듯한데..
시간이 만들어 낸 서로 다른 삶의 형태들 때문만은 아닐 듯도 하다. 너무나 오랫동안 서로를 잊고 있다.
89년 가을. 최루탄을 덮어쓰고 보낸 한 해가 다 갈 무렵.
아직도 나는 수수께끼 같은 의문이 있다.
학교에서는 체육대회만 하면 항상 씨름대회를 나가서 우승을 한다던 친구가 허리가 아파서 군대를 안 간다는 이야기를 듣고 나는 어떤 표정을 지어야 할지 몹시도 고민스러워 했던 것 같다.
그 무렵 술자리에 함께 있던 은정(상명대 85)은 "그럼 여자랑 으응 할 때는 허리는 제대로 움직이냐?"고 묻자 본주의 답은 "응. 군대랑만 허리가 안 친하지 여자만 보면 허리가 요동치는 걸.. 컬컬컬ㄹㄹㄹ"
나는 본주가 여자를 만나는 걸 제대로 본 적은 없지만, 그리고 씨름을 하는 걸 제대로 본 적도 없지만 정말로 본주는 군대랑은 안 친하고 싶었던 것 같다. 아마도 그건 호경이도 마찬가지다. 그때는 무슨 약들도 없었을 텐데..
그때 술자리에서 보여준 본주의 아주 섬세하고 여린 이야기들이 생각난다. 그리고 그 여린 이야기들과 본주의 작은 토우들이 다르지 않다는 것을.. 학교 뒤에 있던 본주의 작업실에서 봤던 손가락만한 흙 사람들.. 그리고 본주가 이

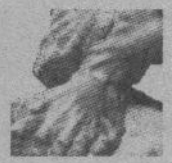

야기하던 피가 흐르는 사람들에 대한 이야기들..
본주는 그때 그랬다. 술자리에서 하던 노선과 조직 이야기를 머리 아파했고 그냥 자기가 하고 싶은 작업을 할 수 있었으면 좋겠다고.
본주를 끔찍이 이뻐하고 아껴 주던 선배들의 이름 중에 이정자 선배를 기억한다. 강한 부산 사투리를 쓰며 본주의 이야기에 토를 달던 모습이. 나는 아직도 가을 햇살만큼이나 눈부시게 강한 인상으로 남아 있다. 그들에게는 정말로 말없는 열정과 작업으로 토해내고자 하는 이야기들이 있었던 듯하다.
얼마 전에 사막 전쟁의 흔적들 속에서 열심히 작업을 마치고 돌아와서 한 말이 기억난다.
"영현아! 이제 우리 다시 무언가를 해 보자. 호경이가 광주에 있지만 여기서 무언가를 우리가 만들어 내면 호경이도 함께 할 의지를 보일 수 있을지도 몰라.. 네가 시작하면 내가 도와줄게 우리 옛날 함께 했던 친구들 다 다시 보고 싶다. 우리 해 보자, 응!"
그의 말 속에선 의문 부호가 없었다. 단호한 마침표만이 마지막 여운으로 귓전에 남았다. 정확히 기억나지는 않지만 어느덧 희미해지는 관계들 속에서도 어딘가에 기록되어 있을 서로의 인상들이 고스란히 남거나, 어딘가에서 유유히 흐르다 먼 시간의 공백을 지나 다시 자리 잡을 수 있는 날 우리는 그날 아무것도 묻지 않고 조용히 다시 안을 수 있었으면 좋겠다. 그러면 나는 다시 본주의 전화번호를 찾지 않고 그냥 잠들 수 있을 것 같다. 이제 술을 끊은 지 세 달. 아마도 네 달째가 되면 다시 술을 마시게 될지도 모르겠다.
본주가 그렇게도 자랑하던 세모와 내모를 다 기억하고 나면..

김영현, 2004. 11. 6.

비 오는 날, 거친 바람 소리가 창 너머로 들려옵니다

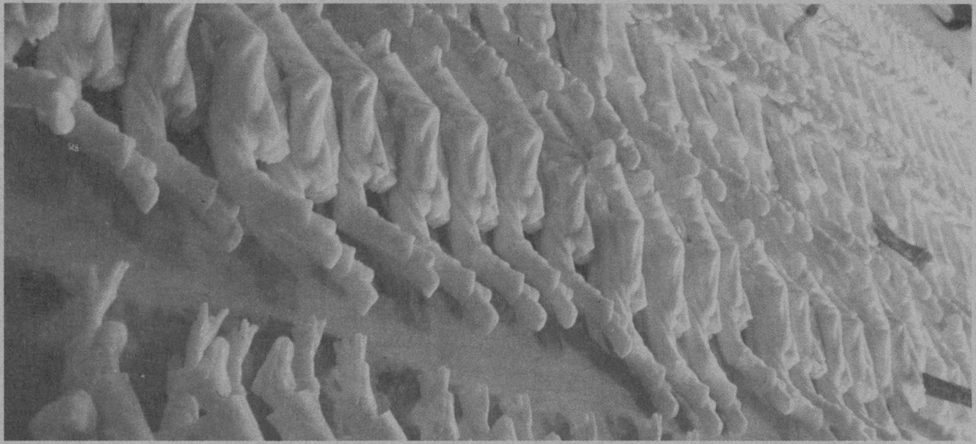

가을은 가고 겨울이 다가오는 이런 날이면 무기력해지고 감상에 젖어 어쩐지 쓸쓸해진다. 오늘은 비가 내린다. 이런 날은 네 생각이 난다. 사실 굵은 근육에 생고무처럼 질긴 너의 이미지와 오늘 같은 날이 전혀 어울리지 않지만 습관인지 몰라도 네 얼굴이 떠오른다. 네가 떠난 지 1년. 네 무덤가에 피어난 꽃들을 보면서 현실을 인정해야 한다. 더 많은 꽃이 피어나면 네게 좀 더 편하게 편지 쓸 수 있을 것 같아.

네가 떠나고 핸드폰에 저장된 너의 이름을 한참 보았다. 네 이름 지워야 하나 말아야 하나 고민하다 결국 지우지 못하고 그냥 네 이름이 저장된 핸드폰을 한동안 가지고 다녔다. 가끔 너에게 전화를 걸어 보기도 했지만 이내 끊어 버리고 만다. 무식하게 덩치 큰 차를 사고 어색한 자랑을 하며 하얀 이를 다 드러내고 크게 웃었던 너. 구릿빛 얼굴의 그 하얀 이를 선명하게 기억한다.

1990년, 전국 미술대학 여름 한마당이 열린 영남대학교에서 널 처음 보았지. 산적 같은 놈이라고 생각했다. 애교 부리던 기억에서부터 긴박한 시위장, 집회장, 현장미술 할 때 네 심각한 표정까지 문득 생각난다. 누군가 그러더라. 추억은 끊임없이 되새겨 보는 것이라고. 아련한 기억들을 새로운 빛과 의미로 다시 만들어 가면서 우리 추억이 더욱 풍성해진다고 말이야.

비타협적이지만 분명한 목소리로 너의 기세를 보여주었다. 강직했어. 그런 네가 무척 그립다. 이렇게 쌀쌀해진 날은 너의 추억을 생각하면 마음이 훈훈해진다. 네 작품들을 보면서 그때의 추억과 네 모습을 오래 기억할 수 있을 거야. 너의 모든 것을 소중히 간직 하마. 안녕. 친구야.

박영균, 2004. 11. 7.

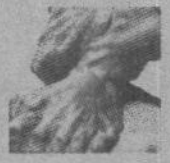

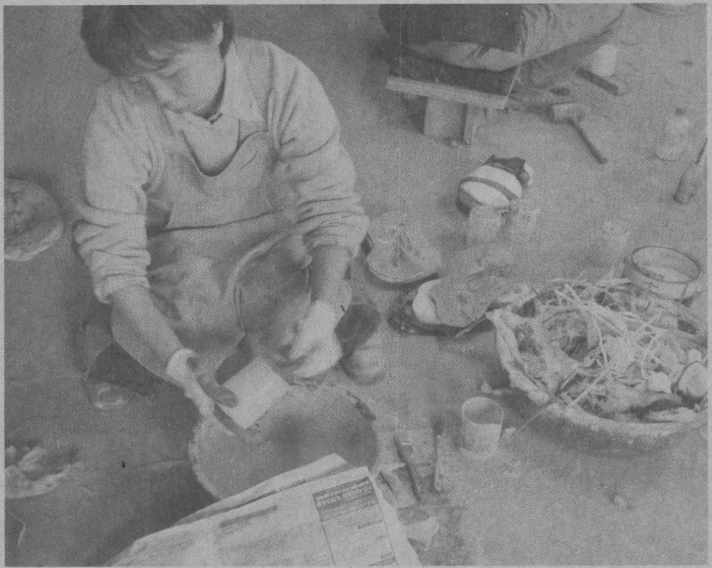

조각가 구본주를 다시 생각해 본다

내가 아는 구본주는 빡빡머리에 항상 기운이 펄펄 넘쳐, 만나면 90Kg인 나를 번쩍번쩍 들기를 좋아했다. 80년대 민중미술을 대변하는 우리식 형상조각을 구현했고, 삶과 예술을 하나로 보았던 작가였다. 때로는 투쟁의 수단으로, 자기 투영의 방법으로 일기 쓰듯 조각했다. 냉철한 직관력을 통하여 부조리한 사회의 단면을 해부하는 선각자로의 시선으로, 시대의 급소를 찔러 장쾌한 감동을 작품으로 이끌어 냈다.
이제는 다른 세상으로 갔으나 삶과 예술의 총체적 결과물인 작품은 우리에게 계속 말을 건네고 있다.

김성복, 2004. 11. 8.

..

모래알이나 자갈이나 물에 가라앉는 건 마찬가지라는 영화 〈올드보이〉의 대사처럼 사람은 누구나 태어나 죽는다. "어차피 태어나 죽는 거 살아서 뭐하나?"는 말에는 몇 시간 전까지만 해도 따뜻한 관심과 사랑으로 날 대해 주던 사람이 한순간에 죽고 없는 마음의 공허함이 있다.
작업을 할 때 가끔 그가..
그리워진다.
보고 싶어진다.
눈물이 나기도 하고..
하지만 다시 볼 수 없기에 눈물을 닦는다.
차안에서 열변을 토하며 전화 통화를 끝내곤 "에이! 작가가 작업만 하면 되지! 안 그러냐? 근데.. 사람은 말이야 나이에 맞는 지위와 역할이 있다고 스스로를 위로하며 나에게 또 다른 가르침을 해 준 그의 말이 생각난다. 살아 있기에 살아 있는 사람에게 맞는 지위와 역할이 있음을 생각한다. 슬픔도, 기쁨도, 아픔도, 눈물도, 그 밖의 모든 감정들도 살아 있는 지위에 할 수 있는 역할임을 생각한다. 그의 죽음 앞에서 "인생은 허무하구나? 이제 살아서 뭐하나?"를 생각하는 것은 살아 있는 이로서 지위와 역할을 무시하고 있는 것이다. 날 아껴 주고, 믿어 주며, 사랑해 주는 단 한 사람 때문에라도 인생은 허무해질 수 없다는 걸 알아야 한다. 삶을 택한다면 고민 역시 바꿔야 한다! "앞으로 어떻게, 뭘 하며 살아갈 것인가? 어떤 꿈을 꾸는 사람이 될 것인가"로 말이다. 나의 중학교 3년, 고등학교 3년, 재수, 삼수, 군대생활 2년, 휴학 1년, 대학생활 2년, 날 아껴 주는 사람들의 시간과 사랑이 공허해지지 않게 살아야 한다. 그리고 더 많이 먹고, 더 많이 보고, 더 많이 듣고, 더 많이 생각하고, 더 많이 이해하며, 더 많이 꿈꾸고, 더 많이 실현해 가야 한다. 슬픔의 표현은 이렇게 해야 한다. 물론 가끔의 눈물과 함께.. "역사는 필연적인 법칙이 있거나, 하나님이 주관해서 가는 역사가 아니라 꿈을 가진 인간들이 창조해 가는 역사다."라고 말하는 도올 선생의 말씀처럼.
"아무리 무거워도 와서 봐 주고 옮겨 주고 싶은 작품이 될 수 있도록 항상 노력한다. 그들이 나의 든든한 빽이 되듯 나 또한 그들의 그러한 존재가 될 수 있도록 힘닿는 데까지 노력할 것이다. 서로의 영원한 동반 작가로서.."
나 역시..
그를 기억하는 사람으로서, 그가 기억하는 사람으로서 부끄럼 없이 살아가려 최선을 다한다!
우리 사회가 가져다주는 "누굴 위한 발전이며, 무엇이 행복인가"에 대한 근본적인 물음에 그의 고민과 열정 그리고 그의 아내이자 그와 함께 또 다른 나의 시작 전미영, 동료 작가, 선후배들의 사랑이 만들어 내는 답들은..
항상 진행형임을 잊지 말자!

나규환, 2004. 11. 8.

밉지만 미워할 수 없는 놈

본주를 처음 알게 된 것은 예술의전당 마당에서였다.
제3회 MBC 구상조각대전의 접수가 있던 날. 출품 작가들이 분주히 움직이고 있을 무렵, 작은 눈이 유독 인상적인 그가 내 시야에 들어온 것이었다.
말 많고 시끄러운 나로서는 나보다 더 소란스러운 놈이 있다는 사실에 호기심이 일었다.
초면이었지만 우리는 서로의 작품을 이야기하며 깊은 인상을 남기게 되었다. 학연, 지연, 혈연, 어느 것 하나 같을 것 없는 그놈과의 인연은 그렇게 시작되어 이 험한 세상에 다리가 되어 줄 친구가 되어 갔다. 그곳에는 술이 있었고, 푸념 어린 작가 정신이 있었고, 또 다른 친구 성동훈이 있었다.
본주가 죽고 그의 상갓집에서 나는 무척이나 많이 울었다. 내 생애 이렇게 슬펐던 날이 있었던가. 믿을 수 없는 그의 죽음으로 나는 서러움의 곡을 토해 버리고 말았다.
왜 나는 그토록 충격에 휩싸이고, 많은 눈물을 흘렸던가? 내가 가장 아끼던 작업 파트너를 잃어서일까? 아니면 술에 취해 서로의 뺨을 때릴 친구를 잃어서일까? 아니면 가장 솔직하게 서로의 작품을 까발리고 그 자존심의 상처를 감당하지 못해 어떻게 해서든 공격하고 또 다른 상처를 남기고, 다음날 술이 깨면 멋쩍게 안부 전화를 하는 그런 놈이 없어져서일까? 류인 선생님이 돌아가시고 발인하던 날, 나란히 관을 메고 산중턱에 있던 장지까지 올라갈 때 "태훈아 우리 오래오래 좋은 작업 같이 하자." 하며 "힘 좀 더 써." 하던 그놈이 먼저 가서일까?
"왜 우리가 친한 줄 알아? 그것은 우리의 태생이 길거리 문화이기 때문이야." 하던 그놈, 항상 잘난 척은 혼자 다하고 그 조그만 눈으로 씨익 웃던, 밉지만 미워할 수 없었던 그놈. "야, 이 사실은 꼭 너만 알고 있어야 해." 하면서 모두가 아는 사실을 비밀인 양 조심스럽게 이야기하던 그놈.
그렇다. 나는 진정.. 좋은 작업 파트너이며 친구인 그를 잃었다. 그것은 본주의 죽음이 아닌 나의 죽음이요, 우리의 죽음인 것이다.
요즘 들어 그놈이 더욱더 그립다. 일, 일, 일.. 작업, 작업, 작업.. 전시, 전시, 전시.. 돈, 돈, 돈.. 골치 아픈 일이 많은 요즘, 청량음료같이 힘이 되어 주던, 잘난 척하던 그놈이 너무나 보고 싶다. 요즘 꿈속에 나타나 "야, 태훈아 우리 같이 가자." 하며 팔을 힘껏 당기는 그놈을 향해 "놔 임마! 이건 꿈이야." 하며 잠에서 깨어나곤 한다. 꿈속에서까지 나를 괴롭히는 그놈이 너무도 보고 싶다. 그것이 꿈이라면 차라리 깨어나고 싶지 않다 친구야.
본주야 영원히 사랑한다.

최태훈, 2004. 11. 8.

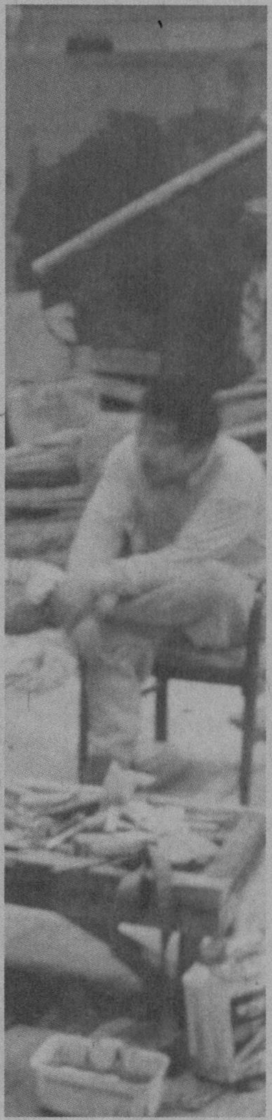

본주형..

구본주. 아직도 그 이름만 생각하면 가슴이 막막해져 온다. 벌써 형이 떠난 지 1년.. 세월이 참 빠르기도 하다. 길다면 길고, 짧다면 짧은 시간. 그러나 왜, 아직도 형 생각만 하면 이렇게 답답한지 모르겠다. 인생이 유한하다고는 하나 어찌 이토록 짧게 한단 말인가!
형의 작업을 대할 때면 가슴이 저며 온다. 불꽃처럼 살았는데.. 아직 형이 가야 할 길이 있는데.. 나에게 있어 형이었고, 선배였고, 스승이었던 사람.. 구 본 주
대학 1학년 때 형을 만났고 참으로 많은 시간을 함께 했었다. 국토순례, 함께 했던 작업, 술, 그리고 수많은 이야기들.. 언제나 영원할 것처럼. 언제고 다시 할 수 있을 것처럼 생각했던 그 일상이 너무도 그립다. 작업을 하다가 문득 문득 형이 떠오른다. 본주형이 보면 뭐라고 할까? 대학 시절 언젠가 술에 취해 다투는 걸 보고, 그렇게 할 거면 학교에 오지 말라고 했던 적이 있었다. 며칠이 지났을까 성산동 작업실로 찾아온 형이 "나 술 취했는데 이렇게 얌전히 잔다"고 하면서 잠이 든 적이 있었다. 겉으로는 고집스럽게 자기주장만 있는 듯해도 실상은 마음이 여리고 따뜻한 사람이 본주형이었다. 형이 그렇게도 바랐던 나의 개인전을 마치고 한 달 정도 되었을까? 꿈속에서 형을 만났다. 작업 좀 열심히 해라. 잘할 수 있을 것이라는 말을 남기고 떠났다. 너무 고마웠다. 살아서도 항상 받기만 했었는데.. 형이 가르쳐준 것처럼 후배들 사랑하고, 열심히 작업하는 사람으로 살아가는 것이 형이 내게 바라는 것일 거라 생각한다. 형은 떠났어도 형의 삶은 우리 속에 여전히 살아 있다.

박장근, 2004. 11. 10.

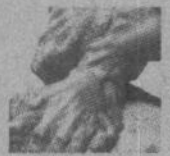

하늘을 휘저을 당신을 그릴 거다

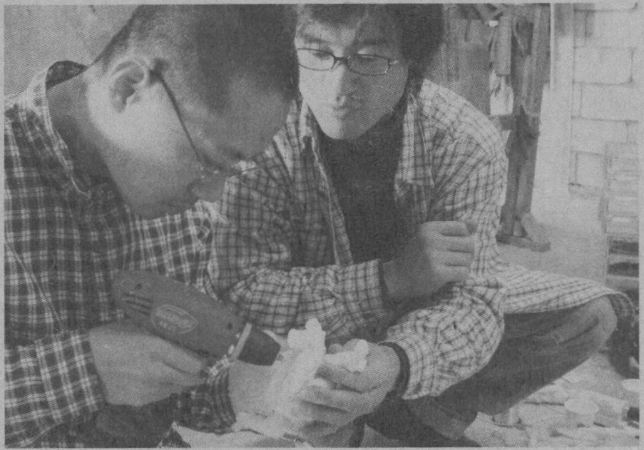

좋은 작가를 일찍 잃은 것은 국가적 손실이다. 구본주를 빨리 보낸 것은 당연히 나라의 손실이다.

구본주, 당신의 실존에는 혼이 있었다. 아플 줄 알았고 울 줄 알았으며 대들 줄도 알았다. 물론 그 누구보다 껴안아 보듬을 줄 알았고 또 호탕하게 웃을 줄도 알았다. 체온이 있고 뜻이 있었으며 물기가 있었다. 힘과 기가 있었으며 의리가 있었다. 당신은 그렇게 우선은 인간적인 영혼이 있었다.

오늘 아침엔 안개가 자욱했다. 들판을 줄곧 걸으면서 당신에게 말을 걸었다. 우리들의 삶뿐 아니라 예술과 영혼에 대하여 또 무엇보다 다 떠난 후 그 내일에 대해 나는 당신께 물었다.

추수가 끝난 넓은 들은 썰렁했다. 다 시든 잡풀들은 그대로 철학이었다. 논두렁 사이 엷게 고인 물에 희미하게 하늘빛이 내렸다. 기러기 울음도 들렸다. 뿌연 안개 속에 이 가을은 더 깊었다. 당신이 간 지도 벌써 한 해가 넘어 지났구나. 훌쩍 떠난 당신, 비정하다. 당신으로 깨치려 한다. 우리에게 지난 시절은 바름을 향한 치열한 세월이었을까. 도망칠 수 있었는데 도망 안 가고, 누릴 수 있었는데도 그걸 버렸다 해서 줄곧 바르게 산 시절이라고 말할 수 있을까. 당신은 말이 없고, 안개 낀 들은 끝이 안 보인다.

가만 당신이 무얼 남겼지. 당신은 어떠했지. 그렇지, 그때 당신과 우린 같이 있었지. 그 때문인가, 당신의 혼이 나를 물들였나 보다. 이제 나는 이 천지 모든 걸 가감없이 소유했노라고 서슴없이 말한다. 우리의 모든 것은 당연하다. 사천만이 옳고, 칠천만이 옳다. 이제 그 당연함이 옳음이라는 걸 나는 비로소 알게 됐다.

세상이 당신을 대신해 더 울도록 나를 떠민다.

당신처럼, 나도 영혼이 없는 친구들하고 놀기 싫다. 혼이 없는 붓은 잡지 말아야 한다.

지는 낙엽으로 가을이 깊다. 지금 내 일이 무언가.

내가 당신을 그리겠다. 지금쯤, 예서 하던 대로 펄펄 나는 그 힘으로 하늘을 휘저을 당신, 나는 당신을 그릴 거다.

그 가을부터 그 혼으로 천지를 힘차게 헤집고 다닐 당신, 그런 당신을 멋지게 그릴 것이다. 당신이 애쓴 대로, 보여준 그대로, 그만큼 맹렬히 붓을 잡을 것이다.

안개가 걷히고 바람이 분다. 마당엔 나뭇잎이 구른다. 천지불인, 세상은 꾀함이 없다고 전한다. 당신의 식구들이 내내 안녕하길 빈다.

박진화, 2004. 11. 10.

구본주의 혼이 묻은 두 전시

작가들 사이에서는 같이 전시회를 하면서 서로를 이해하고 더욱 가까워지는 경우가 있다. 조각가 구본주와 나는 대학 선후배라는 관계도 있었지만 무엇보다도 전시회를 통해서 서로를 아껴 주고 인정해 주는 사이였다. 최근 그와 함께 했던 두 번의 전시, '아트벤치展'(2003년)과 'MBC 한국구상조각대전'(2003년)을 통해 그를 가까이서 이해할 수 있었기에 이 기회에 기억을 더듬어보고자 한다.

여의도 시민공원에서 열린 '아트벤치展'(2003.6.5.~7.4.)은 갤러리 아트사이드가 기획한 전시로서 하나의 벤치가 예술 작품으로 탄생되는 과정을 볼 수 있도록 기획되었다. 모형 전시와 실제 사이즈의 벤치전으로 진행된 이 전시에서 관객들은 작은 모형에 불과했던 벤치가 직접 앉을 수 있는 대형 작품으로 변모되는 과정을 지켜볼 수 있었던 흥미로운 전시회였다. 전시회에 앞서 작가들끼리 몇 번의 회의를 거치게 되었는데 그때 구본주의 적극적이고, 도전적이며, 작품에 관한 한 누구에게도 지기 싫어하는 모습을 볼 수 있었다. 모형전을 할 때 다른 작가들보다 늦게 전시장에 작품을 가지고 온 그는 다른 작가들의 작품을 쭉 둘러보더니 가지고 온 작품을 다시 싸들고 돌아갔다. 그러고는 밤을 새워 다시 작품을 만들어서 새 작품으로 전시를 시켰다. 그때 나는 구본주의 새로운 모습을 볼 수 있었다. 전시 오프닝 파티 때 가족과 함께 와서 즐거워하던 모습, 특히 아들을 몹시 사랑했던 모습이 생생하다.

두 번째 그를 기억하게 한 전시는 'MBC 한국구상조각대전 대상작가전'이었다. 인사아트플라자 갤러리와 Krti 갤러리(2003.10.2.~10.31.)에서 "연애 이야기"라는 주제로 열린 이 전시회는 'MBC 한국구상조각대전'에서 대상을 수상한 작가들이 마음껏 능력을 발휘한 전시회였다.

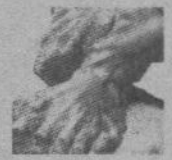

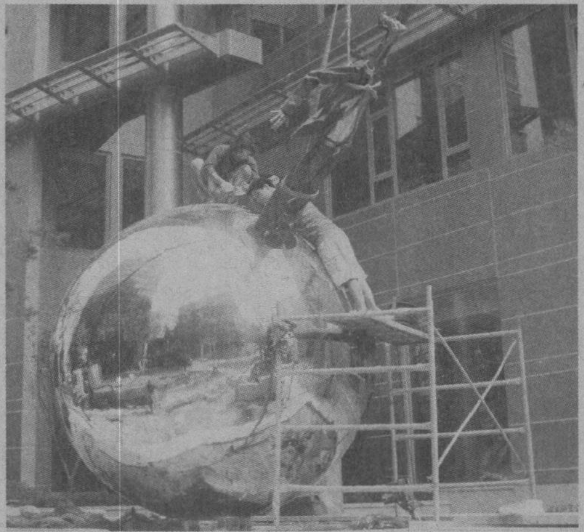

구본주는 〈깨소금〉 〈디 엔드〉를 포함하여 대작 네 점을 출품하였는데 하나 같이 칭찬을 아낄 수 없는 수작이었다. 이 전시회는 한국구상조각회의 자존심이 걸린 중요한 전시회였기 때문에 회장인 나로서는 신경을 많이 쓰고 있었다. 하나 둘 작가들의 작품이 거의 다 도착했지만 정작 구본주의 작품은 도착하지 않아서 전화를 했더니 다른 작가들의 작품에 대해서 자세히 물어보았다. 나는 "좋은 작품이 많이 출품되었다"고 대답했는데 잠시 후 구본주의 작품이 도착했다고 해서 내려가 보니 대형 작품을 한 트럭 가득 싣고 온 그가 보였다. 그날따라 구본주는 평상시와는 달리 투덜거리지도 않고 즐겁게 작품을 위한 간이 커튼을 설치하는가 하면, 붉은 조명을 별도로 설치하는 등 다른 작품들과 잘 어울리도록 자신의 작품을 전시시키고 있었다. 〈디 엔드〉라는 명제의 작품은 철로 용접한 가방과 한 남자가 스위치를 끄고 나가는 모습이었는데 특별히 내 기억에 남는다. 이 작품의 제목이 처음에는 〈아빠의 청춘〉이란 제목이었으나 전시 직전에 〈디 엔드〉로 명제를 변경했기 때문이다.

전시회는 성황리에 막이 올랐고 근래에 보기 드문 좋은 전시였다. 그리고 며칠 후 전시가 여전히 진행되던 어느 날, 나는 구본주의 사망 소식을 들었다. 〈디 엔드〉로 변경한 작품이 내 머리를 스치면서 오싹해졌다. 그것이 그의 마지막 전시가 된 것이다.

조각가 구본주는 정말 열심히 일했고, 옹고집쟁이였고, 작품에 대한 열정이 그 누구 못지않았고, 작품에 관한 한 타협을 모르던 작가였다. 그리고 무엇보다도 정작 이제부터 할 일이 너무나 많았던 작가였다. 지금까지 그의 삶은 경제적으로 많이 힘들었을 것이다. 이제 겨우 조금 살 만하니까 그렇게 가다니 기가 막힐 노릇이다. 〈디 엔드〉를 마지막으로 남기고 어딜 그리 급하게 훌쩍 가 버렸는지..

또 다른 세상에서도 멋진 작품을 하고 있을 구본주를 그리며 그의 명복을 빈다.

한진섭, 2004. 11. 10.

구본주를 추모하며..

한 10여 년 더 된 것 같다. 연극 연출을 하는 친구가 공연기획을 위해 러시아를 가는데 같이 동행해서 다녀올 기회가 있었다. 그 당시 나는 러시아의 아니쿠신 등의 작가와 중국 등 사회주의 리얼리즘 조각에 대해서 관심이 많았기 때문에 직접 현지에 가서 보고 싶었기 때문이었다. 여행 후, 그곳에서 찍어 온 다양한 미술 작품들, 특히 리얼리즘 조각과 모뉴먼트, 동상들의 슬라이드를 보며 학생들과 토의를 한 적이 있었다.

홍익대 조소과 4학년 수업이었는데 슬라이드를 보고 나서 이런저런 본인들의 얘기를 나누었고 나는 러시아가 페레스트로이카 이후 시장경제 체제로 전환하면서 경제적으로 많은 어려움을 겪고 있더라며 좀 부정적인 분위기로 얘기를 한 것 같았다. 그러자 한 학생이 불쑥 일어나더니 "선생님, 그렇다고 공산주의 자체가 없어지는 것은 아니지 않습니까?"라며 좀 못마땅한 듯이 얘기를 하는 것이었다. 수업 끝나고 그 학생과 다시 만나 대화를 했던 적이 있었다. 그가 구본주였다.

나중에 들은 얘기로는 그 당시 한참 학생운동을 하던 때에 중심에 있었으며 그런저런 일로 마음고생을 많이 하고 있었던 모양이다.

대학 시절 같은 동기생과 누가 머리가 단단한가 박치기 시합을 머리에 피가 날 정도까지 해야 직성이 풀리는 성격, 지루하고 권태롭다며 옆에 있던 친구(좀 왜소하였겠지..)를 번쩍 들어올리며 기지개를 폈다는 대단한 힘의 소유자.. 죽기 전 구상 작품을 구입하기 원하는 콜렉터에게 그의 작품을 소개하고 작품 가격 때문에 그에게 조심스레 물었을 때 "무슨 걱정이세요? 좀 덜 받아도 되니까 편하게 하세요." 하며 선선히 말하던 그.. 작품에 있어서만큼은 투철하고 고집스럽게 작업하던 친구가 이젠 없다. 그러한 유형의 인간이 우리 주변에서 점점 없어지니 더욱 쓸쓸한 생각이 든다.

영안실에 다녀온 이튿날 학교에 와 2학년 실기실에 들러 보았다. 한 여학생이 본인의 흉상 모델링 작업 진행을 하지 못하고 있었다. 연유를 물으니 바로 엊그제 구본주 선생님 시간에 같이 얘기하며 수업을 하였는데 그 학생도 죽음을 실감 못하는 듯하였다. 그 학생의 흙작업에는 구본주 선생의 터치가 정말 생생하게 남아 있었다. 살아서 꿈틀거리는 듯이..

이종빈, 2004. 11. 10.

구본주 선배 추모 글

2003년 초가을 새벽, 선잠을 깨운 동기 장근의 당황스런 목소리에 믿기지 않는 사실을 확인하러 포천으로 향했다. 어찌된 정황인지도 모른 채 초조하게 병원 입구에서 기다리다가 형의 가족들의 오열을 보면서 그제서야 정말로 운명을 달리했구나 하는 현실감이 느껴졌다. 유난히도 슬퍼하는 조문객이 많았던 상이었다.

'참흙'이라는 홍대 조소과 소모임에 내가 가입하면서 그와 자주 보게 되었고 — 많은 그 시기의 학생들이 그랬듯 — 집회, 학습, 뒤풀이 자리에서 암울한 시대의 숱한 이야기들을 주고받으며, 그러한 불합리한 현실을 형상화한 그의 조형성엔 '참 순수한 감동을 주는 무엇이 있구나.' 하는 생각을 했었다. 그 후, 우리 후배들이 범접하지 못할 만큼 열정적으로 작업을 고민하고 독특한 형식으로 신선하게 표현해 내던 작가로서의 십여 년.. 아마도 많은 이들의 가슴속에 기억되고 있으리라 생각한다.

그의 후배에 대한 애착은 남달라서 — 신랄하게 꼬집는 적극적인 — 조언과 배려가 부담이 되던 때도 있었다. 무던히도 생각의 공감대를 맞추려고 노력했던 선배였던 듯싶다. 그러한 열정이 있었기에 허물없는 친구도 많았고, 후배도 많았다. 거침없는 성격 때문에 주위 사람들과 싸우기도 많이 했지만, 그 역시 열정적이었던 그의 삶의 한 부분이었다.

고운 정이든, 미운 정이든 그는 여러 사람에게 아쉬움을 남기고, 너무나도 일찍 떠났다. 특히, 내겐 더욱 그러하다. 그와 너무 가까이 붙어 있어서 작품에 대한 생각은 물론이고, 표현 형식마저 닮아 갈까 봐 일부러 연락조차 자주 안 했던 몇 년.. 그랬던 마음을 알았는지 월드컵이 한창이던 때 나의 부친상에 와서는 내 전시에 대한 북돋움의 말들만 한참을 하다 갔었다. 경황없었지만 고마웠다.

같이 늙어 가면서 세상 바뀌는 얘기, 자식 얘기, 잡다한 주변 얘기 같이 삼겹살에 소주 한 잔하면서, 그러면서 지내고 싶은 마음 간절했는데, 옹졸했던 내 마음을 그의 운명은 기다려 주지 않았다.

그와의 짧지만 긴 세월을 같이 보낸 것은 내 인생에 소중한 기억으로 남을 듯싶다.

'형, 다음 생이 있다면, 거기서 꼭 보고 싶어요..'

설총식, 2004. 11. 10.

구본주를 기리며

구본주는 나에게 있어서 둘도 없는 후배이자 친구이다.

말만 번지르르한 친구가 아니라 서로에게 그냥 눈빛 하나만으로도 서로를 믿고 의지한 사이였다.

지금처럼 가을이었다. 군대를 갔다온 후 복학은 하였으나 아는 이도 별로 없고 또 성격 자체가 소극적이라 동급생들과 잘 어울리지도 못하고 묵묵히 수업 시간과 실습실을 오가며 작업에만 열중하고 있었다.

그러던 어느 날, 그날도 혼자 실습실에서 작업에 몰두하고 있었다. 그때 문이 삐금 열리며 등 뒤에서 "형님, 뭐 하슈?" 하는 막걸리처럼 텁텁한 목소리가 들렸다. 소리에 놀라 뒤돌아보니 머쓱하게 웃으며 구본주가 서 있었다.

"뭘 그리 열심히 하슈 ? "

그의 말 속에서 뚝뚝 묻어나는 우직함, 솔직함, 그리고 나와 같아 보이는 시골스러움이 마음에 와 닿았다. 그 후 우리는 조금씩 조금씩 어울리며 서로 작품에 대해 얘기도 하고 어울려 다녔다. 서로 너무나 작업하는 것을 좋아해서 작업에 관해서는 밤을 새며 이야기할 정도로 정열이 가득했고 또한 서로의 작업에 호감을 갖고 있었다.

그 후 서로 작품 전시회가 있을 때마다 만나며 작품에 대해 이야기하며 때로는 동료로서 때로는 경쟁자로서 서로를 의지했다.

그의 작품을 볼 때마다 넘치는 해학성과 서민의 가슴을 어루만지는 그만이 가진 삶의 솔직함이 참 좋았다. 정말 이 시대를 대표하는 우리 작가로 손색이 없는 작품성과 진지함을 가지고 있었다.

그리고 개인적으로 아내가 아플 때 본주는 찾아와 많이 위로해 주며 힘을 주었다. 힘들 때가 있으면 좋은 날도 오리라고. 개인적으로 힘들 때 옆에서 해 주는 따뜻한 말 한마디가 너무나 고마웠다. 겉모습은 어쩌면 무뚝뚝하고 털털해 보이지만 그 누구보다도 따뜻한 마음을 가진 친구이다.

그랬던 그가 이제는 없다. 인명은 재천이라지만 훌륭한 작가가 어느 날 갑자기 사라졌고 나는 너무나 놀라고 당황스러워 눈물도 나지 않았다.

어찌 하늘이 그러실 수가 있으신지.

그가 보고 싶다. 어느 날 실기실 문을 열고 들어오듯이.

지금도 그날처럼 그가 돌아올 수는 없는지..

김병철, 2004. 11. 10.

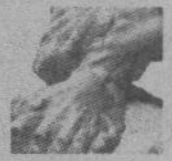

내가 아는 본주형은 '꾼'이다

형에게 있어서 '조각'은 허울 좋은 '예술가'라는 명분보다는 농사를 짓는 농사꾼의 모습을 갖게 하였으며 그의 타고난 근성과 부지런함은 '조각'이라는 또 다른 영역을 생활 속에 자연스럽게 융화시켜 주는 유연제 역할을 해 주었다. 그는 정말 보기 드문 '조각가'이자 '조각꾼'이었던 것이다.
그런 형의 '근성'을 나는 좋아한다. 그의 작품에 정감이 더하는 것도 그러한 이유에서일 것이다.
나른한 오후, 꼬질꼬질한 모습으로 TV 앞에서 크고 두툼한 두 손에 그와 너무나도 비교되는 작은 나무토막과 조각도를 꼬옥 움켜쥐고 어느 공작 시간에 장난하는 어린아이같이 '꼼지락 꼼지락' 손을 놀리던 형의 모습이.. 기억에 어른거린다.
지금에 와서 생각해 보니 내 기억 속의 본주형은 더도 덜도 아닌 그런 모습으로 9년의 시간을 이어온 것 같다.
지금도 여전히 작업실 한구석에서 조각도와 열심히 씨름하고 있을 형을 상상해도 하나도 어색하지 않은 것은 무슨 이유에서인지..
아마도 내게 있어서의 형은 영원히 그렇게 남아 있으려나 보다.

성낙중, 2004. 11. 10.

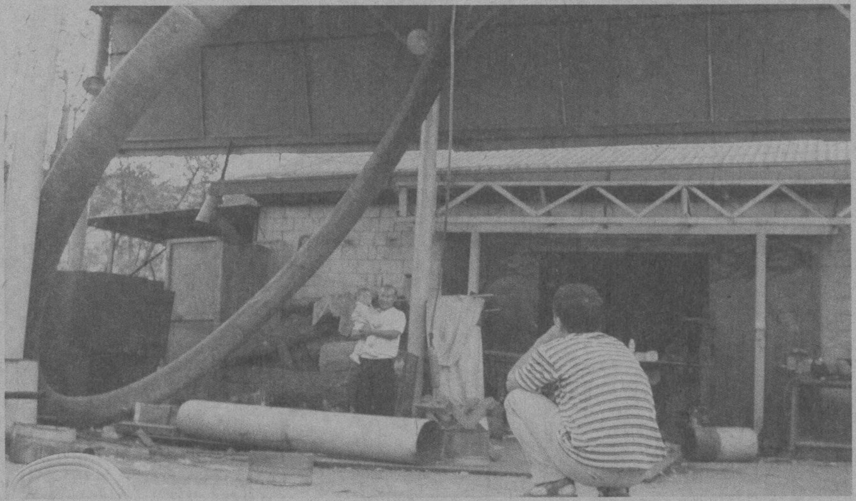

증오는 추억이 아니다

이 땅의 모든 길들이 증오를 향해
열려 있었다.
오직 이를 통하지 않고서는
사랑에 이를 수 없었던 수많은 날들.
증오로 단련된 가슴에 차가운 목련이라도
피어나면 어쩌나, 뜨건 피라도 흘러내리면,
나는 수천 번도 넘게 증오에 걸려 넘어지면서
그것을 우주의 유일한 중심이라 했다.
별과 별 사이의 거리를 눈으로 걷는 동안,
오랜 증오의 계절 동안
남몰래, 아니 우리 몰래
봄 개나리가 피었다 지고 눈물 가스로 찬연한 봄날이 가고
어느덧 친구들의 머리에 흰 머리칼이 돋기 시작했다.
증오로 단련된 그대의 가슴속에
새벽별 돋는 것이 보이기 시작했다.
어느덧 허락도 없이 목련이 피고 너는 애잔한
유행가 한 소절 자연스레 부르고 있었다.
온몸을 신열에 들뜨게 하던 증오의 세월
삶과 죽음이 너무도 명쾌하던 을지로며 명동의 시간,
포기하는 것과 사랑하는 것의 구분이
못내 힘들어 가슴을 닫아걸었던 수많은 날들
그러나 꽃은 피었다 지고 한강은
저만큼 철교 밑을 저 혼자 흘러갔다.
무심한 세월은 여기에 와
우리의 발끝을 적시며 찰랑거린다.
학살과 사랑으로 뒤범벅되었던 지난 연대의 군복들
너머에서 선연히 웃고 있는 그대여
나는 자꾸 증오에 걸려 넘어지면서
긴장성 두통과 협심증의 심장을 추스르면서
나를 쉽게 용서할까 봐 겁이 났었다.
꽃이 피어날까 봐
사랑, 그 몸서리나게 은밀한 유혹이
내 증오의 무게를 덜어 낼까 봐 겁이 났었다.
어법을 바꾸어 사랑을 노래하게 될까 봐.
말할 수 있는 것만 말하라는 명제보다 더 큰
침묵으로 귀하의 생을 지원하마. 힘내라!

이영진, 2004. 11. 12.

구본주 선생님을 생각해봅니다..

처음 선생님을 알게 된 것이 올해 5월이니 이제 겨우 반 년이 지나갑니다. 원래 일하던 직장에서 파견을 명받아 새 직장에 출근하던 첫날, 제일 먼저 저를 맞아주신 분이 바로 선생님이셨습니다. 1백 90센티미터쯤 되어 보이는 큰 키에 약간은 머리가 위로 벗겨지고, 지난 밤 술을 과하게 드셨던지 조금은 흐트러진 옷매무새, 그러면서도 친근함을 잃지 않고 앞으로 잘 지내보자며 다정하게 저를 맞이해 주셨습니다. 계단에 불을 켜는 품새로 말입니다. 가볍게 눈인사를 하고 선생님 곁을 지나서 갔는데, 그날 이후로도 선생님은 늘 그 자리 그대로이십니다. 누구보다 먼저 출근하셔서 사무실 불을 켜시고, 제일 나중 퇴근하시면서 불을 끄는..

첫 만남 이후 선생님과의 정분이 조금씩 싹터가던 어느 날, 선생님의 부재 소식을 처음으로 접하게 되었습니다. 5월 창가에서 들었던 선생님의 부재 소식에 저의 반응은,

“아.. 예.. 어..”였던 것으로 기억합니다. 어떻게 반응하면 좋을지 몰라 어색해했던 기억이 엊그제 같은데 이제 선생님에 대해 글을 쓰고 있으니 관계의 생성과 발전은 계절의 변화만큼 오묘한 것 같습니다.

이런 인연으로 시작된 선생님에 대한 저의 인상은, 이제 작품으로 밖에 알 수 없지만, 무척 다정다감하고 사랑이 넘치는 분이셨을 것 같습니다. 선생님과의 첫 대면이었던 〈디 엔드〉(2002), 그리고 그 후 만나게 된 〈이과장의 40번째 생일날 아들에게 해주고 싶은 이야기〉(1991), 〈이대리의 백일몽〉(1994), 〈미스터 리〉(1994), 〈아빠의 청춘〉(2002), 〈선데이 서울〉(2002) 등은 너무도 적나라한 우리들의 모습이었습니다. 하루하루 성실하게 생활하지만 어쩔 수 없이 늘 시간에 쫓기고 지친 현대인의 일상을 너무도 잘 나타내셨던 겁니다.

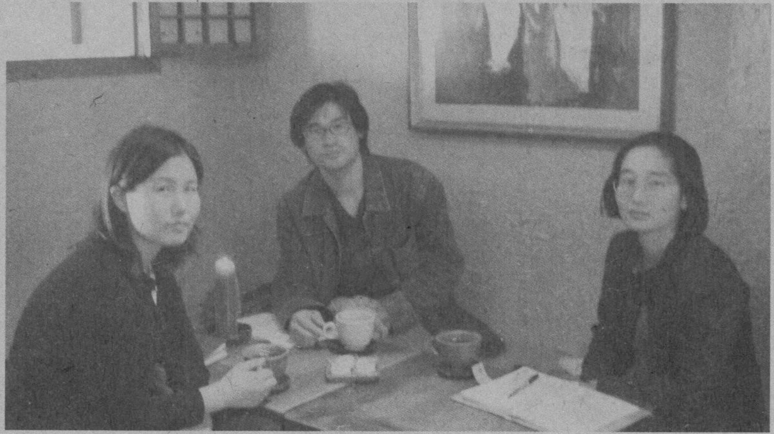

한편 선생님을 다정다감하고 사랑이 넘치는 분이리라고 생각한 것은 작품에 담긴 시선 때문입니다. 컨베이어벨트 위의 자신을 통해 산업화된 사회의 현대인의 일상을 애처로운 희극으로 표현했던 찰리 채플린의 〈모던 타임즈〉를 기억합니다. 그런데 채플린의 우수함에도 불구하고 어느 장면 하나에도 가만히 마음을 붙이기 어려웠던 것을 생각하면, 선생님의 작품은 현대인의 고단한 일상을 그렸으면서도 어느 것이든 쉽게 정을 붙일 수 있는 따뜻함이 있어서 말입니다. 그리고 그 따뜻함이 유약하지 않고 조금은 더 견고한 것은, 선생님 작품 속의 인물들은 하나같이 열패감이 아닌 희망으로 다가왔기 때문입니다. 〈디 엔드〉의 후줄근함, 〈이과장의 40번째 생일날 아들에게 해주고 싶은 이야기〉 속의 숨찬 걸음, 〈이대리의 백일몽〉 속의 불안함, 〈미스터 리〉 속의 난망함, 〈아빠의 청춘〉 속의 술취함, 〈선데이 서울〉 속의 빈곤함은 하나같이 바쁜 일상을 살아가는 보통 사람들의 고단한 얼굴이지만, 겉으로 보이는 모습과는 달리 가만히 들여다보고 있으면 포기할 수 없는 단호함과 함께 결코 허망하지 않은, 삶에 대한 강한 의지가 느껴지는 얼굴들입니다.

샐러리맨들의 일상을 지나, 다른 종류의 작품들을 접하고서는 선생님에 대한 인상이 더욱 견고하게 다가왔습니다. 권위주의 시대를 살았던 여느 정직한 작가들이 그랬던 것처럼 권위주의 시대의 억압과 항거를 소재로 작품화하고 있었는데, 제가 보았던 작품은 〈거리에서〉(1987), 〈파업〉 시리즈(1990), 〈유월〉(1995), 〈칼춤〉(1994), 〈혁명은 단호한 것이다〉(1992)와 같은 것들이었습니다. 그 작품들은 파업 현장의 노동자들의 고뇌와 시위 현장의 격정을 느끼기에 충분한 것들이었습니다. 그런데 역시나 느꼈던 것은 인물들에 담긴 선생님만의 후덕한 시선이었습니다. 〈혁명은 단호한 것이다〉에서의 그 낫 또한 옛날 〈나의 칼 나의 피〉에서 낫 놓고 ㄱ자도 모른다고 하자 머슴이 그 낫으로 주인의 목을 베었다고 하던 김남주 선생님의 그 서늘한 낫과는 다른, 혁명에 대한 단호함은 느껴지나 섬뜩한 그 무엇까지는 아니었던 것 같습니다.
선생님의 추모 1주기 전시회를 앞둔 2004년 11월, 선생님의 작품 중 〈연인(신림장 여관)〉(1999)과 〈가족(편안

한 귀가)〉(1999)라는 작품을 보고 있습니다. 모두 철판으로 만든 작품인데, 하나는 전시대 위에 단정하게 놓인 남녀의 신발 두 짝을 형상화한 것, 또 하나는 남녀의 신발 사이에 가족이 늘어(!) 아가 신발까지 함께 가지런히 놓여 있는 작품입니다. 철판을 열심히 두드리고 자르고 휘어서 형상화했다고 하는 이 작품은, 철판의 원 질감이 지닌 차가움과는 전혀 다른 따뜻한 온기가 도는 집을 생각나게 합니다. 작품 속 신발은 전혀 날렵하거나 매끈하지 않고, 알맞게 닳아 편안함을 주는 품이 생전의 선생님의 성품 그대로가 아닌가 상상해봅니다. 이 작품을 본 사람이라면 누구라도 같은 느낌을 가질 것이라 생각합니다. 선생님에 대한 저의 상상이 사실과 크게 다르지 않아 보이는 것은, 생전에 선생님을 아셨던 분들의 선생님에 대한 그리움이 추모 1주기를 맞은 요즘 더해 보이기 때문입니다.

인연의 갈림이 선생님의 작품 〈별이 되다〉처럼 낭만적일 수는 없겠습니다만, 생활에 지친 무수한 이대리와 이과장의 일상을 하늘로 따다 붙여 낭만적인 별로 만들었던 선생님의 삶에 대한 태도를 생각하면, 우리도 용기를 내어 선생님과의 인연의 갈림 역시 동화 속 주인공과의 이별 정도로 가슴에 묻더라도 크게 예의에 벗어난 행동은 아닐 거라고 생각하며 경복궁의 가을을 지납니다. 무수한 이대리, 이과장들과 함께 하늘로 날아올라 예쁜 별이 되었을 선생님을 생각해봅니다.

장용석, 2004. 11. 15.

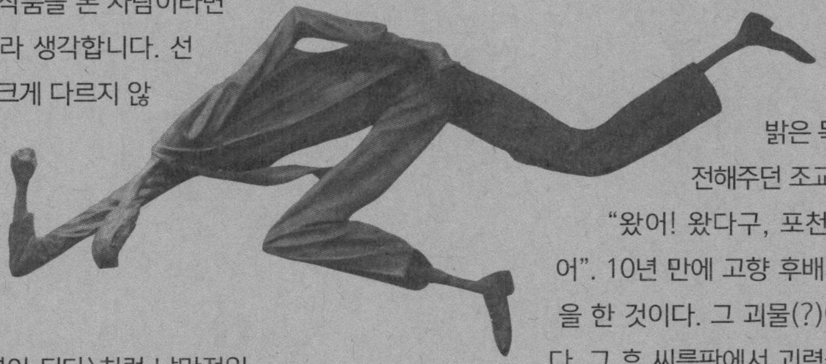

천진난만했던 구본주를 생각하며

본주를 생각하면 떠오르는 장면들 — 철없이 순수한 막나니, 고삐 풀린 힘센 황소, 고집불통 막무가내, 어쩔 수 없는 순박한 포천 막골 촌놈, 추운 겨울날에도 항시 그 자리에서 노점 과일 장사하시던, 왜소하지만 강단 있으셨던 어머니, 늘 말씨 없으며 태산 같이 인자하신 아버지, 겉보기보다 겁 없이 용감한 마누라, 한 번도 우는 모습을 볼 수 없었던 아빠를 많이 닮은 큰딸 세모, 이제 막 걸음마하던 작은 장사 내모, 본주를 너무나 좋아하는 작은누이..

86년 떠들썩한 새 학기가 시작되며 유난히 밝은 목소리로 소식을 전해주던 조교.

"왔어! 왔다구, 포천에서 한 놈 왔어". 10년 만에 고향 후배가 홍대에 입성을 한 것이다. 그 괴물(?)이 바로 구본주다. 그 후 씨름판에서 괴력을 발휘하던 막골 장사의 아들로, 불의에 맞서 싸우던 농군의 투사로, 그 힘과 정열을 작품으로 승화시키고 한 가정을 책임지고 열심히 살아가는 평범한 아버지의 모습이었건만 그 임무를 다하지 못하고 어느 날 갑자기 홀연히 하늘의 별이 되어 떠나버린 그가 한없이 보고 싶은 건 나 혼자만이 아닐 것이다.

금방이라도 시익 웃으며 "승오형! 나 보고 싶었지?" 하며 어디선가 튀어 나올 것 같다.

임승오, 2004. 11. 15.

안타까움

아깝다.
아깝구 아깝구 아깝다.
왜 세상은 천재를 이렇게 데리고 가나.
정말 너무 안타깝고 안타깝다.

최인기, 2004. 11. 15.

본주를 기억하며..

솥뚜껑 같은 손으로 주물럭거리던 흙반죽
그 우악한 손끝에서 살아 나오던 섬세한 인물의 표정들
정말 신기했다. 언제나
숨길 것 하나 없는 맑고 장난기 가득하던 그 눈웃음
하지만 분노할 것에 분노할 줄 아는 뜨거운 가슴을 가진
쇠를 두드리던 그 무모함과 열정 뒤로
어느새
자기 반성과 변화에 대한 열망이 가득했다.
그 고민의 한 자락 슬쩍 본 것이
이제 더 이상 덧붙일 수 없는 기억이 되었지만
충분하다.
인간으로서 미술가로서 본주를 기억하기에는..
이 짧은 글에 마지막 길 손 흔들어주지 못한 미안함을
담는다.
어느 날 문득 소주 한잔 따라주러 들리마.

이경복, 2004. 11. 18.

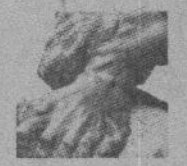

구본주 선배님

구본주 선배님을 처음 알게 되고 뵙게 됐을 때 스스럼없이 형이라고 불렀다.

선배님보단 선배님 작품을 먼저 만나 알게 되었지만 그분의 작품을 좋아하고 선배라는 이유에서인지 나에겐 가깝게 느낀 것 같다. 사실 개인적 친분 관계가 깊다고 하기는 뭐하면서도 늘 가깝다고 느꼈던 데에는 그분의 작품 때문만은 아니었다.

꽤 오래전 학교 실기실에 혼자 남아 작업을 하고 있을 때 지나가던 선배님이 들어와 내 모델링을 봐 주신 일이 있었다. 이러저러한 이야기를 하며 단 한 군데를 딱 한 번 만져 주셨는데 그 기억이 아직도 생생하다. 학교 수업을 빼먹고 찾아갔던 선배님 전시에서도 한참 고민 많던 4학년 마지막 학기의 후배들에게 작업에 대한 이야기와 애정이 담긴 격려를 해 주셨던 일. 작년의 사고가 있기 한 달 전, 작업에 대해 게으른 나에게 충고하시던 모습들.

모두들 어제의 일 같고 지금 나에게 해 주시는 말씀 같다.

몇 번 되지 않아서일까. 구본주 선배님의 작품을 볼 때마다 느끼는 감정처럼 선배님에 대한 기억도 하나하나 그대로 남아 있고 여전히 곁에서 이야기하실 것만 같다.

작가로서, 선배로서 그리고 형으로서 이전에도 나에게 특별했던 것처럼 지금의 나에게도 변함없이 특별한 분이며 작품들이라고 생각한다.

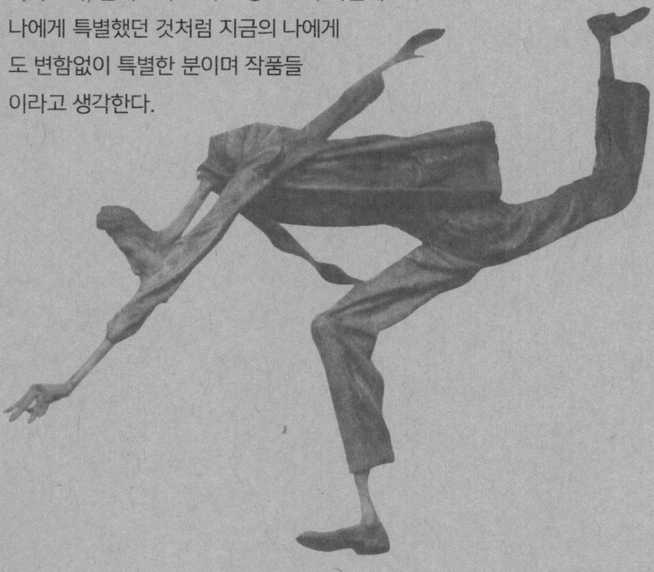

김옥구,
2004. 11. 18.

본주와 류인 兄

나는 가끔 류인 兄과 구본주를 생각한다.
내게 6년 선배 (76학번)인 인이형과 4년(86학번) 후배인 본주는
나와 같은 조각그룹 회원이기도 했고, 술잔을 기울이며 인체조각을 진지하게
이야기했던 기억이 나선다.
모든것이 진지했던 두 사람은 그 진지함으로 인해 生을 일찍 마감한 것
마저도 비슷하다.
일찍 요절한 인이형과 몇년후 불의의 사고로 生을 마감한 것조차
범상치 않게 느껴진다.
류인 兄과 본주는 선,후배였지만 스승과 제자 이기도 했다.
대학입시를 류인 형이 지도했으며 나중에는 스승의 작업을 끝까지 도왔던
본주는 스승의 삶과 행동 그리고 작업에도 상당한 교류가 있었음을
짐작한다.
— 죽음마저도 —
본주는 어느 누구에게도 구속받는것을 매우 싫어했다.
여느 예술가들도 그러하겠지만 본주의 이러한 태도는 때론 선배, 후배
작가들에게 쓴소리를 들었던 것으로 기억한다.
하지만 어쩌랴 그것이 본주다운 것을 —
작업의 변화에 대해 두려워하지 않았던 본주는 후배들에게 많은 자극을 주었다.
그리고 '끝까지' 작업해야 한다는 책임감과 의무감은 더할나위없는
예술가적 기질을 보여준다.
깃털처럼 가벼운 지금의 미술을 바라볼 때 진지하고 무거웠던
류인 兄과 본주의 작업은 자연스럽게 연상된다.
진지함을 추구하는 나 역시 좀더 많은 시간을 두고 작업과 인생에 대해 더 이상
함께 고민하지 못한 점 때문에 두 故人들에게 아쉬움을 금하지 않을수 없다.
그래 젊은 나이에 생을 마감한 점도 그렇고 좀더 좋은 작업을 해야할
시점에서 훌쩍 떠나간 점이 나에게는 못내 서운하고 아쉽기만 하다.
지금쯤 스승과 제자, 그리고 동료로서 저 세상에서 조우했을 것을
생각하면 어쩐지 묘한 상념에 젖는다.
이 가을
선배. 후배에게 못내 아쉬운 나의 마음을 전하고 싶다—

2004. 11. 조각가 김 석

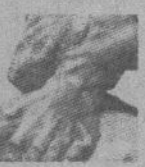

본주형! 전시 축하해요

나는 60년대 공화국에서 살고 있다는 씁쓸한 마음으로 3년이 되어가는 시골 생활을 보내고 있네, 형. 대부분의 나를 아는 사람들은 왜 그리 엉뚱한 일에 마음을 쓰냐고 한마디씩 다 하지. 꿈꾸던 내 집과 허술하지만 작은 컨테이너 두 개를 합쳐 만든 작업실을 채 다 꾸리기도 전에 어느 날 동네에 들어선다는 해병대 골프장(군 체력 단련장) 건설을 막아야 한다는 동네 사람들과 의기투합해 전혀 엉뚱한 일로 시간을 꽤나 썼지. 아무튼 환경조각과를 나와서 그런가, 환경에 관련된 새로운 사회생활을 아주 찐하게 경험하고 나니 남는 건 동네 사람들이 구해다 준 은행나무와 소나무밖에 없네, 형. 골프장이 들어서는 산을 헤집고 다니다 보니 에지간한 풀과 나무, 우리를 이롭게 해주는 모든 자연물들에 대해 관심을 갖게 됐어. 반대로 사람들이 만들어 내는 행정과 정책, 문화 정책도 물론이고 이게 문제가 많게 느껴지더라구. 그러다 보니 무슨 개발 계획이나 커다란 틀을 기획하는 단위의 행정가들이 진짜 짜증나. 얘들이 그리는 밑그림은 그냥 실행이야. 개들이 대충 그린 밑그림에 색칠하는 사람이 누군지 알아 형? 교수들이더라구, 명함 좋은 전문가 그룹. 왜 이렇게 잘못 그렸냐고 누군가 따지면 서로 지들끼리 미루는 핑계 대고.. 그래서 이제부터 난 70년대의 소시민으로 돌아갈까 해.

형.
형이 만약 나였다면 하는 생각을 해 보네.
형은 최소한 우리 동네에서 이장은 하고 있지 않을까? 농담.. 본주형을 생각하면 그냥 찔린다는 생각에 이렇게 쓸데없는 넋두리. 나 자신은 뭐 크게 잘못한 것도 없다고 생각하는데 계속 나를 뒤돌아보게 하는 형.

얼마 전 광주에서 본 형의 작품, 다시 보니 진짜 좋더라구요. 늘 말하면서도 손을 움직이며 계속 만들던 작은 작업들.. 잘 보이지 않던 그것들을 많이 보니 반가우면서도 형 참 작업 많이 한 사람이구나, 하는 생각에 게으르게 보이던 형의 평시 모습이 전혀 떠오르질 않아.
형 작업 부러웠어요.

80년대의 격동기 못지않은 시골 생활, 철조망 치고 로트와일러 같은 살벌한 개 몇 마리 얻어다 풀어놓고 사람들과 단절하며 도시인처럼 살 수도 없고. 형이랑 같이 땅 보러 갔던 양평으로 갔으면 좋았을 걸 하는 생각을 가끔 해.
본주형! 나도 21세기 작금에 어우러지는 작업만을 하는 작가가 될 수 있을까?
형한테 또 배우러 12월에는 인사동으로 가야겠네.
형 모습처럼 이번엔 나도 웃는 얼굴을 가지고.

김도근, 2004. 11. 21.

"사람들"을 말하는 작가

89년도 3월, 87년의 열정과 승리감이 채 식지 않은 그때. 신입생 새마당으로 떠나는 버스 안에서의 만남이 학생 구본주와의 첫 만남이었다. 장난기 많고, 다소 거칠게..
시간이 흐르고 노래 가사처럼, 나이 서른을 넘길 즈음, 학교가 아닌 작업실에서 만난 이는 작가 구본주였다. 작업을 말하고, 생각을 말하고, 별일이 없어도 그냥 지나가다, 심심해서 한번 후배 작업실을 찾는 사람.. 그 심심함이 그의 애정 표현임을 모를 리 없다.
며칠 전, 이라크전 뉴스 "경계 로봇이 나왔습니다. 우리편입니다." 앵커의 말에 소름이 돋았다.
살인을 허락 받은 로봇이라.. 인체를 통해 "사람들"을 이야기하던 본주형과 나누었던 이야기들이 겹쳐졌다. 늘 "사람들"을 중심에 세워 놓고 그 "사람들"을 애정으로 바라보며 그들을 표현하고자 고민하던 본주형과 나누었던 이야기들보다 나누지 못했던 이야기가 더 많았음이 아쉽다.

양형규, 2004. 11. 23.

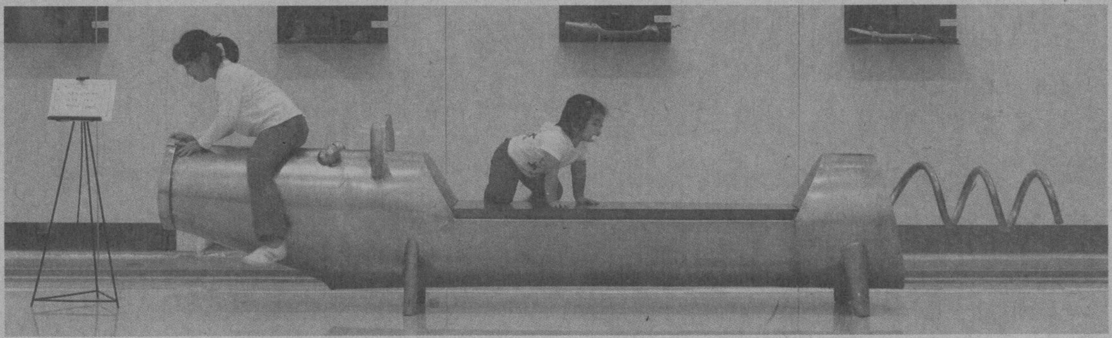

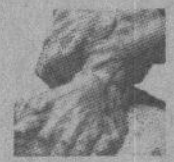

'짠'하고 '시큰'하게 남은 조각가, 구본주

조각가 구본주는 우연히 다가왔다. 일 때문에 조형물에 대한 자료를 찾고 있었다. 조각가를 검색했다. 그의 사고 소식이 맨 위에 뉴스로 올라와 있었다. 바로 어제 나와 다른 세계로 가 버린 후였다. 가족 중에 그렇게 떠나간 사람이 있었기에 나는 한참을 멈춰 있었다.

그 후 나는 구본주와 관련된 소식에 귀를 쫑긋 세웠다. 아트시월은 그의 소식을 듣기에 좋은 곳이었다. 사람들은 하나같이 어찌할 줄 모르는 안타까움을, 절망감을 이야기하고 있었다. 참된 사람이었던 구본주, 그가 잘 반영된 작품 속의 신산함을, 함성을, 힘을 이야기하고 있었다. 잊히지 않게 하기 위한 노력으로 바꿔 내고 있었다. 아름다웠다. 그 모습은 곧 구본주라는 작가가 그동안 어떻게 살아왔는지를 보여주는 것이기도 했다.

특히 내가 처음 읽었던 춘천의 냄비조각가 이봉수의 글은 구본주가 인간적으로 얼마나 따뜻한 사람이었는지를 알게 해 주는 글이었다. 잘은 모르지만 학연, 지연을 떠나 이봉수의 작품 세계를 알아주고 인정해 준 첫 번째 사람인 듯했다. 그런, 구본주는 분명히 작가로서의 자신감이었을 것이다.

더불어 알게 된 대학 시절 일화는 그가 투쟁하는 방법이 얼마나 유머러스한지를 알려주었다. 유머와 창조력은 아주 절친한 친구라더니 그는 90년대 초 투쟁 중에 맞아서 피를 흘리면서도 웃었다고 했다. 피를 흘리며 웃을 수 있는 여유 또한 삶에 대한 당당한 자신감이었을 것이다. 큰 손도, 큰 목소리도, 그의 넓은 가슴속 당당함을 대변하는 것이었으리라.

그의 작품 〈선데이 서울〉에서는 일상의 슬픔과 삶의 신산함이

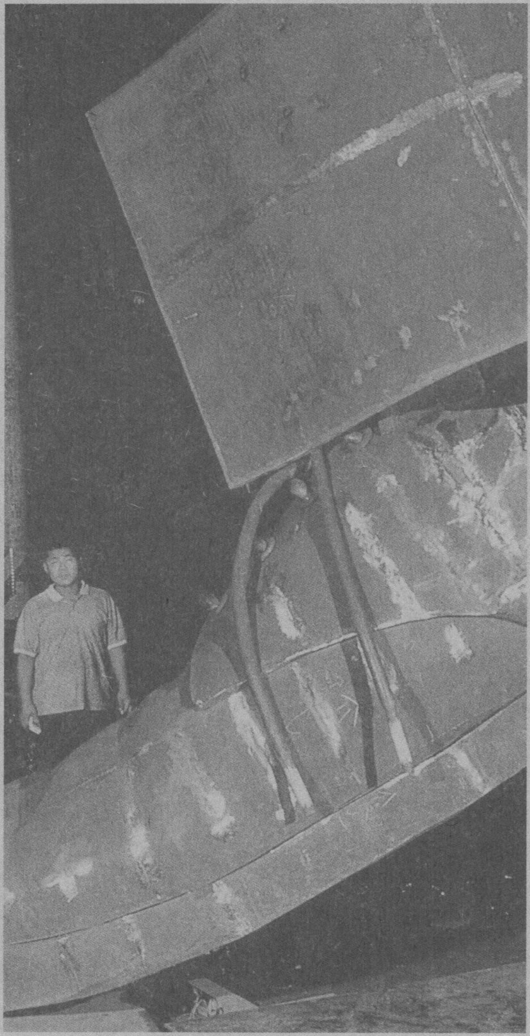

〈아빠의 청춘〉에서는 구부정한 허리, 정면을 향하지 못하는 시선 그리고 일그러진 얼굴에서 중년 남자의 텁텁한 막걸리 냄새를 맡게 되었다. 아! 피곤한 아버지다. 푸석푸석하고 남루한 아버지가 그 안에 들어 있다니.. 개그맨 박명수가 모델이지 싶은 〈눈칫밥 삼십 년〉에는 무엇인가 빼앗긴 듯한 허무감이 맴돌고 〈깨소금〉에는 유머와 페이소스가 함께 엉켜 있다. 〈이대리의 백일몽〉에서는 아주 절박한 표정으로 질주한다. 이대리는 곧, 나이고 내 친구이다. 또, 역동감이 솟구치는 〈갑오농민전쟁〉 연작은 그의 또 다른 조각 세계를 보여준다.
이러한 느낌들이 관객에게 폐부 깊숙이 다가와 묻는다. 과연 내 아버지가 퇴근하여 부르던 〈청포도 사랑〉이나 〈아빠의 청춘〉은 그날이 아버지의 기분 좋았던 날이었는지 아니면 아버지의 상사가 기분 좋은 날이었는지 헷갈리게 만든다. 그때의 아버지의 표정을 기억하지 못한다. 그러나 이와 크게 다르지 않았으리라. 이렇게 작품을 보자마자 가슴이 뜨거워지는 것을 보면 나와 너무나 익숙한데 애써 외면해 왔던 일임이 틀림없으리라. 그리고 내 기분의 주체가 내가 아닌 것 같기도 하다.

조각에 대해 아무것도 모르는 무지한 관객이지만 그의 작품을 보는 순간 가슴이 뛰고 코끝이 찡하고 시큰한 기운이 내 몸에 전율하듯 퍼진다. 오윤의 판화같이 말이다. 그럼 되었지 않는가? 이렇게 무지한 관객까지도 쉽게 다가오는 조각가를 이렇게 허무하게 잃었다는 것은 어쩌면 아웃사이더들이 미술관으로 발 들여 놈이 그만큼 더디어지는 일일 것이다. 그러나 사람이 사람 곁을 떠난다는 것은 잊히는 것이 아니라 삶 속에 잠시 묻혀 버리는 것일 뿐이다. 따라서 짠하고 시큰한 추억을 자주 꺼내 사람들의 기억 속에서 살아 있게 하는 노력이 남은 자들이 해야 할 몫이리라.

이재성, 2004. 11. 24.

본주

본주,
며칠 동안 간간이 자네 생각을 했네.
고의는 아니었네.
하지만 자네에 관해 글을 쓸 수 없었네.
일 년 내내 무심히 지내다 자네가 떠난 지 만 한 해가 지났다고
생색을 내는 것 같아 부끄러웠다네.

그러나 본주,
집으로 돌아오는 길,
은행나무 너머 하늘을 보니
자네가 떠올랐다네.
그 특유의, 보조개가 얄미운 미소를 지으며
내려다보고 있는 것 같았네.

그리곤 생각했네. 본주..
우린 한 번도 스스로 만난 적 없으니 예전처럼
나도 모르게 이 세상에 남아 있을 거야.
세모와 내모, 그리고 미영씨의 눈을 통해
세상을 보고 있을지도 몰라, 라고.

거기서도 무언가 뚝딱뚝딱 만들고 있는 건가?
여전히 무지막지하게 열심히 지내고 있는가?

앞으로 일 년, 나는 또 자네를 잊고 살겠지만
오늘 하루, 보고 싶네.

잘 지내게.

박야일, 2004. 11. 24.

나와 본주

/ 87년 말 겨울인지 88년 초 겨울인지 정확치는 않은데 나와 본주, 금수, 수현, 성기 등이 본주의 기찻길 옆 지하 작업실(후에 일용이 형이 작업실로 오랫동안 사용하기도 한)에 모여 나름대로 젊은 혈기를 풀어 보려고 전시회를 모의했으나 불발탄으로 끝났다 / 그 후 본주는 만날 때마다 악수하자며 손이 으서져라 꽉 쥐고는 내가 아파 죽겠다고 할 때까지 반갑다며 장난질을 해댔다 / 88년 여름 중앙대 안산캠퍼스에서 열렸던 전국미술대학 한마당 행사에 같이 참가해서 여러 미술대학 여학생들과 나름의 썸씽을 기대하기도 하면서 소조 모임을 했고 함께 작은 군상들도 많이 만들었다 / 본주는 매해 미술대학 체육대회에서 조소과 대표로 씨름 대회를 휩쓸었다. 당시 84학번 서양화과 선배 중에 씨름 선수가 있었는데 결승에서 본주에게 보기 좋게 나가 떨어졌고, 그 다음해에는 후배 지환(지금은 퍼포먼스 활동을 하는)이가 또 본주에게 망신을 당하기도 했다. 매년 축제 때에는 당시 내가 다니던 회화과와 조소과는 밤마다 이웃하며 술을 펐고 물론 본주와 나는 밤새도록 자리를 지키곤 하였다 / 89년 여름 이후에는 내가 군대 문제로 학교를 뜸하게 나가다 보니 오고가다 길에서 만난 것 외에 기억할 만한 만남이 없었다 / 그 후 본주가 경찰을 피해 도망을 다닌다는 소식을 듣기도 하였다 / 본주가 졸업 한 후에 우연히 학교에서 만났는데, MBC 한국구상조각대전에서 대상을 받았고 상금을 타서 부모님이 기뻐하셨다고 즐거워했던 기억이 난다. 물론 나도 축하를 해주었고 한편으로는 별로 상복이 없었던 나는 본주를 부러워했던 기억이 난다 / 그 후에도 우연히 홍대 앞에서 또는 인사동에서 혹은 시장통 술집에서 만나 지금은 무슨 이야기를 했는지 기억은 나지 않지만(난 기억력이 아주 나쁘다) 이런 저런 많은 이야기를 나누곤 했다 / 대학 졸업 후에는 거의 만나지 못하다가 99년 내가 사비나갤러리에 취직을 했을 때 우연히 본주가 지금은 없어졌지만 원서갤러리와 사비나갤러리에서 동시에 개인전을 열었고 나는 본주의 전시를 진행하기도 했다. 그런데 그 당시 나도 그렇고 본주도 서로 바쁜 일이 있었는지 특별히 깊은 대화를 나눌 기회는 없었다 / 사비나갤러리에서의 개인전 이후에 본주는 더 바빠졌고 나 또한 이러저러한 일로 본주와 만날 기회가 없었고 친구나 선배의 전시회 오픈장소에서 잠깐 얼굴을 마주친 일이 몇 번 있었을 뿐이었다 / 그러다 김준기 씨가 홍대 앞에 까페시월을 연 후에 자주 만나 술자리를 갖게 되었고 서로 살아가는 일들에 대해서 이야기를 나누곤 했는데 특별히 기억할 만한 이야기를 나누지는 못했던 것 같다. 아마도 내가 당시 신혼이라 저녁 11시만 넘으면 집에 가기 바빴기 때문에 사실 깊은 이야기를 나눌 심야나 새벽에 같이 있질 못해서 그런 것 같기도 하다 / 2002년 여름 이후에는 본주와 몇 번 더 볼 기회가 있었지만 여전히 깊은 이야기를 나누진 못했다 / 그 후 2003년 봄 까페시월 앞을 급히 지나다 서 있는 본주와 잠깐 인사를 나눈 것이 마지막 만남이었고, 10월 본주가 이 세상을 떠났다는 소식을 들었다 / 2003년 겨울, 내가 운영하는 아트스페이스 휴에서 전시할 이장원이라는 작가가 본주의 제자라며 한동안 작업을 하지 못하고 침울해서 위로를 해주기도 했다 / 지금 돌아보면 나와 본주는 우연히 동일한 시기에 같은 학교를 다녔고 몇 번의 만남을 가졌고 전시회(본주의 개인전)를 같이 진행했지만 소위 자기의 예술관이나 작업에 대해 깊은 이야기를 나눌 기회는 적었다 / 아마도 내가 본주와 나눴던 가장 진지하며 가장 중요한 이야기는 87년 말과 88년 초 겨울, 나와 본주가 가장 젊은 시절에 처음 만나 나눴던 이야기가 아닌가 싶다 /

김기용(김노암), 2004. 11. 27

이 시대의 삶을 표현한

그립다

조각가
구본주

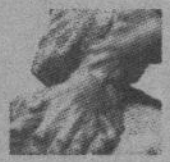

안성금, 2004. 11. 29.

ABOUT HIM
작가에 관한 짧은 글

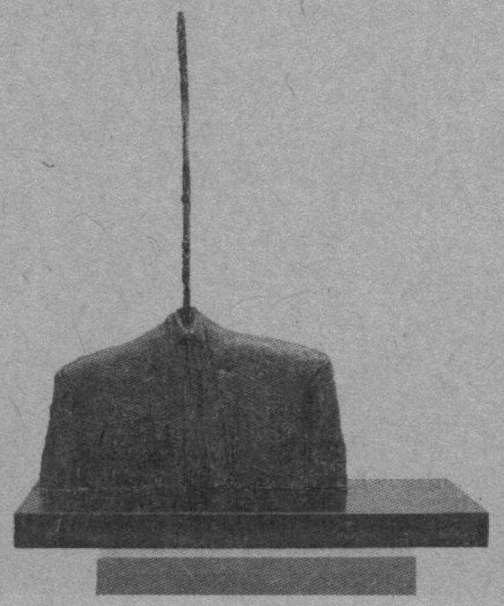

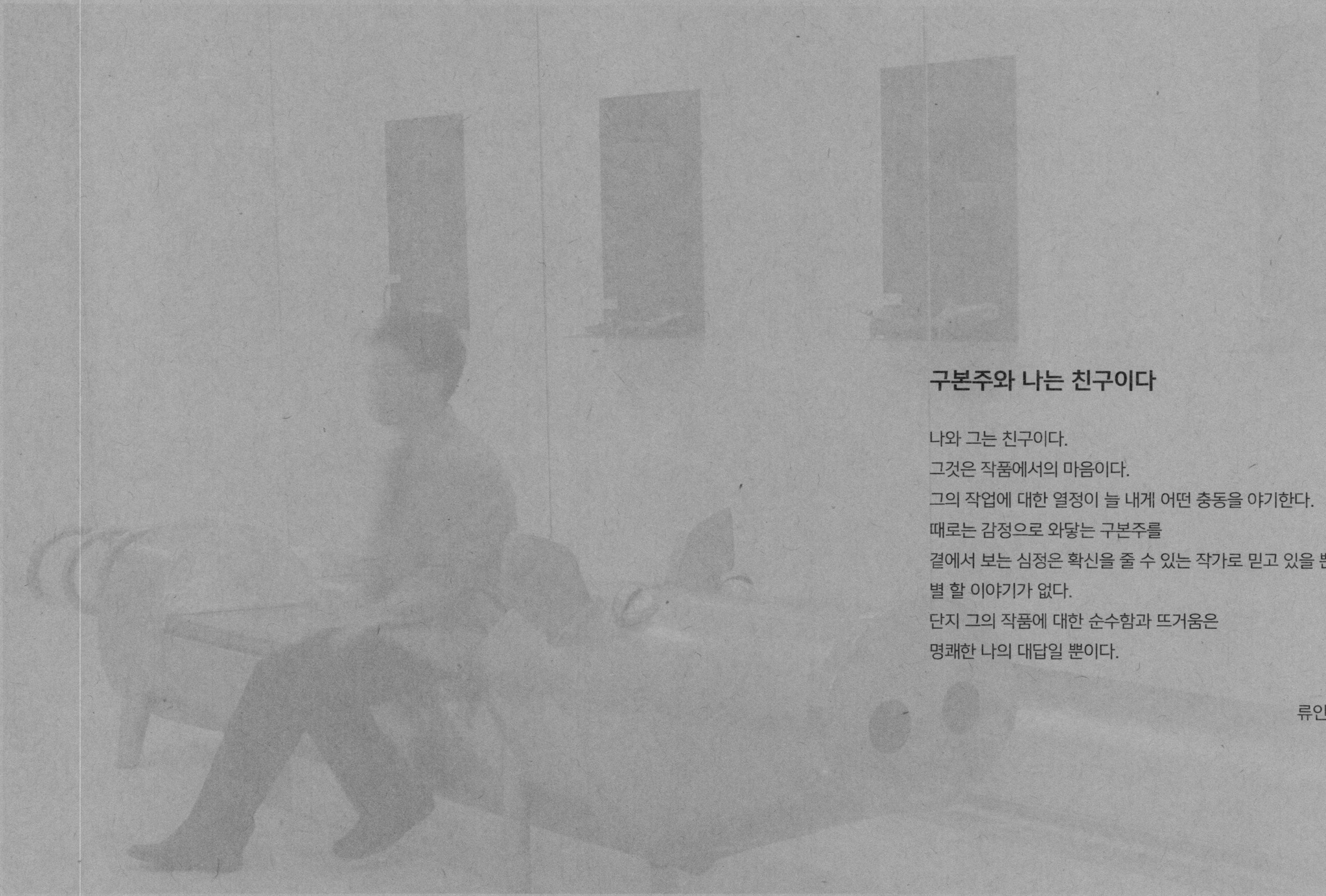

구본주와 나는 친구이다

나와 그는 친구이다.
그것은 작품에서의 마음이다.
그의 작업에 대한 열정이 늘 내게 어떤 충동을 야기한다.
때로는 감정으로 와닿는 구본주를
곁에서 보는 심정은 확신을 줄 수 있는 작가로 믿고 있을 뿐.
별 할 이야기가 없다.
단지 그의 작품에 대한 순수함과 뜨거움은
명쾌한 나의 대답일 뿐이다.

류인, 1995

우직한 젊음이 보여 주는 땀내음 나는 희망

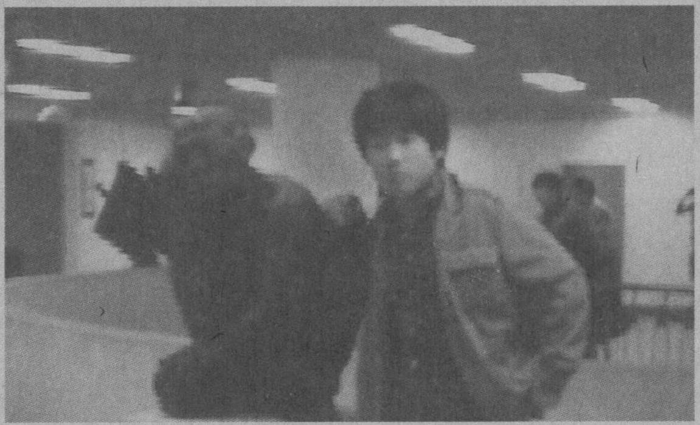

구본주는 1967년 경기도 포천 출생으로 홍익대학교 미술대학 조소과를 졸업하고 〈젊은 시각 내일에의 제안전〉 〈정치・정치전〉 〈메이데이 기념전〉 〈MBC 한국구상조각대전〉 〈민중미술 15년전〉 〈동학 100주년 기념전〉 등 단체전에 출품한 바 있으며, 1995년 첫 개인전을 가졌다.

의정부역에서 차를 타고 북쪽으로 40여 분쯤 올라가면 구본주의 고향 포천이 나온다. 가는 길 중간 중간 훈련하는 군인들의 모습을 쉽게 볼 수 있다. 그리고 경치 좋은 위치를 찾아 러브호텔을 지어 대느라 곳곳에서 분주하다. 큰길을 벗어나 비포장길로 10여 분 들어서면 사람의 손길을 타지 않은 처녀림들 사이로 구본주의 작업장이 보인다. 듬성듬성 개 짖는 소리와 새소리가 들리고, 멀리서 적막을 가르며 지나가는 트럭들의 소리도 가끔 들린다.

이제야 서울을 확연히 떠나왔다는 생각이 들었다. 구본주의 작업장은 바로 뒤가 공동묘지이고, 길가 쪽 벽을 경계로 이곳 주민의 삶 터전인 논두렁이 바싹 붙어 있다. 작업장 문을 열어 보이며 구본주는 "이곳은 삶과 죽음이 교차하는 지점에 위치해 있다."고 자신의 공간을 소개했다. 작업장 문을 여는 순간 우뚝 솟은 그의 대표작 〈갑오농민전쟁〉이 눈앞에 다가섰다. 좀 삭막하기조차 한 그의 작업장에는 장난으로 건넨 '삶과 죽음이 교차하는 곳'이라는 말이 실감날 정도로 여러 표정을 짓고 있는 사람 형상의 토막들이 여기저기 나뒹굴고 있었다.

젊은 날의 치기로부터

구본주는 대학 시절 화려한(?) 경력의 소유자이다. 물론 그것은 분명 치기(稚氣)였다. 하지만 그가 겪은 80년대가 지니는 상징성은 그 치기마저도 결코 작은 의미로 볼 수 없게 만든다. 역사(歷史)와 변혁(變革), 그 '젊은 80년대의 치기'가 결코 무의미하지 않았다는 것을 구본주는 작품을 통해 보여 주려 한다.

"내 작품에서 설정하는 아름다움은 형식적으로는 구성력, 양적 스케일, 긴장감 등이고, 내용적으로는 극복, 저항 등 현상태의 변화를 추구하는 의식적인 노력들이다."고 80년대 끄트머리 세대로서 구본주는 이념적 문제들 사이에서 자신의 작품이 존재할 지점을 설명한다.

다소 거대하며 모뉴먼트적 분위기를 자아내는 그의 작품들은 무척이나 힘이 있는 형식을 취하고 있다. 다른 관점에서 보자면 권위적인 억압마저 느끼게 만든다. 그러나 구본주가 내심 읽으려고, 그리고 읽힘을 당하려고 노렸던 것은 다른 것이다. 그것은 '낯익은 새로움이 갖는 희망'이라는 것이다.

희망 – 그 낯익은 새로움

한때 '희망'에 대한 구본주의 생각은 '노동자'로 집약되어 있었다. 87년 7·8·9투쟁의 기억에서 시작된 그의 〈노동자〉 연작들은 흙으로 만든 손바닥만 한 작은 조각에서 등신대를 넘어서는 작품에 이르기까지 다양하다. 〈노동자〉 연작 이후 구본주는 투쟁하는 노동자로부터 또 다른 역사적 기억을 유추하여 '갑오농민'과 오늘날의 '노동자'를 결합시키는 작업을 보여 주었다. 익숙한 우리 삶과 역사로부터 출발한 그는 변혁이라는 새로움을 '저항'의 이미지로 부단히 결합시키려 한 것이다.

노동자와 농민을 형상화하며 크고 작은 작업 경험을 쌓은 구본주는 90년대 들어서면서 '화이트칼라'에 대해 관심을 갖게 된다. 물론 이것도 당시 사회운동의 성격과 맥을 같이 하는 선회였다. 하지만, 구본주에게는 그동안 역사성(농민)과 시대성(노동자)의 결합이 너무 도식적이지 않았느냐는 반성이 앞섰고, 도시인들에게 좀 더 익숙한 사무직 노동자의 삶으로부터 더 다양하고 실재적인 이야기를 끄집어내려 한 것이다. 이에 대해 그는 "과거 너무 거대하고 다분히 구호적인 작업들을 해 왔다. 그러다 보니 잔정이 부족함을 느낀다."고 딱 짤라 말한다. 그리고 그는 다시 덧붙인다. "농민으로부터 사무직 노동자까지, 단청에서 네온까지 일관되게 관통할 수 있는 것을 형상화하고 싶다."고. 욕심이 너무 많은 것일까?

구본주는 다시 말을 꺼낸다. "난 아직도 소주 혹은 막걸리 냄새가 나는 작품을 하고 싶다. 그리고 그것이 맥주여도 괜찮고, 양주여도 상관없다. 하여튼 삶의 애환이 담긴 술 냄새나는 그런 작품을 하고 싶다."

최금수, 가나아트, 1995

나의 작업은 소모품화 되어 가는 샐러리맨의 비애 곱씹기

평균대같이 생긴 기다란 나무 위를 빼빼 마른 두 사내가 죽어라 달리고 있다. 좁은 그 길 위에서 뒤처지는 자는 영원히 탈락이다. 선두를 유지하려는 사내나 그 사내를 추월하려는 사내, 모두 필사적으로 안간힘을 다한다. 마치 만화 속의 추격전처럼 과장되게 표현된 몸짓과 몸의 비례 등이 순간의 표정을 영원으로 붙잡아 놓고 있다. 젊은 조각가 구본주가 요즘 제작하고 있는 〈미스터 리〉란 목조 작품이다.

〈미스터 리〉는 평균적인 한국의 샐러리맨이다. "쉬고 싶으니까"라는 말을 유행시킨 광고가 대변하듯 무한 경쟁의 궤도 속에서 끊임없는 전진 운동을 계속하고 있는 한국의 샐러리맨들. 그 지치고 고갈된 군상. 그러나 오늘도 쉼 없이 달려야만 하는 그들. 구본주의 작품은 바로 그 평범한 삶의 순간이 매일 매시 극점의 순간임을 보여 주는 시대의 단면도이다. 이 작품뿐 아니라 대부분 그의 작품이 이 같은 우리 일상의 표정을 담고 있어 하나하나 진한 공감으로 다가온다.

조각가 구본주(29)의 작업실이 있는 곳은 경기도 포천군 소흘면 무봉3리 283번지다. 야산으로 둘러싸인 한적한 시골이다. 60평 정도의 창고와 스튜디오 형의 간이 주택을 지어 작업과 생활의 근거지로 삼고 있는 이곳은 그가 태어나서 자란 고향 동네이기도 하다.

"고등학교 2학년 때까지 여기서 돼지를 쳤지요. 돼지 치다가 미술대학 가겠다고 고3 때 서울로 올라갔는데, 혼자서 서울 가기는 그때가 처음이었어요. 얼마나 무서웠는데요."

건장한 농투성이처럼 생긴 그가 무서웠다는 표현을 쓰는 게 왠지 좀 어울리지 않아 보이지만, 씩 웃는 모습에서 그의 진솔한 마음가짐을 느낄 수 있다.

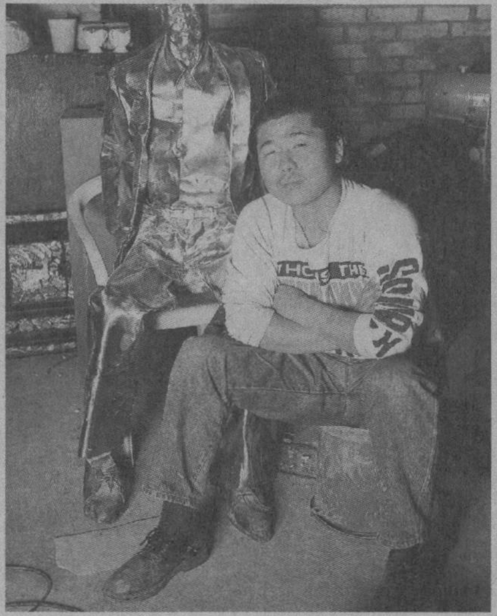

그를 인터뷰하기 위해 그의 작업실에 찾아든 시각은 아침 9시 30분경. 흐리던 하늘이 맑게 개이고 햇빛이 무척 밝다고는 해도, 대형 축사처럼 지어진 아수라장인 작업실이나, 아무렇게나 사물이 널브러져 있는 생활 공간에서 그의 '무위자연'은 말 안 해도 알 만한 타고난 것이었다. 이런 그의 생활 습성과 성품으로 보건대 사실 현대 도시인의 25시가 그의 작품 주제라는 것이 그다지 실감나게 다가오지 않는다.

"왜 멀리 떨어져 있으면 더 잘 보이는 것 있지요? 그렇게 생각하면 돼요."

간단한 답변이다. 그만큼 그는 자신이 하는 작업에 빠져 있고 자신이 있다. 그가 자신의 예술적 재능을 발견한 것은 아주 어릴 적 심심풀이로 나무를 깎으면서다. 조각도는 아예 있는지도 몰랐고, 연필 깎는 칼로 불상 등을 깎으면서 시간 가는 줄 모르던 그때, 그는 무엇을 만든다는 것이 얼마나 재미있는 일인가를 절실하게 느꼈다. 당시의 손때 묻은 불상은 아직도 잘 보관하고 있다.

그가 미술을 배우고 싶다는 생각을 가진 것은 고등학교 3학년 때, 인근의 한 초상화 학원에 나갔다. 초상화를 한 달 정도 배웠을 무렵 '미술대학이라는 곳이 있다는 것과 그런 데 들어가기 위해서는 초상화 학원이 아니라 입시 미술 학원에 나가야 한다는 것'을 알게 됐다. 그는 그렇게 세상 물정에 어두웠다. 미술대학에 가겠다고 부모님을 졸랐다. 그의 표현을 빌자면 "무지하게 맞았다."이다.

그러나 결국 서울로 올라왔고, 불과 6개월간의 학원 교습을 거쳐 그는 보무도 당당하게 홍익대의 교문을 걸어 들어갔다.

"처음엔 오래 배운 다른 친구들 능력과 비교되는 것 같아 겁이 잔뜩 났어요. 그런데 막상 같이 배워 보니 입시용 작품의 실력과 진짜 예술 작품의 실력은 다르다는 것을 알게 됐지요."

나름의 자신감을 얻은 그는 열심히 작품 활동을 해 주위의 인정을 받았다. 그러다가 우연찮게 운동권에 발을 들여놓아 수원의 한 공장에 위장 취업을 했는가 하면 총학생회 회장 선거에도 출마했다. 현실에 눈을 뜬 시기였다. 그리고 그가 지금과 같은 주제로 작품을 하게 되는 단초가 되는 시기이기도 했다. 열심히 뛰어든 '운동 생활'이기는 했지만 총학 선거에서 실패한 뒤 그는 다시 작품 앞으로 돌아와 오로지 자신의 세계를 다지는 데만 매진했다. 예술가는 사회 비판을 하더라도 일단 작품을 통해서 자기 발언을 하는 것이 먼저라는 생각이 그때서야 들었던 것이다. 농촌 출신으로 그렇게 빠른 속도로 예술과 사회를 체험해 가던 그가 그 과정을 통해 얻은 나름의 예술적 이해를 공개해 처음으로 범화 단적 인정을 받은 것이 93년 'MBC 한국구상조각대전'이다. 그가 출품한 〈배대리의 여백〉이 대상을 차지했던 것이다.

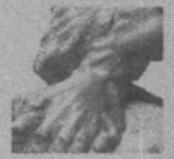

작품의 중심 주제는 샐러리맨의 애환

〈배대리의 여백〉은 뒤에 철조로 무대 같은 상황을 만들고 앞에 나무로 깎아 만든 인물을 배치한 작품이다. 철이 주는 막막한 느낌과 장벽 같은 답답함이 상황의 어려움을 잘 상징하고 있고 그 앞의 인물은 소외된 인간의 전형적인 표정을 지은 채 끝없이 외로움을 곱씹고 있다. '회사 인간'의 비애가 스며든 작품이다.

'세계화'의 구호 속에 오로지 경쟁력 제고만을 요구 받는 회사 인간은 달려야만 쓰러지지 않는 자전거와 유사한 존재다. 진정한 정신적 휴식을 취할 새 없이, 그리고 또 사회의 소모품으로써 자신의 존재 가치가 제로의 순간에 이를 때까지, 그는 열심히 스스로를 마모해 가야만 한다. 지금 이 순간처럼 이렇게 뭔가 불안한 심정으로 주위를 돌아보는 것도 자칫 달리던 자전거 바퀴를 세우는 일이 될 수 있다. 하지만 멈칫 멈칫 뒤를 돌아본다는 것은 그가 그래도 아직 죽지 않고 살아 있다는 증거에 다름 아니다. 인간은 결코 기계의 나사가 아닌 것이다.

구본주는 〈배대리의 여백〉 이후 계속 이 같은 샐러리맨의 애환을 자신의 중심 주제로 다뤄 나갔다. 우리 사회의 표정을 가장 잘 잡을 수 있는 주제라는 확신이 들었기 때문이다. 〈이대리의 백일몽〉은 내용상 앞서의 작품과 크게 다를 바 없다. 그러나 작품화해 들어간 방식은 상당히 다르다. 좀 더 희화화된 인상이 강하고 상당히 동적인 구성을 취하고 있다. 그것은 아마도 '여백'과 '백일몽'의 차이에 따른 것이기도 할 것이다. 전자가 그래도 반성적 성찰의 표정일 수 있다면 후자는 그저 지겨운 현실에 대한 일탈 심리에 다름 아닌 것이다. 작품의 구성은 이렇다. 길고 두터운 철판이 초승달처럼 휘어 있다. 반원에 약간 못 미치는 아치형 선면이다.

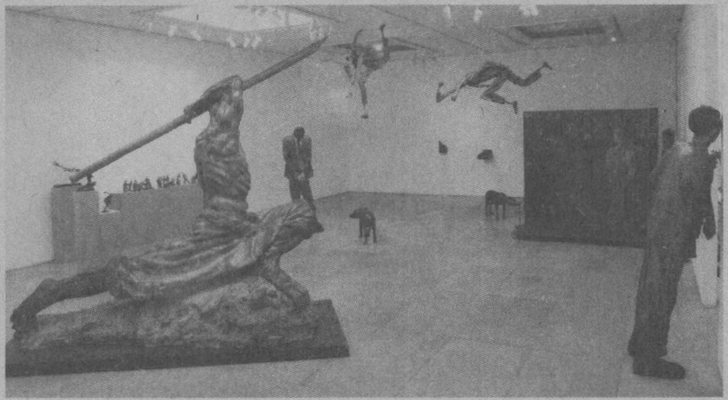

그 곡선을 따라 스케이트보드를 탄 '이대리'가 바람을 가르며 내려오고 있다. 넥타이를 휘날리고 바바리코트를 펄럭이며 신나게 공간을 가른다. 그의 손에는 자동차의 운전대가 잡혀 있다. 세상을 그의 한 손에 쥐고 조종을 하는 듯 그의 자신감은 놀이의 쾌감으로 인한 극도의 흥분감 만큼이나 거의 폭발 지경에 이르러 있다. 문제는 이 자신감이 그의 삶을 향한 것이 아니라는 것이다. 그것은 현실에서 도저히 획득할 수 없는 꿈속의 자신감이다. 현실을 도피한 그는 모든 일에 당당하며 모든 일에 무소불위의 능력을 발휘한다. 그 스스로 스케이트보드를 타는 환상 속에 빠져든다 해도 그는 그저 설설 기는 아마추어가 아니다. 그는 물 찬 제비처럼 공간을 가른다. 그가 파도타기를 한다면 그는 아슬아슬한 모든 순간을 극적으로 비집고 나오는 프로 중의 프로다.

물론 그가 조금의 시간과 돈을 투자한다면 그 꿈 중의 어떤 것은 실현이 가능할 것이다. 아주 완벽하게는 아니더라도 웬만큼은 잘할 수 있을 것이다. 그러나 그가 꾸는 백일몽이라는 것이 그의 실천을 이끌어 낼 만큼 절실한 소망과 욕망을 담은 것이 아니라 무조건 현실을 탈피해 보고자 하는 강박감에서 나온 것이란 점에서 이는 늘 물거품으로 끝나고 만다. 그의 백일몽이 갖는 그 완전함, 짜릿함, 환희는 그만큼 먼 거리에서 그의 현실에 대한 대척점으로 서 있는 것이다.

인간답게 살기 위해서는 자신의 내부 혁명이 필요하다

또 〈이대리의 백일몽〉의 초승달 같은 철판은, 그것이 완전한 원을 이루고 있지 못함으로써 환희에 찬 이대리가 곧 그 선을 빠져나와 현실로 굴러 떨어질 것을 암시하고 있다. 아쉽게도 백일몽의 순간은 언제나 짧다.

엑스터시의 순간과 깨어남의 순간은 오로지 간발의 차다. 그 깨어남의 순간, 이대리는 반성적 성찰의 노력조차 더 이상 갖지 못하고 오로지 몽상가로서 자신의 빈 시간을 땜질하는 스스로의 모습에 이제는 완전히 자포자기해 버리고 말 것이다. 이대리의 형상에서, 철판을 뜨겁게 달군 뒤 그걸 자르고 휘어 왜소한 샐러리맨을 만든 작가의 '완력'이 너무도 실감나게 느껴지는 그 모습에서, 우리는 개인 위에 군림하는 막강한 구조의 힘을 보게 된다.

하지만 이대리는 얼른 얼굴을 흔들고 다시 눈앞의 일에 열심히 빠져들어야만 한다. 〈파고다 공원에 파랑새는 없다〉는 작품이 암시하듯 조기 퇴직의 덫 같은 '조직의 쓴맛'을 보지 않으려면 그 같은 '하찮은' 집념일랑 빨리 털어 버리는 게 상책이기 때문이다.

"이렇게 어려운 세상에서 인간답게 살기 위해서는 자신의 내부 혁명이 필요하다고 생각합니다. 스스로를 삶의 주인으로 일깨우는 거지요. 〈갑오농민전쟁〉 연작은 바로 그런 취지에서 만든 작품입니다. 꼭 역사를 되새겨 보자거나 현실의 변혁 의지를 거기에 빗대 얘기하고자 했다기보다는 한 개인이 자신의 삶에 얼마나 충실할 수 있는가를 그 같은 혁파의 정신에서 추출해 보고자 할 것입니다."

'샐러리맨' 연작 외에 그가 관심을 기울여 제작해 온 〈갑오농민전쟁〉 연작은 스스로에게 다지는 각성의 표현이다. 그의 작업실에는 죽창을 들고 돌진하는 거대한 동학 농민상이 있다.

그 또한 그렇게 분연히 스스로의 한계를 떨치고 일어서고 싶다. 그의 예술이 진정 그런 해방의 몸짓으로 살아 오를 때를 기다리는 그는 바로 그 원망의 지점에서 아직 자신 역시 해방돼 있지 않음을 절감한다.

칠순의 몸으로 지금도 과일을 팔아 가족의 생계를 돕는 어머니, 어려운 형편에 작업실을 지어 작품 활동에 전념하도록 도와준 누나들. 예술이 단순히 입신의 수단은 아니겠지만, 그 또한 한 사람의 성공한 예술가가 되기를 바란다는 점에서는 다른 대부분의 젊은 예술가들과 다를 바가 없다. 그렇지만 그는 진정 예술다운 예술을 성취해야 한다는 의무감과 목표를 갖고 있다. 이 같은 점에 비춰볼 때 예술가로서 그가 겪는 갈등이 사실 샐러리맨들의 그것과 전혀 무관하다고 할 수 없다. 그래서 다시 그는 샐러리맨들의 애환에 짙은 연민을 느낀다. 그의 몸은 비록 이 한적한 시골에 있지만 말이다.

"그런데 어때요? 솔직히 한번 본 대로 얘기해 줘요. 내 작품을 어떻게 봤습니까?"

다시 묵직한 웃음을 띠며 묻는 그는, 그 순간 여느 젊은 작가처럼 자신의 예술에 대해 회의하고 두려워하며 궁금해하는 순진한 청년의 모습이 된다. 하지만 한 평론가의 견해뿐 아니라 많은 미술인들의 평가를 그는 곧 들을 터이니 그렇게 조급해할 필요까지는 없을 것이다. 7월 6일까지 열리는 그의 개인전이 그 평가의 펼침 마당이다. 샐러리맨 연작과 〈갑오농민전쟁〉 연작 외에 〈자조상〉 등 근작을 십수 점 선보이게 되는데, 그는 이 작품들을 똑 그처럼 생긴 그의 하얀색 자가용 트럭에 실어 전시장인 서울 종로구 관훈동 금호갤러리까지 직접 나를 것이다.

이주헌, Feel, 1995

나는 진정한 리얼리스트를 꿈꾼다

조각은 생활의 연속일 뿐이에요

철판에 스프레이로 내갈겨 쓴 구본주 작업실. 그러나 굳이 그 모난 문패를 보지 않더라도 그곳이 조각하는 사람의 작업실이라는 것은 누구나 알 수 있다. 축사를 개조해 만들었다는 작업장 주위에는 온몸의 에너지가 역류하는 듯한 왜곡된 신체들이 나무토막처럼 우뚝 서 있다. 동학 농민군의 단호한 발자국과 바바리를 입은 샐러리맨의 주저하는 듯한 발걸음이 땅바닥에 단단히 뿌리박혀 있는데, 그 역동하는 물체를 만든 이가 누구인지 궁금하지 않을 수 없었다.

장인 정신과 풍부한 기량, 탁월한 솜씨를 가졌다는 조각가 구본주가 바로 그 주인이다. 4월 중순 사비나갤러리와 원서갤러리 두 곳에서 동시에 진행될 개인 전시회를 준비하느라 여념 없는 그로서는 인터뷰 시간을 내기조차 빡빡했을 터인데, 아직 제작 중인 작품들을 일일이 소개해 주면서, 그는 "재밌지? 재밌겠지?" 꼭 이렇게 물었다. 그런데 작품을 구성하게 된 기발한 착상보다 오히려 그의 표정이 더 재미있어 보이는 것은 왜일까? 나이배기 어린아이가 흙을 처음 만질 때처럼 마냥 웃는 즐거움이 천상 타고난 장인이다.

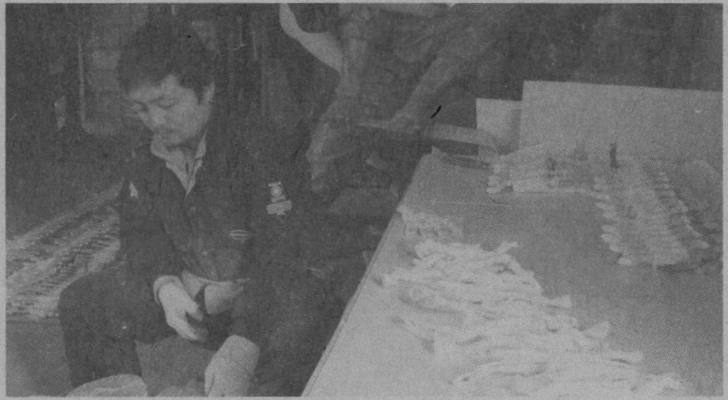

"내게 조각은 본능과 비슷한 것 같아요. 조각을 할 때 가장 자유롭고 나무를 깎거나 쇠를 두드리거나 그런 인고의 시간을 한차례 겪어 낸 다음에 수확할 때 희열을 느끼죠. 거창한 무엇을 위해서가 아니라 다만 생활의 연속일 뿐이에요."

철 가루와 나무 가루가 뒤범벅된 그의 작업장 한켠에는 그가 중학교 때 연필 깎는 칼로 다듬었다는 작은 나무 조각상이 다소곳이 서 있다. 한복을 입은 어머니가 아기를 들쳐업고 있는 조각상과 여자 나체 조각상이 그것인데, 미술교육은커녕 교내 미술반도 없는 상황에서 조각 작품을 만들었다는 것부터가 예사롭지 않다.

농사짓는 부모님 슬하, 8남매의 막내였던 그의 어린 시절은 팍팍하고 외로웠다. 나이 많은 형들의 구박(?)을 피해 혼자 있는 시간이 많아졌고, 그랬던 탓에 오리고 붙이고 깎는 취미가 자연스럽게 그의 공허로움을 메워 주었다. 한번은 둘째형이 선물로 받아온 초상화를 보았는데, 그렇게 신기할 수가 없었다. 그 뒤로 시간만 있으면 무엇인가를 그렸다. 초등학교 시절 그의 공책은 필기가 아니라 그림으로 가득 채워지곤 했다.

처음에는 동양화에 관심이 있어서 포천에서 서울 전시회를 오가며 도록을 보고 그대로 따라 그리면서 연습하기 시작했다. 하라는 공부는 안 하고 그림만 그리고 있는 그를 바라보는 부모님의 심정이 오죽했으면, 그림 그리는 것을 들켰다 하면 꾸중과 매타작이 뒤따랐고, 덕분에 그의 습작은 형광 불빛 하나 없는 암흑 속에서 비밀리에 진행될 수밖에 없었다. 그런 열기 때문인지, 타고난 운명 때문인지 이제는 고인이 된 조각가 류인에게서 입시 미술을 공부하는 행운을 안게 되었다. 류인은 그에게 영향을 준 사람 중 하나인데, 작업에 대한 구체성보다는 조금은 궁상맞으면서도 매력적인 조각 세계를 펼쳐 보여 줌으로써 그에게 조각가가 되어야 한다는 신념을 심어 주었다. 그에게는 커다란 자산이 아닐 수 없다.

새 길을 만드는 마음으로

구본주는 386세대다. 그 또래의 친구들이 다 그렇듯이 그 또한 '운동권이냐, 비운동권이냐'라는 두 가지 선택밖에는 존재하지 않았던 용광로 같았던 시기를 겪어 냈으며, 그 양극단 사이에서 발생하는 수많은 오류의 파편들에 열정과 신념으로 맞서 싸웠다. 대학 1, 2학년 시절에 작업에만 전념했던 그가 세상을 보는 눈이 변화하게 된 계기는 87년 민주화 항쟁을 겪으면서부터다. 철거민 투쟁 현장, 광주 민주화 항쟁 사진집, 《태백산맥》 등을 보고 읽으며 홍역을 앓았다.

그런 경험 속에서 소중한 자양분을 얻었다. 그것은 단순히 이념적 틀거리만이 아니라 현대 자본주의에서 사회주의 조각 작품까지 모두 살펴보고 소화할 수 있는 통로였던 셈이다. 노동자나 농민이 작품의 소재로 등장하는 것은 물론 그들 스스로가 작품을 생산해 낼 수 있다는 것은 생각도 못하던 시기였으니, 러시아를 비롯한 사회주의 작품에서 받은 문화적 충격은 이루 말할 수 없다.

이러한 자양분을 얻었기에 그는 특정한 어느 한 가지의 외국 사조를 추종하지 않고 독자적인 작품 세계를 이룰 수 있었다 해도 과언이 아니다. 총학생회 부회장 선거에 출마했으나 낙선한 이후로 학생운동을 정리하면서 본격적으로 작품에 몰두했다. 돌이켜보면 친구들과 연락을 끊고 칩거했던 그 기간이 그의 지금까지의 생활에 있어서 가장 많

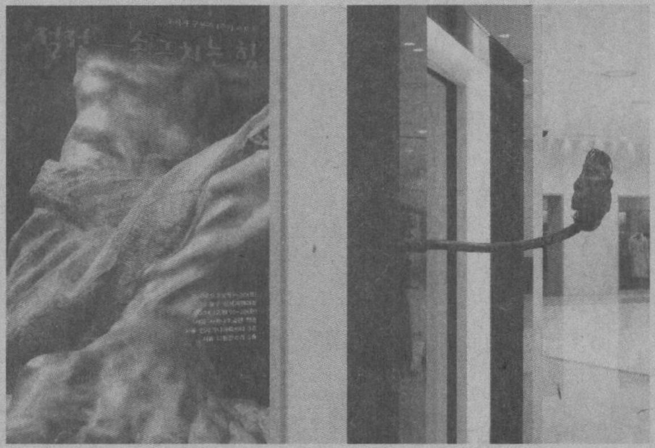

은 작품을 생산했던 시기였다. 대학 초년 때 닦여진 기술적인 재산이 있으니 밖에 나돌아 다니지 않고 밤샘 작업을 하면서 마음에 드는 작품을 많이 건질 수 있었다.

"운이 좋았던 것 같아요. 〈혁명은 단호한 것이다〉 〈노동〉 등 마음에 드는 작품이 많이 나와서 작업에 대한 용기를 얻었죠. 전선 자체가 무너지는 시기에 기존 공모전에 도전해서 좋은 상을 받은 것도 그렇고, 첫 개인 전시회도 잘 되었고요."

고향으로 돌아와 작업장에서 지낸 지 벌써 7년째이다. 학생운동 시절 늘 사안에 밀려서 어항 속에 먹이 받아먹는 금붕어처럼 이리저리 쫓아다녔다면, 이곳에 들어온 이후에는 비록 세상의 급속한 정보와는 일정 정도의 거리는 갖지만 최소한 1년을 스스로 계획해서 살 수 있는 것이 그는 기쁘다.

하나를 얻으면 잃는 것은 반드시 있는 법. 바깥과 많이 멀어지기는 했지만 대신 자신의 작업에 몰두할 수 있는 용기를 얻었다. 이제 그에게 지대한 영향을 주었던 친구들은 모두 흩어져 버렸지만, 그는 무엇보다 386세대들의 그 진한 경험을 믿는다. 기존에 있던 것을 차용해서 자기화하기는 쉬운 노릇이었지만, 386세대는 지금까지 우리 현대사에는 전혀 없었던 새로운 경험을 한 세대이고, 80년대의 경험을 밑천으로 삶을 엮어 나가야 하는 세대이다. 때문에 구본주는 그들이 껴안아야 할 고통은 크겠지만 앞으로 10년이 지난 이후 그들이 지금 생산해 내고 있는 것들이 언젠가는 커다란 흐름을 만들 것이라는 기대를 잃지 않고 있다.

그가 왜곡된 신체들을 표현해 내듯이 또래의 친구들 또한 나름대로 각자 다양하게 패턴을 만들 것이 분명하다. 양극단을 내달리던 전체주의 시대에는 한 가지 이슈에, 한 가지 시도밖에 없었다면 지금은 나름의 자기 매체에 기반한 진정성들이 쌓이는 시기이기 때문이다.

"순전히 사견이기는 하지만, 임진왜란 이후 실학주의가 신흥 사조로 지식인들 사이에 퍼졌고, 그런 사상적 배경 덕분에 신윤복과 김홍도 같은 풍속 화가들이 나온 것 아닐까요. 그렇다면 우리들의 80년대 상황들도 분명 이제까지와는 전혀 다른 새로운 사조를 낳겠지요. 지금 가닥이 분명하게 잡히는 것은 아니지만요, 새로운 사조를 만든다는 소명의식을 가지고 개척해 나가야죠. 희망적이죠. 누구라도 자신의 일을 소중히 여기는 사람들은 내가 아니면 아무도 못한다고 생각하지 않을까요."

평생의 숙제는 조각의 참된 리얼리즘을 보여 주는 것

구본주는 풍부한 장인적 기량을 가진 작가, 굉장한 스타일리스트로 통한다. 청동이나 나무를 자유자재로 다루는 기술적인 면이 이를 뒷받침할 뿐만 아니라 무엇보다 그의 조각에 흘러넘치는 참된 기운의 소용돌이는 그의 작품을 보는 이마다 삶에 대한 애착 이전에 존재하는 그 무엇을 발견하게 한다.

때문에 그의 조각 작품은 이제까지 존재하지 않았던 조각의 리얼리즘을 발견하게 한다. 예전의 리얼리즘 조각이라 명명되었던 것들이 농민이나 노동자를 소재로 다룬 형상

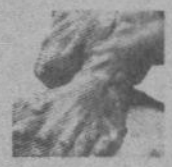

의 재생에 그쳤다면, 그래서 여타의 표현주의 작가들과 그다지 뚜렷한 차이를 지니지 않은 채 작품이 제작되었다면 그의 작품은 단순히 소재를 다루는 것에서 벗어나 있다. 그도 그럴 것이 그는 예전의 정치 수준을 한결 뛰어넘는 진보성을 담지한 시대에 조각을 접했기 때문이다. 조각 세계에서 참된 리얼리즘을 구현하는 것은 조각가로서 그의 생의 숙제이기도 하다.

“IMF가 끝나면 지금하고 있는 ‘가족’ 같은 테마들도 끝나겠죠. 옛날 작품들에서는 사람들에게 희망이랄까 대안을 보여 주려고 노력했던 것 같아요. 그런데 솔직히 과학자가 아닌 이상 그것은 힘들 것 같아요. 이렇게 해야 한다 저렇게 해야 한다 선언은 못하겠더라구요. 그 순간에 드러나는 희망적인 부분들을 포착해서 작품에 반영하는 것뿐이죠.”

그에게서 80년대를 경험한 작가들의 전형을 발견하기가 그다지 어렵지 않은 것은 바로 이러한 솔직한 독백에 있다. 이전 시대의 일정한 도식에 곱게 벼려진 칼날을 뚫고 새로운 전선을 구축하는 속도를 늦출 수 없는 운명을 타고났다. 그의 운명에, 작업에 공감하는 후배들이 지나갈 수 있는 새로운 길을 만드는 것이 바로 그의 몫이라는 자부심이 반가웠다. 이제까지의 리얼리즘 논의는 참으로 풍성했지만, 오히려 그 논의 속에서 생산된 작품이 다소 천편일률적이고 획일적이었다는 것은 부정하기 힘든 시대적 한계이다.

물론 리얼리즘에 대한 입장의 차이들이야 평론가들이 정리해야 할 일이겠지만, 그는 리얼리즘이란 나름대로 현실을 적극적으로 표현하는 것이라고 생각한다. 어떻게 표현해야 한다고 가둬 놓고 리얼리즘이라고 규정하는 것은 작가의 특권을 포기하는 것과 마찬가지이기 때문이다. 그의 작품에서 현실들이 굴절되어 반영되듯이 그는 자신이 느낀 현실을 표현하고 싶은 대로 자유롭게 표현하고, 주변에서 영향 받을 수 있는 것들을 적극적으로 받아들인다. 쿠르베처럼 하고 싶다면 쿠르베처럼, 러시아 작가처럼 하고 싶다면 러시아 방식대로 표현 방법에는 경계선을 두지 않는다. 다만 현실을 볼 때 장님처럼 살지 않는 것, 늘 보려고 노력하는 것이 그가 조각을 통해 구현하는 적극적인 삶의 의지이다.

그가 작품을 본격적으로 제작한 지 10년, 그 기간 동안 그가 해 왔던 리얼리즘에 대한 고민들은 작품을 통해 여실히 드러난다. 처음에 그가 다루었던 노동자 작품들은 여타의 작가들의 것과 마찬가지로 정형적인 것으로 형상에서 크게 변형되지 않았고 그가 95년 ‘존재와 의식전’에서 보여 주었던 샐러리맨에 관계된 작품들은 맹목적인 허무함과 공허함이 배어나는 희화화에서 그쳤다고 고백한다. 이번 전시회에서 가정이라는 테마를 일관되게 다룰 예정이다. 테마는 주변화 되는 반면 형상은 더욱 역동적으로, 표현하는 양상은 왜곡과 변형이 심해졌다. 이전의 주제들이 실질적인 체험의 바탕 없이 추상화 되었다면 이제는 현실적으로 가깝게 체험할 수 있는 부분으로 전이되어 이야깃거리가 더욱 풍부하게 된 것이다.

리얼리즘에서 좀 더 중요한 것은 예전부터 지속되어 온 사랑, 가족, 샐러리맨, 노동자라는 주제의 가치 문제가 아니라, 이러한 것들에 어떤 과정을 통해 접근해 들어가고, 만들어 가며, 거기에 미적 가치를 얼마나 부여할 수 있느냐가 문제인 것이다. 때문에 주변의 요소들이 변화할 때 새로운 가치를 부여하며 항상 변화할 수 있는 용기가 그에게 가장 중요한 것인지도 모른다. 그런 의미에서 그는 전선의 앞에 서서 내달리는 극단의 정치적 혁명주의자는 아니지만 진정한 리얼리스트인 셈이다.

전시회 많이 보러 오세요

4월 중순에 있을 제2회 개인전에서 구본주는 테크놀로지 요소들을 적극적으로 도입할 계획이다. 고도 산업사회를 표상하는 전자 장치와 같은 기계 문명들이 그의 세계 속에 녹아들게 되는데, 한때 유행처럼 미술계를 휩쓸었던 기계 문명의 요소들이 탁월한 장인적 기질을 자랑하는 그의 작품 세계를 훼방 놓지 않을까 은근히 걱정하는 소리가 간간이 들린단다. 그러나 그는 그런 걱정은 하지 않는다. 어차피 그가 가지고 있는 장점이든 단점이든 그가 작업을 그만두지 않는 한 그의 손끝에 늘 매달려 있을 터이고, 새로운 것을 배움으로써 그의 세계가 좀 더 새로워질 수 있다면 그는 만족한다.

“사람들은 컵에 물을 채우려면 기존에 있던 물을 버려야 한다고 생각하잖아요. 그럴 필요 없이 새 컵을 사 오면 되잖아요. 집 안에 세간도 늘고 마음도 더 풍요롭지 않을까요.”

이번 전시회에서는 추상과 현실, 역사와 사적인 부분으로 공간을 이원화하여 작품을 전시한다. 욕심을 부리다 보니 애초의 의도대로 진행되지 않았던 부분이 많아 구본주는 아쉽다. 추상적인 부분은 사비나갤러리에 놓이는데, 손이 중심 테마이다.

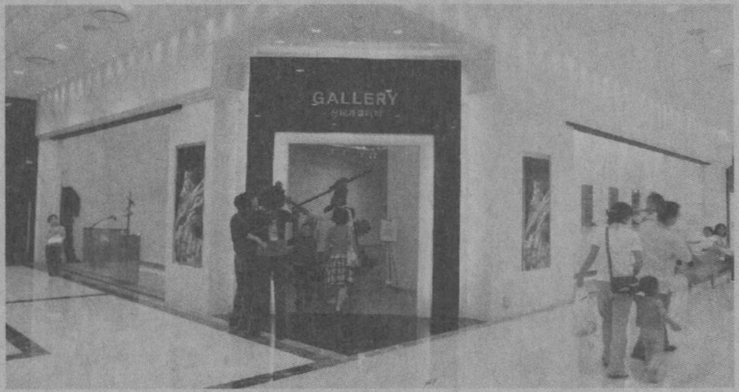

인간이 최초로 문명을 만들고 〈갑오농민전쟁〉에서 죽창을 들었으며, 투쟁의 80년대를 지켜 낸 손들을 작품으로 형상화했는데, 그의 전시장을 돌아보는 동안 과거 혁명적 전통 속에서 우리의 손들이 나중의 누군가의 길잡이가 될 수 있다는 〈숨은그림찾기〉의 의도를 알아낼 수 있을 것이다.

갤러리 원서는 가족을 중심 테마로 삼고 실제 전시장 또한 현관, 안방, 아기방 등 우리의 가족 주거 환경과 비슷하게 공간을 배치함으로써 우리의 현실을 돌아보는 여유를 제공할 생각이다. 단지 주제 상의 공간 배치뿐만 아니라 작품의 스케일과 형태, 제작 시기 등을 고려하여 전시 공간을 이원화함으로써 독자들이 작품을 제대로 감상할 수 있도록 최대한 배려할 계획이다. 이번 전시회 작품 중에서 가장 애착이 가는 작품은 〈눈칫밥 삼십 년〉이다. 늘 시간에 쫓겨서 작업하다 보니 작품 구상에, 몰두하지 못하는 것이 사실이지만 그 작품은 세상살이의 모든 것을 함축한, 말하자면 선이나 색 그리고 형상이 조화롭다는 생각이 들기 때문이다. 하지만 1회 개인전에서 선보였던 〈미스터 리〉의 형식 미학은 아직도 그의 마음에 든다.

몰두의 시대

이번 전시회가 끝나면 구본주는 이제까지 일주일에 이삼 일씩 나가던 홍대 입시학원 강사 생활을 정리하고 아기 아빠가 되리라 생각한다. 그가 생존하는 방식이 정해졌다면 현실에 단단히 뿌리박고 거기에 몰두할 나이가 되었다는 생각 때문이다. 조각은 이미 대중에게서 멀어진 문화가 되었다. 3D 업종 같은 생각도 들어 쓸쓸할 때도 있다. 그러나 그가 스스로 노력해서 이룩한 생존 방식이니 만큼 그는 발을 뺄 수가 없다. 빼기 싫은 것도 사실이다. 조각의 매체적 한계를 벗어나고자 방식을 바꿀 수 있는 것도 아니다. 방식이 바뀐다면 그것은 이미 조각이 아니라, 영화나 애니메이션이 될 수도 있기 때문이다. 어렵겠지만 조각의 작품성으로 대중과의 만남에 대한 부자유성을 극복하는 방법을 모색하는 것, 대중에게 감정과 감동을 불어넣는 꿈을 실현하기 위해 그는 오늘도 쇠를 두드릴 것이며 나무를 깎아 낼 것이다.

최경희, 민족예술, 1999

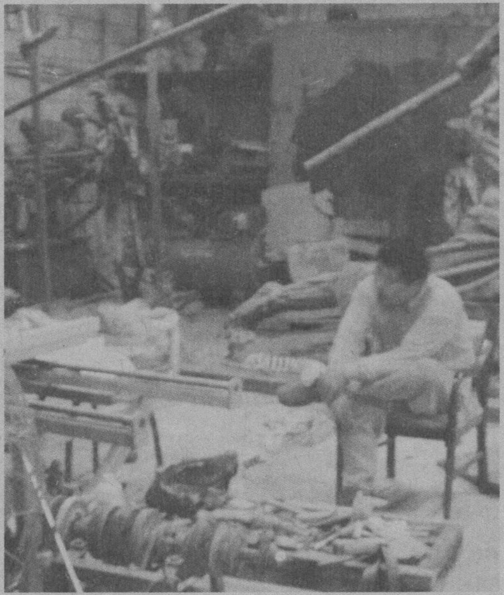

구본주

천천히 올라가던 쇠뭉치가 떨어지며 샐러리맨의 머리 위를 강타하자 손가방을 든 남자의 눈알이 튀어나오고 넥타이는 요동을 치는 가운데 헤벌린 입은 웬 날벼락 앞에 절규한다. 흡사 만화의 한 장면 같은 이 과장된 표현은 보는 사람으로 하여금 웃음을 띠게 만든다. 그러나 단순히 웃어 넘기기에 구본주의 작품은 너무 무겁고 심각하다. 평범한 일상을 다루되 그 속에 깃들인 소시민의 페이소스를 표현하고자 한 주제의 심각성 때문이기도 하지만, 무모하기조차 한 숙련된 기술과 노동에의 헌신, 그 자신감과 뚝심으로 가공된 재료의 저 중성적이고 육중한 양괴와 무채색이 보는 사람의 마음을 짓누르는 것이다.

두꺼운 철판을 절단하고 휘고 두드려 만든 그의 형상들을 보노라면 거의 낭비에 가까울 정도의 과도한 기술이 자기 학대의 수준에 근접하고 있음을 발견할 수 있다. 그것은 나를 질리고 숨막히게 만든다. 이 때문에 그의 작품 앞에서 마치 내 자신이 무거운 철갑으로 무장한 것처럼 심리적으로 불편함을 느끼게 된다. 금속 재료의 육중함은 그의 작품 속에 등장하는 현대 사회의 남성들이 일상의 삶 속에서 겪어야 하는 생존의 온갖 난관과 맞물리면서 단순해 보이는 하루하루가 실제로는 자본주의의 거대한 먹이사슬 속에서 얼마나 많은 위기와 갈등, 타협과 좌절, 긴장으로 점철되고 있는지를 상징적으로 보여 준다.

만화의 캐릭터처럼 희화화되었지만 그의 작품이 대체로 마니에리즘의 왜곡과 변형이 불러일으키는 정신적 긴장과 함께 바로크적 격정을 내포하고 있기 때문에 해방이 아니라 '무거움 속으로의 침잠'이란 특징을 더욱 고조시킨다. 그러나 기술과 노동에의 자기 확신이 불러일으키는 이러한 심리적 억압에도 불구하고 구본주의 작품에는 틈이 있다. 그 틈은 바로 삶을 관찰할 수 있는 여유이며 그는 이것을 해학의 방식으로 풀어낸다. 생존의 도가니 속에 갇힌 채 주체를 망각하고 살아가야 하는 각박한 현실에도 불구하고 각자가 꾸려 가는 삶의 영역이란 그 나름대로 의미와 가치를 지닌 것임을 그는 이 인물들의 손을 통해 보여 주고자 한다.

구본주에게 있어서 손이란 신뢰의 출발이자 그 목표다. 손이란 노동을, 존재의 이유를 명확하게 증명할 수 있는 표지다. 그 손을 통해 그는 생존의 고난을 이겨 내는 사람들의 지혜와 함께 그들의 절망마저 어루만지고자 한다. 그의 캐리커처 조각은 소시민인 우리 자신의 자화상일 수 있다.

최태만, 문예진흥원 홈페이지,1999

구본주: 뒤를 돌아보면 앞이 보인다고 했다

그를 만나러 의정부로 찾아갔던 것이 벌써 일주일 전의 얘기다. 의정부역에서 내려 계단을 따라 발걸음을 내딛다가 문득 90년대 중반즈음 그의 혼례식에 참석하기 위해 똑같은 길을 다녀갔던 일을 떠올렸다. 한 살 아래의 조소 전공자인 전미영을 만나 오랜 연애 끝에 싱글벙글 입을 귀에 걸고 장가들던 떠꺼머리 청년 구본주.

어느새 딸 세모와 아들 내모를 둔 애 아빠로, 날카롭게 리얼리즘 미술을 이야기하던 20대 리얼리즘 작가에서 세파 앞에서 나약하게 버티고 선 아버지의 모습을 어루만질 줄 아는 30대 후반의 구상 조각가로, 포터 트럭을 몰고 포천에서 홍대 앞까지 오가며 미술학원 조소 강사 일을 하며 살림을 꾸리던 가난한 작가에서 지금은 그래도 20만 킬로미터를 주행한 갤로퍼의 차주이며 늦깎이로 대학원을 졸업한 후 대학에 출강하기도 하는 30대 후반의 아빠 · 작가 · 선생으로 변화했다.

그러고 보니 86학번 구본주가 졸업 후, 고향 포천에 둥지를 튼 것이 벌써 10년이 지난 일이다. 그 세월 동안 MBC 한국구상조각대전 대상 수상을 기화로 여러 갤러리 미술관에서 개인전, 기획전에 작품을 내보이며, 촉망 받는 젊은 작가 겸 일찍 큰, 젊지만 젊지 않은 작가로 지내 왔다. 세월에 대한 회상은 언제나 짧은 단상에서 꼬리에 꼬리를 물고 이어지는 것. 의정부역의 계단은 나에게 '결코 짧지 않은 시간이 지났다.'는 하나 마나 한 생각을 가져다주었다. 일주일 전, 그날도 의정부역에서 내려 택시를 잡기 전까지 한참을 걸었다. 아카시아 향기가 코를 찌르는 나른한 늦봄을 느끼며 잠시 쉬어 가고 있는 나의 시간들에 대해서도 잊지 않고 좌표를 찍어 두고 넘어갔다. 그는 의정부 시내 어느 큰 건물 앞에 작품을 설치하고 있었다. 마스크를 쓰고 열심히 산소용접을 하고 있는 그 모습은 세상에서 둘도 없는 구본주 본연의 아름다운 모습이었다. 그 모습으로 버텨 온 10여 년이 아니던가. 손맛 좋고 뚝심 좋은 작가 구본주의 모습은 이미 학생 시절부터 내가 지나다니던 길목에서 커다란 화강석 돌덩이를 깨고 있는 석공의 모습이었다.

이번에 설치한 작품은 근 몇 년 동안 계속 해 온 샐러리맨 연작이다. 얼굴과 손발은 브론즈 캐스팅이고 옷가지들은 동판을 두드리고 우그러뜨려서 만든 것이다. 작가의 손재주는 불특정 다수의 여러 사람들에게 시각적 자극을 제공한다는 점에서 그 가치 지향을 '공통감에 대한 호소'라고 이야기할 법도 한데, 그날도 길 가던 이들이 멈춰 서서는 한참을 들여다보고 논평을 하며 말을 걸어오기도 했다. 구본주가 세워 놓은 그 물건은 앞으로도 그 앞을 지나가는 이들의 눈을 잠시 잡아 둘 것이며, 떡판처럼 둥글게 만들어 놓은 좌대 겸 벤치에서 잠시 쉬어 가기도 할 것이다. 이러한 이유 때문에 나는 전시장에서 만나는 구본주의 최근작보다 거리에서 만나는 그의 샐러리맨 연작에 대해서 편안한 마음으로 후한 점수를 줄 수 있다. 같은 이유로 구본주의 전시장에서의 최근작에 대해 왈가왈부 별말을 하고 싶지가 않은 것이다. 사실 최근 몇 년간 전시장에서의 구본주에게는 무언가 새로운 돌파구를 마련해야 한다는 중압감 같은 것이 작용해서, 자유분방한 창의력과 물건 잘 만드는 작가로서의 장인 정신이 억압당하고 있었던 것으로 보인다.

여전히 날카롭고 매끈하게 잘 빠진 작품들을 전시장에 진열해 두고 있는 구본주의 전시장을 찾았을 때, 역설적이지만 답답함 혹은 당혹스러움 같은 게 있다. 그 작품들 속에 담긴 땀방울들에 경의를 표하게 되면서도, 한편으로 작가들에게 천형처럼 가해지는 새로움의 잣대를 나로서도 비껴 세워 두지 않고 세상의 눈과 똑같이 그의 작품에 들이댔기 때문이다.

바깥 미술 작품 설치를 마치고 포천 그의 작업실로 갔다. 여러 차례 들렀던 곳이지만, 늘 내 눈길은 구석에 처박혀 있는 구작들로 쏠린다. 20대의 구본주에게는 생기 넘치는 에너지가 있었다. 그 파편들을 살펴보는 게 나로서는 그의 현재를 인정하는 결정적인 이유이기도 하다. 그렇다면 구본주는 과거를 먹고사는가. 나는 구본주의 과거를 통해 현재의 그를 바라보고 있는가. 이 점은 풀어야 할 숙제처럼 남아 있다. 늘 그렇다.

다시 의정부로 나와 부대찌개를 먹고는, 한 잔 더 할 것을 권하는 그를 만류하며 서울로 오는 차안에서 나는 옆에 있는 후배에게 나지막하게 중얼거렸다. "본주형은 저 포천 땅에서 10년 동안을 살아왔는데, 오늘 같은 날 진득하게 앉아서 술 한 잔 같이 못하고, 바쁘게 발걸음을 돌렸구만.." 10년 전 구본주는 금호미술관 천정에 빠듯하게 닿을 정도의 높이로 죽창을 내지르고 있었고, 오늘날 구본주는 큰 건물 앞에 6미터가 넘는 샐러리맨 연작을 설치했다. 10여 년 전 구본주는 수배를 피해 어딘가 짱박혀서 쪼물딱거리며 작은 조각들을 만들었고, 오늘날 구본주는 포천의 큰 작업실에서 철공소 같은 분위기 속에서 쇳덩어리를 두들긴다.

"떵떵떵.." 떵떵거리며 쇳덩이를 두드리고, 붙이고, 닦고, 깎고, 갉아 내며 사는 구본주. 뒤돌아보면 앞이 보인다고 했다. 그 누구든 현재의 자리에서 앞으로의 10년을 내다보려면 지난 10년을 잘 돌아보아야 할 텐데, 사는 게 너무 팍팍하다. 함께 뒤를 돌아보며 앞을 내다보는 자리를 좀 만들어 볼 일이다. 서로 살기 바빠서 아직 그럴 만한 여유를 만들지 못하고 지내 왔다. 여유가 있어야만 할 수 있는 일은 아닐 터인데, 조만간 다시 만나 일잔을 권하면서 여유가 없을수록 마음의 여유를 잊지 말자고 말해 볼 작정이다.

김준기, 2003

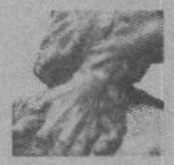

예술은 사람들에게 '감동'을 주는 것이다

동시대 조각가로서 현실을 인식하는 시선은 '왜 사는가'라는 부분들과 일치될 수 있겠다. 내가 하는 일들이 주워졌기 때문에 하는 것인가? 이유가 있기 때문에 하는 것인가?

= 계속 순간순간에 현혹될 뿐이지(현실 자체가 너무 빠르기 때문에) 올바른 선택들은 못하고 있는 것 같다. 가끔 헷갈릴 때가 많은데 나름대로 순간순간 그것에 대한 정당성을 찾으려 한다. 개인적으로 볼 때는 현실 속에서 자기자신에 대한 검증 과정 자체를 제대로 할 겨를이 없이 사는 것 같다.

고충환 평론가의 글에서 '가부장적인 편견에 의해 부가된 것이긴 하지만, 한때 사슴 혹은 기다리는 여성의 그리움을 위해서나 쓰이던 긴 목의 시적 이미지와는 얼마나 동떨어진 것인가.'라는 부분이 있다. 시적 이미지가 아닌 만화적 이미지라 봐도 무방한가?

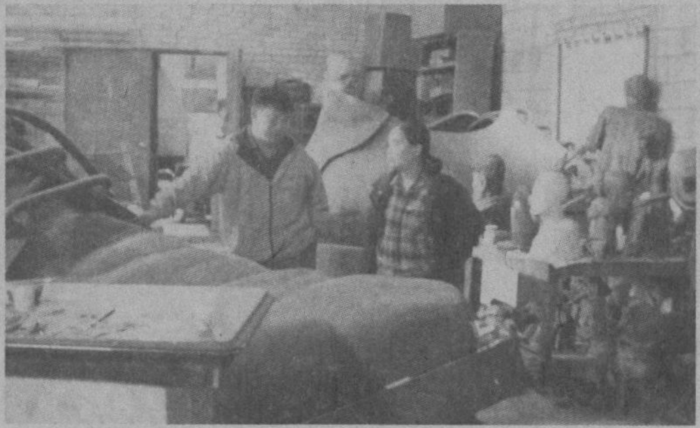

= 낭만적이기보다는 삶의 어떤 치열한 생존 경쟁의 표현이다. 먼저 취(就)해야 하고 먼저 점(占)해야 한다. 그런 식의 이미지로써 긴 목이 들어갔다. (형상이 재미있어서가 아니라 이미지 자체의 극대화이다.)

인체, 특히 현대 인체를 다룰 때 특히 과장된 제스처가 두드러진다. 관점과 과장의 방향은?

= 가장 현대적인 요소로써의 해석 방법이라고 생각한다. 농경 사회 때의 경제구조, 사회구조는 지금처럼 스피디하고 복잡 다양하지도 않았다. 그래서 사회 자체가 지금처럼 우후죽순이 아니었다. 속도감, 절제되지 못한 감정, 복잡, 다양, 왜곡, 질곡들이 시대적으로 융화하지 않아 사회 자체가 굉장히 이중적이다.

유머가 느껴진다. 뒷맛이 개운치 않은 유머라고 보는데..

= 진실 자체가 코미디이다.(현실이 들어간 유머) 현실에서 출발했고 그 작품 속에서 나의 삶이 조금이라도 들어가 있기 때문에..

대학 시절 이야기를 좀 해 달라.

= 나름대로 여러 가지 상황으로 인해 군대를 안 갔고 대학 생활을 7년이나 하게 됐다. 1, 2학년 때는 배움에 대한 욕구들(조각이란 무엇인가에 대한 호기심)이 생겨 열심히 했는데 그 안에서 느껴지는 공허함, 허탈감이 많았다. 그러다 우연찮게 민중미술에 대한 텍스트를 보게 됐고 영향을 많이 받게 됐는데 (주변에 학생운동을 하는 친구들도 많이 있었고) 덕분에 나머지 5년 정도는 길거리에 돌 들고 뛈박질(?)하면서 보냈다. 그러나 그곳에서도 나의 삶과 크게 밀착된 방식이 아니었기 때문에 그 안의 하나하나 나에 대한 극복, 기억들, 의식들(개인에 대한 어렸을 때부터 나를 짓누르던 과거들) 90년대 총학생회 부회장에 출마해서 낙방을 했다. 총학생회 선거에서 낙선하고 외부와 고립된 시간을 보내며 작업에만 몰두하게 됐다. 이때 나온 작품이 〈혁명은 단호한 것이다〉와 〈노동〉 등이다.

공모전에 응모하게 된 이유는? (MBC 한국구상 조각대전)

= 집안에서 늘 나에 대한 걱정이 끊이지 않았다. 그래서 부모님께 뭔가 믿음을 드리고 싶었고 그때 우연찮게 대상을 타게 됐고 여기까지 오게 된 것 같다.

즐겨 본 만화나 만화영화는?

= 이두호, 허영만 만화는 학교 다닐 때 거의 다 봤다. 〈각시탈〉 〈고독한 기타맨〉 등등. 만화영화는 미야자키 하야오의 작품들..

졸업 당시 클레이를 생각하기도 했다는데..

= 조각은 한 개인이 부딪쳐서 해낼 수 있는 제도의 벽이 너무 컸다. 자신감도 없었고 아마도 미대를 가지 않았다면 만화를 그렸을 것이다.

만화와 조각을 비교한다면?

= 개념이 달라서 비교할 수가 없을 것 같다. 만화적인 조각, 작품적인 만화들이 있겠지만.. 조각은 조각에서만 고민하려 한다.(현실과는 동떨어진 조각의 경지에서 혼자 서게 하려 한다.)

만화는 구본주에게 무엇인가? (영향)

= 작업을 하기 전 콘셉트를 잡아 나갈 때 '가장 시각

적이며 현대사 쪽에서 가장 새롭고 20세기다운 것은 어떤 형상인가'라는 생각을 했을 때 딱 떠오른 것이 만화였다. 그 이전의 그림이라는 것들은 굉장히 중후하고 사실적이고 무겁고 진품에 대한 가치가 크게 작용했다. 다량복제사회, 자본주의사회, 물량사회, 탈권위적인 요소 등 여러 가지 요소들을 봤을 때 가장 20세기답고 만화적인 형상들이 현대적인 느낌이 들었다. 아마도 그런 형상적 발상법들이 조각 그 자체에 큰 영향을 주었던 것 같다.

뚝심 있는 작가라는 표현이 많은데 어떤 부분이라 보는가?

= 여러 가지 요소들이 있겠지만 우선 외형적으로 힘이 세 보이기도 하고 (웃음) 기존 제도와 작업해 들어가는 방식(형식)이 다르고 재료 자체에서 오는 표현방법..(딱딱한 재료를 많이 다루다 보니.)

포마이카, 브론즈, 나무, 돌, 쇠 등 조각의 재료 선택 기준은? (작품마다)

= 재료 선택을 따로 하지는 않는다. 작품 구상을 하면서 동시에 고민한다. 재료가 가진 맛과 내가 표현하려는 콘셉트가 동시에 나오게 된다. 어떤 경우에는 이런 형상을 상상하고 있는데 이것이 가능한 재료인가에 대해 고민한다. 예를 들어 발가락 하나로 서 있는 형상을 표현하고자 할 때 그것을 세울 수 있는 재료가 과연 무엇이 있을까 생각하는데 이런 특별한 경우를 제외하고는 동시에 고민한다.

고되고 지리한 작업 시간 재현 과정 중에 조각 외에 다른 상념에 쉽게 빠지기도 하나?

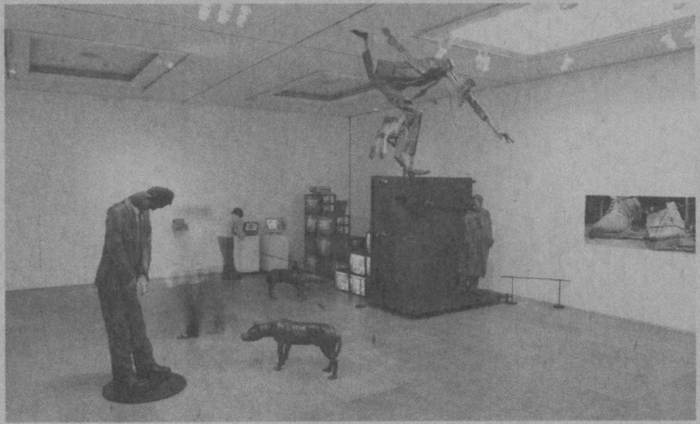

= 작업할 때는 다이렉트로 밀어붙인다. 머릿속에 있는 것들을 직접 쏟아 내야만 폭발하는 에너지가 있다. 한번 했다가 다음에 다시 하면 김이 빠져 버린다. 다이렉트로 쏟아부을 때 채워지면서 일을 할 수가 있다.

지금의 남성을 바라보는 시선은?

= 나의 작업이 남근주의나 남성 중심의 세계를 고민하는 것이 아니다. 내 최후의 목표는 인간성의 해방이다. 남성 중심의 사회 속에는 여성만 피해자가 아니라 남성도 피해자이다.(남성도 남성으로서 책임져야 할 몫이 있고 각자가 쌍방 피해자라 생각한다.) 요새는 나의 모습을 찾아가는 과정이라 보면 된다. 페미니즘 작가들만이 여성 문제를 생각하는 게 아니라 내 작업 속에서도 동등한 인간으로서 해방을 꿈꾼다. 이 부분에 관해서는 단호하게 얘기할 수 있을 것 같다.

전시 작품을 보면 노동이 보이고 땀이 느껴진다. 재현하는 과정이 육체적으로 즐거움인가? 인내인가?

= 여러 각도에서 느껴지는 나름대로 매스(mass)에서 주는 희열!! 작품이 끝났을 때 느껴지는 희열감!!

요즘의 화랑가를 둘러보면 공격적이고 찰나적인 작품 성향이 많이 눈에 띄는데?

= 내 작업은 전근대적이다. 그래서 그 부분에 대해서 고민이 크다. 이 시대에 나 같은 작가도 하나 필요하지 않을까, 라는 생각이 들기도 하면서 미술판 중심에 서고 싶은, 나름대로의 파장을 가진 작가로 남고 싶은데.. 지금의 사회 속에서 소통되는 유효한 미술 장르라고 한다면 질문자께서 둘러보신 그런 작품들이 주류이다. 아마 앞으로도 그럴 것이고 과거도 그래 왔었고.. 스스로 이런 질문을 하고 싶다. 예술이란 무엇인가? 좋은 예술이란 무엇인가? 거기서부터 고민을 출발해 보면 어떨까라는 생각이 든다. 예술이라는 것은 간단하게 말해서 사람들에게 '감동'을 주는 것이다!!

물성과 노동이 부담하는 결과물을 선호하는가?

= 요즘 헷갈리고 있다. 사람들은 내 작업을 볼 때 작품보다는 노동을 먼저 본다. 철저하게 작품으로 봐줬음 하는 게 나의 바람이고 아예 내 작업에서 그런 노동을 빼 버릴까 고민도 해 봤다. 좋은 작품이라는 것은 노동이나 재료 그런 것이 중요한 것이 아니고 그 작품이 주는 에너지를 그냥 받아들이는 것이다.

구본주의 사랑, 연민, 애착은 무엇?

= 내 자식들(가족)

미술의 민주화란? (민중미술이 현실 속에서 지향하는 미술의 민주화)
= 예전에 문자도 모를 때는 글을 안다는 것 자체가 어떤 계급이었다. 양반 계급만이 글을 이해하고 소유할 수 있었다. 미술을 체험할 수 있는 기회나 장소 역시 이해할 수 있는 사람들만의 것이었다. 미술 자체가 현실로 동떨어진 특수한 집단을 의미하는 것이 아니라 대중들 스스로가 그네들의 삶이 자신의 이야기로 읽어 낼 수 있다는 것. 문자의 개념과 같다고 보면 된다. 누구나 이해할 수 있고 즐길 수 있어야 한다.

이번 예술의전당에서 열린 '시대의 표정 : 아버지' 전시 반응은?
= 기본 흥행은 한다! (웃음) 개인전을 하면서 내가 사람들에게 바라는 감동들을 한다.

대중 미술 문화로서의 본연의 역할이란 무엇인가?
= 현재 고민 중이다. 과거에는 좋은 작품이라는 것이 머릿속에 또렷했는데 지금은 처음부터 다시 시작해야 될 것인가 아니면 이대로 지속할 것인가, 보완해야 할 것인가, 하는 고민에 빠져 있다.

스케일이 점점 더 거대해지는 듯하다. 거대해지면 구성력이 힘들어지거나 기념상 같은 느낌을 줄 수 있는데?
= 작고 큰 작업을 다양하게 하고 있다. 야외에 어울리는 환경성에 많은 고민을 하고 있다. 그것 자체가 계속 풀어내야 할 과제이다.

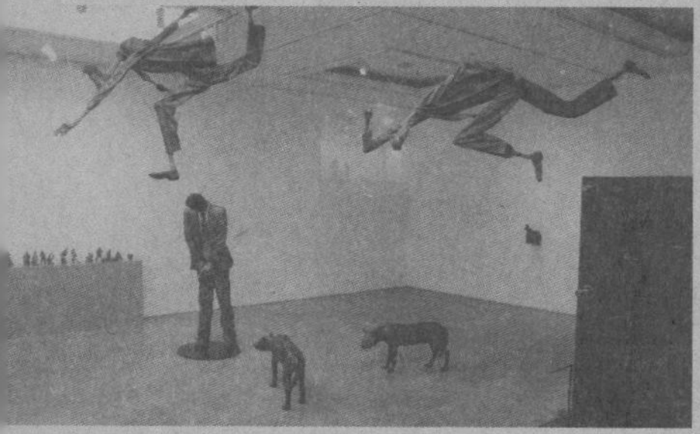

〈노동자〉 연작 '갑오 농민과 오늘의 노동자'를 거쳐 90년대 '화이트칼라'까지 결국 역사의 시대의 수레바퀴를 밀고 당기는 계층을 대상으로 하고 있다. 그들의 무엇을 보았는가?
= 그 속에 내가 있는 것, 나를 봐 나가는 것, 화이트칼라를 표현한다 하더라도 내가 가지고 있는 요소들을 그 속에서 찾아내는 것이다. 그렇기 때문에 더 애착이 간다. 솔직히 학교 다닐 때 관념적으로 노동자, 농민들, 민중이라고 해서 시대를 이끌어 내고 (미래) 시대적 대안이라는 식으로 공부를 했었다. 지금에 와서는 그 속에서 나의 모습을 찾아가는 것 같다. 좀 더 고민이 심화되는 나, 고민의 시간을 가질 수 있는 나.

〈혁명은 단호한 것이다〉처럼 조각상의 이름을 지어내는 것마저 드라마 요소가 보인다. 조각에 이름을 짓는 것은 어떤 행위인가?
= 작업에 있어서(구체적인 작업은 가장 추상적인 이름으로, 추상적인 작업은 가장 구체적인 이름으로 달려고 한다.) 학생운동을 할 때는 미술 자체가 사회적 소통이 권위적이지 않았다. 내가 만드는 작품이 당시대의 어떤 나름대로 대중들이 이해하고 느꼈으면 하는 요소들이다.

작품에서 유머가 빠지는 날이 온다면?
= 지금 내 작품을 봐도 유머가 없는 작품들도 많다. 무겁고 중후한 작품도 있고 약간 가벼운 것도 있다. 내가 그걸 버린다고 해서 내 작업이 아닌 게 되는 것이 아니고, 또 다른 것을 한다고 해서 그게 내 작업이 되는 것도 아니다. 최근 들어 내가 가장 경계하는 것이 구본주의 작업은 '이러이러한 것이다.'라고 규정당하는 것이다. 작가 개인한테 그것은 죽음이다. 작가는 계속 변해야 한다. 한 가지만 고집하고 싶지는 않다.

구본주의 40, 50대는?
= 요즘 매일 생각한다. 지금 당장 답을 못하겠는데 요번 개인전까지 내 머릿속에 좋은 작품이란 '이러이러한 것이다'라는 게 머릿속에 딱 설정이 되어 있었다. 나의 상상력을 확신했었다. 벼는 크면 클수록 고개를 숙인다고 한다. 20대는 나만 옳고 모든 게 부정적이고 모든 것들을 다 엎어 버려야만 된다고 생각했었다. 점점 나이가 들면서 나름대로 조각에 대한 의미가 있다.(생겼다.) 최근 들어 더 작아지고 있다. 내가 스스로 좋은 작품이라고 하면 무엇인가의 확신이 줄어들기 때문에 새로운 날, 거듭날 시기일 수 있다. (현재가 그 시기이다.) 그래서 아직 40, 50대는 뭐라 얘기를 못하겠다. (웃음) fin.

인터뷰어 강성수 · 인터뷰 정리 허정숙, AKZINE, 2003

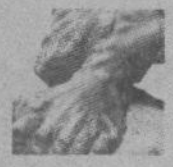

별이 된 작가, 구본주

1. 본주형에게

이 글을 쓰기 위해 며칠 동안 컴퓨터 앞에서 앉아 있었지만 번번이 형의 이름만 써 놓고 아무것도 쓰지 못했어. 도저히 믿을 수 없는 사실을 인정하고 싶지 않기 때문이겠지. 처음에 이 글을 청탁 받았을 때는 형의 작품과 형에 대한 나의 기억, 그리고 우리가 했던 약속을 지키기 위해서라도 써야겠다고 생각했어. 그런데 참 힘들더군. 형이 별이 되었다는 것을 인정해야 하는 것이.

형이 첫 개인전을 준비하던 때, 그 개인전 서문을 친구로서 써 달라고 했을 때 난 아직도 어린 학생에 불과했고 대신 나중에 내가 형의 작품에 대한 글을 멋지게 쓰겠다고 약속했었지. 이제 시간이 지나 10년이 다 되어 가지만 여전히 난 아직도 끝나지 않은 공부를 하는 나이 많은 학생이고 형은 자기 색깔이 분명한 작업을 뚝심 있게 하는 젊은 조각가로 자기 위치를 굳건히 했었지.

내가 많이 부족하지만 그래도 내가 했던 약속이 있고 형의 젊은 날의 고뇌와 작품에 대한 열정을 기억하기에 이 글을 쓸려고 해.

2. 기억을 떠올리며

대학에 막 입학했을 때 강의실을 가는 지름길에서 마주쳤던 힘센 놈이 있었다. 미완의 〈금강역사〉였다. 한국 미술사 시간에 봤던 통일신라의 멋진 금강역사처럼 참 힘 있고 멋진 〈금강역사〉였다. 그 솜씨가 범상치 않아 누가 만든 것인지 무척 궁금했다. 난 매일 이 멋진 놈을 만나기 위해 그 길을 가로질러 강의실에 갔다. 어느 날 그 〈금강역사〉처럼 아주 힘이 세 보이는 놈을 만났다. 그 둘은 하나였다. 그 〈금강역사〉는 그의 작품이었다. 그리고 한참 힘들었던 시대. 사회를 걱정하고 미술을 걱정하던 그때. 본주형은 항상 이 둘을 놓지 않았다. 우리는 같이 고민했고 술도 참 많이 마셨다. 이야기도 많이 했고 책도 많이 봤고 어떻게 하면 그 고민들을 작품에 옮길 수 있는지에 대해서도 참 많이 이야기했다. 때론 토론이 격렬해서 싸우기도 하고, 때론 우리가 처한 현실에 괴로워 울기도 하고, 또 때로는 연애담에 귀 기울여 주기도 하면서 학창 시절을 같이 나눈 친구였다.

졸업을 하고 그 친구들끼리 모여 진정한 예술을 꿈꾸는 사람들의 모임을 만들었다. 우린 미술에 대해, 시에 대해, 음악에 대해 우리의 작품들을 놓고 고민했다. 모임의 끝은 언제나 신촌의 술집, 섬에서 술을 마셨다. 그래서 우린 섬 모임이라고 했다. 또 시간이 흘러 다들 자기 일에 파묻혀 토론의 시간은 없어졌어도 우린 가끔 섬에 모여 술을 마시고 서로의 안부를 묻곤 했다. 이젠 섬에서 만나도 더 이상 본주형을 만날 수 없다. 천재를 꿈꿨던 이 우직한 젊은 작가는 별이 됐기 때문이다.

3. 우리 시대의 전형을 통해 감동을 전한다

구본주의 작업은 4단계로 시기를 구분할 수 있다. 1986년에서 1989년까지의 작업들을 1기로 볼 수 있는데, 이 시기의 작품에서 우리는 그가 전통적인 한국 조각을 이어받으려고 노력한 흔적을 볼 수 있다. 그래서인지 다분히 관념적이지만 한국적인 미를 발견할 수 있다. 한편으로는 인간 내면의 문제, 실존적인 문제, 현실에 대한 문제의식의 표출이 이지러지고 비틀어진 인간의 형태를 통해 보여 준다.

이 시기 작품 가운데 〈침묵〉(1987), 미완의 〈금강역사〉 등은 한국 조각의 전통의 미를 보여주며, 표현주의 계열의 작품으로 〈인식은 실천을 위하여 존재한다〉(1988), 〈부활〉(1989), 〈실체를 인정하라〉(1989), 〈역사 앞에서〉(1989) 등이 있다.

두 번째 시기는 1989년에서 1992년의 작업들로 현실에 대한 문제의식을 앞 시기와는 달리 비판적으로 반영하려고 노력했다. 또 이 시기에는 이야기 조각이라는 양식을 도입하기도 했다. 그는 작은 조각과 이야기 조각이라는 작업을 통해 현실 반영과 리얼리티를 획득했다. 하지만 현실 문제에 대한 비판은 계급 문제에 초점을 맞추어 이분법적인 내용과 직설적인 형식으로 표현되어 초기작에서 볼 수 있었던 사색적인 관념성은 또 다른 관념성을 낳기도 했다. 하지만 구본주는 대다수의 현실주의 계열의 조각들이 놓치고 있는 많은 이야기들을 담아내기 위해 인물의 전형성에 대한 고민과 많은 시도를 했다.

이런 시도 끝에 만들어진 것이 이야기 조각이다. 마치 한 편의 소설을 읽는 듯한 이 조각들은(〈어떤 농부 이야기〉(1989), 〈파업1〉(1990), 〈파업2〉(1990) 등) 조각에서는 표현하기 힘든 긴 이야기를 서술적으로 표현하고 있으며 각각의 전형적인 인물들을 표현하고 그 인물들은 서로 차이를 가지면서 더욱더 극적인 긴장감과 전형을 만들어냈다. 〈파업3〉(1991)에서는 이야기 조각에서 벗어난 인물의 전형을 보여 주면서 연극적인 공간의 활용이 시도되었다. 특히 등신대의 인물 뒤의 벽으로 무대적인 요소를 가미했다. 그는 이 이야기 조각 작업을 통해 표현력과 공간의 활용에 대한 많은 연구를 했다.

이 시기 후반에 구본주는 이야기 조각에서 벗어나 자연적인 재료를 이용하여 현실에 대한 재해석을 부여하고 내면을 표현하는 소품의 작업을 했다. 〈얼굴〉(티크·철재, 1991), 〈노동〉(참나무·철, 1991), 〈혁명은 단호한 것이다〉(오리나무·철재, 1991)가 이 과도기에 제작된 것이다. 이들 작품들은 2단계의 다른 작품들과 마찬가지로 계급과 노동의 문제를 다루고 있지만 내면과 심리적인 면을

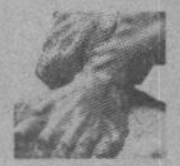

표현하려 했다는 점에서 단순한 재현을 뛰어넘고 있다.
세 번째 시기는 1993년에서 1999년까지의 작업들로 보다 정리되고 형식의 완결성을 추구하고 있다. 이 새로운 변화는 〈1992년 겨울〉(미송접합, 1992)에서부터 볼 수 있다. 또한 이 작품은 작가 자신이 자신을 뒤돌아보고 다시 점검함으로써 자기 정체성에 대해 고민하는 우리 시대 자화상을 표현한 것이다. 그는 이 작품을 통해 다음 단계로 넘어가는 기점을 만들었다. 그는 자신이 살고 있는 사회의 변화를 보여 주고 있다.
두 번째 시기에서의 자본주의와 이 시기의 자본주의에 대해 그는 차별적인 해석을 부여한다. 2기에서는 노동력의 착취에 기반한 자본의 구조와 계급의 갈등을 재현하는데, 이 시기에서는 정보와 고도 기술에 의한 자본주의에 의해 영향받는 개인의 위기의식을 표현했다. 이 시기의 작품들은 빠르게 변하는 정보화 사회에서 낙오 가능성으로 하루하루를 불안하게 보내는 도시 소시민의 숨가쁜 일상과 삶을 상징적이고 은유적인 방법으로 그려냈다. 1993 MBC 한국구상조각대전의 대상작 〈배대리의 여백〉(1993)이라든지, 〈이과장의 40번째 생일날 아들에게 들려주고 싶은 이야기〉(1991), 〈이대리의 백일몽〉(1995)은 재료와 제작 방법의 새로운 모색과 재해석이 뛰어나다. 재료와 제작 방법에서의 변화는 목조가 가지는 크기의 제한을 마루바닥을 만들듯 나무쪽을 대서 제작하는 방법을 도입함으로써 목조가 가지는 크기의 한계를 벗어나고 있으며 〈배대리의 여백〉 금속은 깎는 기법과 구부리고 날리는 기법(〈이대리의 백일몽〉)을 사용하고 있다. 이들 작품은 다른 매체의 이미지를 도입하고 있는데 〈배대리의 여백〉에서는 연극적인 상황 연출과 공간을, 〈이과장의 40번째 생일날 아들에게 들려주고 싶은 이야기〉에서는 영화의 한 장면 같은 이미지를 포착하고 결합시킨다.

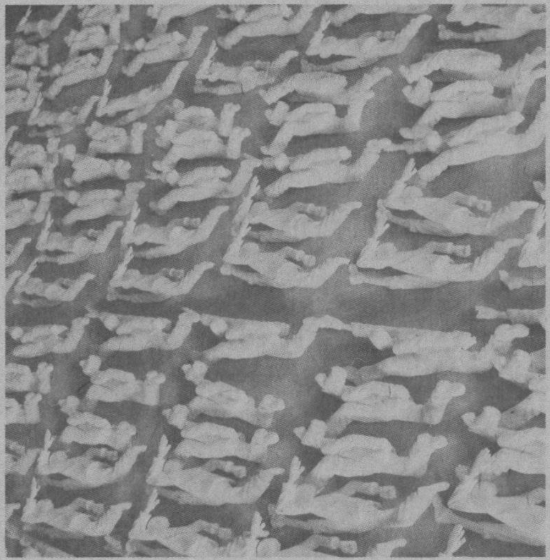

또한 〈배대리의 몽상〉(철, 1994)에서의 과장된 운동감과 극적인 효과는 한 컷 만화의 이미지, 또는 Close-up된 공상 영화의 한 장면 같은 대중매체의 이미지를 연상시킨다. 스케이트보드를 타고 곡예를 하듯 운전대를 잡은 배대리의 모습은 현대 도시 샐러리맨의 하루의 전형을 보여 준다. 이 시기의 도시 샐러리맨의 일상 시리즈 작업을 통해 그는 현대 사회에 대한 해석과 현대인의 존재와 의식을 표현해 냈다.
마지막 시기는 2000년 이후의 작품들 〈아빠의 청춘〉(나무에 채색, 2000), 〈눈칫밥 삼십 년〉(나무에 채색, 2002) 등, 그는 아버지를 통해 시대의 표정을 담아내려고 했다. 또한 〈깨소금〉(나무에 채색, 2002)처럼 일상의 삶을 일기를 쓰듯이 만들었다. 그는 좋은 아버지, 좋은 남편이 되고자 노력했다.
그의 의지는 작품이 되어 우리 시대의 전형을 만들었다. 또한 감성적인 소통을 가지고자 노력했으며 그는 작품을 통해 감동을 전하고자 했다.

4. 마지막 작품

〈별이 되다〉 구본주가 마지막까지 하다 간 작품이라고 한다. 그는 자신의 아내에게 "이제 지금까지 내가 만들어 냈던 샐러리맨 아버지들이 별이 되는 거야. 모든 사람들이 우러러볼 수 있는 별. 그들은 충분히 하늘의 별이 될 자격이 있어. 얼마나 열심히, 하루하루를 마음 졸여 가며 가족을 위해 뛰고 있니. 그들은 이 사회가 얼마나 벅찰까. 혼자 살아가기에도 힘들고 겁나는 이 세상을 가족의 가장이라는 이름으로 겨우겨우 지탱해 가면서 끊임없이 달리고 또 달리는 그들. 이제 그들을 하늘로 올려 보내 주는 거야. 그들을 은하수처럼 하늘의 별무리로 만들어 모든 사람들이 우러러 올려다보게 해 주는 거야."라고 했다.
지금. 그는 별이 되었다.

5. 다시 본주형에게

언젠가 형이 작업실에서 지는 노을을 바라보면서 말했었지. "난 진짜 천재가 되고 싶어. 그런데 난 그 방법을 알아냈어. 미친듯이 노력하고 오랫동안 미련스럽게 한 우물만 파면 어느 순간 천재가 되어 있는 거야." 형은 정말 미련스러울 정도로 열심히 작업을 했던 성실한 천재였어. 그리고 이렇게 굵고 짧은 삶을 산 것을 봐도 형은 정말 천재야.
그래. 형은 진정한 별이라구.
본주형.
다시 약속할게.
나중에 형의 작품에 대해 좋은 글을 다시 쓰겠다고.
그리고 형의 영혼이 편안하길 바래.

박수진, 민족예술, 2003

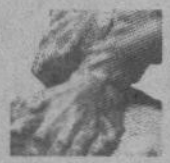

구본주, 별이 되다

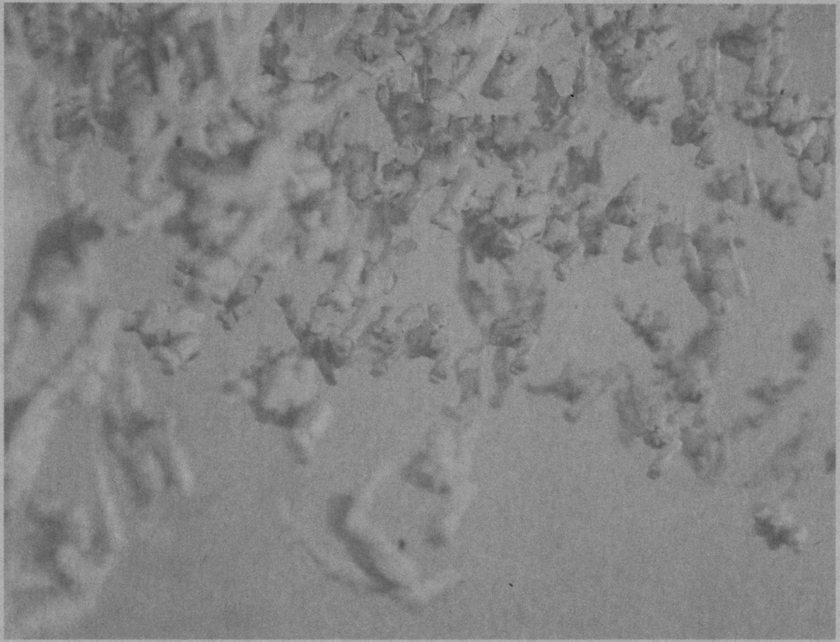

지난 10년 동안 세 차례에 걸쳐 평생 동안 수집한 미술품들을 광주시립미술관에 기증한 재일 동포 하정웅은 작품 기증의 유일한 조건으로 청년 작가들을 위한 초대전을 해마다 열도록 했다. 〈빛2003 : 하정웅 청년작가초대전〉(2003. 11. 10.-2004. 1. 11.)은 그 뜻을 기리는 세 번째 전시이다. 이 전시에는 광주, 전주, 대구, 일본 등에서 활동하는 권기자, 김상연, 나명규, 조병철, 조채옥 등의 작가들과 더불어 구본주의 유작이 함께 전시되었다. 지난 9월 29일 불의의 사고로 유명을 달리한 구본주를 떠나보낸 후, 생전에 확정한 이번 전시를 위해 유족과 김승영, 김옥구, 나규환, 박장근, 양형규, 이원석, 이종희, 조영아 등 그의 선후배 동료 작가들이 혼신의 힘을 다해 유작을 마무리했다. 고인이 생전에 구상 단계를 거쳐 실제 제작 과정에 착수했던 최후의 유작 〈별이 되다〉를 완성해 이번 전시에 출품한 것이다.

서른일곱의 삶을 옹골지게 살다 간 청년 작가 구본주를 가장 잘 담을 수 있는 말이 있다. "짧고 굵게". 가늘고 길게 이승의 여러 인연들과 더불어 질기게 살아가는 대다수 사람들의 삶에 비해 너무나 극적으로 짧고 굵게 살다 간 영원한 청년 작가 구본주. 그가 별이 되었다. 구본주는 90년대 중반 이후 샐러리맨 연작을 연이어 제작했는데, 이번에 선보인 그의 마지막 작품은 1000개의 작은 샐러리맨을 전시장 천장에 매다는 것이었다. 생존 경쟁에 내몰려 어디론가 내달음 치는 작은 목각 샐러리맨을 형광 폴리코트로 복제해 밤하늘의 별이 되도록 한 것이다. 그는 '샐러리맨 아버지들을 은하수처럼 별의 무리가 되어 사람들이 그들을 우러러보게 만든다.'는 구상을 세우고 작은 목각 샐러리맨을 만들어 형광 폴리코트 복제 실험을 마쳐 둔 상태였다고 한다. 이승의 삶을 접고 간 고인의 작품 〈별이 되다〉는 사람의 마음을 흔들리게 하는 역설을 담고 있다. 샐러리맨 아버지들을 별이 되게 만들겠다던 그가 스스로 별이 된 것이다.

학생 시절부터 빼어난 솜씨와 타고난 감각을 인정받아 온 구본주는 한국 형상 조각의 계보를 잇는 젊은 조소 예술가였으며, 세상의 변모에 흔들리지 않는 진보미술 진영의 젊은 기둥이었다. 대학을 졸업한 그에게 민중미술의 질곡은 새로운 변모를 돕는 탈출구와도 같은 것이었다. 20대부터 뜻을 같이 해 온 또래 작가들과 함께 80년대 세대 정체성을 이어가는 작가로서 리얼리즘 미술을 받아안되, 현실주의 미학을 방법뿐만이 아닌 태도로 수용함으로써 미술계의 양대 진영 구도를 뛰어넘는 작가적 역량을 발휘했다.

90년대 초반의 그는 억센 팔뚝을 내두르며 '혁명은 단호한 것이라'라고 힘주어 말하는 청년이었다. 서른이 안되는 나이에 죽창을 치켜든 기념비적인 인물상 〈갑오농민전쟁〉을 내세운 그는 자타가 공인하는 민중미술 2세대 작가로 각광받았다. 이후 그는 '샐러리맨' 연작, '아버지', '가족' 등으로 현실주의 미학의 질곡을 정면 돌파하면서 자신의 작품 세계를 한층 부드럽고도 단단하게 다져 왔다.

이번 전시에서 드러난 구본주의 작은 조각(들)은 그가 열어 나가고자 했던 새로운 조형 세계를 향한 실험들 가운데 잊지 말고 언급해야 하는 중요한 대목이다. 그는 10여 년 전 수배를 피해 수원의 한 선배 작업실로 숨어들었던 시절에 흙으로 빚은 작은 노동자 조각 수십 점을 남겼다. 지난해 예술의전당에서 열린 개인전에서 엄청나게 큰 조각을 선보였다가 한 선배 평론가에서 호된 비평을 듣기도 했던 그는 사실은 예전이나 근간이나 꾸준히 크면 큰 대로 작으면 작은 대로 여러 가지 실험들을 지속해 오고 있었다.

서른 중반에 접어든 그는 민중미술을 현대미술의 지형에 적응하는 진행형 미술로 만들어 내기 위해 절치

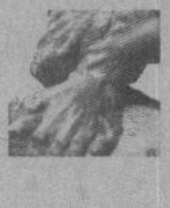

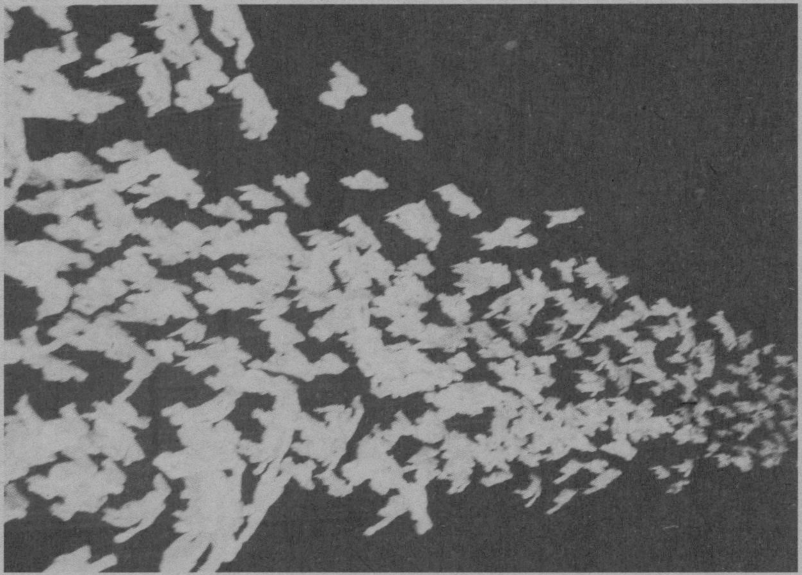

부심하고 있었다. 좀 더 본질적인 차원에서의 패러다임의 전환을 모색하며 이제 막 자신의 틀을 넘어서려던 야심만만한 그였다. 더 이상 민중미술의 과거와 미래의 중간에 서서 치열하게 자기 정체성을 고집하며 또 다른 변모를 꿈꾸는 작가 구본주의 고민과 모색을 지켜볼 수 없다는 점, 서글프지만 현실이 되어 버렸다. 지금껏 해 온 일들보다 앞으로 해야 할 일들이 많은 앞길 창창한 그가 떠나고 없다. '사람들에게 감동을 주는 미술'을 꿈꾸며 대중 속으로 파고들겠다던 구본주의 열린 진보미술의 꿈은 결국 미완의 과제로 남았다.

천재는 요절하는가. 작고한 예술가의 삶을 회고하며 그가 남긴 것들에 대해 되돌아볼 때, 이 말은 종종 비범한 예술가의 전형을 찬미하는 수사로 쓰이곤 한다. 그러나 나는 예술가들의 비극적인 삶에 대해 비장한 운명을 도식화하는 이 말을 조금은 못마땅하게 여겨 왔다. 자칫하면 감상(感想)의 나락으로 빠져들어 한 작가의 삶과 예술을 신화화하거나 화석화할 위험성이 있기 때문이다.

구본주의 갑작스러운 죽음을 두고 사람들이 한두 마디씩 천재와 요절이라는 이 말을 꺼내기 시작했다. 권진규, 류인에 이어 구본주. 천재와 요절을 묶어 내는 비운의 시나리오 틀을 내심 거부했던 나는 장례 기간 중에 인터넷 게시판에 올라 있는 구본주의 미공개 유고를 발견하고는 천재들은 요절한다는 각본에 의존하지 않고도 류인과 구본주 두 사람을 함께 기억할 만한 고리를 발견했다. 구본주가 그의 스승 류인을 얼마나 따랐는지, 류인은 제자이자 후배인 구본주를 얼마나 아꼈는지를 새삼 확인하게 한 짧은 글을 대했기 때문이다. 장례 기간에 이준희 기자가 찾아서 올린 구본주의 미공개 시는 어쩌면 이렇게 닮은꼴 운명의 그림자를 드리우며 구구절절이 사람 마음을 아프게 하는지.

이제 그가 남긴 미완의 과제는 이승에서의 삶이 더 남아 있는 사람들의 몫으로 남았다. 상주(喪主)를 맡은 구본주의 둘째형은 영결식장에서 이런 말을 남겼다. "본주가 못다 이룬 예술의 길을 여러 동료 선후배님들께서 마저 이루어 달라." 고인이 남긴 성과와 미완의 과제를 미술계 동료 선후배 모두가 함께 받아안아 달라는 그 말이 무겁게 남아 있다. 뮤제오그라피아 전문가인 그의 아내는 구본주의 삶과 예술을 깊이 새기는 일을 위해서 여러 가지 구상을 가다듬고 있다. 망자는 말이 없지만 남은 이들의 길은 멀고 험하다. 서른 중반의 엄마와 어린 두 아이의 삶이 구본주의 유작들을 빛내는 일과 함께 밝고, 맑고, 명랑하게 더불어 빛나기를 바라는 마음이다. 유족을 중심으로 관련 주체들이 추모사업의 규모와 절차, 방법을 의논해 나가는 일뿐만 아니라, 남은 이들의 삶의 무게를 나누는 일에도 여러 마음이 함께 하고 있다. 이들의 따뜻한 마음은 구본주를 추억하는 사람들에게 애통함을 넘어 살아 있음의 희망을 다시 생각하게 할 것이다.

김준기, 월간미술, 2003

ABOUT WORKS I
작품론

조각 개념의 변동과 육체적 인식 능력의 확장

90년대의 한국 조각은 분명히 복잡한 갈래를 가진 어떤 새로운 분기점에 도달하고 있는 것 같다. 전통적인 인체 조각, 현대적인 추상 조각, 하이 테크놀로지를 이용한 설치 작업, 하이 테크놀로지와 무관한 설치 작업, 전통적인 기념 조각과는 형식과 내용을 달리하는 공공장소나 건축 공간과 연계된 환경 미술과 자연 공간에서 펼쳐지는 행위 예술과 결합된 대지 예술 등은 조각의 개념과 위상을 단일한 정의로 포괄하기 힘든 것으로 복잡화하고 있다.

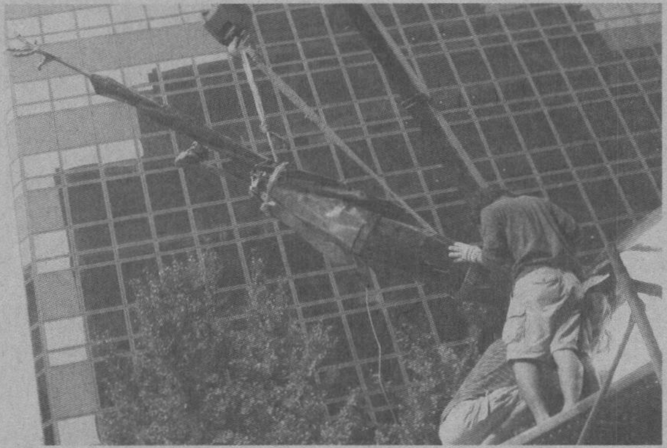

이런 상황은 작품이 놓일 공간상의 차이, 재료와 기술적 조건에 따른 차이, 조각 개념 자체의 변화에 따른 차이 등이 복수로 겹쳐지면서 낡은 패러다임과 새로운 패러다임이 교차하고 있는 데서 기인한다고 보는 것이 적절할 것 같다. 그리고 이와 같은 조각 패러다임의 변화는 넓은 의미에서의 문화 지형 전체의 지형 변동과 연계되어 그 변화의 의미를 더욱 복잡하게 만들고 있다.

분명히 오늘날과 같이 급변하는 문화 지형 속에서, 홍수처럼 쏟아져 나오는 상품들과 구조물들의 물질적, 공간적 환경 속에서 조각가들은 과거의 패러다임에 안주한 채, 주어진 문제 풀이에만 몰두하는 식으로, [편하게] 지낼 수가 없게 되어 가고 있다. 이런 사정은 육체노동에 밀착된 조각의 작업 방법과 재현, 추상이라는 인식론적 장치를 선택적으로 사용하는 일에만 몰두했던 낡은 방식의 조각가들을 불안하게 하며, [성마르게] 만든다. 물론 그와 반대되는 방향도 사정은 엇비슷하다고 할 수 있다. 대다수 관객들은 아직도 왜 이런 물건들의 기이한 조합을 작품으로 보아야 하는지를 이해하지 못하고 있고, 화랑에서 상품화되기도 어렵다. 나아가 더욱 문제가 되는 것은 하이 테크놀로지를 다루는 설치 작업이 단순하게 [형식주의적]으로만 진행되고 있다는 점이다. 만일 이와 같이 낡은 틀에 불안하게 매달리려는 경향과 새로운 상황에 기술적, 형식주의적으로만 대처하려 할 경우, 한국 조각은 [위기]가 야기되는 새로운 기회를 선택하게 될 것이다.

구본주의 첫 개인전이 주는 특징적인 점은 바로 이와 같은 한국 조각의 복잡하고 불안정한 상황 속에서 조각 개념과 패러다임 사이의 격차와 같은 문제가 그것이다. 수백 년간 익숙해진 모델링의 체계, 나아가 사회적인 생산/소비 관계의 전체적인 관계망과의 연관 하에서 새로운 형식으로 바꾸는 일이 문제가 된다. 현재 낡은 조건과 새로운 조건 사이에 위치한 조각가들을 괴롭히는 것이 바로 이와 같은 폭과 깊이가 그 어느 때보다 넓고 깊은 전체적인 편성 체계의 변화라면, 구본주의 이번 전시회는 이 같은 낡은 편성 체계의 잔존 형태와 새로운 편성 체계의 부상 형태를 동시에 보여 주고 있다는 점에 그 특징이 있다. 후자의 경우는 최근 유행하고 있는 '설치' 작업의 방향과 연계되어 있는데, 그 개념을 넓게 적용해 본다면, 설치 작업은 이미 80년대의 이야기 조각, 작은 조각, 상황 조각과 같은 민중미술과의 일련의 실험 속에서 다양하게 실험된 바 있고, 구본주 역시 80년대 말에서 90년 초에 이르는 시기에 일련의 상황 조각을 제작한 바 있다.

그의 최근 작업들은 그와 같은 단초들을 보다 발전시키고 한편으로는 조각 개념 전체의 편성을 기술적/문화적 지형의 조건 변화와 연계시켜야 할 필요성을 이런 방향의 움직임 속에서 감지하는 과정에서 새롭게 태어나고 있는 것 같다. 〈이대리의 백일몽〉이나 〈미스터 리〉 〈녹색 전설〉과 같은 작품들이 이런 예가 되는 것 같다.

그러나 이에 반해 상당수의 작품들은 오히려 낡은 패러다임에 입각한 미학적 기준에 따라 충실하게 제작된 작품들이고, 그 각각에는 장인적 노력의 흔적들이 물씬 배어 있다. 그리고 그런 측면은 새로운 작품들의 구성 요소들 내에 여전히 연속성을 이루고 있다. 이를테면 새로운 패러다임을 지향하는 〈이대리의 백일몽〉 〈미스터 리〉 같은 작품이 만들어 내며 퍼져 나가는 원심력의 방향과 〈갑오농민전쟁〉과 같은 작품들이 만들어 내는, 일종의 편집증적인 구심력의 방향 사이의 충돌로 인한 물결의 겹침 같은 것이 그것이다.

전반적으로 보면 아직은 전자의 힘이 미숙한 상태라, 양자의 힘이 팽팽하게 합성되어 원주를 형성할 만큼 강한 긴장감을 만들어 내는 것은 아니지만, 불균등한 힘의 교차에 의해 전체적인 전시 공간에 불규칙한 파장의 형성 같은 것이 감지된다.

작품의 형식과 개념적인 편성상의 차원에서 나타나는 이와 같은 불규칙한 파장과 긴장된 에너지는 내용적인 면에서 보면 다음과 같이 읽힐 수도 있다. 사라져 가는 장인적 조각은 피와 땀으로 얼룩진 노동의 역사를 고집스럽게 환기시키고 있다. 그 고집은 기술적인 조건과 생산관계의 차원에서 벌어지는 일련의 변화로 인해 정체되고 고립화되는 계층의 고집일 수도 있으며, 그것은 어떤 개인의 의식적 행동에서 유발되

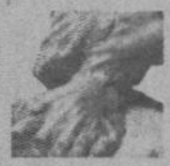

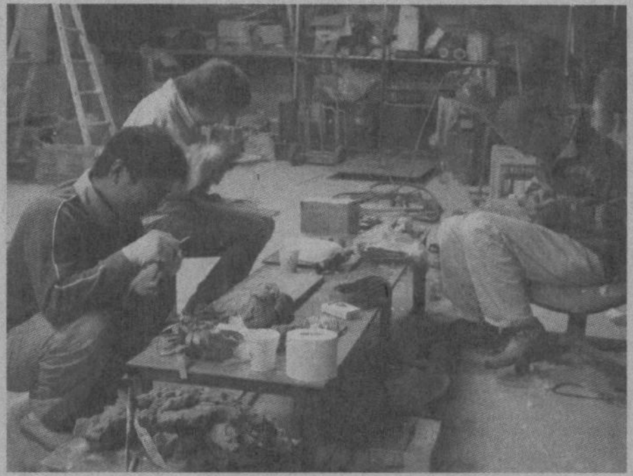

는 것이라기보다는 생산관계 속에서 차지하는 위치로 인해 지나게 되는 일련의 [무의식적]인 계급적 행동 방식과 밀접히 관계되는 것 같다.

그것은 정체화, 극소화, 밀려나기에 대한 일종의 분노와도 같은 것이며, 그 분노가 전체 작품을 바닥 밑으로 무겁게 끌어당기는 일종의 중력처럼 작용하고 있다. 그와 같은 중력은 담담하고 거북살스럽고, 소리치고 싶은 느낌을 강제한다. 이와 같은 답답함은 작가의 측면에서 의식적으로 설정된 답답함인 것 같다.

실제로 갑오농민전쟁에서 6월 항쟁으로 이어지는 저항의 역사가 답답하고 소리치고 싶은 느낌을 주는 것은 그것이 실은 우리 근현대사의 진면목이라는 점에서 회피할 수 없는 현실이기도 하다. 그러나 현재는 집단적 투쟁과 저항의 파고가 가라앉은 시기이며, 그 대신 하루하루의 일상이 무한 경쟁의 거대한 바람에 밀려 떠다니는 시기이다. 이런 시기에 한때 죽창과 칼을 들고 돌멩이를 쥐었던 사람들이 이제는 경쟁의 파도를 작은 슈퍼보드에 의존하여 아슬아슬하게 헤쳐 나가고 있다.

언제 균형을 잃을지 모를 불안감과 긴장에 싸인 소시민들의 일상은 고달프기 짝이 없지만, 한걸음 떨어져서 보면 우스꽝스러운 광대놀음 같아 보이기도 한다. 가까이서 보면 두 사람이 앞서거니 뒤서거니 달리는 심각한 장면처럼 보이지만 시야를 확대하면 모든 사람들이 줄을 서서 달리는 모습의 클로즈업과도 같아 보이는 〈미스터 리〉는 [세계화]의 슬로건으로 모두를 한 줄로 꿰어 버리는 지배 체제에 대한 블랙 코미디와도 같아 보인다.

이런 연유로 한편으로는 잊혀져 가는 시간의 흐름을 거슬러 저항하는 무거운 이미지들에 대해 다른 한편으로는 바삐 흘러가는 현재의 희화화된 이미지가 맞서고 있다. 무거운 역사적 기억의 답답한 공기와 우스꽝스러운 몸짓이 만들어 내는 비틀어진 공간을 관객은 잘 헤쳐 나가야 한다. 그러나 시간의 역사가 직선적인 것도, 현재의 공간이 텅 빈 것도 아니다. 시간은 여러 차원에서 불균등하게 발전하며, 공간 역시 휘어지고 균열이 나 있으며, 에너지가 흐르고 있다. 작가나 관객은 불균등하고 휘어진 균열된 현실의 시/공간의 복잡한 좌표 속에서 동일한 위치를 차지하고 있지 않다. 작가가 관객을 호령할 수 있는 것도, 관객이 작가를 지배할 수 있는 것도 아니다. 서로 다른 위치 속에서 작가는 관객에게 말을 걸어야 하며, 그 말걸기 방식에 따라 관객이 답을 하거나 다른 말을 할 수도 있다.

전시회는 이와 같은 말걸기의 한 형식이다. 그것은 이야깃거리를, 줄거리를, 화두를 가지고 관객을 맞이한다. 그것은 딱딱해도, 흐느적거려도, 산만해서도, 너무 응축되어 있어도 말걸기에 실패한다. 또 서로 이야기할 수 있는 분위기를 만드는 일도 대화의 중요한 부분이 된다. 오늘날의 조각이 점점 더 편성의 문제를 조각의 개념 구성의 중요한 일부로 끌어들일 수밖에 없는 것은 이와 같은 말걸기의 비가시적인 맥락 전체가 점점 더 복잡해지고 있기 때문이다. 그러나 바로 이와 같은 복잡성과 불균등이야말로 희망의 조건이며, 새로운 창조의 토대가 된다. 같은 이유로 경계가 불투명해지고 이슈가 다각화된 오늘날, 저항의 내용과 형식 자체가 복잡해지듯이 말이다.

강단 철학이 일상의 철학으로, 대중 동원 체제에 기초한 저항이 자율적인 인자들의 비가시적인 네트워크적 저항으로, 일방적 교육이 상호 교육으로 변화해 가는 시대에 걸맞는 새로운 조각 개념과 형식은 어떤 것인가에 주목할 때이다. 구본주의 이번 작업은 아직 이와 같은 질문을 본격화하고 있지는 않지만, 낡은 것과 새로운 것이 교차하는 어느 지점에 서서 위와 같은 문제 설정의 단초들을 곰곰이 생각하게 만들고 있다. 이번 전시를 계기로 그가 문제 설정의 넓은 지반을 문득 깨닫는 순간, 자신의 풍부한 장인적 기량을 새로운 방식으로 발휘하게 될 가능성이 크게 열리게 되지 않을까 기대해 본다.

그것은 잊혀져 가는 역사에 대한 환기이자, 정보화/영상 시대의 디지털화된 역사 정보에 맞서서 역사를 아날로그적이고 육체적인 인식과 지각 방식에 내재한 힘을 환기하려는 노력 속에서 새롭게 찾아질 수 있다. 표준적인 모델링에서부터 왜곡된 형상을 다루는 형상화의 폭에 이르기까지, 피부 조직과 근육 조직을 흐르는 신경의 진동과 에너지의 흐름을 미세하게 추적할 수 있는 묘사력이라든가, 통나무든, 판자 조각이든, 쇳덩어리든, 철판이든 손에 잡히기만 하면 내키는 대로 형상을 떠낼 수 있는 재료에 대한 놀라운 공명, 또는 적응력은 공간과 사물에 대한 아날로그적인 육체적 감응력의 표본이라 할 수 있다. 게다가 그는 전통적인 장인들이 지닌 끈기와 일에 대한 재미, 힘 좋은 대장장이 같은 투지도 상당히 겸비하고 있는 것 같다. 이런 솜씨와 기질, 힘은 분명히 상당 부분은 타고나는 것이다. 필자는 구본주의 이런 모습 속에서 육체노동자의 땀으로 절인 역사의 냄새를, 대장장이의 불거진 근육에서 터져 나온 정열의 냄새를 맡을 수 있는 것 같다. 이 정열을 새로운 패러다임과 결합시켜 내는 일을 통해 우리 조각이 현재의 분기점을 형식주의적인 놀이의 방향과는 다른 방향으로 이끌어 가는 계기가 만들어지기를 기대해 본다.

심광현, '존재와 의식전' 서문, 1995

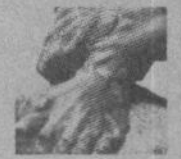

구본주 – 오늘을 사는 현대인의 초상

구본주의 조각은 한국 사회/사회인에 대한 유머러스한, 그러나 비애가 은연중 번지는 그런 풍자나 해학으로 읽힌다. 그리곤 신랄한 비판의 날들이 뒷등에 버티고 서 있다. 구본주가 그려 내고 있는 풍경, 그 장면들은 개별적인 사회 구성원(구본주에게 이들은 우선적으로 남성, 가부장들의 초상으로 나타난다.) 각자의 내면에 무겁고 깊숙하게 들어와 박힌 심리적 정황들이 응결된 특정 상태가 순간 감전되어 보여진다. 긴장의 나날들 속에서 몰락해 가는 도시의 샐러리맨, 한 가족의 생계를 책임지고 있는 임노동자들, 그런 남자들의 생애를 과장되고 희화화된 모습으로 보여 주는 이 조각들은 80년대 현실주의 조각의 한 편린들을 머금고 떠돈다. 구본주에게 조각이란 결국 자신의 현실을 형상화하고 그 현실의 한 단면을 떠내는 것이란 과제 속에서 나온다. 그것이 스스로에게 부여한 조각가로서의 과제이고 일이다. 그리고 이는 최근 경제 위기 속의 한국 자본주의 현실을 들여다보는 시선 속에서 다시 살아나고 있다. 형상과 표현에 기댄 이 조각들은 기존 조각의 관행에 의존해 있지만 동시에 그 형상과 표현의 색다른 문맥에서 늘어지거나 압축되어 있다.

구본주의 조각은 한국 구상 조각의 그 유미주의, 공예주의, 무모한 기교주의나 신파조 감상주의에서 비켜나 있다. 그의 조각은 서술의 힘과 의미의 교적, 사유의 그물들을 작품의 중심으로 부단히 끌어들이는 장력을 발휘하고 있다. 그러나 한편으로는 여전히 '형상'에 너무 많이 기대는 편이다. 그는 자신의 능력, 재료 구사, 방법론에 기댄 자신의 조각 세계를 너무 확고히 밀고 나간다는 인상을 준다. 자신이 잘 다룰 수

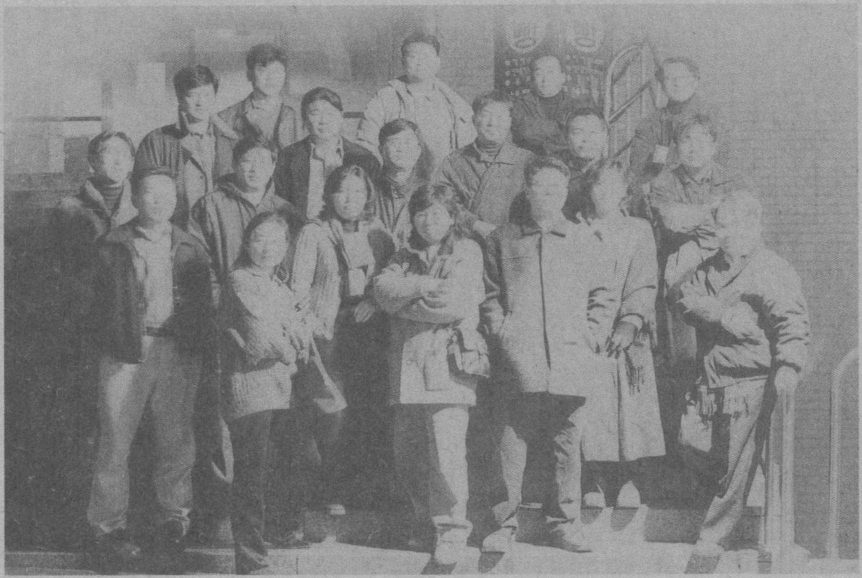

있고 구하기 용이한 철, 동판, 나무 등을 구부리고 자르고 용접하고 두들겨 대서 인간의 표정과 육신을 우그러뜨려 만든다. 직접 자신의 노동과 손놀림으로 이루어진 이 조각들은 그만큼 물질, 재료와의 오랜 접촉과 고단한 노동 속에서 단련되어 나온 표정으로 흥건하다. 매끈하게 재료의 물성이 강조되거나 세련된 구성으로 연출되는 현대 조각의 일반적 경향에서 벗어난 그의 조각은 철저하게 표현과 형상을 통해 주제와 메시지를 전하고 동시대를 사는 사람들과 소통하고자 하는 의욕 아래 펼쳐진다는 생각이다. 구체적인 현실/일상 속에서 살아가는 사람들의 전형적인 삶을 형상화한다는 정신은 구본주 조각의 성격으로 들어와 있다. 그래서인지 작업들은 한결같이 구본주 자신이 나름대로 날카롭게 관찰하고 들여다본 '현실'이다. 그 현실은 압축된 사회의 단면들이고 그 단면에 끼여 있는 직장인, 남성들의 삶이다. 간혹 그 남성과 여성이 얽힌 풍경들도 있다.

그리고 이는 자신의 반추된 삶의 정경들, 심리적 추이들이 스며 있다. 그 현실은 일단 최근의 경제 위기 속에서 위축되고 몰락하는 남성 직장인들, 한 가정의 가장들의 모습에 응축되어 드러난다. 과중한 노동에 시달리고 실직의 두려움에 떨며 온갖 스트레스에 절여진 이 대한민국의 보통 남자들은 비애와 고독, 애환과 상처 속에 함몰되어 간다. 한국 자본주의의 냉혹한 현실을 풍자, 비판하고 있는 이 작업들은 매우 서술적이고 회화적이다. 그는 나무, 철, 동, 쇳조각들을 가지고 '그림'을 그린다. 구상력을 한 축으로 하고 대담한 스케일 감각이 뒷받침되면서 일으켜 세워진 조각들은 한결같이 자신만의 재료 구사와 조형 능력들을 과감하게 드러내는 것들이다. 남성적 힘과 속도감, 공간을 장악하면서 뻗어 나가는 구성, 재료의 장인적 구사, 철단조, 목조, 브론즈 캐스팅과 테라코타. 오브제 설치 및 키네틱 등이 한데 어우러진 연출 효과에서 보여지는 재주와 힘들이 느껴지는 조각이다. 그러나 그런 힘과 형상화의 틀이 단조롭다는 인상 역시 쉽게 지워지진 않는다.

박영택, '존재와 의식전' 서문, 1999

한국 현대미술의 향방과 내일의 작가 지원 프로젝트

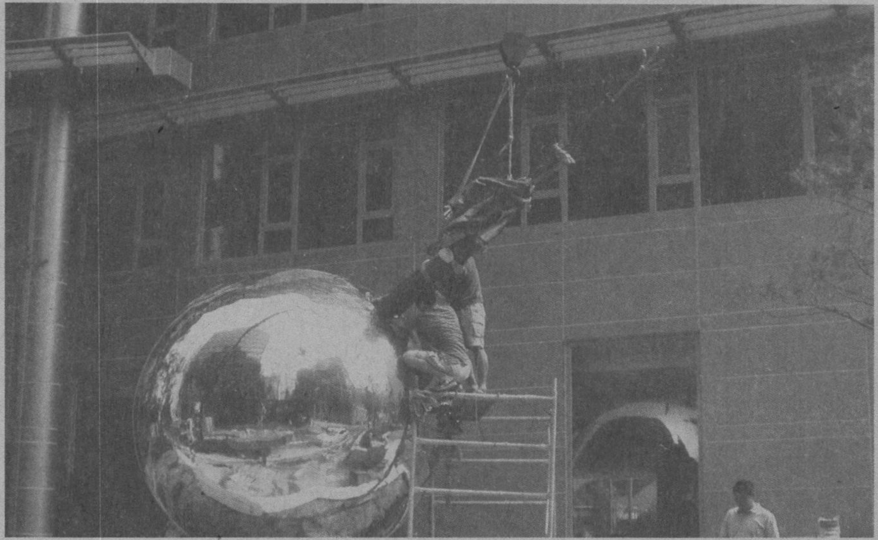

포스트모더니즘 미술 이후 많은 작가들이 방황하고 있다. 무엇이 미술인지, 누가 진정한 미술가인지를 확인하기 힘든 시대 변화 속에 혼란이 계속되고 있다. 어제의 미술이 오늘에는 거짓이 되고, 오늘의 폐품이 내일에는 예술 작품이 되는 상황이다. '과연 미술이란 무엇이며, 어떻게 해야 하는가?' 하는 의문 속에 작가들은 점점 더 자신을 잃어 가고 있다.

이러한 시대적 변화와 사회적 여건은 결코 젊은 작가들에게 유리하지는 않다. 대중들은 난해한 작품과 모호한 미의 개념을 비난하면서, 도저히 이해할 수 없다는 푸념이 점차 '무관심'으로 바뀌어 나가고 있다. 우리의 상황도 마찬가지로 모더니즘과 포스트 모더니즘의 경계도 없이 혼란이 가중된다. 더 나아가 세기가 바뀌면서, 정보의 범람과 미디어 아트의 빠른 전개로 풍성하면서도 빈약함이 느껴진다. 여기에 몇몇 젊은 작가들은 미디어의 적극적 대응으로 자신감을 갖기도 한다. 어려운 여건 속에서 이들은 시대의 변화에 발맞추어 나가려는 노력을 보여 주고 있다. 이러한 작가들에게 관심과 용기를 주려는 프로젝트가 2002년 올해부터 예술의전당 미술관에서 진행되고 있다. 올 상반기에 처음으로 실시되었던 〈해외 청년 작가전〉과 이번 전시되는 〈SAC 젊은 작가전〉이 바로 그것이다.

예술의전당 미술관 학예연구팀에 의해 진행된 〈해외 청년 작가전〉은 미국과 유럽 등에서 유학을 마치고 귀국하려거나 해외에 남아 작품 활동을 하는 젊은 작가들을 지원하는 전시 기획이다. 이어서 〈SAC 젊은 작가전〉은 국내 젊은 작가를 위한 미술 기획 전시로 개인전 초대 형식으로 이루어진다. 이는 국내의 젊은 작가에게 관심을 갖고 지원하려는 미술 진흥을 위한 예술의전당 미술관 프로젝트이다.

〈SAC 젊은 작가전〉은 이제 시작이다. 본 전시는 예술의전당 미술관 학예연구원들의 주제 선정과 이에 맞는 젊은 작가들을 추천하여 심사위원회를 거쳐 작가가 선정되는 방식을 취한다. 올해 처음 실시되는 전시 주제는 '정치 미학'으로 잡았다. 미술의 독립성과 미술 외적인 관계를 밝혀 나가는 정치와의 관계를 주제로 잡는다. 학예연구원의 연구 결과로 순수 조형 작업에서 '정치 미학'을 찾아낸 것이다. 인간 탐구의 회화와 조각에서 미술의 존재 가치를 정치학과 연결시켜 본 것이다.

제1회 '정치 미학'을 주제로 선정된 작가는 조각가 구본주이다. 인간은 정치적이며, 그 인간의 본질을 탐구하는 구본주 조각을 '정치 미학'으로 해석한 것이다. 그의 인체 조각은 사실적 표현으로 조형적 독특함을 보여 주며, 동시에 해학과 비극성을 갖는 정치, 사회적 메시지가 들어 있는 작품이다. 직장의 샐러리맨이나 평범한 군상의 조각들은 바로 우리들의 현재 모습이며, 삶의 고통과 기쁨이 교차되는 리얼리즘 예술인 것이다.

현재 구본주는 가장 기대되는 젊은 조각가이다. 어려운 환경 속에서 자신의 세계를 추구하는 구도자와 같은 그의 자세는 진정한 예술가로 주목받고 있다. 본 기획전에 그를 초대한 것은 무엇보다 현대인의 왜곡된 모습과 사실성으로 인간의 내면을 탐구한 의지의 젊은 조각가를 알려 주고 싶어서이다. 대중과 가까이 할 수 있는 기회가 되길 진심으로 바라 마지않는다.

앞으로 〈SAC 젊은 작가전〉은 국내의 젊은 작가들을 지속적으로 발굴하여 지원하고자 한다. 아울러 이들의 올바른 작품 해석과 제작 관리, 경영 등에까지 도움을 주는 방안 등 여러 과제를 연구해 나가면서, 국내의 젊은 작가 발굴과 지원을 구체화시키고자 한다. 동시에 일반 대중과의 교감이나 홍보 등 적극적 참여를 결론으로 생각해 본다. 〈해외 청년 작가전〉과 함께 〈SAC 젊은 작가전〉은 국내외의 우리 작가들을 육성하며, 한국 현대미술의 발전적 청사진을 그려 보는 것이다. 내일의 작가 발굴은 이제 시작이다.

유재길, '시대의 표정: 아버지' 서문, 2002

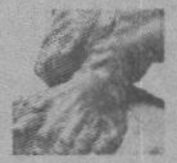

비애와 억눌린 삶, 시대의 약자들에 대한 끊임없는 지향

구본주의 작품을 이해하기는 어렵지 않다. 오히려 쉽다. 우리에게 익숙한 대상들의 표준적인 형식을 갖고 있고 우리들이 흔히 보고 느끼는 주변 사람들의 이야기를 진솔하게 표현하기 때문이다. 또한 실제와 공유하는 많은 특징을 가지고 있다는 점에서 그의 작품은 캐리커처적인 성격이 짙다. 금번 전시 작품 경향에서는 매끄러운 곡선 처리와 세부적인 묘사의 생략으로 주변 시각의 효율성을 증가시킨 점이 돋보인다. 이러한 특징은 정확한 묘사만큼이나 정보를 제공한다는 점에서 상호 교환성과 소통성을 갖는다.

그는 작품에 긴장감을 불어넣기 위해서인지 사진처럼 멈춰진 순간을 잡는 기법을 즐겨 사용한다. 그렇다고 대상의 특수한 상황이나 개별적인 성격으로만 볼 수 없다. 대상의 영구적인 자질을 잡아내고 있기 때문이다. 선택된 대상의 전형성과 상징성도 한몫을 한다. 특히 대상을 풍자와 해학으로 처리하는 기법이 발군이다. 철이든 나무든지 간에 재료를 다루는 솜씨도 남다른 데가 있다.

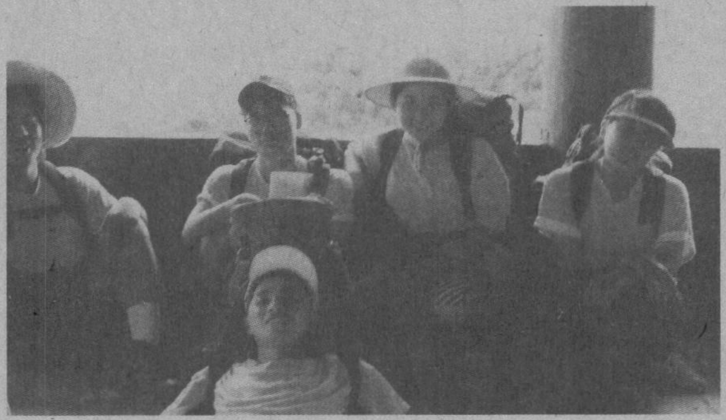

지금까지 구본주의 주요 테마는 비애와 억눌린 삶이었다. 이번 전시 역시 그의 테마를 가장인 아버지들이 처한 암울한 시대의 표정을 통해 사실적으로 담고자 하였다. 지금까지 구본주의 작품 세계는 당대의 정치, 사회, 경제적 상황에서 피해자로 남을 수밖에 없었던 사람들에 주목해 왔다. 시대의 약자들에 대한 끊임없는 지향이라고 봐야 옳다. 이는 1995년 첫 개인전 이후 본격화하여 현재에 이른다. 농민, 노동자, 샐러리맨 등이 그의 대표적 소재였다. 이제 아버지가 그의 작품의 주인공이 된 것이다.

전시는 IMF 이후 어려워진 생계에 더욱 연연해하며 현실에 끌려다녀야만 하는 아버지들의 힘든 삶에 초점이 맞추어져 있다. 작가는 전시에서 아버지에 대한 이야기를 대략 네 가지 모습으로 그리고 있다. 첫째, 가정의 중심인 가장이지만 사회에서는 주변인인 상반된 두 가지 모습의 아버지. 둘째, 회사라는 움직이는 기계의 부속품에 불과한 아버지. 셋째, 경쟁 사회에서 불확실한 미래를 하루하루 살아가는 아버지. 마지막으로 일상생활에서의 아버지이다.

구본주는 〈생존의 그늘〉에서 다소 억눌린 삶을 사는 이 시대의 아버지의 표정을 사실적으로 보여 주고 있다. 금번 작품들을 들여다보면 우선적으로 눈에 띄는 작품이 〈하늘〉이다. 어디서나 흔히 볼 수 있는 전형적인 신발 모양을 하고 있다. 커다란 스케일로 인해 일견 기둥으로 인식될 수 있는 이 작품은 가족의 버팀목으로서의 아버지를 상징한다. 작가는 〈하늘〉을 통해 사회의 가장 작은 집단인 가정에서 중심 역할을 하는 가장의 이미지를 기념비적으로 표현하고 있다.

이에 반해 규모 면에서나 내용적으로도 극한 대비를 보여 주는 작품이 있다. 중년의 대머리 남자를 형상화한 〈눈칫밥 삼십 년〉이다. 이 작품은 대다수 아버지들이 사회에서 주변인으로 살아갈 수밖에 없는 상황을 위트 있게 재현한다. 〈하늘〉이 아버지의 이미지를 커다란 존재로서 그렸다면 이 작품은 작고 낮은 존재를 상징적으로 보여 준다. 이 두 작품은 사회 구성원인 아버지의 두 가지 이미지를 극명하게 제시하면서 한편으로는 이미지를 별개로 나누지 않고 공존하고 있음을 확인시켜 준다. 〈하늘〉의 내부에 〈눈칫밥 삼십 년〉과 같은 이미지의 낮고 작은 존재로서의 아버지의 모습이 영상으로 나타나고 있기 때문이다.

그밖에 생계를 위해 회사라는 움직이는 기계의 부속품, 그것도 소모적인 부속품에 불과한 노동자로서의 아버지를 그린 〈아빠의 청춘 Ⅰ·Ⅱ〉 경쟁 사회에서 불확실한 미래를 하루하루 살아가는 소극적인 직장인으로서의 아버지를 보여 주는 〈위기의 식 Ⅰ·Ⅱ〉 그리고 갖가지 일상의 모습들을 담고 있는 작품들이 눈에 들어온다.

구본주의 이번 전시는 '시대의 표정 : 아버지'라는 주제로 관람객들에게 작가의 아버지에 대한 사고를 여과 없이 전달했다는 점에서 높이 평가할 만하다. 다소 아쉬운 점이 있다면 작품 형식상에서 단조롭다는 인상을 지울 수 없다는 점이다. 형식적인 차원에서 볼 때, 1999년 두 번째 개인전에서 보여 준 다양한 형식적 실험들이 후퇴한 듯한 인상을 갖게 한다. 단적으로 형식적 새로움은 특이할 만한 게 없다. 스케일의 차이를 극명하게 대조시켜 보여 준 점은 인정된다지만 이도 이미 기존의 작품들에서 표명된 바 있다. 이는 표현적인 차원에서 연장된 신체, 왜곡되고 변형된 신체, 캐리커처 형식 등에 관심을 기울여 온 관람객들에게 다소의 실망감을 줄 수 있는 부분이다.

서민석, '시대의 표정: 아버지' 서문, 2002

1990년의 구본주를 기억함

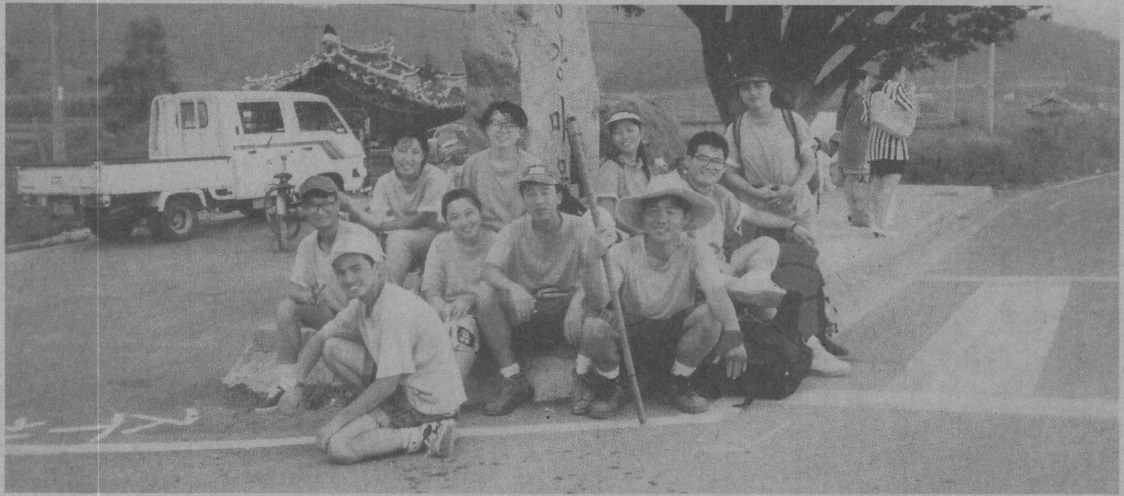

1990년 구본주와 나는 수원의 손문상 선배 작업실에서 함께 기숙하며 보내고 있었다. 손 선배와 그 아내 윤진, 회화 작업을 하던 신경숙을 포함한 우리들은 20대 중후반의 혈기 방자한 청춘들이었고 사회 변혁과 민중에 복무하는 예술에 대한 열정과 모색으로 늘 들떠 있었다. 언뜻 생각해 보면 엊그제 같은 그 일들이 벌써 14년의 시간 속으로 흘러가 버렸다.

믿을 수 없을 정도의 속도로 진행되던 동구권의 몰락을 바라보며 변혁 운동 내에 형성되던 혼란스러운 상황들은 우리들의 작업실에도 영향을 미쳐 '노동미술연구소'라는 소박하지만 분명한 꿈을 담은 현판을 떼고 우리를 학교, 직장과 같이 우리들이 인생의 먼 곳을 유추하며 늘 경계해 마지않을 것들이 넘치는 곳으로 움직이도록 했다. 하지만 그때 구본주와 나누던 팔팔했던 언어들에 대한 기억은 아직도 생생하다. 과거를 기억하면서 드는 일종의 부채감은 그때 뱉어 내던 겉돌고 부유하는 맹세들 때문이겠지만 본주는 그로부터 자유롭고 우리는 아직도 그 말들에 빚지고 산다.

본주의 스타일은 그랬다. 자신의 생각과 결정에 절대적인 신념을 가지고 싶어했고, 신념이 구체적이지 않을 때 고민했으며 그것을 만들려고 자신을 밀어붙이는 고집스러움이 있었다. 내 기억에 본주는 수원에서의 생활을 정리하고 학교로 돌아가면서 그닥지 않은 망설임을 가지고 말했다. '노미연'에서 우리들과 함께 경험한 것과 치열히 고민하고 논쟁했던 것들을 가지고 간다고. 그것은 동시대 젊은 예술가들이 고민하고 모색했던 것들이다. 민족자주/민중민주(NL/PD) 논쟁, 민족적 혹은 민중적 예술 형식의 문제, 계급성의 문제, 대상과 주체로서의 민중성의 문제들은 노동조합과 연계한 노동자 문예 활동 지원 현장이나 파업 지원의 현장 문예 활동에서부터 작업실에서의 집단 창작이나 개인의 작업 과정에 이르기까지 젊은 신념을 파랗게 벼르기 위해 서로를 닦아세우며 때로는 관념적인 언쟁으로 때로는 구체적인 예시와 실천의 차원에서 늘 서로의 목소리를 높이게 만들던 주제들이다.

그때 가진 본주와 나의 논쟁은 또래가 갖는 일종의 경쟁심과 20대의 사려 깊지 못한 고집으로 새벽까지 이어지는 경우가 많았는데, 내 언어가 공허한 편인 반면 그는 늘 그의 말을 손으로 흙 속에 축적하였다. 수원에서의 본주에 대한 기억 중 가장 선명한 것은 본주가 수원에 내려와서 말과 글로 알던 선진적 노동자를 처음 만난 날이나 파업 현장의 시끌시끌한 긴장감 속에 현장 문예 활동 지원을 하고 난 뒤 작업실로 돌아와서의 미래에 대한 확신으로 상기된 그의 표정도 있지만 늘 흙이 묻어 있던 그의 손과 그 손을 놀릴 때 불끈 불끈 움직이던 팔뚝의 근육들이다. 그게 바로 본주의 정체성이었던 것 같다. 나는 '타고난 예술가'라는 말은 대부분 소위 작업을 하는 사람들이 만든 제 잘난 체이거나 배고픈 예술가들을 위한 위로의 말이거나 재주 넘치는 작가들은 제 밑에 묶어 두려는 자들의 낯간지러운 립서비스라고 생각한다. 그런데 본주에 대한 기억을 더듬다 보면 혹시 본주가 가졌던 그런 면들이 그의 '타고난' 측면이 아닐까 생각해 본다.

생활에 치이면서 살다 보니 과거를 돌아보지 않는 버릇이 생겼다. 내 자신의 소시민적 근성 때문이겠지만 본주를 생각하면 자꾸 과거로 소급되어 가는 나를 발견한다. 처음 포천의 작업실을 방문했을 때 내 귀를 떵떵떵 울리던 소리, 애인의 뺨처럼 쇳덩이를 쓰다듬던 그 손, 눈웃음, 첫 번째 개인전 때 상기된 목소리.. 같이 나이 들어갈 수 없다는 게 너무 아쉽다.

황호경, '절정 : 솟구치는 힘' 서문, 2004

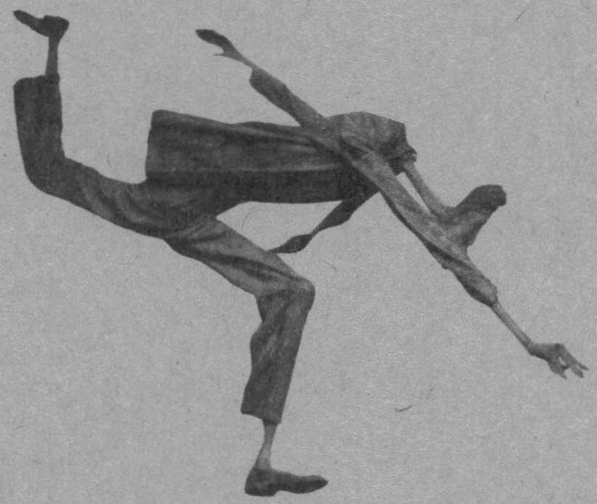

ABOUT WORKS II
전시 리뷰

일그러진 우리 시대의 영웅, 영웅들

구본주의 작업은 흔히 '최소한의 구조' 및 '소재의 물성'으로 대변되는 모더니즘 형식주의 조각과는 다르다. 이들 조각에는 인간이 없다. 대신 관념을 가능한 한 압축시킨 본질적인 국면과 조각이라는 특정 장르 내부를 향한 반성적인 이해가 있을 뿐이다. 간혹 인간을 소재로 한 작업에서조차 인간의 정체성은 어떤 구상적인 외관을 갖기보다는 거의 예외 없이 특정의 관념 혹은 소재의 물성에 종속되거나 치환되거나 해체된 방식으로 다루어지기 마련이다. 여기서 인간은 더 이상 인간이기보다는 차라리 어떤 관념을 형상화한 것이요, 소재의 물성을 극대화하기 위한 매개나 다름없다.

대신 이 작가의 작업은 흔히 '상황주의'로 대변되는 구상 조각의 연장선에 있다. 여기서 상황주의란 여타의 구상 조각에서 보듯이 인간의 신체적 조건을, 특히 여체를 현실과는 일정 정도 거리를 갖는 어떤 주관적이고 추상적인 정념을 담아내는 유비로, 이를테면 시적인 이미지즘 혹은 종교적인 이상 혹은 자연관을 형상화하기 위한 유비로 이해하기보다는 현실에 밀착된 어떤 '상황'에 주목하는 태도를 말한다. 이때의 상황이란 항상 당대 혹은 동시대적일 수밖에 없는 적나라한 현실을 인식하는 것이며, 그 현실을 살아가는 인간의 존재가 처한 조건을 의식하는 것이며, 이렇듯이 현실을 반영하는 거울과 스스로의 작업을 동일시하는 태도를 말한다. 이번 전시의 주제가 '존재와 의식'인 점은 이러한 '상황'의 인식과 무관하지 않다.

아마도 동시대를 사는 인간의 존재가 처한 조건을 의식하는 작업의 정체성을, 의식해야 한다는 작업의 당위성을 주지시키는 것이리라. 이처럼 작가의 작업은 동시대적인 현실 인식을 반영한다는 점에서 주관의 경계를 넘어 보편적인 가치 혹은 의미로까지 작업의 지평을 증대시키고 있다. 그리고 작가가 주목하는 현실 인식, 곧 상황의 인식은 어떤 식으로든 발언의 형식을 취하기 마련이며, 대개 그렇듯이 그 발언은 비판적인 것으로 귀결된다. 그 본질상 현실 인식이란 언제나 '모순'에 대한 문제의식이요, 반성이기 때문이다.

바지 주머니에 양손을 질러 넣은, 허탈함의 정도를 넘어 차라리 무표정한 남자의 초상이 안쓰럽다. 얼굴이 붉게 상기된 것으로 보아 낮술을 마셨음에 틀림없어 보인다. 벽을 한 바퀴 휘돌 만큼 목을 길게 뽑아 뭔가를 조심스레 주시하는 남자의 시선이 가닿은 곳은 다름 아닌 자기자신이다. 자신조차도 믿을 수 없게 된 그의 의심스런 표정에서 실존주의적 소외를 넘어서는 삶의 리얼리티가 발견된다.

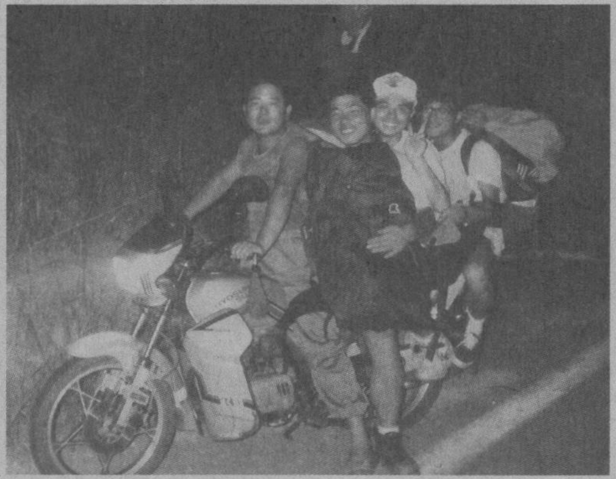

가부장적인 편견에 의해 부가된 것이긴 하지만, 한때 사슴 혹은 기다리는 여성의 그리움을 위해서나 쓰이던 긴 목의 시적 이미지와는 얼마나 동떨어진 것인가. 〈눈칫밥 삼십 년〉에 청춘을 다 보내고 볼썽사나운 대머리만 남은 남자의 초상이, 〈사생결단〉을 낼 작정으로 서로 밀치고 밀리는 마치 구겨진 종이처럼 일그러진 두 남자의 얼굴이, 뜻하지 않은 날벼락을 맞아 마치 만화에서처럼 눈알이 뱅뱅 돌고 혀가 한 자나 빠진 남자의 우스꽝스런 몰골이, 바람에 날려 가지 않으려고 이빨을 앙다문 채 중심을 잡으려 애쓰는 쩔쩔매는 남자의 과장된 제스처가, 삶의 윤리가 동물적인 차원과 다른 것일 수 없다는 다윈의 적자생존의 법칙을 재학습시키고 있다. 현실을 비판하는 작가의 무기는 혁명과 '안티'를 전면에 내세우는 직접화법보다는 풍자와 해학의 주변에 머무는 우회 혹은 간접화법에 가깝다. 현실의 객관적인 반영이기보다는 현실을 한층 더 적나라한 현실로, 더 절실한 현실로 더 극적인 현실로 증폭시키는 과장된 화술에 가깝다.

그 과장의 도구가 '왜곡'인 것이며, 이렇게 과장된 왜곡과 결과가 흔히 적색으로 대변되는 피의 들끓음이나 흑색으로 대변되는 비극적인 페이소스 혹은 파국으로 귀결되지 않는다. 오히려 지나치게 가소로운 존재의 가벼움으로 웃음이 터져 나오게 하는 밀란 쿤데라류의 키치를 상기시킨다. 과장된 웃음과 과장된 비장미와 과장된 제스처와 지나친 진지함이 한덩어리를 이룬, 결코 편하게 웃을 수만은 없는 한 편의 블랙 코미디를 보는 듯하다. 마치 작품에 등장하는 인물 하나하나가 자본주의 시대의 예수랄 수 있는, 과장된 웃음의 이면에 시대의 상처란 상처는 다 가리우고 있는 '광대의 미학'을 형상화한 듯하다. 이렇듯이 과장되고 왜곡된 화법이 현실을 희화화함으로써 마치 만화 혹은 일러스트를 조각으로 번안한 듯하다. 현관에 가지런히 놓인 신발들이, 그 주인들의 삶이 아름답다.

고충환, 미술세계, 1999

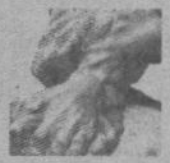

씁쓸한 웃음 – 비애의 현실

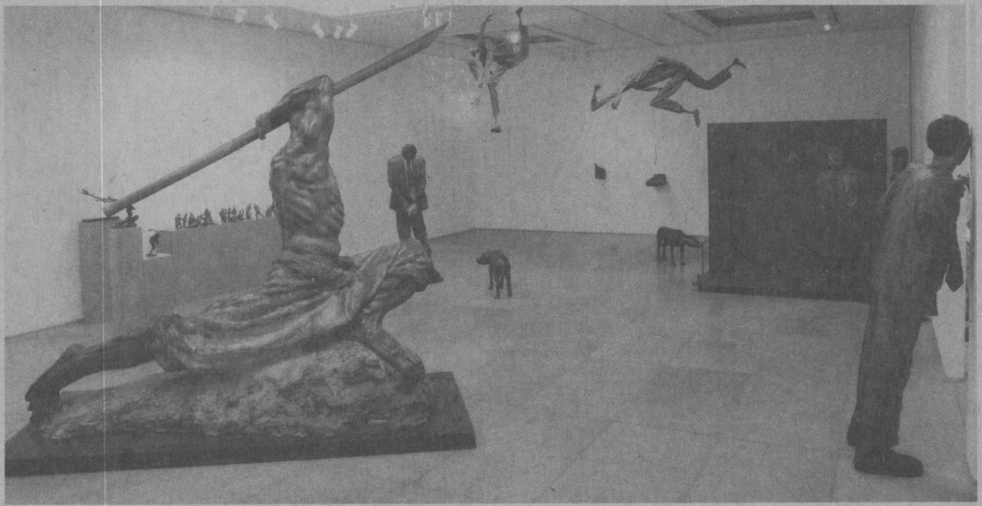

사람들은 살기 위해서 하루하루를 죽어 간다. 매우 역설적인 이야기지만 사람들은 살았다고 안도하면서 자신에게 조금 더 가까이 다가온 죽음을 느끼지 못한다. 그렇기 때문에 모든 사람들이 자신들의 닳아지는 생명과 마모되는 육신에도 불구하고 새벽부터 새벽까지 세상을 누빈다.

구본주의 작품에 등장하는 사람들은 서민이거나 중산층이라고 믿고 사는 소시민들이다. 이러한 소시민들은 자신들의 삶을 영위함에 있어서 지난하고 어려운 삶의 조건들을 이겨 내고, 때로는 극복하기도 하고, 체제나 사회적인 시스템 속에서 순응하면서 자신들을 일구어 나간다. 그들은 때로는 자신들을 좌절하게 만드는 '옷' 사건이라든가 사회 지도층들의 호화로운 생활을 보면서 분노하기도 하고 흥분할 줄도 알지만 그러나 이내 현실로 돌아와 자신의 사회적 과업과 책무에 충실한 사람들이다.

이러한 사람들을 보는 작가의 시선은 그들에 대한 연민과 사랑으로 이어진다. 이성주의가 인문학적 담론의 중심을 이루고 이러한 담론의 중심에는 남성들이 그동안 봉건주의적 가치관에 기초하여 지배자로서 착취자로서 권력의 상징으로 이해되어 왔다. 그러나 오늘날의 현실은 그러한 남성들도 사회적 틀 속에서 희생자로서의 모습을 그대로 지니고 있다. 삶은 그들을 산업 현장이나 수출 역군으로의 역할을 강요했고, 가정과 자신의 삶을 되돌아볼 겨를 없이 찰리 채플린 영화에 등장하는 조립공처럼 사회의 부품으로서 역할을 다해 왔다. 이런 시각에서 본다면 여성주의가 대두됨에 남성들은 그간 여성들이 겪어야 했던 것보다 더 강도 높은 시련과 고통을 감내하고 있는 것은 아닐까 하는 생각이 들기도 한다. 이런 맥락에서 본다면 구본주의 이번 작품들은 사회 구성원으로서 소시민들의 애환과 고통을 남성적 시각에서 토로해 내고 있다는 것을 읽을 수 있게 된다.

정치적인 상황의 변화와 IMF로 인해 많은 사람들이 작지만 소중하게 간직하고 부족한 가운데 만족하며 살아왔던 가치들이 일순 물거품이 된 요즘의 소시민들의, 가장들의 삶의 비애를 담아 내고 있는 것이다.

구본주는 민중적인 시각에서 대상을 보고 이를 형상화함으로써 특유의 힘 있는, 뚝심 있는 작가로서 활동해 왔다. 정치 사회적인 변화에 따라 민중미술 계열의 새로운 활로를 모색하려는 시도를 목도할 수 있는 지금, 그의 이러한 변모는 또 다른 가능성을 제시하고 있다는 점에서 매우 고무적이다. — 여전히 형상에 크게 의존하고 있다는 점이 염려스럽지만 — 그러나 이러한 우려에도 불구하고 남다른 재료를 다루는 솜씨에서 또 다른 가능성을 기대하기에 충분하다.

쇠를 직접 자르고 깎아 내고 다듬어 내는 형상들은 도구와 재료와의 만남을 통해 그 의미가 강화되며, 담금질하고 두들겨서 만드는 노동의 결과를 작품에서 느낄 수 있기 때문에 보다 직접적으로 작품의 의미를 느끼게 해 준다. 과다한 노동 시간과 저임금 그리고 실직의 두려움 속에서도 습관처럼 삶의 굴레 속으로 빠져들어 가야만 하는 많은 가장들의 애환과 비애를 한 편의 시사만화처럼 표현해 내고 있는 구본주의 조각에서 우리는 민초들의 삶, 우리의 삶의 주변과 중심을 다시금 생각해 보게 된다.

여기에 그의 사실적인 묘사력과 재료를 다루는 능란함 그리고 작품을 구성하는 연출력에서 단순한 하나의 조각이 아니라 삶의 풍경으로까지 작품을 확장시키고 있다. 단순한 삶의 비애를 넘어, 오늘의 우리 현실을 우화적으로 표현하는, 우리 시대의 우화를 쓰고 있는 셈이다.

정준모, 월간미술, 1999

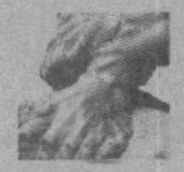

소시민: 살아남은 자의 존재를 위해

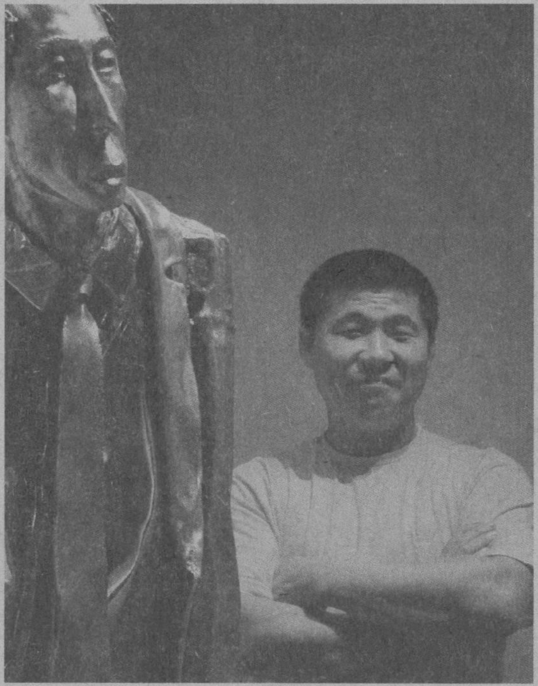

동학 혁명 등을 포함하여 한국 근현대사를 조망하는 무거운 주제를 자유, 해방, 역사, 혁명, 민중 등의 거대 담론으로 표현하고자 한 작품으로부터 출발한 구본주는 최근 작품에서 현대 사회를 살아가는 평범한 소시민들로 향한 애정과 신뢰를 표현하여 왔다.

예컨대, 경제 개발 드라이브가 기승을 부릴 때는 오로지 발전의 논리 앞에 자신을 뒤돌아볼 여유 없이 앞만 보고 내달렸으며, 외환 위기와 구조조정의 회오리 앞에 처참하게 퇴출당해야만 했던 우리 주변의 평범한 가장들의 모습을 시각적으로 실감나게 구현한 그의 작품은 우리가 마주치고 있는 현실의 정직한 기록이란 점에서 리얼리즘의 전통을 따르고 있다. 즉, 방법에 있어서도 많은 시간과 재료를 다루는 숙련된 기술을 필요로 하는 전통적인 소조나 조각 작업에 매진함으로써 조각의 위축 또는 위기란 진단에 아랑곳없이 자신의 조형 언어를 다듬어 가고 있는 것이다. 그의 이러한 주제 의식과 방법은 리얼리즘의 정신을 계승한 것이라 할 수 있는데 조각의 장르적 가능성에 대한 비관적 전망이 기정사실인 것처럼 유포되고 있는 현실을 감안할 때 그의 태도는 소중한 것임에 분명하다. 무엇보다 예술의 주제가 한없이 파편화된 나머지 '내용의 빈곤'을 드러내는 가운데 이 작은 이야기의 구조조차 진정성(眞正性)을 상실하고 표피적이고 감각적이며 미시적 영역으로 함몰하고 있을 뿐만 아니라 노동의 소중함보다 시각적 볼거리로만 치달아 온 결과 예술이 유희의 하위 범주쯤으로 치부되는 지경에 이르렀다.

이런 문화적 분위기에서도 그는 자신이 표현하고자 하는 바가 무엇인지를 분명하게 인식하며 구태의연할 수 있다는 비판을 받을 수 있음에도 불구하고 오직 자신의 언어에 충실하고자 했다. 그 결과 그의 작업은 다소 과도한 재료의 가공에서 오는 심리적 부담에도 불구하고 리얼리즘의 복권이란 문제와 맞닿아 있다. 이때, 리얼리즘이란 형식의 맥락에서뿐만 아니라 내용적으로도 사회적 소통의 회복을 지향한다는 것을 의미한다. 양식사의 맥락으로 보자면 리얼리즘은 이미 과거의 것이 되고 말았다. 특히 예술의 발전을 형식의 개발이란 좁은 차원에 놓고 바라볼 경우 리얼리즘은 시효가 소멸된 것이므로 그것에 대해 말한다는 것을 향수 혹은 퇴행으로 몰아붙일 수도 있을 것이다. 그러나 의미의 소통이란 차원으로 보자면 리얼리즘은 용도 폐기된 것이라기보다 만연하는 반리얼리즘의 연막 속에 가려진 것일 뿐 우리가 예술을 통한 세계의 이해란 필요를 기대할 때 언제든지 부상할 수 있는 잠재력을 여전히 유지하고 있다. 구본주의 작품을 보면서 우리가 확인할 수 있는 것이 이러한 잠재력이다.

형식적으로 그의 작품은 과장된 부분이 있다. 길게 내뺀 목에 아슬아슬하게 달려 있는 머리, 매너리즘 식으로 변형된 신체에서 느낄 수 있는 어떤 격렬함, 주로 무거운 철판을 재료로 사용하는 까닭에 재료 자체가 주는 억압적인 분위기 등은 그가 말하고자 하는 내용을 드라마틱하게 만드는 요인임에 분명하다. 그러나 이러한 표현의 과장은 그의 작품을 더욱 돋보이게 만드는 조형적 수사이기도 하다.

만약 그의 작품에서 특징적인 형태상의 변형을 제거해 버린다면 그의 작품은 건조한 르포르타주가 될 확률이 높다. 르포르타주조차 사라져 버린 말 그대로 허구가 난무하는 세상에서 차라리 사실에 입각한 르포르타주가 더 정직할 수 있겠지만 그것은 분명 예술의 본령이 아닌 까닭에 우리는 그의 작품에 깃들어 있는 예술적 의미가 무엇인지에 대해서도 세심하게 주목

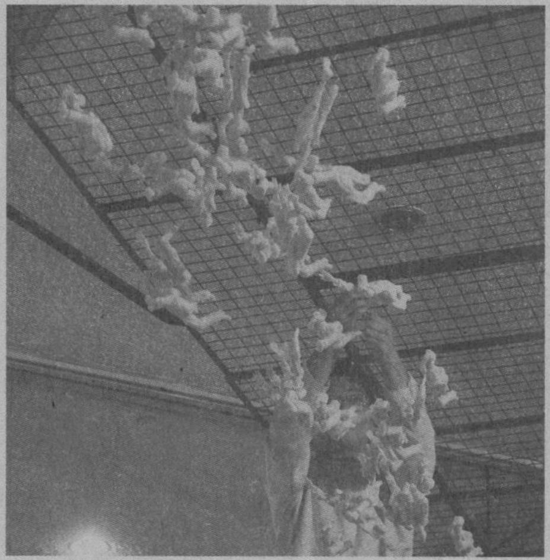

하게 되는 것이다.

그의 다소 과장된 변형은 예술에 있어서 중요한 미적 범주의 하나인 풍자와 해학을 드러낸다. 이것은 분노를 분노로 표출하는 것이 아니라 웃음을 통해 그것을 가림으로써 사람들로 하여금 그 속에 담긴 의미에 대해 다시 한번 생각하게 만드는 요소이다. 어떻게 보면 너무도 평범하여 존재조차 미미한 한 사람의 인생을 눈칫밥으로 표현한 재치와 자기가 어디로 가고 있는지도 모른 채 질주하고 있는 사람이 곧 마주치게 될 파국을 해학적으로 표현한 작품, 아닌 밤의 홍두깨처럼 구조조정이란 철퇴를 맞고 나가떨어지는 평범한 샐러리맨의 모습은 바로 우리 주변에서 늘 마주칠 수 있는 이웃이자 친구이며 가족의 모습이지 않는가?

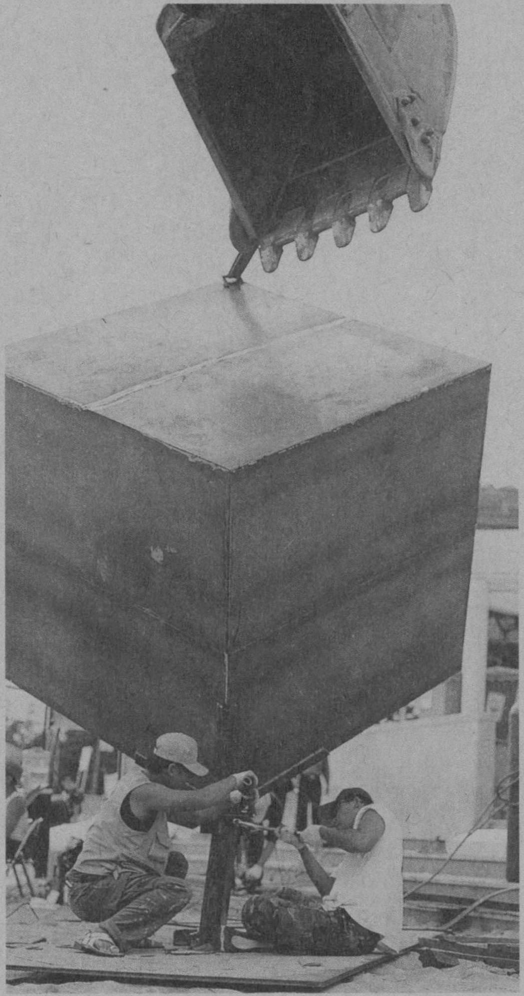

예술이 현실을 떠나 신비롭고 불가해한 미의 영역만을 추구한다면 그것은 삶과 전혀 상관없는 '형식의 유희'로 전락하거나 아니면 현실과 별개의 특수한 활동의 결과로 치부해 버릴 위험이 있다. 예술은 현실을 초월할 수도 있지만 현실과 긴밀하게 관련을 맺음으로써 그 현실 앞에 주눅든 우리의 마음을 위로하거나 삶의 구조를 되돌아보게 만들 수도 있다.

구본주의 작품은 우리가 잘 알고 있지만 빈번하게 망각해 버리는 삶의 무거움을 때로는 풍자의 방식으로, 때로는 허를 찌르는 유머의 방식으로 표현함으로써 삶의 정곡 속으로 파고드는 비수와 같은 역할을 수행한다. 이런 점이 그의 작품을 헤픈 눈으로 보고 돌아서면 잊어버리게 만드는 것이 아니라 기억하게 만드는 힘이기도 하다.

사실 그의 작품은 재현이란 전통적인 방법에 의존하고 있으나 사실의 기록에만 머물고 있는 것은 아니다. 그의 작품은 사실의 구체성을 넘어서는 또 다른 특징을 지니고 있다. 그것이 곧 내용의 보편성을 예술적 특수성으로 고양시키는 힘인데 그것을 그가 만들어 낸 전형성에서 찾을 수 있다. 그의 전형성은 고단한 현실이 축적된 시간에 의해 각질화 된 남성상이다.

그의 작품에는 줄곧 남자가 등장한다. 그러나 초기 작품에서 볼 수 있는 근육질의 남성은 더 이상 나타나지 않으며 어딘지 억압받고 엉거주춤하며 자기 분열적인 남자 — 그 남자의 모습은 그가 바라보고 있는 우리 사회의 남성상을 대표한다.

사회란 거대한 구조 속의 작은 부속품으로써 생존의 절박함을 강요당하고 있는 평범한 존재에 불과한 이 남성상은 고단함에 대해 돌이켜볼 여유조차 없이 혹사당하고 있는, 거의 자기 존재를 망각한 채 주어진 시간에만 충실해야만 하는, 마음속에는 수시로 일탈과 저항을 꿈꾸고 있을지 모르지만 그것의 결행을 꿈꾸기에는 이미 지쳐 버린 왜소한 인간들의 전형이다. 이들은 공동체적 연대를 상실하고 있으며, 변혁에의 의지 또한 결여한 듯이 보인다. 단지 하루살이처럼 허둥지둥하고 있는 이들의 모습을 통해 방향을 상실한 우리 사회를 본다고 한다면 과장된 표현일까.

그러나 그는 여전히 꿈을 꾸는 사람이다. 작가 또한 이 살아남은 사람의 슬픔과 동화하고 있다고 할지라도 그의 작품에서 감상(感傷)이란 감정의 찌꺼기를 발견하기란 쉽지 않다. 평범한 존재에게 바치는 그의 헌사가 현실을 숙명으로 받아들임으로써 결국 패배주의로 함몰하고 말 한계를 용인한다기보다 이런 현실의 진상을 드러내어 그들에게 자기 존재의 위기에 대해 생각하게 만든다. 생존의 각축장인 현실을 바라보는 작가의 태도는 흥분된 것이 아니라 차라리 냉정하며, 그 냉정함이 해학과 만나 촌철살인(寸鐵殺人)의 힘을 고조시킨다. 그런 의미에서 그에게 있어서 리얼리즘이란 현실의 정직한 반영이란 차원을 뛰어넘어 현실보다 더 리얼한 현실의 제시와 맞닿게 된다.

우리는 모두 이 현실 속에 살고 있으므로 그것에 대해 잘 알고 있다고 단언한다. 그러나 문제는 그것을 인정하는가 그렇지 않는가 하는 차이이다. 구본주는 이 현실을 예술과 관계없는 것으로 취급하려고 하는 우리들을 향해 여기 그 현실이 바로 눈앞에 있음을 보여 주고 있다. 이제 우리가 그것을 받아들일 차례이다.

최태만, 예술의전당, 2003

미술 속에 담긴 한국의 남성

출퇴근길 자신과 거의 비슷한 수많은 사람들을 보고 이 무리들 중에 과연 나는 어떤 모습일까, 또는 혹시 나는 없는 것이 아닐까, 하는 의문을 품어 본다. 일은 분명 중요한 것이다. 하지만 굳이 내가 없어도 되는 일이라면 그것은 나의 일이 아니다. 그렇다면 그저 일에 끌려 다니는 자신의 초라한 모습만 있을 뿐이다. 결국 나는 없는 것이다.
구본주의 〈배대리의 여백〉(1993)은 작은 나무들을 접합시켜 사무직 노동자의 모습을 만들어 놓은 조각 작품이다. 이 남자는 차가운 철판으로 만든 도시의 한복판에 서 있다. 샐러리맨다운 차림을 하고 무언가 골똘히 생각하고 있는 이 남자. 그의 그림자는 철판에 깊숙이 파여 있다. 자신의 삶의 근거를 마련해 주는 도시에 이 남자는 그림자를 드리우고 있는 것이다. 그리고 이제 잠시 여유를 갖고 자신의 그림자를 확인하고 있다.
하지만 자신의 그림자를 바라보고 있는 이 남자의 눈빛에는 차가운 분노와 회의가 깔려 있다. 배경을 이루는 철판만큼이나 무겁고 차갑고 날카로운 도시. 어떻게 해서라도 이 도시에 자신의 존재가 있음을 확인하고 싶은 이 남자의 마음. 그리고 자신이 드리운 그림자의 폭을 항상 생각하며 살아가야 하는 이곳의 삶. 마음 한구석에는 도시의 삶을 떠나고 싶다는 생각이 자리 잡고 있지만 도시는 단단하게 조여진 볼트와 너트처럼 자신을 붙들고 있다. 이제 이 도시에 파인 자신의 그림자는 역으로 족쇄가 되어 이 남자를 지치게 만들고 있다.
이 남자에게 계속 따라붙는 거머리 같은 그림자. 그것은 자만일 수도 있고 좌절일 수도 있다. 빠르게 변화하는 도시의 속도를 따라잡지 못하고 나약하게 안주하며 그저 그렇게 삶을 살아가는 자신의 모습에 좌절을 느낀다. 한편으로는 이렇게 안주한 생활에서는 이제 베테랑이 되어 자만에라도 빠져 위안을 얻으려 한다.
이런 끔찍한 자신의 삶이 읽힐 때는 차라리 그림자가 없는 다른 공간으로 옮기고 싶다는 생각을 해 보기도 한다. 이 남자는 불안하다. 여기에 정말 내가 존재하는 것일까. 그리고 분명 이 그림자는 나의 그림자가 맞는가. 또는 나의 눈에 보이는 이 그림자가 남의 눈에도 확연하게 읽히는 것일까.
이제 이 남자는 자신보다 더 거대해진 자신의 그림자를 두려워한다. 이 깊숙하게 파인 그림자 속의 인물이 항상 이 남자를 노려보고 있었던 것이다.

최금수, 주간동아, 1997

구본주展

단단한 철판을 마치 주무르기라도 하듯이 자유자재로 절단하고 두드리고 접고 펴는 과정을 반복하면서 용접으로 이어 붙이는 판금 기법으로 만들어진 구본주의 작품은 고된 노동을 동반한다. 머리로만 생각해서 결과물의 시각적인 효과가 결핍된 개념 조각이나 이와는 반대로 무모해 보이기까지 한 맹목적 형식 실험이 난무하는 이미지 과잉의 조각・설치 작업을 떠올리면 구본주의 작업 방식은 시사하는 바가 크다.
또한 구본주는 자신의 작품을 통해 메시지를 전달하는 데도 소홀하지 않는다. 이번 전시를 통해 구본주는 '아버지'로 대표되는 이 시대 소시민의 일상적 삶과 모습을 적나라하게 보여 주면서 그들의 내면에 감추어진 꿈과 희망을 이야기하고 있다. 예를 들어 〈하늘〉은 이와 같은 구본주 조각의 특성을 잘 보여 준다. 걸리버 여행기를 연상시키듯 구두 신은 발 모양의 거대한 이 작품은 녹슨 철판의 재질과 함께 육중한 형상에서 강력한 첫인상을 전달한다. 판금 작업이지만 세밀하게 표현된 닳고 헤어진 구두의 주름과 끈, 그리고 견고한 기둥 형태의 발목은 이 시대를 살아가는 '아버지'의 상징으로 표현된 것이다. 그리고 여기에는 고단하고 지친 삶의 표정과 한 가정의 가장이 지닌 희망의 모습이 함축적으로 표현되어 있다.
이렇듯 구본주의 작품은 구상 조각이 지닌 굳건한 힘의 형식과 섬세한 문학적 내러티브를 한몸에 지니고 있다고 볼 수 있다. 다만 이 작품에 부분적으로 시도된 비디오 영상 작업이 작가의 새로운 시도로 여겨질 수도 있겠지만 자칫하면 사족으로 보이지 않을까 하는 우려를 조심스럽게 해 본다. 어쨌든 전체적으로는 '시대의 표정 : 아버지'라는 주제로 열린 구본주의 이번 개인전은 그의 역량을 유감없이 보여 준 전시임에는 틀림없다.
한편 구본주의 이번 개인전은 예술의전당 미술관 학예연구팀에서 젊은 작가를 개인전 초대 형식으로 지원하는 프로그램인 〈SAC 젊은 작가전〉의 첫 작가로 선정됨으로써 이루어졌다. 아무쪼록 앞으로도 젊고 능력 있는 작가를 발굴하고 이들을 도와주는 다양한 사회적 시스템이 갖추어졌으면 하는 바람을 덧붙인다.

이준희, 월간미술, 2003

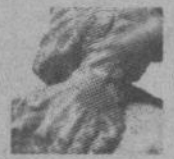

구본주 기사 리스트

종합 일간지

환경미술 진로 진지한 모색 세계일보 1996-08-30
화폭으로 만나는「위기의 아버지」 경향신문 1997-03-24
40대 눈에 비친 '아버지의 초상' 문화일보 1997-04-14
'고개 숙인 아버지' 미술로 본다 한겨레 1997-04-26
선화랑, 젊은 작가「21세기 주역전」 문화일보 1997-06-23
'21세기 한국 미술의 주역'전 한국일보 1997-07-04
선화랑 신예 작가 12인 초대전 세계일보 1997-07-08
젊은 작가들의 괴짜 작품전 한겨레 1997-09-12
국내 젊은 작가 300명의「삼백 개의 공간」전 조선일보 1997-09-18
'타이틀~언타이틀~노타이틀'~'입맞춤전' 동아일보 1998-03-25
「입맞춤의 美學」에 대하여 세계일보 1998-03-26
KISS, 그 달콤한 입술의 미학 국민일보 1998-03-28
'입맞춤전' ~ '조영남과 팝아트' 한겨레 1998-03-30
불황시대, 미술인들 "화랑 밖으로.." 국민일보 1998-05-06
화랑을 뛰쳐나온 화가들 한국일보 1998-05-18
화랑미술제 30일~내달 5일 예술의전당 세계일보 1998-10-22
75개 화랑 참여 미술품 6일장 선다 한국일보 1998-10-29
'구본주전' & '박상수전' 국민일보 1999-04-16
부대끼는 삶의 모습 섬세하게 형상화 서울신문 1999-04-19
조각가 구본주展 26일까지 문화일보 1999-04-20
안성~평택 국도변에 환경조각물 세운다 동아일보 1999-10-04
안성에 국제조각공원 선다 세계일보 1999-10-12
'아라리오화랑 10주년 기념전' 국민일보 1999-10-15
금호미술관 개관 10주년 기념전 개최 세계일보 1999-12-28
현대미술관 등 새천년맞이 기획전시회 '봇물' 세계일보 2000-01-11
'기발한 상상력-포복절도'展 한국일보 2000-07-04
포복절도전 外 국민일보 2000-07-07
'기발한 상상력-포복절도'展 세계일보 2000-07-11
포복절도전; "그림이 캄캄하다고? 이 속을 들여다봐" 조선일보 2000-07-12
80년대 후 사회상 표현 '눈과 손'展 한국일보 2000-07-14
도자기의 도시서 특별한 조각 잔치 경향신문 2000-08-10
문화마당/미술 한겨레 2000-12-15
'가족 의미' 되짚는 5월의 미술관 경향신문 2001-05-02
'가정의 달' 가볼만한 전시회들 문화일보 2001-05-07
경기도 광주 '도자기엑스포 조각공원' 개장 조선일보 2001-08-10
민중미술 어디로.. '현장2001-건너간다'展 세계일보 2001-08-14
18~31일 성곡미술관 '건.너.간.다'展 경향신문 2001-08-14
현장에 손 내밀어 우리 시대 그물 엮으리 한겨레 2001-08-16
80년대 그들..여전한 '민중미술' 한국일보 2001-08-16
'현장 2001:건~너~간~다'展 조선일보 2001-08-16
386작가들 '현장미술 10년' 그 후.. 문화일보 2001-08-17
'기억의 저편'에 새겨진 부대끼며 건너온 현장 국민일보 2001-08-17
참여파 386작가들 '건~너~간~다'展 동아일보 2001-08-22
조각가 구본주 '시대의 표정: 아버지'展 세계일보 2002-09-09
문화광장/미술 서울신문 2002-09-12
구본주 '시대의 표정:아버지' 展 문화일보 2002-09-16
민미협, 12~19일 '바람 바람 바람'전 세계일보 2001-12-07
전시장에서 한겨레 2001-12-13
지하철역서 만나는 민족미술 문화일보 2001-12-14
아버지, 그 '눈칫밥 30년' 경향신문 2002-09-17
구본주 조각전 '시대의 표정: 아버지' 서울신문 2002-09-17
호전적 세계화, 위협받는 변방 한겨레 2002-11-21
반전의 메아리 미술로 함께하기 한겨레 2003-03-27
평화 갈망하는 'A4 反戰' 문화일보 2003-04-12
가정의 달 이색전시회 3題, 가족사랑, 미술로 말한다 세계일보 2003-04-29
가정의 달 '5월' 공연~전시 풍성 문화일보 2003-04-30
5월 미술계 "가족 사랑을 전시해요" 조선일보 2003-04-30
가족과 함께 푸른 5월로 한겨레 2003-05-01
"엄마~아빠 미술 전시회 가요" 국민일보 2003-05-05
가족과 함께 볼만한 전시회 풍성 동아일보 2003-05-07
'별난 미술품' 거리 나들이 문화일보 2003-06-09
'작품에 앉아 볼까' 아트벤치展 경향신문 2003-06-10
저게 작품이야, 의자야? 국민일보 2003-06-17
궂긴소식 / 리얼리즘계 조각가 구본주 씨 한겨레 2003-09-30
조각가 구본주 씨 별세 한국일보 2003-09-30
부고/前민족미술협회 이사 구본주 씨 서울신문 2003-09-30
부고/前민족미술협회 이사 구본주 씨 동아일보 2003-09-30
조각가 具本柱씨 별세 조선일보 2003-09-30
'민중조각가' 구본주 씨 별세 문화일보 2003-09-30
조각가 구본주 씨 교통사고 별세 국민일보 2003-09-30
조각가 구본주 씨 별세 경향신문 2003-09-30
내달 1일 신도시展 여는 영화감독 여균동씨 경향신문 2003-10-30
제1회 신도시展 '넌, 어디서, 사니?' 서울신문 2003-10-30
동료·선후배들이 완성한 '遺作' 2003-11-11
국립현대미술관장 파격인사 논란 세계일보 2003-12-09
외화내빈 2003, 내년엔 튼실한 미술동네 됐으면 국민일보 2003-12-15
사비나미술관 '작업실 보고서'展 문화일보 2004-01-06
'한국대표시인 초간본 총서'..세월에 묻힌 초간본시집 20권 '햇살' 국민일보 2004-01-09
책표지와 삽화로 수놓은 미술관 문화일보 2004-01-13
인사아트센터 "작은 조각-큰 꿈"展 한국일보 2004-04-29
사비나미술관 '리얼링 15년' 전 한국일보 2004-06-17
90년대 리얼리즘엔 온기가 있다 동아일보 2004-06-23
16개 창작소그룹 기획전 '리얼링 15년' 서울신문 2004-06-23
2004 젊은 예술가의 초상 한겨레 2004-06-28

경제신문

입맞춤소재 이색전시회 개최 한국경제 1998-03-23
[발길가는 전시] 매일경제 1999-04-16
[발길가는 전시회] 작은 조각, 작은 이야기 전 매일경제 1999-07-31
[전시화제] 갤러리종로아트, '작은 조각 작은 이야기' 서울경제 1999-08-01
기발한 상상력-포복절도전 한국경제 2000-06-30
예술의전당서 '눈과 손展' 서울경제 2000-07-18
부담 없이 보고 즐길 수 있는 전시회 매일경제 2001-04-28
'사람은 왜 기억할까?' 한국경제 2001-07-10
갤러리사비나, '사람은 왜 기억할까'展 서울경제 2001-07-17
386세대의 현장미술. 성곡미술관 외부기획전 한국경제 2001-08-13
성곡미술관, 30대 민중미술전 서울경제 2001-08-15
현장 2001 건.너.간.다 헤럴드경제 2001-08-17
민중미술계 '조국의 산하'전 개최 서울경제 2001-12-10
예술의전당 '젊은 작가展' 조각가 구본주 매일경제 2002-09-08
할인점 홈플러스는 거리미술관 매일경제 2002-11-26
어! 벤치가 예술이네.. 7월4일까지 여의도공원 한국경제 2003-06-17
조각으로 본 만남과 이별 헤럴드경제 2003-09-29
[미술 캘린더] 헤럴드경제 2003-12-05
표지화로 살펴본 현대미술 흐름 서울경제 2004-01-11
홈플러스 점포에 공공조형물 설치 한국경제 2004-04-27
젊은 미술 작가들의 '허구와 진실' 헤럴드경제 2004-06-21
90년대 리얼리스트들과의 만남 파이낸셜뉴스 2004-06-15

시사 잡지

미술 속에 담긴 한국의 남성 주간동아 1997-02-20
아버지! 껍질만 남은 우리 아버지 주간동아 1997-05-01
'환타지 발레 바리' 등 주간한국 1998-11-12
한-베트남 미술가들이 나섰다 한겨레21 2000-06-08
서울시립미술관 기획전 '가족' 뉴스피플 2001-05-11
가정의 달 5월에 볼 만한 전시회 주간동아 2001-05-17
엽서와 A4지를 통해 부시에게 보내는 메시지 여성신문 2003-04-11
'시민과 함께 하는 아트벤치'展 주간동아 2003-06-26
36세로 마감한 삶 .. 예술혼은 영원하리 주간동아 2003-10-16

인터넷신문

가라앉은 민중미술계 새바람 시민의신문 2001-12-17
'야만의 둥지'를 '평화의 둥지'로 시민의신문 2003-04-04
영원한 청년 작가 구본주, 빛으로 남다 오마이뉴스 2003-10-01
일산, 욕망의 도시에서 예술의 도시로 오마이뉴스 2003-10-29

지역신문

신세대 조각가 「이야기 조각」 경향 "뚜렷" 부산일보 1993-06-09
대상 金晃祿씨 「사물의 꿈」 미술상엔 姜相中(서양화) 具本柱(조각) 강원도민일보 1995-08-23
제1회 모란미술대상 조각가 金晃錄씨 선정 경인일보 1995-09-14
그림으로 보는 멋진 입맞춤 경남신문 1998-03-21
국내외 유명조각가 10명 신개념 조형예술운동 전개 전북도민일보 1999-09-30
광주 상무조각공원 색다른 관람명소로 전남일보 2000-07-03
13개국 17명의 조각가가 참여하는 제3회 이천국제조각심포지엄이 경인일보 2000-08-14
조각가 8인의 젊은 감성 국제신문 2002-05-17
우리시대 '아버지' 슬픈 자화상 전남일보 2002-11-08
조각으로 만나는 우리시대의 아버지 무등일보 2002-11-08
조각가 구본주 교통사고사 부산일보 2003-09-29
조각가 구본주 씨 별세 경인일보 2003-09-30
'빛 2003 - 하정웅 청년작가전'10일부터 광주시립미술관 광주일보 2003-11-06
다양한 작가들의 자연 '그룹 스폰지 섬展' 경인일보 2004-02-24
조각가 구본주 1주기 추모전 경기일보 2004-10-27

스포츠신문

"21세기 한국미술의 주역"전 스포츠서울 1997-06-25
한국조각계 차세대스타 구본주 스포츠서울 1999-03-24
조각가 구본주 기획초대전 '존재와 의식' 스포츠투데이 1999-04-13
도시 샐러리맨 세상살이 풍자 스포츠한국 1999-04-16
조각가 구본주 씨 초대전 성황 스포츠서울 1999-04-21
[7일간의 문화여행] 8월 2일~8월 8일 스포츠투데이 1999-08-01
현대인의 삶 담은 조각전 등 스포츠한국 1999-08-05
도로변 공터가 예술공간? 스포츠한국 1999-09-30
안성 국제로드사이드 조각심포지엄 스포츠서울 1999-10-06
안성99, 국제 로드사이드 조각심포지엄 스포츠투데이 1999-10-13
미술박스-안성조각심포지엄 스포츠투데이 1999-10-13
지난 10년간 현대미술의 흐름 짚기 스포츠투데이 1999-12-22
난 웃으러 미술관에 간다 스포츠한국 2000-06-30
삐뚤어진 세상에 따끔한 충고 스포츠투데이 2000-07-04
'시대의 표현- 눈과 손'전 스포츠투데이 2000-07-30
직장인 위한 스트레스 해소전 스포츠한국 2000-11-12
'직장인 스트레스 해소展' 스포츠투데이 2000-11-19
[미술단신] 스포츠서울 2000.11.25
그림 속에 나타난 가족이야기 스포츠서울 2001-04-28
조각속의 담긴 모습 '사람은 왜 기억할까' 2001-07-07
[7일간의 문화여행] 미술 스포츠투데이 2001-07-15
[7일간의 문화여행] 미술 스포츠투데이 2001-07-29
현장미술가들이 꾸미는 '현장2001-건너가다' 스포츠서울 2001-08-18
386세대 민중미술 작가 한자리에 스포츠투데이 2001-08-26
서울민미협, 광화문갤러리서 '바람..'전 굿데이 2001-12-06
화제의 전시 스포츠서울 2002-09-10
할인점 '홈플러스' 거리미술관 변모 스포츠서울 2002-12-01
반전 프로젝트 전시회 스포츠서울 2003-04-15
아트벤치 앉아보세요.. 스포츠투데이 2003-06-03
앗! 작품들이 전시장 뛰쳐나왔네 스포츠투데이 2003-06-17
[미술계 소식] 이영재 도자기전 외 굿데이 2003-12-03
[2003 결산] ⑦ 미술 굿데이 2003-12-07
한국 대표시인 초간본 총서 발행 기념전 굿데이 2004-01-07
86학번 김대리와 실업자 김씨 스포츠한국 2004-06-16
'한국 현대미술에서 리얼리즘의 흐름은?' 굿데이 2004-06-17

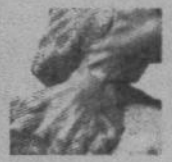

HI • STORY
작업 노트 • 작가 프로필 • 작품 목록

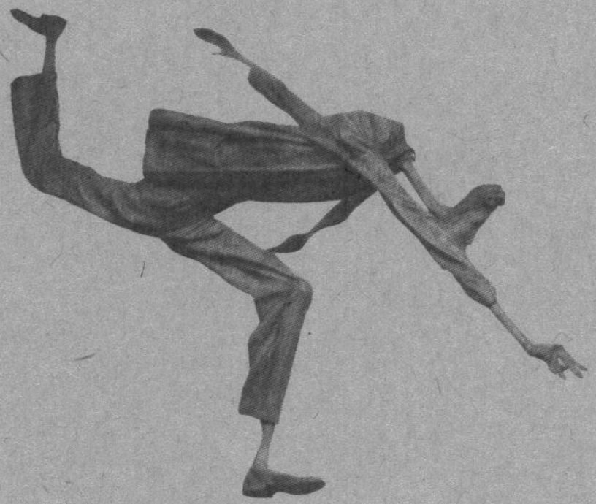

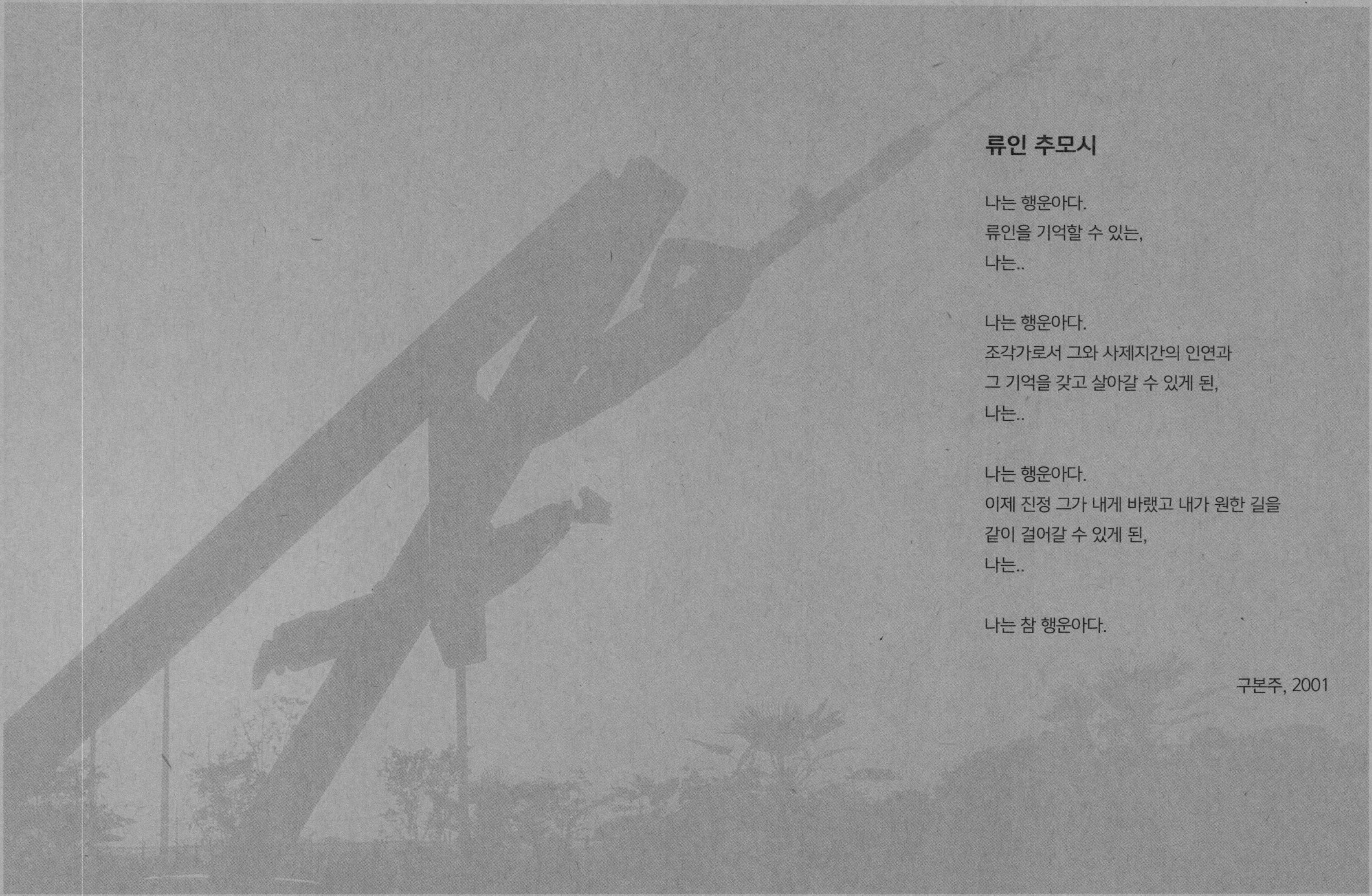

류인 추모시

나는 행운아다.
류인을 기억할 수 있는,
나는..

나는 행운아다.
조각가로서 그와 사제지간의 인연과
그 기억을 갖고 살아갈 수 있게 된,
나는..

나는 행운아다.
이제 진정 그가 내게 바랬고 내가 원한 길을
같이 걸어갈 수 있게 된,
나는..

나는 참 행운아다.

구본주, 2001

1992년 겨울

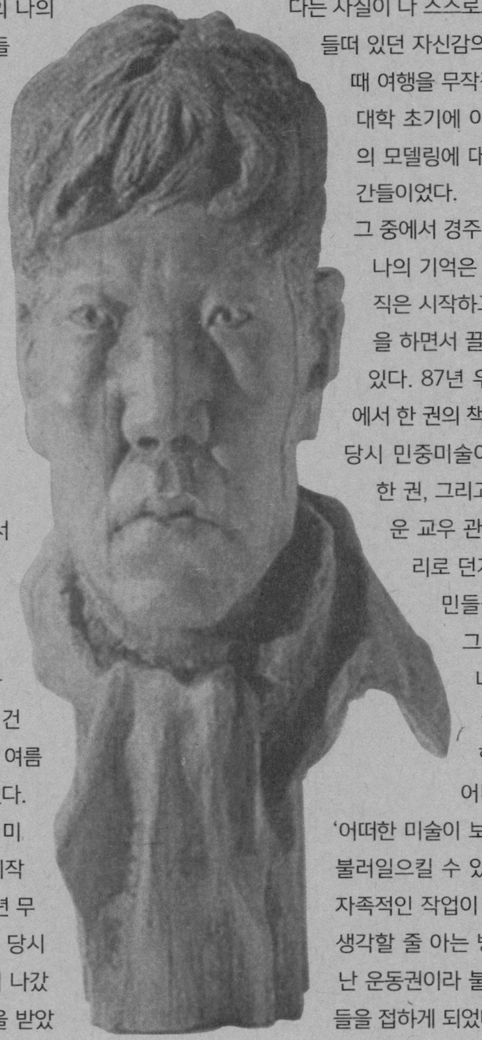

지금은 그리 즐겨하지는 않지만 조각으로의 나의 시작은 그림이었다. 미술을 하는 대부분 이들의 유년 기억에 그림 그리기가 남아 있듯 나도 그들 축에서 크게 벗어나진 않았다. 여섯 살 때였던가, 형의 여자 친구가 형에게 선물해 준 찰스 브론슨의 초상화를 무작정 베껴 대던 때가 있었다. 이후로도 매일 그림만 그린다고 항상 형제들에게 빈축을 사곤 했는데 지금 생각해 보면 그림 그린다고 싫어한 것이 아니라 글씨로 채워 공부만 해도 모자랄 공책에 그림만 가득 차, 형제들에겐 그것이 낭비로만 보였던 게 아니었을까. 고등학교 때까지도 나의 공책엔 항상 그림으로 가득 메워져 있었다.
그래서 그런지 지금도 난 글씨체에 관해서는 자신이 없다. 중・고등학교 시절, 각각의 과목들로 나뉘게 되었을 때, 미술에 대해 다른 아이들보다 조금 더 나은 평가를 받게 되었고 그것이 더욱 더 자신감으로 다가와 나의 일상을 유지시켰던 것 같다. '다른 건 몰라도 미술은 잘할 수 있다.'는 생각에 고3 여름 방학을 지내고 미대를 진학하기로 마음먹었다.
모든 이의 시작이 그렇듯 로댕이나 부르델, 미켈란젤로를 동경하면서 나의 대학 생활은 시작되었다. 그들을 따른 정통 모델링 덕에 2학년 무렵 전국대학미전에서 동상을 받기도 했다. 당시 대학미전이란 4학년 중에서도 선발이 되어 나갔었는데 2학년이었던 내가 미전에 나가 상을 받았다는 사실이 나 스스로도 대견하고 대학 시절 항상 들떠 있던 자신감의 출발이기도 했다. 이후 한때 여행을 무작정 많이 할 기회가 있었는데 대학 초기에 이루어지는 무조건적인 서양의 모델링에 대한 환기를 시킬 수 있는 시간들이었다.
그 중에서 경주 남산과 석굴암 조각에 대한 나의 기억은 아직도 생생하다. '역사' 아직은 시작하고 있지 않지만 앞으로 작업을 하면서 끌어가야 할 열쇠로 간직하고 있다. 87년 우연히 알게 된 친구의 책장에서 한 권의 책을 유심히 보게 되었다.
당시 민중미술이란 이름으로 대중화된 책 한 권, 그리고 그 책과 함께 시작된 새로운 교우 관계가 나에게 새로운 고민거리로 던져졌고 지금도 남아 있는 고민들을 풀기 위해 작업을 한다.
그때까지만 해도 작업에 대한 나의 고민이란 '나는 왜 미술을 하는가' 정도였는데 이젠 한 걸음 더 나아가 '난 과연 어떠한 미술을 해야 하는가', '어떠한 미술이 보는 사람으로 하여금 감동을 불러일으킬 수 있을까' 하는, 내 속에서만의 자족적인 작업이 아닌 다른 이들을 포함해서 생각할 줄 아는 방법을 알게 되었다. 이후로 난 운동권이라 불리며 새로운 삶과 사고방식들을 접하게 되었다.

데모도 많이 하고 감옥에도 잠깐 갔다 오고 떨어지긴 했지만 총학생회장단에 출마하기도 했다. 새로운 생활들을 열정적으로 보내기도 하였지만 가끔씩 찾아드는 불확실한 미래에 대한 회의로 군 생활도 안하고서 휴학 기간을 포함해 꼬박 7년 반이란 시간 동안 학생이란 신분을 달고 다녔다. 대학에서 마지막 일 년을 보낼 무렵 또 한 차례의 공백이 찾아왔다. 일생일대 가장 진지했던 것으로 기억되는 고민에 빠져 버린 것이다. '지금까지 난 무엇을 해 왔나, 그리고 지금까지의 활동이 앞으로의 삶에 어떻게 연결될 수 있을 것인가.' 총학생회단 선거에 낙선하고 외부와 고립된 시간을 보내며 작업에만 몰두했다.
모든 고민에서 빠져나가기 위해 필사적으로 작업했다. 탄탄한 모델링 덕분인지 자신감 있는 작품들이 나왔고 앞으로의 진로를 작업에만 몰두할 수 있는 생활로 결정하는 계기가 되었다. 졸업 이후에도 계속 작업만을 하기 위해 작업장을 짓기로 결정했다. 힘든 가정 형편임을 알면서도 부모님을 졸라 6개월 만에 포천 고향 땅에 작업장을 짓게 되었다. 어려운 설득이었다. 나에 대해 걱정하고 못미더워 하시는 부모님과 형제들에게 확신을 주기 위해 처음으로 공모전에 출품하였다. MBC 한국구상조각대전에 작품을 낸 것이다. 6개월을 준비하여 두 작품을 내놓았다. 한 작품은 입선, 다른 한 작품은 대상이었다. 그 일로 부모님의 걱정에서 벗어나게 되었고 삶에 대해 조급하고 불안해하는 감정이 없어지게 되었다. 어수선하고 들뜬 분위기가 가라앉고 난 후, 난 다시 조각에 대해 고민해 보았다. 이젠 담담하고 차분하게.. 나 스스로, 민중미술에 대한 재검토를 해야 한다고 생각했다.
민중이란 개념과 계급이란 부분에 대한 재해석을 통해 작품의 모티브들을 집회 장소에서 현실 주변의 삶으로 끌어들였다. 그리고 개인전을 준비하기 시작했다. 포천의 한구석, 나의 작업

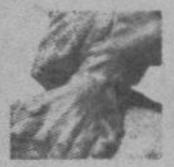

장까지 전달되는 TV의 일상에서 샐러리맨들의 모습과 나의 모습이 비교되면서 나의 손은 청동으로, 쇠로, 나무로 그들을 묘사하고 현실의 상황들을 연출한다.

첫 번째 개인전이 인사동 금호미술관에서 진행되었다. 기본적으로 전시장이 지하인데다가 내가 다루는 재료 자체가 워낙 무거운지라 설치하는 데 무척 고생을 했다. 전시 전날부터 마지막날까지 도와준 동기며, 후배들이 너무 고맙다. 나에 대한 기대와 믿음으로 지켜봐 주는 동기, 후배 녀석들은 나의 무형의 재산목록 1호이다. 아무리 무거워도 와서 봐 주고 옮겨 주고 싶은 작품이 될 수 있도록 항상 노력한다. 그들이 나의 든든한 빽이 되듯, 나 또한 그들의 그러한 존재가 될 수 있도록 힘이 닿는 데까지 노력할 것이다. 서로의 영원한 동반작가로서..

많은 분들의 도움으로 개인전을 끝내고 마치 열병을 앓고 난 직후처럼, 빈약했던 지난날의 내 모습이 오버랩 되며 앞으로 채워 나가야 할 더 많은 허점들이 느껴진다. 내 작품 앞에서 배꼽 빠져라 웃던 관람객들, 한없이 진지하게 감상하던 관람객들, 그들에게 또 다른 새로움으로 다가가고 싶다. '민중미술이 현실 속에서 지향하는 미술의 진정한 민주화는, 대중 속에서 함께 할 수 있다는 대중 미술 문화로서의 본연의 역할'이 아직까지도, 그리고 앞으로도 유효하다고 나는 믿는다.

구본주, 미술세계, 1995

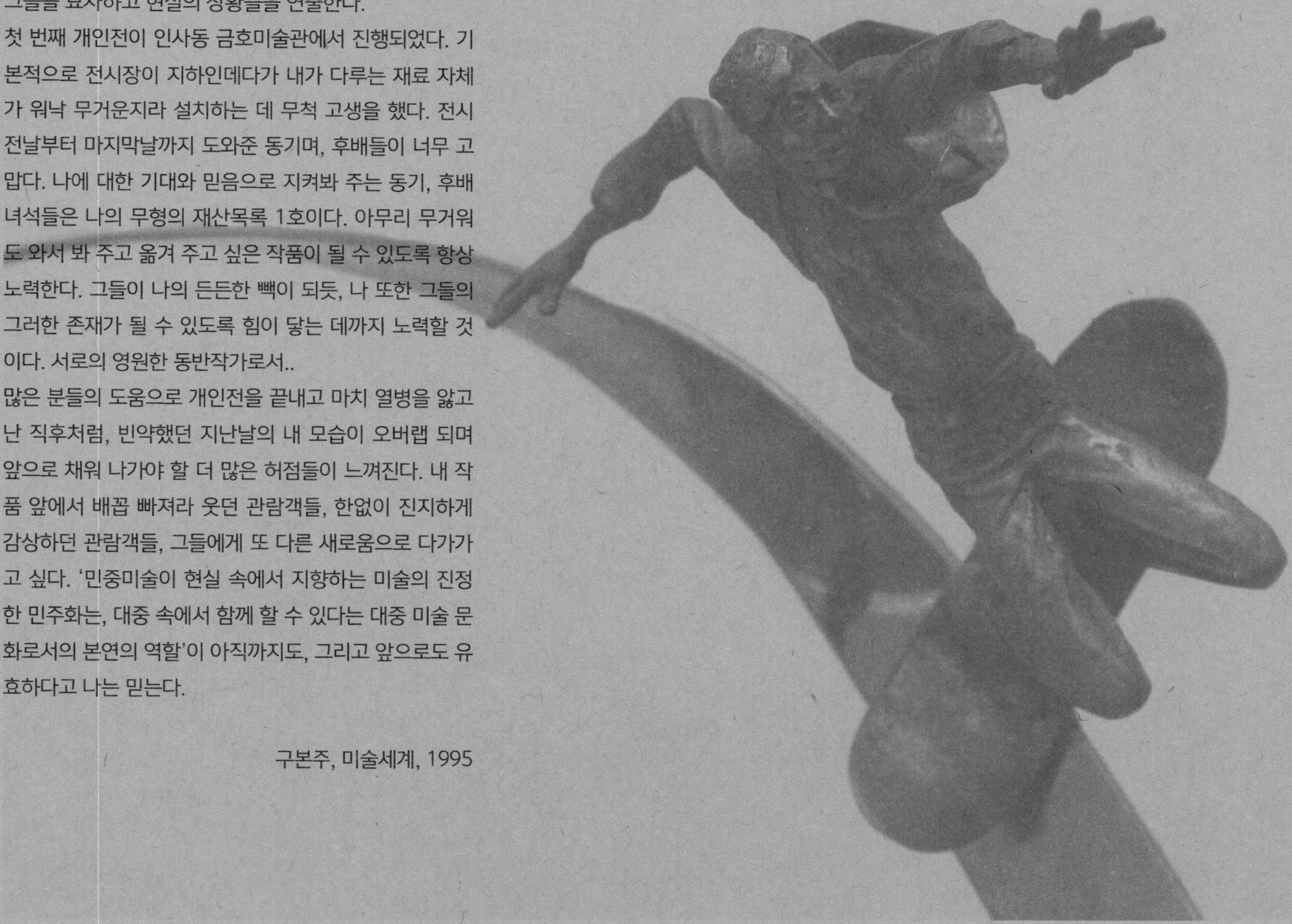

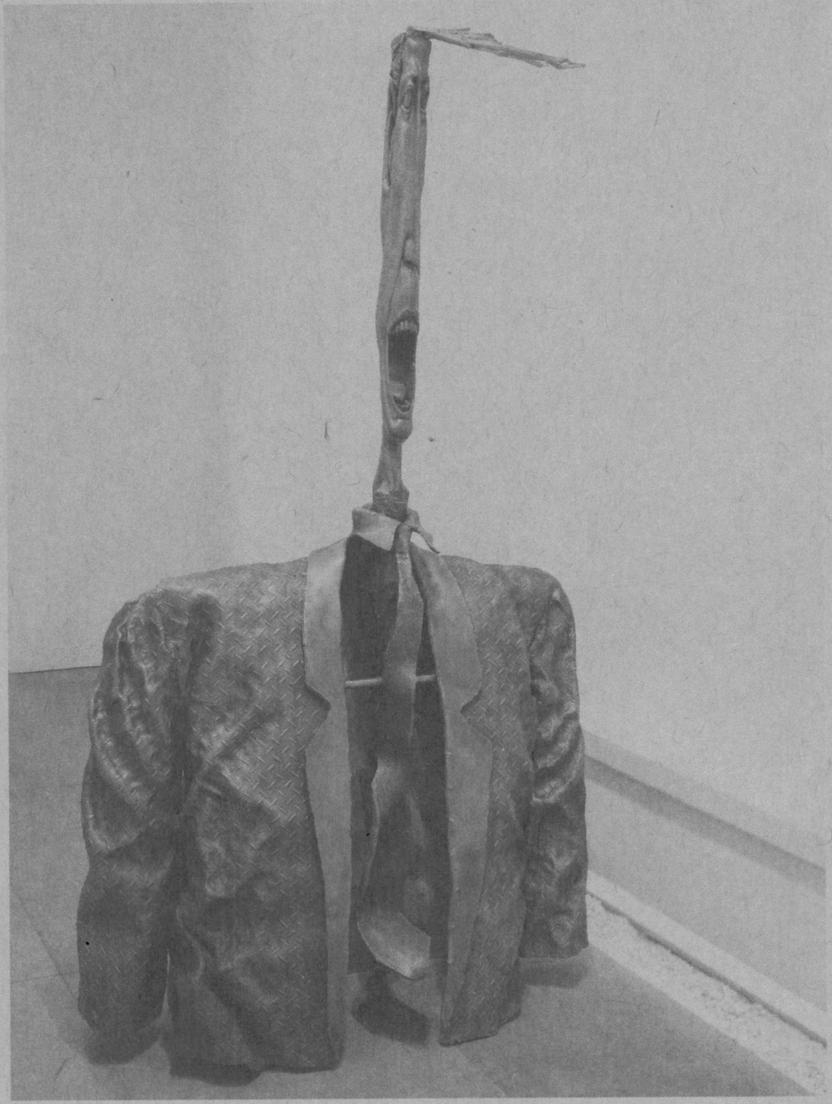

생존의 그늘

지금은 속이 텅 비어 버린, 권위주의 아버지의 군상이 된 우리들의 4.19세대. 어린 시절 보릿고개를 지내며 허기진 뱃속엔 신물만이 가득했어도, 그들은 풍요로운 미래를 꿈꾸며 거칠기만 한 현실 속을 허우적거렸었다.
그러나 그들이 중년이 되어 맞부딪쳐야 할 현실은 어제의 일만 년의 기적이 하루 반나절 만에 이루어지고 있는 초특급의 세상이었고, 그들이 정의라 믿었던 4.19, 5.16에 대한 정열의 분노 따윈 아무런 상품 가치조차 지니지 못하는 사회였다.
그들에게 남겨진 것은 오직 첨단 정보화의 적응과 능력급 사회라는 굴레일 뿐이었다. 최첨단으로 돌아가는 직장에서는 퇴물 취급을 겪으면서 가족들에겐 가장이라는 이름 아래 공허한 거친 호령만을 반복하게 되고 하루하루를 중심이면서도 주변인으로 살아가야 하는 우리들의 아버지.
언제부터인가 나의 어린 시절 절대적으로 군림하던 아버지가 아닌, 이제는 한 사람의 인간으로 비애를 느끼게 하는 그의 모습이 젊은 시절, 나를 나로서 자각하게 만들었다. 나 또한 나이가 들어가고, 그의 비애가 내 모습에서 느껴지고.. 비로소 난 그를 반쯤은 내 안에 품어 본다.
아, 나의 아버지, 아버지들이여..
삐쩍 마른 나무들 속에서, 턱이 날아갈 듯 벌린 입 속에서, 또 절대 무너짐이란 없을 것 같은 육중한 철판의 텅 빈 양복 속에서, 나는 사회적 퇴물, 가장으로서의 권위를 본다.
그 또한 나의 절반임을 느끼며..

구본주, 우리 시대의 초상 '아버지'전 도록, 1997

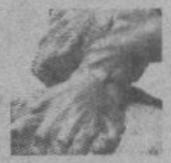

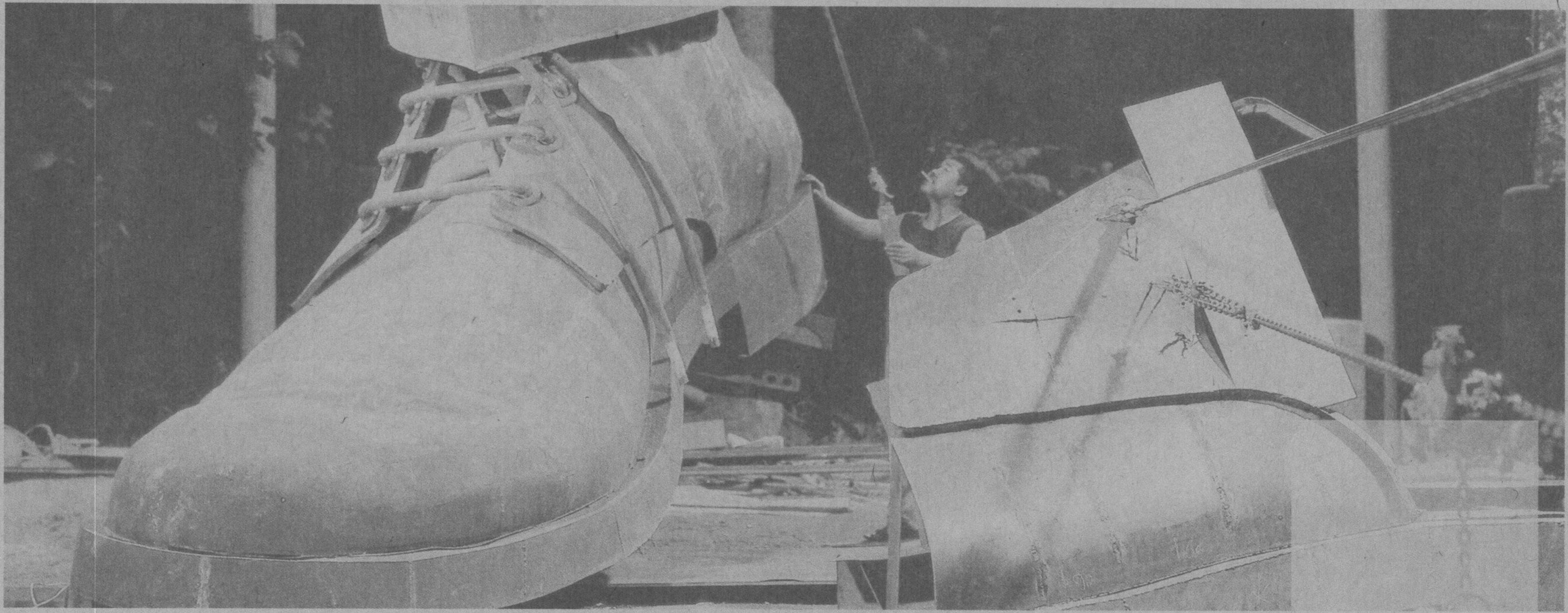

하늘

아버지가 된 그들은 절대적 대안으로 작아진다. 아내 앞에서 작아지고, 자녀 앞에서 작아지고, 직장에서 작아지고, 한없이 그는 작아지고 작아진다.
가정의 평화와 그 유지를 위해서라면, 구성원으로서 그의 정통성과 위치가 보장될 수만 있다면.. 비록 '아버지'의 이름을 잃어버린 아빠로만 남더라도 그 아빠로서 의무만 지워져, 사라진 아버지의 권위는 꿈도 꾸지 못할지라도 그는 그렇게 편견된 자유에 오늘, 또 하루를 버티어 낸다.

어릴 적, 그들의 아버지는 하늘을 다 덮고도 남을 존재였는데, 세상을 살아가는 데 필요한 그 모든 것들의 기준이었는데..
문득, 땅개미가 되어 그 거대한 하늘에 이입되고, 그 속에서 절대로 자신의 것이 될 수 없는 조직을 본다. 내일이면 까마득히 기억도 못할 순간에 집착하는 자화상.
시스템에 버림받은 주인 없는 개들을 상상한다. 그리고 그는 믿고 싶다. 자신의 시스템이 완벽하기를.. 그러나 그는 안다. 그 시스템이 얼마나 불안한지..
앞만 보고 달리던 그들이 어느 순간 잠시, 옆을 살핀다. 길거리 개가 남 같지 않다. 술김에 오줌발도 확인해 보고, 올웨이즈 썬데이 서울을 꿈꿔 보기도 하고, 슬퍼도 울 수 없고, 아파도, 힘들어도 인내해야 하지만, 자신도 개가 될 수 있는지 잠시 시험중.
그는 과연 조직으로부터 일탈된, 저 길거리 자유인들과 더불기 위해 문 밖 저 세상 속으로 나아갈 수 있을까.
상상력의 권력을 발휘해 보자.
디 엔드.

구본주, '시대의 표정: 아버지' 도록, 2002

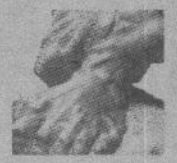

HISTORY

19672003

작가 프로필

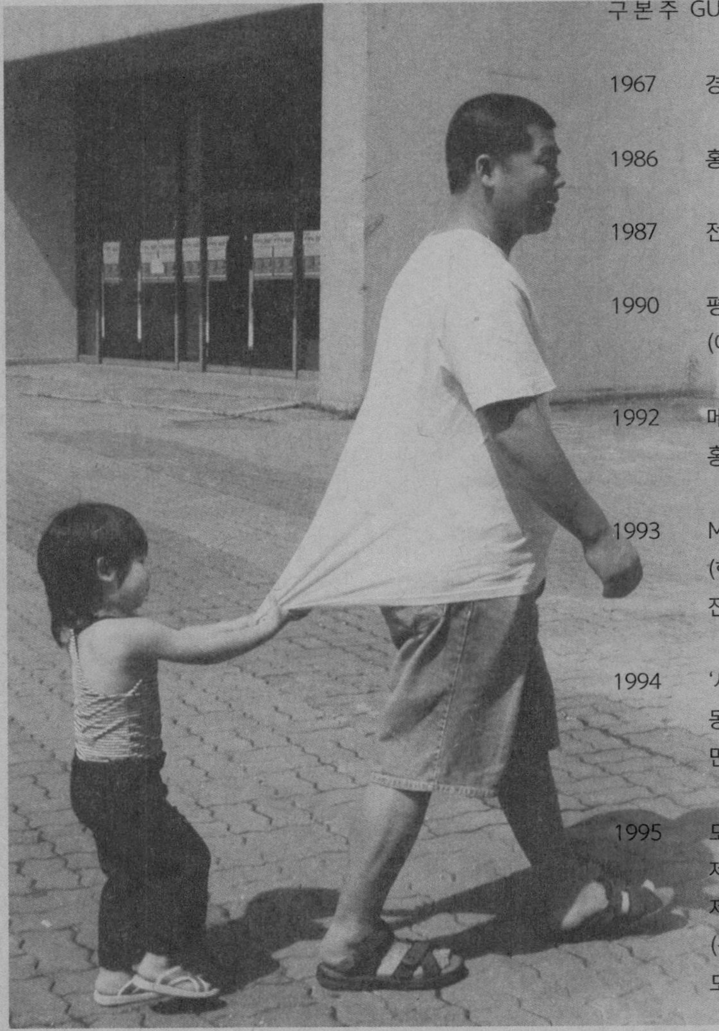

구 본 주 GU Bon-Ju 19672003

1967 경기도 포천 출생

1986 홍익대학교 미술대학 조소과 입학

1987 전국대학미전 동상 수상 (문화교육부)

1990 평론가 5인이 추천한 '젊은 시각 내일의 제안'전 (예술의전당/서울)

1992 메이데이 기념전 (고려대, 홍익대/서울)
홍익대학교 미술대학 조소과 졸업

1993 MBC 한국구상조각대전 대상 수상 (한국구상조각회/MBC문화방송)
전국청년조각전 (경인미술관/서울)

1994 '새로운 전망'전 (모란미술관/마석)
동학 100주년 기념전 (예술의전당/서울)
민중미술 15년전 (국립현대미술관/과천)

1995 모란미술대상전 모란미술작가상 수상 (모란미술관)
제1회 개인전: 존재와 의식전 (금호미술관 기획)
제1회 광주비엔날레 특별전 '5월 정신'전 (광주시립문화회관/광주)
모란미술대상전 (모란미술관/마석)
DMZ '인용과 재해석'전 (공평아트센타/서울)
전국 미술연합 창립전 (미술회관/서울)
마담포라 개관 기념전 (갤러리마담포라/서울)
'소'조각회 '지키는 사람들'전 (추제화랑/서울)
한국구상조각회전 (예술의전당/서울)

1996 전국환경미술전 (수원시립미술관/수원)
한국 조각가 100인 초대전 (MBC문화방송/춘천)
'소'조각회 '스타'전 (종로갤러리/서울)

1997 한국 민족문화예술인 100인 선정 (한국민족예술인총연합회)
우리 시대의 초상 '아버지'전 (성곡미술관/서울)
21세기 주역전 (선화랑/서울)
'소'조각회 '시대의 꿈'전 (종로갤러리/서울)

1998 홍익조각회전 (미술회관/서울)
화랑미술제 가나화랑 '돌아봄: 관조와 응시' (예술의전당/서울)
KISS전 (갤러리사비나/서울)

1999 KBS 문화사랑 '발굴 이사람' 인물선정위원회 공식 선정 (KBS한국방송공사)
제2회 개인전: 존재와 의식전 (갤러리사비나 기획/ 원서갤러리 기획)
안성 로드사이드 국제 조각 심포지엄 초대 (안성시)
황해미술제 초대전 (인천종합문화예술회관/인천)
영월 예술인촌 초대전 (영월문화예술회관/영월)

갤러리종로아트 조각기획전 (갤러리종로아트/서울)
공원과 사람들 이벤트 (여의도공원/서울)

2000 대한민국 문예진흥원 미술작가 500인 선정 (한국문예진흥원)
목원대학교 강사
2000 PICAF 국제바다미술제 초대 (부산시)
이천 국제 조각 심포지엄 초대 (이천시)
PROPOSTA 2000 조각 캠프 초대 (서해대교 아프리카/평택)
한국현대미술, '시대의 표현-눈과 손'전 (예술의전당/서울)
'일상, 삶, 미술'전 (대전시립미술관/대전)
영월 예술인촌 초대전 (영월문화예술회관/영월)
통일미술제 (의정부시청 앞 광장/의정부)
조국의 산하전 (서울역미술관/서울)
'소'조각회전 (종로갤러리/서울)

2001 조국의 산하전 (광화문미술관/서울)
'현장 2001: 건너간다'전 (성곡미술관/서울)
영월 예술인촌 초대전 (영월문화예술회관/영월)
2001년 서울시립미술관 기획 '가족'전 (서울, 도쿄)
통일미술제 (의정부 예술의전당)
김대건 신부 표준 영정 복원 조각가 선정 (명동성당)
광주 세계도자기엑스포 조각공원 초대작가 선정 (경기문화재단)
KERALA International Workshop of Sculptures (INDIA)

'소'조각회전 (덕원미술관/서울)

2002 제1회 SAC 2002 젊은 작가 선정 (예술의전당)
경희대학교 대학원 강사
남해 스포츠조각공원 초대작가 선정 (남해시)
시대의 표정: 아버지 (광주 신세계미술관 초대)
시대의 표정: 아버지 (서울 예술의전당 초대)
21세기와 아시아의 민중전 (광화문미술관/서울)
일상의 거울 - 이야기가 있는 조각 (부산시립미술관/부산)
영월 예술인촌 초대전 (영월문화예술회관/영월)

2003 홍익대학교 미술대학원 조각과 졸업
경희대학교 강사
MBC 한국구상조각대전 대상수상작가 특별기획전시 (인사아트프라자갤러리/서울, KARTIUM/보은)
영월 예술인촌 초대전 (영월문화예술회관/영월)
한국 현대미술에 나타난 성 표현전 (경주세계문화엑스포/경주)
'시민과 함께 하는 아트벤치'전 (여의도공원/서울)
'한국 민주화운동 역사'전 (원주치악예술관/원주)
'가족오락'전 (가나아트센터/서울)
'현장2003: A4반전-Art for No War'전 (아트시월/서울)
하정웅청년작가초대전 '빛2003' (광주시립미술관/광주)

작고

작품소장처

국립현대미술관
부산시립미술관
대전시립미술관
제주도립미술관
포항시립미술관
전남도립미술관
광주시상무지구조각공원
이천시설봉조각공원
안성시49번도로공원
경기도곤지암도자기엑스포조각공원
남해시스포츠파크조각공원
창원시용지호수조각공원
인도코친장관볼라조각공원
아라리오미술관
모란미술관
금호미술관
성곡미술관
가나아트센터
서울MBC문화방송
대구MBC문화방송
명동성당
서울사이버대학교
신일고등학교
영등포삼성홈플러스
의정부삼성홈플러스
포천영화아파트
광화문쌍용경희궁의아침
청담동대우푸르지오

작품 목록
작품명, 재료, 크기cm, 제작 연도, 나이

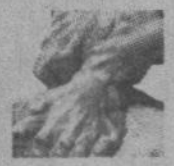

p. 70 생존의 그늘, 철 · 나무, 120×40×125, 1997, 31세

p. 71 당신, 나무 · 철, 46×18×55, 1998, 32세

p. 72 너무도 간절한, 브론즈 · 철, 50×45×55, 1999, 33세

p. 73 위험한 상상, 나무 · 철, 50×45×55, 1998, 32세

pp. 74~75 파랑새1, 브론즈 · 철, 350×100×200, 1998, 32세

p. 76 절망, 철, 75×17×15, 1999, 33세

p. 77 그는, 동, 80×85×280, 1999, 33세

p. 78 사는 게 뭔지, 나무 · 철, 65×45×70, 1999, 33세

p. 79 연인(신림장 여관), 철, 60×75×20, 1999, 33세

p. 80 가족(편안한 귀가), 철, 140×40×20, 1999, 33세

p. 81 숨은그림찾기, 동 · 흙, 50×50×25, 1999, 33세

p. 82 시작하는 손, 브론즈 · 철, 40×30×50, 1999, 33세

p. 83 시작한 손, 브론즈 · 철, 90×30×35, 1999, 33세

pp. 84~85 사생결단, 테라코타, 65×30×30, 1999, 33세

p. 86 눈칫밥 삼십 년1, 나무 · 철, 70×70×15, 1999, 33세

p. 87 하늘이 무너지다, 철, 200×240×370, 1999, 33세

p. 90 부부1, 나무, 34×25×50, 2000, 34세

p. 91 아빠의 청춘1, 나무, 70×50×187, 2000, 34세

p. 92 위기의식1, 나무, 70×22×250, 2000, 34세

p. 93 위기의식2, 나무, 70×22×250, 2000, 34세

pp. 94~96 아빠의 청춘2, 나무, 70×50×187, 2002, 36세

p. 97 길러리 개, 철, 30×100×50, 2002, 36세

p. 98 눈칫밥 삼십 년2, 나무, 20×20×15, 2002, 36세

p. 99 선데이 서울, 나무, 27×30×31, 2002, 36세

p. 100 하늘, 철, 480×197×300(2ea), 2002, 36세

p. 101 새, 철, 100×20×600, 2002, 36세

p. 102 깨소금, 나무, 25×41×22, 2002, 36세

p. 103 가슴에 손을 얹고 하늘을 보다, 나무 · 동
33×50×34, 2003, 37세

p. 104 디 엔드, 동 · 스테인리스, 120×65×205, 2002, 36세

p. 105 지나간 세기를 위한 기념비1, 철 · 브론즈 · 스테인리스
1200×600×300, 2001, 35세

p. 106 미스터 리3, 철 · 브론즈, 600×100×200, 1999, 33세

p. 107 이대리의 백일몽2, 철 · 브론즈 · 스테인리스
1200×600×300, 2001, 35세

p. 108 너의 느낌 그것이 진실이다, 나무, 2000, 34세

p. 109 아빠의 청춘3
철 · 동 · 브론즈, 800×600×600, 2002, 36세

p. 110 부부2, 나무, 34×25×50, 2003, 37세

p. 111 부부3, 동 · 스테인리스, 160×120×160, 2003, 37세

p. 112 내일이면 까마득히 기억도 못할 순간에 집착하는 사람
(=별이 되다), 나무 · 철, 20×5×90, 2002, 36세

p. 113 어떤 선택, 철, 350×350×550, 2000, 34세

p. 116 농부, 테라코타, 10×10×15, 1987, 21세
통행금지, 폴리코트 · 철, 180×100×90, 1988, 22세
실체를 인정하라, 폴리코트, 40×40×60, 1989, 23세
파란, 폴리코트, 90×120×180, 1987, 21세

p. 117 김대건1, 석고, 30×30×45, 1999, 33세
김대건2, 유토, 25×25×35, 1999, 33세
김대건3, 폴리코트, 30×30×50, 1999, 33세

p. 118 어리숙한 사람1, 점토, 30×30×50, 1998, 32세
어리숙한 사람2, 점토, 30×30×55, 1998, 32세
소녀, 점토, 30×30×45, 1998, 32세
그, 점토, 30×30×45, 1998, 32세
이 남자, 점토, 30×30×45, 1998, 32세

p. 119 역사 앞에서2, 나무 · 철, 600×600×350, 1996, 30세
우울한 얼굴, 테라코타 · 철, 25×35×25, 1994, 28세
샐러리맨 얼굴1, 나무, 9×20×12, 1999, 33세

p. 120 집1, 철, 20×25×20, 1998, 32세
집2, 테라코타, 25×10×15(4ea), 1999, 33세

p. 121 달인, 나무 · 철, 30×30×45, 1999, 33세
샐러리맨 얼굴2, 동, 10×3×30, 1999, 33세

p. 122 샐러리맨 손1, 브론즈, 10×15×8, 1999, 33세
샐러리맨 손2, 폴리코트, 20×10×15, 1999, 33세

p. 123 휴식, 브론즈, 23×19×25, 1999, 33세
여인4, 석고, 33×22×45, 1999, 33세

p. 124 지나간 세기를 위한 기념비3, 동 · 브론즈 · 스테인리스
1200×700×400, 2001, 35세
지나간 세기를 위한 기념비2
브론즈 · 스테인리스, 60×20×30, 2001, 35세

p. 125 지나간 세기를 위한 기념비4
브론즈 · 스테인리스, 50×35×42, 2003, 37세

p. 126 맨발의 청춘1
40×50×35, 브론즈 · 스테인리스, 2003, 37세
맨발의 청춘2
300×200×600, 동 · 브론즈 · 스테인리스, 2003, 37세

p. 127 맨발의 청춘3
300×600×500, 동 · 브론즈 · 스테인리스, 2003, 37세

p. 128 로또 대박1, 스테인리스 · 나무, 62×11×11, 2003, 37세

p. 129 세모네 바우, 스테인리스 · 나무, 48×10×19, 2003, 37세

p. 130 피터 팬의 시계를 삼킨 악어, 스테인리스 · 나무
58×10×10, 2003, 37세

p. 131 돼지꿈, 유토, 25×10×20, 2003, 37세
샐러리맨 얼굴3, 나무, 15×20×20, 2002, 36세

p. 132 비스킷 나눠 먹기1, 나무, 50×10×15, 2003, 37세

p. 133 별이 되다, 나무, 200×50×10(100ea), 2003, 37세

p. 134 별이 되다, 브론즈, 20×50×10(3ea), 2003, 37세

p. 135 별이 되다, 형광 폴리코트, 200×50×10(1000ea)
2003, 37세

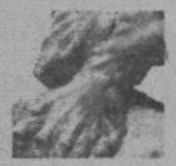